张璟琳 说

宗藩帐下落日楼

张璟琳 著

北方联合出版传媒（集团）股份有限公司

万卷出版公司

目　录

第一章　悲剧的前奏

一、临终的皇帝

　　曹魏咸熙元年（264），年近而立的司马炎还处在父亲司马昭巨大的荫庇之下，他当时是曹魏的新昌乡侯，官职是中抚军，负责统领禁军、卫戍京师。这个分工模式是从当年曹操、曹丕父子处学来的：父亲领军在外讨伐异己，儿子留守京师，监督傀儡皇帝与朝中百官。

　　然而，司马昭似乎对儿子缺乏信心。这一年年初，有迹象表明，远征蜀汉的镇西将军钟会要造反，司马昭亲率大军西征，因为担心后院起火，司马昭挟持魏帝曹奂一同去了长安。

　　钟会的反叛没有成功。监军卫瓘策动军队哗变，杀死钟会及其党羽，控制蜀中大局。巴蜀二十二郡正式划入曹魏版图，被收编为晋国的第十三个州——益州。

　　随着蜀汉的灭亡，三分天下的格局终于被打破。表面上，曹操的后人正在实现其先祖"天下归心"的理想，而实际上此时的曹魏政权也已经日薄西山，即将笑纳这个天下的人，复姓司马。

同年三月，司马昭晋爵为晋王。十月，司马昭立长子司马炎为晋王太子。此时的司马昭已经剿平一切反对势力，九锡也受过了，万事俱备，只欠魏帝禅位。

然而司马昭没有等来做皇帝的这一天，他在次年（265）八月病死，司马炎嗣位晋王。同年十二月，司马炎受禅称帝，新王朝史称西晋。

这一年，司马炎正好三十岁。三十而立，他的起点比较高，一立就是个皇帝。

司马炎取年号为泰始。泰者，安也。司马炎想告诉世人，从今开始，天下要安定了。

泰始这个年号用了十年，安定并没有实现。沿着长江，江北的晋政权与江南的孙吴政权依然持续着长期的拉锯战。

公元275年，司马炎改元咸宁，依然是祈祷天下安宁的意思。

咸宁五年（279）十一月，经过十多年的精心准备，晋国出动二十万军队，分六路进攻孙吴。这场战争毫无悬念，当时孙吴国困民穷、人心思变，连孙吴的丞相张悌都不得不承认，"吴之将亡，贤愚所知"。

次年三月，晋将王濬率领水军顺江而下，直捣建业，吴主孙皓黯然出城投降。

从东汉末年的乱世开始，破碎了近百年的天下，重新归于一统。

兵荒马乱的日子结束了，司马炎认为咸宁的许诺已经实现，于是再次改元，咸宁六年被改为太康元年（280）。

太康这个年号用了十年。这十年史称"太康盛世"，史家如此描述："是时，天下无事，赋税平均，人咸安其业而乐其事。"

这个盛世的标准很低，仅仅是"天下无事，赋税平均"。实际上，与两汉时期相比，西晋的税赋不仅繁重，而且也极不平均，社会阶层固化，上层的少数人醉生梦死，底下的大多数咬牙切齿。这充其量不过是一个治世而已，只不过之前几十年"白骨露于野，千里无鸡鸣"的状况实在太惨，才让人们产生了盛世的错觉。

可悲的是，这个错觉也只是昙花一现。西晋王朝统一天下三十多年后，土崩瓦解，文人干宝在经历了山河沦丧、骨肉分离之后，追忆晋初那段逝水年华，他笔下的太康十年美好得恍若人间仙境："牛马被野，余粮委亩，行旅草舍，外闾不闭，民相遇者如亲。其匮乏者，取资于道路。故于时有'天下无穷人'之谚。"

千载之后重读此文，令人唏嘘不已，乱世中人说苦是泪，说喜也是泪。

太康九年（288），司马炎感觉自己身体不行了。

这其中有年龄因素。这一年司马炎五十三岁，已到了接近死亡的年纪。两晋十八个皇帝（算上宣帝、景帝、文帝这三位被追封的皇帝）平均寿命三十九岁，除了高祖司马懿以罕见的七十三岁高龄辞世，其余皇帝无一活过五十五岁。

不过更重要的原因，应该是司马炎寡人有疾。司马炎好色是公开的秘密，早在泰始九年，司马炎就下诏在全境范围内征选秀女，上自公卿府第，下至百姓巷间，凡有适龄少女都要上报，如敢隐匿则以"大不敬"论处；为了防止有人通过抢婚来逃避选秀，司马炎又下令，在选秀期间天下人一律不许嫁娶，犯者也是"大不敬"。要知道"大不敬"的罪名可不轻，最重可以夷三族，司马炎是个有风度的皇帝，史书上说他"宇量弘厚，造次必于仁恕；容纳谠正，未尝失色于人"，可是为了美女，就顾不得风度了。

消灭吴国之后，司马炎将吴主孙皓宫中的姬妾、宫女五千余人全部据为己有，洛阳后宫猛增至一万余人。选择太多也是个麻烦，司马炎于是坐着无人驾驭的羊车随遇而安，羊车停在哪个美人房前，就在哪里过夜。宫人们看到自己命运寄托在那几只拉车的羊身上，纷纷学习牧羊人的本事，在房前插竹枝、洒盐水，吸引羊车过来。

酒色戕害了司马炎。太康九年正月壬申，太阳在白昼突然消失，良久再现；六月庚子正午，太阳再次消失，暝色笼罩大地。观星者言：日食再现，不利于王者。没过多久，司马炎就病倒了。

司马炎的病情时好时坏，延续到太康十年，情况更加糟糕，天下妖异之事频现。

先是年初，江南会稽郡传闻，该郡的鱼蟹都变化为田鼠，数量巨大覆盖了原野；荆州南阳郡传闻，当地人捕获了一只老虎，这老虎只有两只脚，像人一样直立行走，后来又突然消失了；幽州塞北有死牛突然开口说话，说"中国其必为胡所破也"。

然后，洛阳官道铜驼街旁一棵高十丈许、二人围抱的大树无故折断。太康十年四月，宫城崇贤殿火灾，十一月，含章殿鞠室火灾。

恶兆频繁出现，司马炎无疑慌了。次年正月初一，他又一次改元太熙。熙者，光明、和悦。司马炎祈求身体的康健，重新焕发生机，君临天下。

然而上天并没有眷顾这位人间天子。改元之后冬去春回，天气越来越暖，而司马炎生命的火焰却一天比一天微弱。

孟春、仲春、季春，春天过了，司马炎的病情丝毫不见起色；接下来是四月，草木生长，处处欣欣向荣，而司马炎却沉疴不起了。许多人预料到，"太熙"很可能就是司马炎的最后一个年号了。

果然，熬到四月己酉，有消息传出：皇帝大渐弥留。

皇帝病榻设在宫城含章殿。殿上帷幕重重，还遮起了屏风，司马炎躺在屏风之后，连呼吸都显得万分艰难。太医还在煞有其事地把脉，痛苦地做沉思状，其实谁心里都明白，皇帝离列祖列宗不远了。皇后杨芷、太子司马衷以及在京的诸位皇子环侍在皇帝周围，默默地开始酝酿泪水。

殿下，不少被加授"侍中""散骑常侍""给事中"等官职，有权出入宫廷的大臣闻讯纷纷赶来，按各自官秩爵位的高低排队，整整齐齐地跪好，只等里面一声号召，恸哭举哀。

殿外，数以千计的黄门、宫女匆匆穿梭往来，在沉默中有条不紊地筹备着国丧。皇帝大行[①]后的梓宫（棺椁）已经

① 驾崩的另一种说法。

放置妥当；皇后、太子、众皇子以及后宫诸嫔妃要穿的斩缞丧服①已经缝制完毕；太子守丧居住的倚庐虽未搭建，但是白缟帐、草蓐、素床等材料已经准备就绪，只等一声令下，马上即可完工；负责唱挽歌的太乐队成员冠带整齐，表情肃穆，列队等候于偏厅之中；宫城外，也有专门的场所被清理出来，以供百姓哭祭。

总而言之，万事俱备，唯欠皇帝一死。

皇帝偏偏不肯死。

殿下群臣跪了一个又一个时辰，双腿发麻、发冷，最后失去知觉，可皇帝还是不断气。

终于有人等不及了，最前排站起一个六旬左右男人，环视匍匐在地的同僚，然后背着双手跨出队列，傲然上殿，掀开帷幕走了进去。

没人敢阻拦这个跋扈的臣子。此人姓杨名骏，是司马炎的岳父、皇后杨芷的父亲。

杨骏看到的司马炎已与一具死尸没多大差别。双眸紧闭，肤色灰暗，胸膛与喉结处都看不出一点起伏，这些体征似乎都说明皇帝已经驾崩。杨骏从袖中掏出一缕新丝绵絮，递给皇后杨芷，杨芷啜泣着将绵絮递向司马炎口鼻之上。这一举动叫"属纩"，"属"是放置的意思，细小的绵絮叫作"纩"。绵絮很轻，古人将绵絮放置到弥留者的口鼻处，测看其是否断气，如果绵絮一动不动，则说明病人已死。后来这举动演变成丧礼的一个固定仪式，《礼记·丧大记》中说"属纩以俟绝气"。

---

① 不缝边的粗麻丧服，这是最重的丧服。

杨芷的手刚靠近司马炎脸庞，司马炎猛一抽搐，双眼突然睁开，灰暗的脸上泛起一道红晕。杨芷吃了一惊，手一抖，将绵絮握入掌中，未被司马炎发现。司马炎直直地盯着某一个地方，顺着这道目光，杨芷发现被司马炎注视的人是太子司马衷。

瞬时，在场的所有人都明白了司马炎为何迟迟不断气，他是不放心身后事，因为太子司马衷竟然是个痴呆。

二、痴呆的太子

司马炎一生儿子众多，有二十六个，夭折过半，活到成年的只有九个。这九个皇子后来全部被卷入"八王之乱"，七人死亡，唯有先天残疾的司马晏与幼子司马炽侥幸活了下来。

这些儿子大多是在晋王朝成立后出生的，在做皇帝之前，司马炎的儿子还是个位数，其中正室杨艳所生的嫡子有三个：司马轨、司马衷、司马柬。嫡长子司马轨活到两岁就夭折了，次子司马衷顺次成为嫡长子。泰始三年（267）年初，司马炎立司马衷为太子，当时司马衷才九岁。

时光荏苒，太子一天天长大，突然有流言兴起，说太子是个痴呆。有这么个笑话作为佐证，说某次太子在皇宫华林园游赏，有蛤蟆在叫，太子静静听了半晌，问左右随从："这个呱呱乱叫的东西，是官家的，还是私人的？"随从不知道怎么回答，只好蒙他："在官地，那就是官家的；在私人地盘，那就是私人的。"

一开始，流言囿于宫墙，只回响于皇宫内部。但是随着咸宁初年，十七岁的司马衷出居东宫，见习参与朝政，流言终于飞出皇宫，成为满朝公卿窃窃私语的话题。

司马炎十分尴尬。知子莫若父，司马炎对司马衷的了解远非他表现出来的那样懵懂。

早在泰始末年，司马衷十四五岁的时候，司马炎就发现"皇太子不堪奉大统"，君王家天下，太子的事是国事，但首先是家事，司马炎不动声色，偷偷征询皇后杨艳的意见。

杨艳出身弘农杨氏。弘农杨氏是汉末以来资格最老、声誉最隆的名门望族，她嫁给司马炎的时候，司马炎还是曹魏的臣子，算是糟糠妻。到泰始末年，杨艳年近四旬，已生育司马轨、司马衷、司马柬三个皇子与平阳、新丰、阳平三位公主，自谓年老色衰，很有危机感。

杨艳是熟知司马炎性情的，泰始九年司马炎大肆选妃，已经引起杨艳的强烈不满，所以在遴选时，杨艳只挑中皮肤洁白、身材高大但是长相普通的女子，那些长得美艳、有女人味的则一概不留。当时有个姓卞的女子，是魏武帝卞皇后的族人，卞家在曹魏时期出过三位皇后，是有名的出美女的家族，这个卞姓女子也十分美貌，司马炎食指大动，用扇子掩住嘴，悄悄对杨艳说："这女子不错。"杨艳却白了他一眼，幽幽说道："卞氏三代皇后，如果选了她，不做皇后太委屈了。"司马炎被搞得没脾气，只好弃选卞氏女。但那次选妃还是给杨艳增加不少年轻貌美的竞争对手，其中威胁最大的有两个，一个是镇军大将军胡奋的女儿胡芳，另一个是廷尉诸葛冲的女儿诸葛婉。在此之前，司马炎已经很少在皇后那儿过夜；

在此之后，次数更少，宫中接二连三有皇子皇女出生，每一个皇胤的新生都令杨艳危机感倍增。

丈夫既然已经不可靠，母凭子贵，就成为杨艳唯一的保障。在这种情况下，司马炎却来跟她商量司马衷的嗣位问题，杨艳原本就很脆弱的神经被刺激得砰砰直响。她说："立嫡以长不以贤，岂可动乎？"

"立嫡以长不以贤"不是一句普通的话语，它出自《春秋·公羊传》，这句话揭示的是宗法制中最重要的原则。司马炎没想到妻子的态度这么坚决，竟然搬出儒家经典来对付他，他的好脾气又一次发作，这事就此不了了之。

到了泰始十年（274），杨艳病逝，那时候司马衷十六岁，已经加冠礼并与大臣贾充的女儿贾南风成亲。杨艳担心别的嫔妃做了皇后，太子的嗣位不安稳，于是在临死前推荐自己的堂妹杨芷接替她做皇后。当时杨艳的头枕在司马炎大腿上，气若游丝，可怜楚楚，司马炎情不自禁，"流涕许之"，并且果真在咸宁二年（276）册立杨芷为皇后。

从此，司马炎每次动起换嗣的念头，心中又多了一个障碍，总觉得冥冥天际，杨艳那对妙目正盯着他质问。

但是，这天下毕竟是天下人居住的天下，嗣君的贤或不才，关系到全天下人的福祉。"朝野咸知太子昏愚，不堪为嗣"，私下里的窃窃私语很快演变为公开的劝谏。

有一次，司马炎召集百官在凌云台宴饮，司空、太子少傅卫瓘假装喝醉，走到皇帝御座前，抚摸着御座连连叹息，说："此座可惜！"司马炎当然明白他想说什么，卫瓘是太子少傅，最清楚太子的情况，他说可惜，是觉得太子配不上这个御座。可是司马炎并不想废太子，他只好装糊涂，说："公真大醉邪！"——你看来真是喝醉了啊，一边凉快去吧，这事不是你该操心的！

另一个臣子，中书令和峤，就没有卫瓘那么含蓄了。他直截了当地对皇帝讲："皇太子有淳古之风，而季世多伪，恐不了陛下家事。"司马炎无言以对，只好默然。

有人替皇帝打圆场，说太子成年之后，已经变得聪明起来了。这些说太子聪明的人，无疑才是真正的聪明人，他们看穿了皇帝的心理，他们知道这是皇帝最想听到的话。

果然，司马炎兴奋不已，他派和峤与中书监荀勖去东宫，看看太子是不是真变聪明了。荀勖回来后，把太子大大地称赞了一番。皇帝很高兴，又接着问和峤的意见，和峤很扫兴地来了一句："太子圣质如初。"——太子还是老样子。

司马炎当面被打脸，"不悦而起"，拂袖而去。

但是，皇帝必须要给出一个交代。天下之口悠悠，堵是堵不住的。

于是司马炎布置了一次考试，把一些难以处理的国事写在纸上密封，派一名叫张泓的臣子去交给太子，让他写上处理方案。为了防止东宫官员替太子捉刀，司马炎把他们都召到宫里来喝酒。但这个预防措施并没有生效，太子妃贾南风还是请来枪手，答完了试卷。皇帝没有意识到，关于太子的废立已经不只是他们父子之间的家事了，而是几大利益团体的斗争。太子妃贾南风的家族，皇后杨芷的家族，还有贾、杨两家的党羽荀勖等人早已结成利益共同体，一荣俱荣、一损俱损。他们当然不容许太子的地位动摇，皇帝身边遍布他们的眼线，连皇帝派去的监考官张泓也是他们的人。

贾南风把试卷交给张泓，让他回宫复命。张泓仔细把答卷看完，指出贾南风做得不够细致，他说："太子不学无术，陛下知道。这答卷引经据典，写得过于渊博，一看就是作伪。交到宫里，那明摆着是欺君。"张泓重新拟出一份答卷，思路清晰但文辞粗鄙，让司马衷照着抄了一遍，这才回宫。

司马炎拿到张泓带回的答卷，十分满意。他得意地把答卷递给卫瓘，窘得卫瓘无言以对，这个表情令司马炎十分快意。随后，司马炎又将答卷展示给群臣看，那些说太子白痴的臣子明知其中有鬼，但也没有办法，只好随着大家一起向皇帝表示祝贺，山呼万岁。

皇帝的意图表现得如此明显，那些嚷着说"太子不堪使命"的臣子是否明白呢？

他们当然明白，只是他们不接受。

那些臣子不接受，是因为他们另有嗣君人选，而这个人选恰恰是司马炎万万不能接受的。

三、兄弟怡怡

在平定吴国之前，张华是司马炎最信任倚重的臣子之一。

当时满朝文武不思进取，天下还没统一呢，就开始贪享淫逸。例如太傅何曾，每天光吃饭就要花费掉一万钱，何曾还嫌没地方下筷子，他的儿子何劭更厉害，"食必尽四方珍异，一日之供以钱二万为限"。驸马王济用人奶喂猪，国舅王恺用珍贵的赤石脂涂墙，外戚羊琇连温酒用的炭，都要先雕刻成奇珍异兽的样子，然后才拿来温酒做饭，洛阳的达官贵人纷纷向他学习。

司马炎很痛恨这种习气，多次下诏严禁奢靡、提倡节俭。咸宁四年（278），有一个叫程据的太医马屁拍在马腿上，他向司马炎献了一件雉头裘，被司马炎借题发挥，在大殿前当着百官的面烧毁。司马炎下诏重申，以后谁还敢做这种奇装异服，一律问罪。可是皇帝的诏令扭转不了社会风气，何况皇帝自己也言行不一，在石崇跟王恺斗富的时候，他还饶有兴趣地掺和一把，偷偷给王恺助拳。

群臣既然忙着享乐，就很少有人操劳国事。司马炎每次提到要对孙吴用兵，总会招来一大堆反对的意见，只有羊祜、杜预、张华三人坚定地站在皇帝这一边，主张讨平吴国、统一天下，不要将难题留给子孙。羊祜、杜预相继都督荆州军事，在前线与吴军对峙，张华作为内援，在朝中任度支尚书，供应军需。

等太康元年捷报传到洛阳，羊祜已经病死一年多了，司马炎追思他的功劳，热泪盈眶。往者不可谏，来者犹可追，司马炎立刻封杜预、张华为万户侯，并封两人的儿子为亭侯。此前羊祜、杜预都已获得开府仪同三司的恩宠，人们普遍看好张华，认为他也即将开府，并且很可能位列三公。

然而这个猜想落空了。

太康三年（282），司马炎相当诚恳地向时任尚书令的张华讨主意，问："谁可托寄后事者？"

张华想都没想，脱口而出："明德至亲，莫如齐王攸。"

这太令司马炎伤心了，张华的答案离他想要的实在相差太远。在这个世界上，司马炎内心深处最忌惮、最讨厌的人，莫过于他的同胞弟弟齐王司马攸了。

因此没过多久，张华就被赶出洛阳，到北方僻远的幽州去了。

司马攸是司马昭的次子、司马炎同父同母的弟弟，据说司马攸从小就显示出优秀的品格，"才望出武帝之右"，祖父司马懿很喜欢他。由于伯父司马师没有儿子，司马攸三四岁的时候，就由祖父司马懿做主，过继给了司马师，所以在法理上，司马攸是司马师的儿子、司马炎的堂弟。这层复杂的关系，是日后一切悲剧的种子。

众所周知，晋王朝的奠基者是司马懿，司马懿以七十三岁高龄病逝，权力传承给长子司马师。司马师执政四年半，废曹芳、立曹髦，离皇帝的位置又近了一大步，但却得了肿瘤，在平定淮南叛乱时暴毙于许昌。司马昭接着执政十年，弑曹髦、立曹奂，消灭蜀汉，进封晋王，加九锡，但不久染上重病，没能在生前龙袍加身，成全了儿子司马炎。

当年司马师的暴毙是个意外，令司马氏集团内部和司马氏的政敌们全都措手不及。那时嗣子司马攸年仅八岁，没有能力接手权柄，只能由司马昭来继承。但是司马昭继承的只有权力，司马师从司马懿处承袭来的舞阳侯爵，新的承袭者只能是司马攸。

对于司马昭父子而言，如何妥善处理与司马师的关系，这是一件十分微妙的事情。在政权建立的过程中，司马师的作用远胜司马昭，这是令司马昭不得不承认的事实。当年司马懿筹划高平陵政变，这是在拿全族性命做赌注，司马懿事前只跟司马师商量，直到政变前夜才告知司马昭，那夜司马昭吓得没睡着觉，司马师则安睡如常。第二天事变，司马师像变戏法一样召唤来三千死士，司马昭则两手空空。司马昭知道，从一开始，父亲对他的期望值就跟对兄长的不一样，这种感觉自然谈不上美妙。

后来司马师虽死，司马师的亲信们尚存，他们依然在洛阳朝堂，在各州郡县，在关中、荆州、淮南各前线，替司马氏效死力。司马昭需要安抚这些人。史书上说，司马昭特别宠爱司马攸，经常对左右说："天下者，景王之天下也。吾摄居相位，百年之后，大业宜归（司马）攸。"

司马昭的内心，未必如他言语表示出来的那么坚定。尽管论血缘，司马攸同样是他的儿子，可是论法理，传位给司马攸，就表示将来新王朝的皇帝都是兄长司马师的子孙，他司马昭只是中间一个代理者。虽然司马昭十分喜爱司马攸，但是想到这一点，他是不甘心的。

司马炎也因此感到很紧张。他请来贾充、裴秀、荀颖、何曾、羊琇、山涛等一大群有名望、掌权势的大臣替他说情。司马炎长发委地，手垂过膝，他曾经把自己奇特的长相展示给裴秀看，问裴秀："人有相否？"暗示自己天生异相，是帝王的不二之选。据说裴秀因此而归心，对司马昭称赞司马炎"聪明神武，有超世之才。发委地，手过膝，此非人臣之相也"。

司马昭犹豫了好久，世子的人选始终悬而未决。直到死前半年，司马昭消灭蜀汉，建立了足够的功勋超越兄长司马师，司马昭终于有了底气，下定决心，要让自己的子孙做皇帝。因此，他选择传位给司马炎。

司马昭先前的犹豫，已将司马攸推到一个危险的境地。知子莫如父，司马昭临终前，为曾经的犹豫而感到不安，他握着司马攸的手，交到司马炎手中，特意讲了汉文帝与淮南王刘长、魏文帝与陈思王曹植兄弟不相容、贻笑世人的故事，讲着讲着，就流下了眼泪。

四年之后，司马炎的母亲王太后病死，临终也在担心司马攸的命运，她对司马炎说："桃符性急，而汝为兄不慈，我若不起，必恐汝不能相容，以是属汝，勿忘我言！"

司马炎确实对司马攸心怀芥蒂。不过司马炎好名誉，所以显得极有涵养，即使被臣子当面比作汉桓帝、汉灵帝这两个有名的昏君，他依然可以"大笑"，不以为忤，世人因此赞扬他"宽惠仁厚，沉深有度量"。

这一次，既然连父母都对自己不放心，那么其他人的看法可想而知。司马炎要堵住天下悠悠之口，所以他对司马攸的优宠无可复加。

泰始元年，司马炎做皇帝的当日，一口气分封二十七位家族成员为王。这二十七个王按照食邑多寡，可分为四个等级：最高等级食邑四万户，享有这种超大封国的只有一人，就是皇帝的叔祖、宣帝司马懿的弟弟司马孚，他当时已经八十五岁高龄；第二等级食邑一万户左右，这些封国属于"大国"（按咸宁三年设立的标准），"大国"的王主要是皇帝的叔父；第三等级食邑五千户左右，这些封国属于"次国"，"次国"的王主要是离皇帝血缘较近的平辈；以上三个等级的王在爵位上是平等的，都是"郡王"，第四等级则要降一级，是"县王"，食邑一般在五千户以下，这些封国属于"小国"，"小国"的王主要是宗室疏族与皇帝的晚辈。

在这次分封中，司马炎有三个弟弟同时受封：司马攸、司马鉴、司马机。司马鉴与司马机都是"次国"郡王，司马鉴食邑五千户左右，司马机食邑六千六百六十三户，唯独司马攸食邑万户，是"大国"郡王。司马攸不仅与叔父司马干、司马亮、司马伷、司马骏并肩，比另外两个叔父司马伦、司马肜还要高一等。

皇帝的优宠不只体现在封国广大、食邑众多，司马炎要向世人展示，他对弟弟真的毫无芥蒂。司马攸随即被引入朝堂，《晋书·齐王攸传》说"时朝廷草创，而（司马）攸总统军事，抚宁内外，莫不景附焉"。所谓"总统军事"当然是句空话，司马攸根本没有真正接触过兵权，但是至少在表面上，司马攸始终官居一品，位极人臣。

司马攸先被任命为骠骑将军、开府仪同三司。骠骑将军这个职务，是当年汉武帝专门为大将霍去病所设立的，位同三公，与"大将军"并肩，掌握全国兵权，可是到了晋朝，已经是无兵可带、无仗可打的悠闲将军，此前担任骠骑将军的，是吴国的降将孙秀。"开府"则是一种特权，指高级官员自主选址建立府衙并且自选僚属，这项殊荣连皇帝的叔父司马伷、司马骏等都没有能够享受。司马伷与司马骏在晋朝建立后一直领兵在外，后来司马骏镇守西陲有功，司马伷参与平吴有功，这才换来"开府"殊荣，比侄子司马攸晚了整整十多年。至于那些不成器的叔父，如司马伦、司马肜等，司马炎至死都没让他们开府。

不久之后，司马攸又升迁为镇军大将军。镇军大将军，听上去兵权很大，实际只有在出征时，凭虎符才可以调动兵马。齐王司马攸一直待在洛阳，从未上过战场，皇帝也没有授予虎符，所以他依然是一个无兵可带的悠闲将军。

皇帝还加赐司马攸羽葆、鼓吹。所谓"羽葆"是一种装饰着五彩鸟羽的华盖，"鼓吹"是演奏乐曲的乐队，这两样东西是天子卤簿①的一部分，只有皇帝出行才可以使用。司马炎将它们赐给弟弟，是希望他每天上朝时能吹吹打打、风风光光而来，吸引众臣羡慕的目光，让他们感受到皇帝对弟弟的宠爱。

从泰始年间到太康年间，十多年间，司马攸始终未变的一个职责就是教导太子司马衷，也许这才是皇帝真正需要他的地方。司马攸先兼任太子少傅，后来又转为太子太傅。咸宁二年（276），年仅二十八岁的司马攸升任司空，成为西晋最年轻的三公，不过他依然兼任着太子太傅。当叔父司马伷、司马亮等人以年过五旬的老迈之身，亲冒矢石冲锋陷阵的时候，作为后起之秀，正当年轻有为的司马攸却在战场千里之外的地方，在闲而无聊的洛阳东宫里，陪傻侄子司马衷读书。

司马氏标榜以"孝礼"治天下，构成"孝礼"的两个基

---

① 卤簿：古代国家首脑进行重大国事活动时适用的一系列成文的典章制度，要根据国事活动的重要程度区分等级而实施。

本元素就是对父母之"孝"和对兄弟之"悌"。对于儒者来说，孝悌是一个人处身立世的根本，因此，司马炎对司马攸的种种优宠也带有以身作则，给天下人树立榜样的意味。

无论是从臣子的角度，还是从弟弟的角度，司马攸的回应都十分得体。他一直保持着恭谨谦逊，小心翼翼，不犯过失。当初司马炎授权诸王自主选择国内长吏，司马攸表示天下尚未统一，王的权力不宜过大，主动放弃齐国官吏的任命权，交还朝廷；当时诸王的日常开销都由国库承担，司马攸认为食邑所得已足够承担开支，因此请求减轻国库的负担。看到弟弟如此舍己为国，司马炎感动之余坚决不同意。兄弟俩推来推去，前后多达十几次，把天下人都感动坏了。

如果没有意外，当年司马昭与王太后的担心将会落空，司马炎、司马攸兄弟俩将始终挂着笑脸，把这一幕名叫"兄弟怡怡"的戏善始善终。

然而很不幸，意外还是发生了。这个意外就是白痴太子司马衷。

四、咸宁二年的未遂政变

尽管给予司马攸许多优宠，但一涉及君臣名分，司马炎从未让司马攸产生任何幻想。

司马炎深知，司马昭最终将权力传给自己，表明父亲的选择是要将皇位留给自己的子孙，而非伯父司马师。司马炎将这一意志体现在祖、伯、父三个皇帝的庙号上：祖父宣帝司马懿，庙号"高祖"；伯父景帝司马师，庙号"世宗"；父亲文帝司马昭，庙号"太祖"。制定庙号遵循的规则是"祖有功而宗有德"，庙号为"祖"，表示这皇帝有开疆拓土或者创立制度之功；庙号为"宗"，表示这皇帝守成有方、治国有德。司马炎将司马师的庙号定为"世宗"，即是在抹杀他的创业功绩，将司马师执政的五年定义为过渡期，表示"太祖"司马昭才是继承"高祖"事业的人。

既然司马师只是权力的过渡者，作为司马师的嗣子，司马攸自然没有资格染指皇位。但是司马炎担心他的臣子们不这么想，所以在泰始三年，三十二岁的司马炎早早将儿子司马衷立为太子，以正视听。

在最初的几年里，并没有人表示异议。但是，随着"太子是痴呆"这个消息成为朝堂上公开的秘密，而齐王司马攸则始终保持着良好的品行与声誉，很多朝臣心里就开始琢磨了：谁当嗣君才真正合适？

理论上讲，司马攸做皇帝是完全没有问题的。天下，宣帝之天下，司马攸是宣帝司马懿嫡长孙，具备做皇帝的合法性。即使不论法理，只说血缘关系，司马攸接晋武帝的班，这也是有先例可循的，景帝、文帝当年不就是兄终弟及的吗？

当年贾充、羊琇一干人等反对司马攸做继承人，并非对他个人有意见，而是"国赖长君，不利冲人"，司马昭去世那年司马攸才八岁，毫无政治经验。

同样的道理，现在司马攸已经成熟，而新太子却是个白痴。天下，宣帝之天下，岂能交给一个白痴？国赖长君，让司马攸做皇帝才是正确的。

怀有这种想法的人一多，自然会结党。党争遂起。

与两汉曹魏不同，司马家的家天下并非马上得之，而是从孤儿寡母手中窃取得来。在窃取的过程中，司马家得到不少世家大族的襄助，因此，新朝虽然建立，站在朝堂上的却全是曹魏时期的旧臣。这些臣子都是累世之交，彼此间的交情可以追溯到祖父那一辈，这里面不计其数的恩恩怨怨，都延续到了新朝。

因此，西晋王朝建国伊始就党争不断，相关矛盾冲突不绝于书，《晋书·任恺传》里总结了双方阵营："庾纯、张华、温颙、向秀、和峤之徒皆与（任）恺善，杨珧、王恂、华廙等（贾）充所亲敬，于是朋党纷然。"

这两伙人相互构陷，先是贾充设圈套要将任恺赶出中枢，计划未遂；然后任恺反击，也设圈套要让贾充远离中枢，到关中去带兵打仗。贾充吓个半死，于是采用中书监荀勖和侍中冯紞的计策，将女儿嫁给太子司马衷，才避免了上战场。

嗣君的问题一经提起，马上就跟党争搅到一块，成为西晋朝堂上争吵最激烈的议题。

司马炎头痛无比，他无法容忍大好江山旁落到弟弟家，但另一方面，"太子不令"又是无法掩盖的事实。

那么换一个儿子做太子又如何呢？

这样做的风险只会更大。

首先，皇嗣非小事，汉高祖当年动过换太子这个念头，不仅没成功，反而连累爱子刘如意被毒死；汉景帝也动过这个念头，他成功了，但是废太子刘荣不得不被杀掉以除后患；

汉武帝更是不得了，直接逼得太子刘据造反，父子俩在长安城内兵戎相见，死伤数万人。

其次，即使换个儿子做太子，新太子不是嫡长子，嗣位就有先天的致命缺陷。倘若他像齐王司马攸一样誉满天下，倒也可以堵住悠悠之口，偏偏司马炎其余诸子都还年幼，养在深宫无人识，都不足以服众。失去"嫡长子"身份的保护，新太子在齐王司马攸面前更加不堪一击。

再次，倘若要另立太子，换哪个儿子才好？司马炎当时儿子已经不少，后宫诸嫔妃大多来自高门大户，背后都有势力，此禁一开，人人政治投机，然后结党交通，这朝堂就一片混乱了。原本齐王一党与太子一党就已经势成水火，如果再冒出新太子一党、诸王子一党，一团混战，那就国将不国了。

当时江南未平，蜀中新归附人心不稳，在北方与西方，匈奴、鲜卑还有羌人不服朝廷，屡次叛乱。如果在此时因为皇嗣的问题，使得洛阳也人心浮动，甚至大动干戈，那后果还真是无法预测。

想着想着，司马炎背上全是冷汗。

一开始，司马炎打算和稀泥。毕竟自己正值壮年，太子也还年幼，不妨先搁置不提。

泰始八年（272），皇帝在皇宫式乾殿摆下宴席，请两党的首领贾充、任恺赴宴，趁着大家喝酒高兴，皇帝说："朝廷宜壹，大臣当和。"

贾充、任恺立刻向皇帝认错检讨，君臣尽欢，大醉而归。

但是酒席上说的话都是算不得数的。贾充、任恺酒醒之后，一琢磨，以前吵吵闹闹的，心里还顾忌被皇帝知道后影响形象，现在皇帝都知道了，竟然没有怪罪。这说明什么？这说明皇帝的态度是无所谓啊，既然皇帝都无所谓了，那还有什么好顾忌的？继续吵！

于是继续斗得昏天黑地。

司马炎头痛死了，他意识到，指望这帮家伙幡然醒悟，看来是没希望了。自己再装糊涂，他们就要以为是真的糊涂了。司马炎开始显露自己的态度，不久，任恺、庚纯先后被罢免。

两个重要人物被罢免了，拥立齐王的那伙人该老实了吧？

哪会那么容易。到了咸宁二年（276），这伙人又捅了个大娄子。

事情肇始于咸宁元年（275）十二月，洛阳爆发了瘟疫。这次瘟疫来势汹汹，波及整个京畿。从咸宁元年十二月至咸宁二年一月，洛阳一片死寂，城门日夜紧闭，街道行人绝迹，百姓阖门闭户在家中等死。

为避免疫情传入宫中，司马炎废除了早朝，加强了宫城的门禁，但还是陆续有宫人染上疫病，最后，连司马炎自己也染上了。

眼看着皇帝的病情越来越重，而太子又不堪重任。挺齐王的那伙人开始蠢蠢欲动，密谋等皇帝死后拥立齐王司马攸，并分头行动去策反群臣。

也许是兴奋过度昏了头，时任河南尹的夏侯和竟然把策反工作做到贾充府上去了。他对贾充说："齐王是你的女婿，太子也是你的女婿，两者扯平。你应该拥护那个有贤德的。"

夏侯和太糊涂，他只记得齐王王妃贾荃是贾充的长女，可是他忘记了，贾充有前后两任夫人，贾荃是贾充与前妻李氏的女儿，太子妃贾南风是贾充与现任妻子郭槐的女儿。贾充是出了名的怕老婆，他已经好多年没去看望自己的长女了。

贾充吓了一跳，不知该怎么回答夏侯和，直接把他逐出门去。

拥立的图谋没有得逞，因为到了咸宁二年二月，司马炎的病奇迹般痊愈了。

身体虽然痊愈，心病却越来越重，皇帝得知自己生死一线的时候，竟然有人趁机想篡权夺位，他震怒了。太子党人当然不会错过这个好机会，冯统对皇帝大叫侥幸，说："陛下前者疾若不差，太子其废矣。齐王为百姓所归、公卿所仰，虽欲高让，其得免乎！"他劝皇帝将齐王司马攸赶回封国，以绝后患。

出乎意料，司马炎并没有采纳冯统的意见。不仅如此，司马炎甚至连追究此事的兴趣都没有，仿佛这事他毫不知情，仿佛密谋政变是无足深责的小过失。

司马炎只对少数几个人薄施惩戒。夏侯和被调离河南尹一职，转任光禄勋，从官秩上来看，这是一次平级调动，但手中权力却相差云泥，河南尹是个实权职位，掌管着京畿治安，而光禄勋只是一个管理宫掖的虚职。继任河南尹的是司马炎的舅舅王恂，王恂是众所周知的太子党人。贾充也被剥夺了兵权，还被免除了司空的职务。这与其说是惩戒，不如说是给贾充一个机会重新表态。贾充原本就不是齐王一党，赶紧表忠心，于是司马炎又封他为太尉。

齐王司马攸没有因为此事受到任何牵连。司马炎没有对弟弟表示出哪怕一丁点的不满，反而赏赐五百匹绢布，用来奖励弟弟在自己患病期间的慰问与照顾。司马炎还给弟弟升官为司空，这个新官职就是不久前从贾充头上摘下来的，齐王司马攸也成为三公之一，当时他年仅二十八岁。

一场风波由于皇帝的宽宏大量，就此大事化小，小事化无，最终不了了之。

但一年之后，咸宁三年（277）八月，司马炎突然做了五个大动作，用以加强皇权，削弱宗室。

一、制定"非皇子不得为王"的原则。司马炎一口气封司马裕、司马玮、司马允、司马该、司马遐五个儿子为王，加上之前的受封的汝南王司马柬、城阳王司马宪、东海王司马祗，使封王的皇子达到八个。

二、对于那些已成立的诸侯国，颁布"推恩令"。按照"推恩令"，诸侯王的嫡长子可承袭王位，其他王子可相应地成为公爵、侯爵、伯爵、子爵、男爵，他们的封邑从原先的封国里分割。

三、建立起各封国的置军制度。司马炎按封邑的多寡将封国分成大国、次国、小国三等，配以相应的军队，但是这些国兵并非直接受控于诸王，而是受控于中尉，中尉则由朝廷任命，而且这些军队会逐代递减，最后都消减成小国的标准。

四、任命叔父司马亮为"宗师"，统摄宗室成员，"使训导观察，有不遵礼法，小者正以义方，大者随事闻奏"——齐王司马攸自然也在这监管范围之内。

五、驱赶诸王归国。八月癸亥，司马炎一道诏书，命令宗室成员凡是在京城没有职务的，全部离开洛阳回藩国。

这下可闹大了。

洛阳是天下首善之地，萃聚全国精华。宗室成员贪图在洛阳的安逸生活，都不愿意去那偏远的藩国，个个都是哭着上路的。向皇帝提出归藩建议的人，是杨皇后的叔父杨珧，一夜之间，杨珧就成为司马家的公敌，不知有多少姓司马的在背后指着他诅咒谩骂。

司马炎的另外一个弟弟，乐安王司马鉴就是在这个时候离开洛阳的，而杨珧矛头指向其实是齐王司马攸。但齐王司马攸当时官任司空、侍中兼太子太傅，供职洛阳，并不在诏书遣散的范围之内。

当然，齐王司马攸不在遣散之列的真正原因，是司马炎觉得时机还是不够成熟，齐王党人在朝中盘根错节，当时朝廷正在紧锣密鼓地筹划讨伐孙吴的战备，正是用人之际，不可以乱了大局。

五、尺布斗粟

司马炎这口气忍到太康年间，局势才焕然一新。

江南，吴国的四州四十三郡已经被划入晋国版图，吴国的君主孙皓也已经成为晋朝的"归命侯"，举家搬迁到洛阳居住。

北方，曾有鲜卑人秃发树机能在泰始六年（270）反叛于凉州，攻杀秦州刺史胡烈，朝廷剿了近十年，屡战屡败。曾有一段时间，司马炎甚至在考虑是否要放弃凉州，幸亏有名将马隆主动请缨，咸宁五年（279）十二月，马隆临阵斩杀秃发树机能，平定凉州。

外患既除，司马炎觉得，该是解决内忧的时候了。太康三年（282），荀勖、冯𬘫等人旧事重提，再一次对司马炎说："陛下遣散诸王回藩国，近亲应该做出表率。如今至亲莫过于齐王，他却依然滞留在京师，未免太不合适了。"

这回皇帝彻底动心了，他问张华："谁可托寄后事者？"这与其说是想征询张华的意见，不如说是想让张华表明立场。结果张华站错了队，他就毫不留情地将其贬到幽州去了。

此时的司马炎底气非常足。原因有二：一、他一统天下，已经建立足够的功勋与威信，不再是靠父祖荫庇的二世祖；二、他有了皇孙司马遹。

这个皇孙是促使司马炎在嗣位问题上一锤定音的关键人物。

泰始八年（272），太子与贾南风成亲，皇帝皇后担心司马衷年幼愚憨，不懂男女之事，就派一个叫谢玖的"才人"去东宫侍寝。晋代的后宫分七等十六级，"才人"处于倒数第二等级，仅高于无官秩的普通宫女，是一个微不足道的低级女官。谢玖的身世也与官职相称，"家本贫贱，父以屠羊为业"，她去了东宫，六年后，竟然怀了孕。

皇孙从天而降，这让司马炎喜出望外，却令谢玖忧心忡忡。因为太子妃贾南风是一个暴虐凶残的悍妇，对宫女动辄鞭挞笞打，甚至亲手杀害。太子妃还没有为太子生下子嗣，当然容不得她人捷足先登，曾经有宫人怀了太子的骨肉，太子妃知道后，竟然用戟活生生剖开孕妇的肚子，落下一个已经成形的胎儿，母子俱亡。

惊恐万分的谢玖请求回到西宫。司马炎知道太子妃的行径之后，龙颜大怒，打算废掉太子妃，经杨皇后、荀勖等人给求情，说什么女人善妒忌这是天性，太子妃年纪小还不懂事，长大脾气就变好了云云，这才作罢。司马炎派杨皇后去东宫，把太子妃骂了一顿，这事就算过去了。

谢玖获准回到西宫，咸宁四年（278），她生下皇孙司马遹，司马炎将他密养在西宫中，司马遹一直长到三四岁，司马衷都不知道他还有一个儿子。

所谓隔代亲，司马炎越看越觉得这孙儿聪明可爱，他给司马遹取字"熙祖"，从这个字可以看出，司马炎把希望寄托在这孙儿身上，打算让他继承祖先的遗业，并且发扬光大。

至此，司马衷的皇嗣之位就稳如泰山了。司马炎已不再犹豫，他有了绝好的借口来说服自己，不错，虽然皇太子愚憨迟钝，但是将来会有太孙继承大统，太孙睿智聪明，是难得的佳儿，将来肯定是个贤君。

为了使这个借口更有说服力，司马炎开始给孙儿造势。他经常在百官面前夸司马遹聪明，说："此儿当兴我家！"司马炎还说司马遹的长相、气质都像宣帝司马懿，这当然是信口开河，司马懿生于公元 179 年，那是一百年前的事了，他小时候长什么样子，当世不可能有人知道。不过既然皇帝开金口，说这皇孙长得好、长得像祖先，做臣子的难道还能反对？自然是山呼万岁，向皇帝表示祝贺了。

司马炎还经常举两个例子，来说明司马遹不同凡响。

第一个例子，是司马遹看到宫中园林里养着一些很大的猪，皇孙说："豕甚肥，何不杀以享士，而使久费五谷？"——看看，这孩子多懂事！小小年纪就知道节俭，就知道爱士。第二个例子，是有一次皇宫失火，司马炎倚着高楼看救火，司马遹牵着他的衣角，走到暗处，对他说："暮夜仓卒，宜备非常，不宜令照见人君也。"——看看，这孩子多有孝心，多么机敏沉着。

这两个例子都发生在皇宫大内，真实性无法核实。值得注意的是它们的发生时间，都在太康初年，特别是第二个例子，据说发生在司马遹五岁的时候，算算正好是太康三年，就是司马炎要对齐王司马攸下手的那一年。

种种迹象表明，秋后算账的日子终于到了。按捺已久的太子党人闻风而动，积极献计献策。荀勖建议司马炎来个引蛇出洞，他说："朝野上下都归心于齐王，陛下万岁之后，太子恐怕不得继位为帝。陛下可以试着下诏让齐王归国，必定满朝反对。事实将会证明我的担忧并非危言耸听。"

于是在太康三年十二月甲申，司马炎下诏任命齐王司马攸为大司马、都督青州诸军事。熟悉王朝军事分布的都知道，青州南边的徐州、扬州驻有重兵，那是用来震慑江南吴人的，青州北边的冀州、幽州也驻有重兵，那是用来守卫京畿、防备北方异族人的，唯独青州太平无事，驻军不多，所谓"都督青州诸军事"其实无兵可督。齐国就在青州境内，这道诏书的真实用意，就是要赶齐王司马攸离开洛阳，回齐国去。

这已是太康三年的年底，司马炎迫不及待地开辟战场，大概是打算解决此事再过年了。

齐王党人自然不会让皇帝如愿，他们的反攻迅猛如潮，大出司马炎意外。

首先发难的是宗室元老，皇帝的叔父扶风王司马骏拄着拐杖，跑到宫里来要求皇帝收回成命。随后，征东大将军王浑，中护军羊琇，光禄大夫李熹，侍中王济、甄德，纷纷上书，要求皇帝留下齐王司马攸。他们的诉求当然不是让齐王司马攸继承皇位，而是让齐王司马攸出任太子太保，与汝南王司马亮、外戚杨珧一起辅佐太子。

经历了咸宁二年的拥立风波，齐王司马攸早已让司马炎如芒刺在背，不拔不痛快。王浑把齐王司马攸比作周朝的周公旦，但在司马炎眼里，齐王司马攸却是西汉的燕王旦，有篡位野心。退一步讲，即使齐王司马攸没有篡位野心，他是如此受欢迎，完全具备篡位的能力，司马炎不能也不敢把安全寄托在弟弟的忠心之上。

王浑等人的谏言，司马炎当然是不会听的。司马炎在感到愤怒之余，还有恐惧，因为这些劝他的人个个都在朝廷中举足轻重。

扶风王司马骏不仅是宣帝的儿子，还是朝廷的征西大将军，在关中地区有极高的威望；征东大将军王浑是攻灭吴国的大功臣，都督荆州军事，手握重兵；中护军羊琇是司马炎的发小，也是外戚重臣，京城洛阳的禁军归他统率；光禄大夫李憙是开国元勋、两朝元老；侍中甄德是皇帝的姐夫；侍中王济是王浑的儿子、皇帝的女婿。这些人如果联合起来，别说是搞政变，打一场内战都够了。

这时王济、甄德出了昏招，他俩让妻子常山公主与长广公主到宫中去哭谏。这个主意实在不高明，常山公主还是个瞎子，哭起来肯定不好看。司马炎被她们哭得烦死了，他感到愤怒而且委屈，忍不住对侍中王戎发牢骚："兄弟至亲，今出齐王，自是朕家事，而甄德、王济连遣妇来生哭人邪！"

因为有咸宁三年的前科，中护军羊琇认为此次驱逐齐王肯定又是杨珧煽风点火，他和北军中候成粲谋划着要为国除害，手刃杨珧。

杨珧闻讯，吓得躲在家里不出门，连早朝都不敢列席，派人向皇帝求救。

羊琇这回闯大祸了。

洛阳的禁军分中护军与中领军，后来中领军改名为北军中候。大致的分工，是中护军管辖宫殿之内的禁军，北军中候管辖宫殿之外的禁军，包括左、右卫将军与骁骑、游击、左、右、前、后六军，还有屯骑、步兵、越骑、长水、射声五校等。假使中护军与北军中候联手搞兵变，整个洛阳的王侯公卿，甚至皇帝都将是刀下鱼肉。

司马炎龙颜大怒。

他立刻夺了羊琇的兵权，徙封为太仆，这是掌管皇帝车库、马厩的闲职；皇帝又夺了王浑的兵权，以年老为由让李熹致仕，废掉王济、甄德的侍中职务，出为闲职。

不久，李熹、羊琇就生病暴卒，扶风王司马骏也从此废置在家，三年之后忧郁而死。

齐王党全线崩溃。

司马炎以为齐王党已经屈服。太康四年新年刚过，他召来太常郑默，问齐王回藩国，依礼赐予他什么才好？

郑默是两朝老臣、政治老油条，当即说自己拿不准主意，要回去和手下那帮太常博士们商议商议。

结果这一商议就炸了锅，自古言官都是不要命的。博士庾旉、太叔广、刘暾、缪蔚、郭颐、秦秀、傅珍一听皇帝竟然如此冒天下之大不韪，当即决定联名上书，劝皇帝留下齐王司马攸，让齐王司马攸在洛阳辅政。领头的庾旉洋洋洒洒，文不加点起草了表章，写完了给他父亲庾纯过目，庾纯是老齐王党，点点头，表示默许。

博士们的谏表由太常转呈皇帝，郑默请助手博士祭酒曹志一起品读这份奏章，没想到引起了曹志的自伤自怜。曹志这人并不有名，但他的父亲可谓家喻户晓，就是魏武帝的儿子曹植曹子建。

曹志怆然叹息，说："安有如此之才，如此之亲，不得树本助化，而远出海隅！"这句话与其是说在同情齐王司马攸，不如说是在感慨他那才高八斗但却命运多舛的爹。曹志觉得有必要劝皇帝迷途知返，于是他也写一份谏章凑热闹。

两份谏章一齐送到皇帝眼前，皇帝看完，怒了。司马炎与曹志相交数十年，一直引以为知己，结果发现这位老朋友也背叛了自己。司马炎很伤心，说："曹志尚不明吾心，况四海乎！"

皇帝大发雷霆，触龙鳞的臣子就倒霉了。太常郑默，领导无方，罢免；博士祭酒曹志，妄言朝政，罢免；上书的七个博士，不仅罢免，而且全部送廷尉治罪。

这时就有人推波助澜，奏报庾旉等大不敬，应当拉到菜市砍头。幸亏有尚书夏侯骏、右仆射魏舒和左仆射司马晃一起帮着求情，免了死罪，全部除名。

太康四年二月，司马炎再次增加济南郡为齐王封地，立齐王司马攸的儿子司马寔为北海王，给齐王设轩悬之乐、六佾之舞，另外赐予黄钺、朝车等物。

这可以看作是皇帝的最后一点耐心。轩悬之乐、六佾之舞、黄钺朝车，都是受命出征的诸侯才能使用的，这些东西显然是提醒齐王尽快上路。皇帝恩威并施，看来是铁了心了。

这时齐王司马攸上书说自己病了，请求解除官职去崇阳陵给父母守陵。

皇帝当然不许。

在皇帝眼里，所谓的生病不过是个借口，所谓的守陵不过是拿父母来进行要挟。齐王司马攸又是借口又是要挟，就是不肯离开洛阳这个权力中枢，更显得居心可疑。

皇帝派出太医去给齐王司马攸治病，名为治病，实际是查验齐王司马攸是真病还是假病。不出意料，太医回复说齐王根本就没有病，换一拨太医再去，依然回复没有病。

皇帝因此更加措辞严厉地催齐王上路。齐王临走，亲自入宫向兄长辞行，皇帝越看越觉得弟弟不像是个病人，心中不住冷笑。

但是仅过了两天，齐王司马攸就吐血数升，病发身亡。

凶信传到宫中，狠狠抽了处于偏执状态的司马炎一记耳光。皇帝猛然醒悟，原来弟弟不是在使诡计耍小聪明，他是真的病了！

司马炎大哭了起来。那一刻皇帝想到的全是弟弟的好，想到弟弟幼年时的乖巧可爱，想到弟弟成年后的恭谨谦让，想到父母临终前的叮咛嘱咐，想到弟弟这十几年来对儿子司马衷的精心教导。

皇帝就这么真诚地哭泣着。直到侍中冯统冷冷地抛来一句话："齐王名过其实，天下归心，如今他自己病死了，这是社稷之福，陛下何必如此哀伤！"

皇帝猛然止住了泪，脸上浮现出冷冷的讪笑。

冯统无德无能，但他为什么能一直得到皇帝的宠爱？因为他太了解皇帝了，甚至比皇帝自己还要了解。

皇帝在心底一直妒忌着齐王司马攸，妒忌他从小就得到祖父与父亲的优宠，妒忌他得到那么多人的赞誉，妒忌他令自己自惭形秽。当年司马昭病死，司马炎作为嫡长子，也不过服丧三日，而齐王司马攸却哀毁骨立，让人一看就知道谁孝谁不孝；后来王太后患病，稍有痊愈，兄弟俩摆宴给母亲庆贺，席间齐王司马攸想到母亲死里逃生，不禁喜极而泣，司马炎想陪着一起哭，却偏偏连一滴眼泪也挤不出来。

皇帝的杀心早就升起来了，为齐王司马攸对他皇位的威胁，为齐王司马攸对他儿子皇位的威胁。

但皇帝一直没动手，这不是宅心仁厚，而是因为懦弱，害怕承担杀弟的不义罪名。现在老天都帮他，为何不顺水推舟？宫中谁不知道太医院里的那群人一向趋炎附势？将死之人脸上特有惨淡苍白的神色，皇帝又怎么可能看不出来？

表面上是冯紞等人在离间骨肉，承担着恶名。实情却是，皇帝的心中有魔鬼，这个魔鬼就是皇帝本人。

冯紞只有一点可恨。

皇帝正沉浸在自己虚假的悲痛之中，扮演着一个无辜的、被蒙蔽者的角色，扮演着一个痛失爱弟的悲情兄长角色，他就不能让皇帝多装一会儿清纯？

齐王司马攸的葬礼极其隆重，与十一年前叔祖、安平献王司马孚相同，规格仅次于皇帝、皇后。

齐王司马攸的谥号也与司马孚一样，因此他就被后人称为齐献王。皇帝下令，以齐献王灵位配飨太庙，在齐王家庙里，设轩悬之乐。皇帝两次亲临丧所吊唁，亲自流泪，哭得很伤心，感动了一大批不知内情的臣僚。

但对知情者来说，齐王司马攸的死是皇帝一生的污点。数年之后，皇帝与桀骜不驯的王济发生了口角，王济当面讥讽皇帝说："尺布斗粟之谣，常为陛下耻之。"

"尺布斗粟"是汉代童谣。汉文帝时，皇弟淮南王刘长犯法自杀，有人猜测这是文帝有意要将弟弟逼死，于是长安街头传唱这样的童谣："一尺布，尚可缝；一斗粟，尚可舂；兄弟二人不相容。"

《晋书》上说，皇帝听了王济的话后，并没有恼羞成怒，而是沉默不语。

他这是感到羞愧，还是感到后悔？不管是出于哪种心理，这个姿态让后人觉得，在皇帝之中，司马炎还算是个好人。

随着齐王司马攸的薨逝，喧嚣十多年之久的皇嗣问题尘埃落定，储君的位置上赫然端坐白痴太子司马衷。

悲剧的基调从太康四年开始奏响。

三百年后，编写《晋书》的唐朝史官充满遗憾地假设，如果齐王不死，兴许八王之乱就不会发生，随后的五胡乱华、南北长达三百年的分裂就不会到来。

但也有人说，如果齐王司马攸不死，内乱将提前十年爆发，齐王司马攸的死消弭了一场分裂，其实是最好的结局。

孰对孰错，已经无法知晓。因为历史不容假设，它永远按照自身独特的逻辑，诡异地在迷雾中前行。无人能看透这迷雾。

司马炎刚刚坐上皇位的时候，有一次他在朝堂上占卜探卦，卜算皇位可以传几代，结果他卜到了"一"。司马炎不像汉光武帝刘秀，他不相信图谶，在晋朝图谶是被严令禁止的，他探卦只是讨个彩头，所以探到"一"他也没有在意。晋武帝在这一点上像秦始皇，相信江山可以二世、三世不间断地传下去，他不仅要替二世司马衷做打算，他还要替三世司马遹做安排。

谁能料到，世界上竟然真有一语成谶这种事情。

六、皇帝死了

司马炎打点起后事。他发现日月逝矣，曾经的股肱大臣纷纷衰老死去。泰始十年，荀颜病死；咸宁四年，羊祜病死；太康三年，贾充、羊琇病死；太康四年，山涛病死；太康五年，杜预病死；太康六年，王濬病死；到了太康十年，荀勖也病死了。

曾经的心腹，只剩下卫瓘、王浑、张华和杨骏、杨珧、杨济兄弟。卫瓘、王浑、张华与太子离心离德，不可重用，靠得住的只有杨骏兄弟了。

杨骏是太子的外公，忠诚不容置疑，但是资历尚浅、人望不够。皇帝于是有意识地树立杨骏的权威，杨骏因此权倾朝野，与弟弟杨珧、杨济，被天下人称为"三杨"。

司马炎对身后事的安排，总体思路是外戚与宗室共同辅佐新君，互相制衡；外戚掌握朝政，而宗室把握兵权。

在此思路下，太康十年（289）十一月甲申，久病缠身的司马炎下了一份诏书，重新部署各镇都督："汝南王司马亮为侍中、大司马、大都督，假黄钺，都督豫州诸军事，治许昌；改封南阳王司马柬为秦王，都督关中诸军事；始平王司马玮为楚王，都督荆州诸军事；濮阳王司马允为淮南王，都督扬、江二州诸军事，并假节之国。"

秦王司马柬是太子一母同胞的弟弟。关中是天下形胜之地，外有雄关万丈，内有沃野千里，当年秦始皇、汉高祖在此发迹，遂取天下。司马炎曾经做"石函之制"，规定"非宗室不得镇关中"，这个地方只能交给最可靠的人。

楚王司马玮、淮南王司马允也是太子的弟弟。江南吴国新附，民心未稳，需要驻重兵防备。荆州、扬州、江州分别据于长江中游、下游，江南如有变故，两镇齐发，万无一失。

司马亮驻守的许昌、司马柬驻守的长安、司马玮驻守的襄阳、司马允驻守的寿春再加上东北方赵王司马伦驻守的邺城，正好形成了对洛阳的环卫。如果有敌寇从外部进犯，则由洛阳调度各镇抵御；如果洛阳有变故，则各镇举兵勤王；若哪镇心生不轨，则天下共击之。

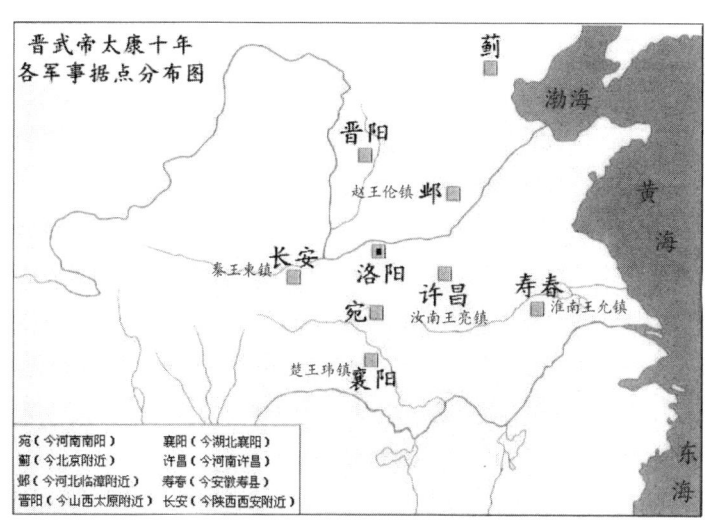

武帝安排的藩镇分布图

朝廷之中，由杨骏与汝南王共同辅政。司马炎担心杨氏的势力太强，新君无法驾驭，于是又任命太原人王佑为北军中候，率领洛阳禁军。王佑是王浑的族子，一向与杨氏不和。

如此一番布置，令宗室与外戚、京师与外镇、中央禁军与各地驻军之间互相制衡，司马炎觉得足以保证新君江山稳固。那么，接下来该替皇孙司马遹做安排了。

望气者禀报广陵那地方有天子气，司马炎于是封司马遹为广陵王，食邑五万户；散骑常侍刘寔博古通今，深有才学，司马炎任命他为广陵王傅。皇帝在此再次重申了态度，表示大晋朝的第三个皇帝的位子，他已经替孙儿预订好了。

既然一切都安排妥当，就应该了无牵挂。那为什么太熙元年四月司马炎到了弥留之际，迟迟咽不下最后一口气呢？

因为司马炎发现，他的百年大计在实施过程中，出现了致命的偏差。

杨骏是司马炎治国蓝图中的关键人物。此人素无才干，也没有名望，以前做过县令之类的小官，后来依赖女儿的裙带，被封为临晋侯，任命为车骑将军。朝中许多人都轻薄其为人，一向识人知鉴的尚书郭奕与尚书褚䂮都曾上书劝过皇帝，说杨骏这人气量狭小，承担不了社稷重任。

臣僚们不明白，其实司马炎要的就是杨骏平庸无能。试想，弱主当朝、宗室强盛，如果启用像霍光、王莽那样强硬的厉害外戚辅政，势必会挟持弱主与宗室争权。霍光杀燕王盖主、王莽废黜刘氏诸王，这都是前车之鉴。如果外戚胜了，皇帝就不免当傀儡，甚至有可能被迫行禅让，司马氏的江山就是由权臣篡位而来的，皇帝不可能不深以为戒；而宗室也是虎狼，如果宗室占了上风，就不免要清君侧。汉代的七国之乱中，吴王楚王就是以"清君侧、诛晁错"为借口起兵造反的，幸好他们失败了，否则汉景帝的龙椅肯定是坐不稳的。

因此在司马炎看来，杨骏实在是辅佐新君的最佳人选。首先，他没能力独裁，没能力就不会生异心，就必须搞好与宗室的平衡，而宗室也不会猜忌这个人。

其次，他是司马衷的外公、杨皇后的父亲，而且杨骏没有儿子，即使生了非分之想也没有意义，所以最没可能生异心。

太康九年起，司马炎的身体时好时坏，他就把朝政交给杨骏去打点，自己深居后宫养病去了。

渐渐的，皇帝感觉不对劲。皇帝任命了很多的侍中，可是到宫中露面的总是只有杨骏一个。皇帝让杨骏打点朝政，并没有说自己一事不问，但杨骏那当仁不让的架势，俨然是一副"政由甯氏，祭则寡人"的派头。

司马炎这时已经没有力气出宫转转，不然他会发现形势远比他想象得要糟糕。想面见皇帝的臣子都被杨骏挡在了宫外，朝中人心惶惶。

司马炎想错了一件事，谁说庸人就没有野心呢？

太熙元年（290）春，杨骏请司马炎下诏夺回繁昌公主。繁昌公主在太康年间下嫁卫瓘的第四个儿子卫宣，杨骏说卫宣好酒，经常嗜酒犯过失。

司马炎让身边的黄门郎去调查，黄门郎回复说杨骏所言属实。司马炎一听，既然属实，那就准奏。

接着，有人上书要求罢免卫瓘，将卫宣交给廷尉治罪，这回司马炎未允许。

不久后，卫瓘声称年老，请求逊位。司马炎猛然醒悟，自己被杨骏当棋子使了。杨骏表面是对付卫宣，其实意在逼卫瓘退位。

司马炎招来黄门郎大骂一顿，问是不是构陷污蔑卫宣，黄门郎抵赖不了，只好认错求饶。司马炎想让卫宣与公主复婚，可是卫宣这时已经忧愤发病而死。司马炎又气又无奈，作为补偿，将卫瓘升任太保的闲职，以菑阳公的身份回家养老。

挤走了卫瓘，杨骏接着就想挤走汝南王。在去年十一月甲申的诏书上，司马炎虽然任命汝南王都督豫州诸军事，但是还保留着"侍中"的职务。司马炎这是要汝南王留在洛阳，可是杨骏却不停地派人催促汝南王出发去许昌。

到了四月初，司马炎的时间越来越少，他经常陷入昏迷，神志时而清醒时而昏聩。有一次他醒过来，身边都是杨骏替换来的新面孔，个个长得那么寒碜，心里那个灰心失望，忍不住想骂人。司马炎一向好脾气，因此他调整了一下语句和语速，对杨骏说："何得便尔！"这话相当于："你怎能如此随意妄为！"

杨骏赶紧下跪谢罪，司马炎想接着骂几句，一口气没上来，又晕过去了。再次醒来，司马炎令中书监华廙起草诏书，召汝南王火速入朝觐见。

这时候，司马炎应该已经明白，他那个貌似憨厚的老丈人靠不住。他只看准了杨骏能力不行，却忽略了另一个问题：越是庸人越是不自量力。志大才疏，是庸人的通病。

其实何必苛求杨骏，司马炎也不过是中人之资，却试图安排身后五十年的格局，这可是汉高祖、魏武帝都未必敢做的事。他的计划漏洞百出，偏偏自以为算无遗策。

自从下达了召见汝南王的诏书，司马炎就陷入痛苦而漫长的等待。

夕阳日复一日映红天际，汝南王的身影一直未曾出现，渐渐的，司马炎气若游丝。

这是怎么回事？因为汝南王根本没有接到诏书，诏书半道就被杨骏劫走了。

这边华廙刚将诏书写好，那边杨骏就得到消息，赶过来借阅。按说身为中书监，完全可以理直气壮地拒绝这种非分之请，可华廙不是有骨气的人，这家伙一辈子倒霉，早吓破胆啦。

华廙的名字不怎么为后人所知，但他的爷爷华歆名气很大，熟悉三国的人都应该知道。华歆没出仕前和隐士管宁交友，被管宁看不起，割席绝交。后来华歆跟了魏武帝，狠狠地做了几件长脸的事，其中有一件就领着禁军冲进汉献帝的寝宫，揪出伏皇后，交给行刑者缢死。华歆在曹魏做到了司徒、太尉的高位，这位老兄据说治家严谨，即使平时在家里也要求子孙像在朝廷上那样恭敬严肃、合乎礼节。

严格的家庭教养培养出了良好的家风，华家风气声名远扬。百年之后，晋朝的刘寔想娶华家的女子，却遭到家人的激烈反对，弟弟刘智对他说："华家类贪，必破门户。"刘寔不听，执意要娶，生出来的儿子刘夏果然败家。

华廙就出生在这个"类贪"的家庭，按他的门第条件，早就可以做官了，偏偏他倒霉，负责典选官员的是他岳父卢毓，按例不允许举选姻亲，所以他一直到三十五岁还是个处士。后来华廙终于开始做官，从中书通事郎做起，一点点往上爬，好容易爬到侍中、南中郎将，都督河北诸军事这些大官了，又得罪了中书监荀勖，莫名其妙被卷入了一场贪污案，被罢免。随后华廙居家近十年，教诲子孙，讲诵经典，抽空还养养猪。

有一天司马炎在皇宫凌云台登高望远，看见有一户人家园内的苜蓿长势不错，一问原来是华廙家的；后来司马炎出宫，又看到华廙家的猪圈，觉得曾经的大臣混到这份儿上实在可怜。太康年间有一场大赦，华廙被重新起用，先做城门校尉，再迁左卫将军，最后做到中书监。

大起大落实在不容易，所以华廙一向巴结着掌权的杨氏。杨骏一说借，他立马将诏书递了过去，而杨骏借了之后就再也没还。

杨骏很有耐心地耗着，等待司马炎灯枯油尽。太熙元年四月己酉，死神终于不耐烦了。

司马炎再次醒来，已经说不出话，眼神空空，等着不可能出现的汝南王。

杨皇后啜泣着，凑近皇帝，问："陛下如有不讳，是不是由临晋侯辅佐太子？"

这话问得很艺术。皇帝脑子已是一潭死水，没能力去琢磨皇后话里的玄机，他点点头，表示默许。

这个就是货真价实的遗诏。杨皇后赶紧吩咐下去，遗诏已下，宣中书监华廙、中书令何劭即刻拟旨。

华廙无耻起来的样子很有他爷爷当年的神韵，他文不加点地完成了这份日后杀戮千万人的诏书：

"昔伊望作佐，勋垂不朽；周霍拜命，名冠往代。侍中、车骑将军、行太子太保，领前将军杨骏，经德履吉，鉴识明远，毗翼二宫，忠肃茂著，宜正位上台，拟迹阿衡。其以骏为太尉、太子太傅，假节，都督中外诸军事，侍中、录尚书、领前将军如故。置参军六人、步兵三千人、骑千人，移止前卫将军珧故府。若止宿殿中宜有翼卫，其差左右卫三部司马各二十人、殿中都尉司马十人给骏，令得持兵仗出入。"

遗诏呈到了司马炎的面前。

如果还有力气行使皇帝的威权，司马炎会马上诛杀华廙全家，然后捧着华廙的头颅问，他传的是谁的旨意？汝南王在哪儿？杨骏不仅要独擅朝权，还要接管天下兵马，居心何在？

可惜啊，他现在只是一个濒死的病人。司马炎做出了病人受刺激后的正常反应，两眼一翻，果断而决然地咽了气。

内庭传出皇后懿旨，说皇帝龙驭上宾，大家举哀吧。

哗啦啦，宫里宫外哭成一片，整个洛阳城都听得到。

杨骏捂住脸，身体剧烈抖动，看不出他是哭得厉害还是笑得厉害。

第二章　杨骏

一、新皇帝司马衷

太熙元年（290）四月己酉，司马炎驾崩当日，身穿毛边粗麻布丧服的太子司马衷被群臣迎到了正殿。群臣异口同声地表示，国家不能一日无君，所以恳请太子即皇帝位。

按照传统，这种劝进要进行三次，前两次劝进，都会被太子婉言谢绝，因为父亲刚刚驾崩，太子哀恸不已，怎么会有闲心考虑自己的名位。但是群臣不会罢休，他们会建议太子以江山社稷为重，苦苦哀求之下，最终，太子勉为其难地登基称帝。

随后，新皇帝司马衷颁布诏书，宣布大赦，改元为"永熙"，所以后世也称太熙元年为永熙元年。同日，司马衷尊奉皇后杨氏为太后，册立太子妃贾氏为皇后。

此时司马衷已经三十二岁，自从九岁被立为太子，他足足在东宫等了二十三年。此后他将御宇十六年，直到四十八岁的时候离奇暴毙，死后谥号为"惠"。

"柔质慈民曰惠"，这是一个名褒实贬的谥号，"慈民"只是托词，"柔质"才是真的，意思是说这个皇帝柔弱无能，被人操纵于股掌之中。历史上谥号为"惠"的皇帝全都命运悲惨，汉惠帝刘盈，一生都畏缩在母亲吕后巨大的阴影之中，未过三十岁就郁郁而终；明惠帝朱允炆，被亲叔叔朱棣抢走皇位，是生是死都是个谜。

司马炎的梓宫停在含章殿，他的谥号被定为"武"，后人称之为晋武帝。"武"是一个既可以褒也可以贬的谥号，放在司马炎身上明显是在褒扬，彰示他开国立业、统一天下的赫赫武功。也因为这些武功，司马炎的庙号被定为世祖，获得受子孙永世供奉的资格。

丧礼的具体操办由太常、太仆等官员处理，无须大行皇帝和皇帝两位陛下费心。晋武帝要做的，就是每天安安静静地躺着；司马衷要做的就是扮演孝子，给父亲守丧。所谓百善孝为先，天子在孝道方面必须为天下人做出表率。

司马炎驾崩，司马衷服的是"斩缞"，这是所有丧服中最重的一种。按照《礼记》要求，"斩衰三日不食"，三日之后可以食粥，但是食量也有严格规定：一天早晚两餐，每餐不超过"一溢米"。"一溢米"相当于一升的二十四分之一，晋朝的孝子们比如和峤、何曾等人，都是称好重量才吃的，生怕不小心多吃了一粒米使自己变得不孝。这个饮食的限量等到百日之后逐步放开，一年之后允许吃蔬菜水果，两年之后允许用酱醋调味，完全恢复正常饮食则要等到丧服期满。"斩缞"的丧期有多长呢？三年。

孝子在丧服期内不仅在饮食上有限制，生活各方面都有讲究。比如睡觉就不能睡在屋里，只能睡在临时搭建的棚屋里，这个棚屋被称为"倚庐"，而且只能睡在破席子上，不能用枕头只能用土块，不能进行房事，等等。总而言之，在古代做孝子是不容易的，不仅在心理上要保持悲痛，还要在身体上饱受摧残，体弱多病的还真当不了孝子。

从法理上讲，皇帝是全天下人的父亲，皇帝驾崩要履行的手续，比普通的父亲亡故要繁缛千百倍，那是全国举哀、劳民伤财的国丧，如果严格按照《礼记》去做，一场丧礼就可能导致亡国。幸好汉文帝善解人意，临终前下遗诏嘱咐丧礼一切从简，其中特意提到"其令天下吏民，令到出临三日，皆释服"，也就是说将服丧期由三年精简为三天。

这道诏书替他儿子汉景帝，也替后世一切皇帝解决了难题。后世的皇帝都可按此先例行事，不怕承担"不孝"的罪名了。从此老皇帝大行之后，新皇帝与臣子都只须服丧三日，余下的三年时间，新皇帝只要在心里保持哀悼就可以了，这种方式被称为"服心丧三年"。虽然后世有儒者对这种变通颇有非议，但这种实用的简易仪式还是被保留了下来。

当年司马昭驾崩的时候，司马炎就只服丧三日；现在司马炎驾崩了，司马衷也只须服丧三日即可。

因此司马衷皇帝生涯的最初三天，应该是穿着丧服、饿着肚子度过的。期间他有没有喊饿，有没有索要食物不得而当众洒眼泪，这不得而知。

到了第四天，司马衷将除下丧服，第一次以皇帝的身份参加朝会。

朝会的仪式非常繁缛，既耗时间又费体力，它要在视觉上、听觉上、气氛上追求一种庄严肃穆的感觉，可以令人心怀敬畏。作用是体现尊卑有序，维护朝廷与皇帝的威严，使臣子产生敬仰与依赖感。

天还没完全亮，全体朝臣就必须在殿旁集合，殿前广场上燃着燎火 ①，朝臣们按官秩、爵位的高低依次坐好。与此同时，皇帝也已经起床，先到皇后处，接受皇后的祝贺，然后他坐着云龙车，缓缓从东门来到殿前，皇帝下车，入东阁小坐。

皇帝入坐东阁之后，朝臣们依次进入大殿，依旧按官秩、爵位的高低排列整齐，等候在殿下；环卫宫殿的虎贲、殿内陛下的持戟卫士等也进入岗位；太常指挥下的太乐队成员，带着他们的钟啊鼓啊一系列乐器，各就各位。几百人静候在大殿之内，肃穆无声，有谒者检查朝臣的服饰是否整齐、举止是否得体，如果有服饰或举止失仪的人，谒者则会视其轻重而给予呵斥，最严重的将会被弹劾以"大不敬"的罪名，逐出朝堂并记录在案，交由相关人员治罪。

大臣们准备就绪之后，谒者、仆射、大鸿胪依次向皇帝禀报。过了片刻，到了某一个指定的时辰，侍中启奏时辰已到，于是皇帝走出东阁，在侍中、卫士等簇拥之下，由太常开路，庄严稳重地缓步进入大殿。此时钟鼓齐鸣，百官全部拜伏在地，太常引导皇帝登上大殿，升坐在御座上。钟鼓声

① 古人在屋前院内设篝火用以照明，此篝火亦称燎火。《诗经》有云"夜未央，庭燎之光。君子至止，鸾声将将"，即是此谓。

暂停，百官起立。

大鸿胪半跪启奏"请朝贺"，于是掌礼郎用浑厚、清晰的嗓音宣召朝臣依次上殿向皇帝朝贺。朝贺的顺序依次是：诸侯王、三公、九卿、中二千石、二千石、千石、六百石。

朝贺的过程也颇繁缛费力。以诸侯王为例，程序如下：

先由掌礼郎说："皇帝延某某王登。"

该诸侯王出列、跪拜，大鸿胪代表该王跪奏："藩王臣某奉白璧各一，再拜贺。"

然后太常说："王悉登。"

一旁就有谒者走过来，引导该诸侯王上殿，来到皇帝御座之前。

皇帝起身，诸侯王向皇帝跪拜一次；随后皇帝坐下，诸侯王又跪拜一次，将拜贺的白璧呈上，再跪拜一次，这才算成礼。谒者走过来，引导诸侯王下殿，重新进入朝臣队列。

全体朝臣朝贺完毕之后，皇帝入内休息片刻，然后重新回到大殿。谒者、仆射跪奏："请群臣上。"

于是重复先前的那一个过程，在谒者的引导下，朝臣们依次上殿向皇帝敬酒，期间太乐令一直在指挥太乐队奏乐。

敬酒完毕，皇帝传命百官就席、传食，太官令、大司农、尚食等官员已安排好餐食，百官谢恩之后就席，太乐令又开始指挥奏乐。

然后，君臣开始吃饭，吃完饭还有其他仪式需要一丝不苟地执行，一次朝会可能要耗掉一天的时间。

对于皇帝来讲，朝会是一项繁重的体力活。司马衷不可能理解这种仪式的重要意义，这些繁文缛节让他感到厌烦与疲劳，朝会的冗长与沉闷也会使他感到无趣。

很有可能，当臣子向司马衷行礼的时候，一抬头，却看见皇帝正在躲在那十二根冕旒后面无聊并且不耐烦地打着哈欠，让人心中无限悲凉。

除了朝会，皇帝每年有一系列仪式要出席。按照传统，每年正月元辰，皇帝都应该到郊外进行象征性的亲耕，即皇帝自己动手耕作一块农田，以祈求当年风调雨顺、五谷丰登。司马衷连这种象征性的仪式也没有能力出席，《晋书·礼志》上告诉后人："自惠帝以后，其事便废。"

事实已证明，司马衷根本没有能力履行皇帝的职能，哪怕是主持最简单的仪式。司马衷对晋王朝的伤害并非仅仅是大权旁落那么简单，他在精神层面摧毁了群臣，也摧毁了黎民百姓对皇帝的敬畏与崇拜。

皇帝是天子，代表着上天的意志，这是历朝历代花了大力气才树立起来的信仰，如果臣民发现上天派来的代表竟然是如此无能的废物，则不免要去思考：老天爷这是什么意思？难道他已经放弃了我们？或者，司马家的天下气数已尽？

这种信仰危机后果是很严重的，晋惠帝一朝逆臣多如牛毛，这是原因之一。

二、两位受惊的祖父

晋武帝一死，除了白痴皇帝司马衷，杨骏与女儿杨太后是最大受益者。

杨骏，弘农华阴人。弘农杨氏在东汉"四世三公"，显赫一时，却在曹魏时期屡屡站错队，杨彪忠于汉朝，不被曹操信任；杨修则在曹丕、曹植争嗣的时候站在曹植一边，被曹操借故诛杀。此后百年，弘农杨氏在政坛沉寂无声，家族成员只担任一些可有可无的小官。

杨骏是杨修的远房侄子，以前声誉不怎么好，朝中那些自以为高尚的家伙都有点轻视他。当年他要结交琅邪王氏，想把女儿嫁给王家的美男子王衍，王衍竟以此为耻；杨骏退而求其次，想与大司农郑默结亲，又被一口拒绝；后来好容易把女儿塞给了河东裴氏，亲家裴楷却从不正眼看他。

杨骏十分愤懑。论门第，当年杨家祖先杨震担任汉安帝的太尉时，曹魏君主的祖先还只是君子所不齿的宦官，司马家的祖先也不过是区区二千石，至于琅邪王氏与河东裴氏，都还只是一介草民；论权势，杨家接连出了两位皇后，比太原王氏还多。那些后起小辈凭什么瞧不起人？

长久以来杨骏始终耿耿于怀，如今可好，天下大权尽在他父女手中。

武帝遗诏中允许杨骏"止宿殿中""持兵仗出入"，还给他配了"左右卫三部司马各二十人、殿中都尉司马十人"做护卫，杨骏一点都没客气，自从司马衷登基，他就搬进太极殿，还调来一百名虎贲日夜伴随左右。

太极殿里设有武帝灵位，文武百官每天都要随惠帝到武帝灵前哭泣，一进灵堂，虎贲环侍，刀光闪闪。

好端端一个国丧被弄得如此杀气腾腾，原因在于杨骏内心充满不安。

武帝晚年体弱多病，看似怠于政事，实际上朝政在他的谋划之下亦步亦趋。外戚与宗室相互掣肘，共同辅佐新君，这才是武帝心中的合理格局，因此，他一方面让杨氏权倾朝野，一方面又委任宗室成员都督地方军事。武帝深知杨氏与宗室之间矛盾重重，却从未曾做出努力让双方和解。

相关部署从咸宁末年就开始实施。咸宁三年驱逐宗室成员归藩、太康三年逼死齐王司马攸、太康八年对各镇都督的重新任命，还有贯穿太康十年的"三杨"兄弟对朝政越来越全面的控制，都是武帝的刻意安排。杨骏排挤卫瓘，虽说有欺君的嫌疑，但其实也得到了武帝的默许。

到武帝驾崩时，新朝堂的格局已经一目了然，朝臣们已经习惯了杨骏在朝堂上装腔作势，也已经预料到汝南王即将"都督中外诸军事"，与杨骏一同辅政。谁曾想杨骏利令智昏，竟然在武帝弥留时刻使诈，成为唯一的顾命大臣。

一招不慎，全盘皆死。宗室被清扫出局，自然愤懑无比，而杨骏本人也陷入了骑虎难下的窘境。在他周围，是一群居心叵测的同僚，正袖手冷笑；在禁宫之外，有一个辈分、地位都很高的汝南王，他的子侄辈都掌握着实权；如果杨骏的思虑足够远，他应当还会想到在千里之外，还有几十万大军在默默操练，这些军队的统帅都是姓司马的，这些司马家儿郎或许正在勒马长叹，遥望洛阳呢。

这么一想，杨骏简直夜不能寐。

时间过得很快，一转眼，晋武帝已经去世七天了。"天子七日而殡"，晋武帝的梓宫将从后宫含章殿运到宫城前殿太极殿，在太极殿里停殡到五月，然后运到峻阳陵下葬，与虫豸、穿山甲、盗墓贼为伴。

杨太后、惠帝以及文武百官都到含章殿奉迎武帝梓宫，人群中唯独不见杨骏的踪影，他躲在太极殿里死活不出来，不仅不出来，还严令虎贲卫士环卫太极殿。

杨骏如此紧张失态，原因是有流言说汝南王正在纠合禁军，准备攻打禁宫，清君侧。

汝南王是宣帝司马懿的第四个儿子。

司马懿有九个儿子，除了长子景帝司马师、次子文帝司马昭，最有才干的莫过于老五琅邪王司马伷，他是后来东晋元帝司马睿的祖父；其次是老七扶风王司马骏。可惜这四个能干的儿子都短命。

活到惠帝朝的有老三平原王司马干、老四汝南王司马亮、老六梁王司马肜和老九赵王司马伦。但惠帝的这四个叔祖都不是好货色，成事不足败事有余。

先说平原王司马干。史称平原王司马干"有笃疾，性理不恒"，那意思是说这老头是个精神病患者，有时正常、有时发病。正常的时候还好，就是有点木讷，史书上夸他"颇清虚静退，简于情欲""与人物酬接，亦恂恂恭逊，初无阙失"；但是这老头发起病来就整个人都错乱了，有人拜访他，会被晒在门外一整天；下雨天他把牛车拉到雨里，把车盖打开"晒"；他的爱妾死了，尸体盛在棺木里，司马干每隔几天打开看一下，然后奸尸，一直到尸体腐烂不堪才埋葬。

因为有精神病，所以这个王爷始终没有参与朝政，得以在西晋险恶的政治环境中独善其身。司马干一直活到晋怀帝永嘉五年(311),以八十岁高龄寿终正寝。司马干咽气的时候,他的八个兄弟此前已经死光,他的侄子辈甚至孙子辈也已死掉十之七八,他死后三个月,洛阳就陷落了,晋怀帝成为匈奴人的俘虏,包括他的儿子司马永在内的数十名晋朝王爷被活埋。司马家族中命最好的一个王爷竟然是个精神病,让人感到老天爷确实不怀好意。

再说梁王司马肜与赵王司马伦,这两位可谓是为老不尊的典型。

梁王司马肜"无他才能",爱好声色犬马,以前还因此获罪受罚,被削了一个县的封地。惠帝后来派他去镇关中,更是激起叛乱,惹了老大祸事。

至于赵王司马伦,其为人"素庸下,无智策",打小不争气,被父兄看不起。这人名列"八王",而且是"八王"之中最可恶的一个,这是后话,容后详禀。

由此可知,到了太康末年,宗室里面已无他人可托付后事,矬子里面拔将军,汝南王已经是晋武帝的最佳选择。

那么,汝南王是什么样的一个人呢?

首先他是一个命长的人,武帝驾崩的时候,汝南王起码已经六十五岁了,在司马家族中算是高寿;其次,他不是一个嫌命长的人,当年弟弟扶风王司马骏为留住齐王司马攸,冒颜犯谏的时候,他只是冷眼旁观。

史书上说汝南王"少清警有才用",怎么个有才用法呢?史书上紧接着就记载了他带兵出征,接二连三地吃败仗。第一次是少年时随兄长司马昭讨伐诸葛诞,"失利,免官";第二次是武帝泰始年间都督关中军事，羌族叛乱，攻杀秦州刺史胡烈，汝南王指挥失当，又被免官。

两次重大失利足以说明汝南王没有将帅之才，可武帝还是不停地把他派出去镇守四方，不仅汝南王，上面提到的不成器的梁王与赵王，也一直被派往各地出任都督。这说明晋武帝只信任外戚与宗室，而司马宗室的人才又少得可怜。

当流言传到杨骏耳中，说汝南王要喋血京师的时候，真实的情况是汝南王正惶惶不可终日。

汝南王原本已做好入朝辅政的准备。武帝死前，杨骏再三派人来催促他去许昌，汝南王始终磨磨蹭蹭不肯上路，就是在等武帝召他入宫顾命。但是结果令人失望，武帝驾崩了，遗诏只设杨骏一人为顾命大臣。

汝南王虽然错过了遗诏，却还有机会。杨骏素无人望，朝廷上下对他并无好感，更重要的是，杨骏并不掌握洛阳军权，洛阳军权在北军中候王佑手里。王佑出身太原王氏，是王浑的侄子，太康十年，武帝特意任命他为北军中候，用意也是掣肘杨骏。如果汝南王与杨骏起了正面冲突，王佑肯定不会倒向杨骏那一边。汝南王的长子司马矩时任屯骑校尉，麾下有好几千人，汝南王即使争取不到王佑的支持，也是有兵可用的。

因此，当汝南王生怕受到杨骏暗害，惶恐不安地向廷尉何勖问计之时，何勖感到十分奇怪，他说："现在满朝上下都归心于大王您，您不讨伐人家已经不错了，还用担心人家讨伐您啊？"

何勖说得一点都没错，当时杨骏正躲在重兵环卫的太极殿里瑟瑟发抖呢。然而汝南王终究还是胆怯，他不仅没有胆量公开质疑武帝遗诏的真实性，甚至连进宫哭丧都不敢。可是作为臣子，他又不得不哭丧，于是汝南王只好怯生生地躲在宫城大司马门外，揪着花白胡子，痛哭流涕。

哭完了汝南王还不敢住在家里，直接出城住到军营里，把自己保护了起来。

汝南王搬进军营是出于胆怯，可杨骏并不知道。杨骏将流言与汝南王的举动一结合，得出的结论就是，汝南王要动手杀进宫来了。

杨骏慌了手脚，当即召来二弟杨珧、三弟杨济、外甥李斌与张劭等人商议对策。杨珧、杨济都比他的哥哥能干，特别是杨济，武艺高强，曾出任过地方都督，还统领过洛阳禁军。

出乎杨骏意外，杨济、杨珧竟然都表示应当与汝南王握手言和，外甥李斌也在旁附和，主张向汝南王分权。杨骏气得鼻子都歪了，幸好另一个外甥张劭有血性，说先下手为强，不如主动进攻汝南王。

杨骏连连点头，这正是他所想的。可是，兵从哪里来？

张劭说有兵，他当时正与司空石鉴替武帝修筑峻阳皇陵，修皇陵的都是兵户①，集合起来就是一支军队。

杨骏大喜，立刻拟了一份诏书，命令司空石鉴与张劭领

---

① 兵户指入了"兵籍"的人。两晋实行世兵制，一日为兵，终身为兵，世代为兵，他们的户籍被专门编入兵籍。

陵兵讨伐汝南王。这份诏书用青纸誊写一遍，先送给太后过目，又送到司马衷那儿盖上皇帝玺印，就正式生效，武帝尸骨未寒，内战一触即发。

但内战最终没有打起来，因为司空石鉴不愿意。

石鉴此时已经年近八十。他出身寒微，早在曹魏时代就声名显赫，曾经名列九卿，也曾经镇守一方。但是到了晋朝他仕途跌宕，两次被免官，直到武帝朝后期才重新获得重用。有这么丰富的政治经验与复杂的人生经历，石鉴早修炼成精，武帝又没有让他做顾命大臣，他可不想夹在外戚与宗室的争斗里被当枪使。石鉴当时已被封为子爵，并且位极人臣，此生足矣！八十老翁何所求？

所以，当张劭立功心切，约束部下早早就位，然后使劲催促石鉴出兵的时候，石鉴总是高深莫测地说时机未到，同朝为官四十余年，石鉴深知汝南王为人怯懦，因此断定无须发兵驱逐，汝南王就会把自己吓走。

石鉴是对的。当城内张劭催着出兵的时候，城外兵营里的汝南王正在奋笔疾书，他已经决定去许昌，正上书向皇帝道别，满纸都在哀求谢罪。

奏章发出去之后，汝南王思前想后，最后还是被恐惧打败，他不等皇帝回复，就打点行装，逃向许昌。

汝南王弃营而逃的消息传到城内，张劭连忙回宫向杨骏报喜。差不多同时，禁宫里的杨骏也接到了汝南王的上书，起先他以为这是一纸讨罪檄文，抓在手里颤抖了半天，读完之后长舒一口气，气定神闲了。

杨骏昂首阔步走出太极殿，重新豪情万丈起来。

三、折杨柳

汝南王逃之夭夭，洛阳其他宗室成员大多担任散骑常侍之类的闲职，没兵没权。而各地都督群龙无首，都不敢轻举妄动。对于宗室而言，中枢陷落了。

杨骏乘胜追击。在杨济的提醒下，他随即解除王佑的北军中候职务，并将王佑赶出洛阳，贬到河东郡去担任太守。杨骏任命外甥张劭为中护军，控制洛阳禁军。

苦于人望不足，杨骏打算以贿赂收买人心。永熙元年（290）五月丙子，武帝下葬五天后，惠帝下诏："增天下位一等，预丧事者二等，复租调一年，二千石已上皆封关中侯。"

晋王朝一夜之间冒出了数百个侯爵。

杨骏这一招是在学习魏明帝曹叡。曹叡是在父亲曹丕临死时才被确立为太子，之前威望不高，许多朝臣连他长什么模样都不知道，所以曹叡登基之后，给全部臣子赐爵，笼络人心。

魏明帝曹叡这么做是完全正确的，但是杨骏跟着东施效颦，那就莫名其妙了。原因很简单，魏明帝是皇帝，皇帝拍臣子马屁，体现的是皇恩浩大，臣子必须心生感激；而杨骏只是执政大臣，不是权力的所有者，只是代理人，如此泛滥地赐爵是慷他人之慨，得不到自己想要的结果。在异己者眼里，这些爵位是皇帝恩赐的，与你杨骏无关，而在那些投靠了杨骏的人眼里，又觉得自己不受重视，我把我心托明月，不承想在你杨骏眼里我不过泯然众人啊。

而且杨骏的时机也把握得不好。左军将军傅袛就对他说："未有帝王始崩，臣下论功者也。"——武帝刚死不久，你就跟庆功似的大发赏钱，你什么意思啊？

散骑常侍石崇、何攀两人也劝他："当年武帝受禅和平定江南都没有这么大规模的赐爵，晋朝的天下要流传万世，照你这样乱搞下去，几代以后普天下人都是王侯，就没有平民百姓啦。"

但是杨骏不听劝。

不仅不听劝，杨骏还把许多武帝朝的老臣，也就是当年轻视过、嘲笑过他的那帮老家伙赶出了朝堂。永熙元年八月壬午，惠帝册立十三岁的广陵王司马遹为太子，杨骏说太子的教育关系到江山社稷，所以一定要慎重选择贤能来做太子的师友。以此为借口，杨骏开出一份名单，将他所嫌忌的老臣统统赶到东宫去陪太子读书。

这张名单华丽无比，其中有武帝时期的尚书何劭、吏部尚书王戎、右军将军裴楷、中书令张华、中书令和峤。这六人之中，何劭、王戎、张华后来都做了晋朝的三公，当时太子东宫阵容比惠帝朝堂上的阵容还要强大。

老臣们去了东宫，朝堂上就由杨骏一人说了算，然后他连连出丑。

惠帝登基当日，杨骏就出了糗。司马衷登基当日，改武帝太熙元年为永熙元年，这个举动违反礼法。按照《春秋》之法，国君即位都是逾年而后才改元的，为什么呢？东晋学者习凿齿做过解释："缘臣子之心，不忍一年而有二君也。（所以未逾年就改元的行为，）今可谓辄不知礼也。"那意思是说，年号是皇帝御宇天下的一个标志，臣子们对先帝存着敬爱与思慕之情，不会忍心一年之内就忘怀先帝，舍弃先帝的年号。晋惠帝迫不及待地改掉了父亲的年号，是不懂礼法的不孝行为。

这种错误出在杨骏身上实在不应该，因为弘农杨氏号称经学世家，当初杨骏的祖先杨震就是以经学起家的，时人称之为"关西孔子"。如今杨骏竟然连"逾年改元"都不懂，实在是辱没祖宗。

等着看杨骏笑话的大有人在，惠帝一改元，朝野上下就哈哈笑开了，风声传到杨骏耳朵里，令其又气又无奈。杨骏想补救自己的名声，于是到了第二年（291）年初，惠帝再次改元永平。

惠帝是这么解释改元这件事的："乃者哀迷之际……犹欲长奉先皇之制，是以有永熙之号。然日月逾迈，已涉新年，开元易纪，礼之旧章。其改永熙二年为永平元年。"

那意思是说，去年之所以有改元的举动，是因为朕太哀恸、太伤心，太想遵奉先帝的遗志了，先帝的年号叫"太熙"，朕就改叫"永熙"，所以永熙这个年号仍然属于先帝，朕改元不能算是违礼。现在新年到了，朕要改永熙二年为永平元年，这才是朕的"开元易纪"，你们可不要误会。

这篇诏书文过饰非，掩饰不了杨骏的不学无术，徒增笑尔。

如果当时杨珧、杨济依然当权，或许还可以给杨骏查漏补缺。可惜杨骏心胸狭窄，连自家兄弟也不相容。

"三杨"的名号在太康年间就已经朝野皆知，杨家兄弟同心其利断金，终于扳倒齐王司马攸，确保外孙司马衷顺利嗣位。杨珧与杨济成名都很早，当时兄长杨骏的名声反在两个弟弟之下。

二弟杨珧在武帝朝做过尚书令，晋朝在创始期间许多制度都出于杨珧的建议，杨珧素有名望，只是后来因为陷害齐王司马攸，才使名誉受损。

三弟杨济做过镇南、征北将军，以武艺高强闻名于世。武帝曾经自夸朝中彦秀云集，有"恂恂济济"。"恂恂"是两文臣，说的是王恂、孔恂，"济济"是两武将，说的就是王济、杨济。

王济是王浑的儿子。在齐王司马攸事件中，"二济"分别处于不同的阵营，二人都勇冠三军，于是难免要争个高下。曾经一次，两人跟随武帝到北邙山下打猎，驾马执弓，在武帝乘辇前开道。前方草木茂盛，突然有一只猛兽出其不意地杀出，直奔乘辇，武帝慌忙命令王济射杀。王济擅长骑射那是天下皆知的，只见他张弓搭箭，猛兽应弦而倒，杨济当然不甘示弱，不多时又有一头猛兽冲出，也被杨济一箭射倒。这一箭难度颇高，护卫武帝出行的禁军齐声喝彩，最后武帝判定二人平局。

两个弟弟都是人才，但两个弟弟都伤过杨骏的心。

先说二弟杨珧。杨珧当年就极力反对侄女杨芷做皇后，杨骏认为他可能是出于妒忌，没理睬他。后来杨芷入了宫，杨珧还向武帝写了一个密折，说什么"历观古今，一族二后，未尝以全，而受覆宗之祸"，所以他要求将这道密折封存在宗庙，万一将来被他不幸言中，他能够得到赦免。武帝把这道密折当笑话讲给杨皇后听，杨皇后又告诉了杨骏，杨骏听得心寒无比，从此将杨珧当外人看待。

惠帝即位后，杨珧始终坚持将权力还给宗室，在朝堂上处处与杨骏唱反调，杨骏一气之下将他废黜，杨珧此后一直白衣居家，养花养草。

至于三弟杨济，也十分讨厌，整天和傅咸那些扯淡文人混在一起，结果被洗了脑，一次又一次劝杨骏留住汝南王。不过杨济并非一无是处，比如说他建议杨骏收回洛阳军权，再比如说他劝杨骏早日册立太子，这两条建议都被杨骏采纳了。

太子册立之后，杨骏觉得杨济每天在眼前晃来晃去实在讨厌，因此任命杨济为太子太保，与那些老臣一同被赶到东宫，眼不见为净。

摊上这么一个愚蠢颠顶的兄长，杨珧、杨济无疑都很灰心。

杨珧无官一身轻，从此闭门不出。杨济眼看兄长出乖弄丑，郁闷无比，他问侍中石崇："人心云何？"

石崇回答："贤兄执政，疏外宗室，宜与四海共之。"

杨济叹了口气，说："（汝）见（家）兄，可（言）及此。"

石崇于是求见杨骏，杨骏根本不听。石崇接着上奏章进谏，结果这些奏章引来了一纸委任状，石崇被赶出洛阳，到南方荆州做刺史去了。

杨济于是向时任尚书左丞的傅咸述苦，无比沮丧地表示，他已经看到了杨家悲惨的结局，"若家兄征大司马（指汝南王）入，退身避之，门户可得免耳。不尔，行当赤族。"

傅咸心中也是这么想的，陪着他一起叹息。傅咸与父亲傅玄都是西晋名臣。史载傅咸"刚简有大节，风格峻整，识性明悟，疾恶如仇，推贤乐善"。他曾劝过杨骏，说周公辅佐成王，周公是圣人，尚且不免被人诽谤，可见周公是不好当的。何况如今皇帝早已成年，不是成王幼年时那种情况，如今先帝已经下葬，皇帝也已经除下丧服，你也应该考虑一下，还政给皇帝吧。

这种话当然是杨骏不爱听的，傅咸不死心，一而再再而三地劝，杨骏恼了，计划着想把傅咸赶出洛阳，到关内去做太守。幸亏有杨济和外甥李斌帮着说情，说："傅咸德望很高，为人正直，把他贬斥走影响不好。"杨骏这才住手。

已经有很多人预料到杨骏的结局不会太妙，因此大家都刻意与杨家保持着距离。

当时有个匈奴人叫王彰，杨骏召他做司马，王彰推辞不受。别人感到奇怪，王彰说没什么好惊讶的，杨骏"昵近小人，疏远君子，专权自恣，败无日矣"，他可不愿意跟着一块倒霉。有一个隐士叫孙登，杨骏要强行召他做门客，他就通过装死来逃避。

还有一些人，因为是杨骏的亲戚，想疏远也无法疏远，那怎么办？有一个叫蒯钦的，当时官任弘训少府，弘训宫是太后居住的宫殿，弘训少府就是替太后管钱的官员。蒯钦是杨骏姑妈的儿子，两人从小玩到大的。蒯钦想自救，于是使劲地给杨骏挑毛病，言辞犀利尖刻，让别人听得都很寒心。蒯钦叹口气说，我也是被逼无奈啊，杨文长虽然笨了一点，但是他不会因为我骂他而杀我，只会疏远我，我被他疏远才能保住这条小命，要不然，我们宗族都要受他连累不能保全啊。

这些预测很接近事实，杨骏在朝堂上颐指气使，他不知道，贾皇后偷偷派往荆州联络楚王司马玮的使者已经上路了。

在洛阳街头，又开始传唱一首新的童谣，童谣内容是讲述一队远征的将士，历经千辛万苦，最终斩获敌酋的首级。童谣的内容看不出有什么特别，但是它的名字很让人浮想联翩，这首童谣叫《折杨柳》。

四、盟友倒戈

世人普遍认为贾、杨两家是政治盟友。当年贾充与杨珧联手，挤走齐王司马攸，把司马衷推上皇帝的宝座。如今贾、杨两家，一个是皇后，另一个是太后与执政大臣，正好相互扶持，挟天子以对抗强大的宗室。

如果贾充和杨珧还在，贾、杨两家的联盟也许还能维持。但可惜，贾充已经病死，代表贾家的是他女儿皇后贾南风，野心勃勃；杨珧也已经被废黜，代表杨家的是他的哥哥杨骏，杨骏连亲兄弟都不能共享权势，遑论异姓的贾家？

杨骏独揽朝政，所依靠的，一是武帝的遗诏，二是女儿杨太后，三是外孙晋惠帝。前两项资源归他单独占有，可恨的是第三项，贾皇后要来分杯羹。贾皇后是皇帝最亲近的人，傻皇帝对老婆的依赖远甚于外公，杨骏对此耿耿于怀。

因此杨骏做了一件令贾皇后咬牙切齿的事。他任命外甥段广为散骑常侍、侍中，常住宫中，段广的任务什么呢？监视贾皇后，争夺对皇帝的控制权。这一事件放在民间，就好比外公妒忌外孙、外孙媳妇感情太好，就派了一个表舅常年睡在外孙卧房里，不准小夫妻讲悄悄话。

杨骏还下令，凡是皇帝下的诏书，都要先送到杨太后处审核，通过之后才能生效颁布。不用说，这一招也是为了阻止贾皇后干政。

杨骏并没有意识到已将贾皇后得罪到什么地步。杨骏自恃杨家对贾皇后有恩，若不是他父女俩帮着求情，贾皇后当年早就进金墉城①了，他指望着贾皇后能知恩图报。

然而这只是一厢情愿，贾皇后可不这么想。

贾皇后是中国历史上的一个异数。女人祸水论，是中国传统史学家比较热衷的话题，贾皇后也是祸水之一。不同的是，其他人都是红颜祸水，贾皇后是黑颜祸水，史书上说她"短形青黑色"，即身材矮小，皮肤呈青黑色，武帝曾用四个字形容她的外貌"丑而短黑"。

如果《晋书》中的记载可信，那么贾皇后就是个集万恶于一身的妖怪，她丑陋、荒淫、暴虐、阴险、狡黠却又鼠目

---

① 金墉城是三国魏明帝时修建，是当时洛阳城西北角的一座小城。魏晋时期被废的帝、后及犯下大错的宗室成员，都被囚禁于此。

寸光。不仅贾皇后，他们一家都是恶人，她的父亲贾充是弑君的奸佞，她的母亲郭槐凶残善妒，害死了贾充两个儿子，她的妹妹贾午是个偷汉子的荡妇。

实际上，《晋书》并非完全可信。它成书于唐朝，距离晋末大乱世已经三百多年，这期间，洛阳两度毁于战火，然后又两度重建。西晋官方的史料档案早已荡然无存，留存下来的是各种无法考证的野史与流言。这些野史流言往往是相互矛盾的，表达的是在乱世中挣扎的人的情绪，对于著史者而言，这些史料的真伪是需要仔细甄别的。

然而唐朝著史者并没有仔细甄别，这一方面是水平问题，《晋书》有个公认的毛病，就是"好采诡谬碎事，以广异闻；又所评论，竟为绮艳，不求笃实"，但对于贾皇后的处理，除了水平问题，还有动机问题。著史者根本就不想让贾皇后有丝毫的正面形象。

贾家是有原罪的。贾充弑曹髦，是史上少有的恶性政治事件。在贾充身前，弑君二字，就已经是写在脸上无法在人前抬头的招牌，同僚们的不齿那是完全不加掩饰的，在一次酒席上，河南尹庾纯当面打脸："贾充！天下凶凶，由尔一人。"在大庭广众下质问他："高贵乡公^①何在？"——贾充当时位极人臣，权倾一时，声誉就已如此，到了后世，那更不用提了。

贾家在西晋的滔天权势，根源都来自那弑君的一击。有

---

① 即曹髦，字彦士，魏文帝曹丕之孙，曹魏第四位皇帝，即位前为高贵乡公，司马师废齐王曹芳后，身为宗室的曹髦被立为新君，但曹髦对司马氏兄弟的专横跋扈十分不满，于公元260年率领仆从数百人讨伐司马昭，然而此次行动却被司马昭知晓，在贾充的指使下，曹髦被武士成济所杀。

这个背景垫着，后世无论是谁下笔写《晋书》，贾家的形象都不可能好看，更何况贾皇后又逼死太子，是"八王之乱"的罪魁祸首之一。父女俩犯的事，无论哪一件，都足够在史书中被骂上一千年，叠加到一起，寻常的骂法根本不足以表达史官的厌恶。

既然如此，又何必甄别呢？贾皇后的所有负面史料，都应该是真的，统统写进去。

贾皇后的真实面目是一个谜，也许她并不丑，脾气也不暴躁乖戾，但是她作为政治人物，内心坚忍，杀伐决断，是个冷酷无情的狠角色。唯有如此，她才可以制衡西晋宗室这头桀骜不驯的猛兽。西晋江山实际毁于宗室，手握兵权的诸王噬人自噬，最终将一切都撕成碎片。杨骏、汝南王以及后来的赵王、齐王、长沙王、成都王，执政时间都没超过两年，唯有贾皇后可以维持九年，这一点殊为不易，除了有高超的手腕，还需要冷静的头脑。从武帝驾崩到西晋灭亡共有二十七年，其间唯一的太平岁月，就是贾皇后治下的九年。

不过，对于传统史学家而言，这是贾皇后的又一条罪状。

历代的史官都认为，女性是不该染指权力的，政治里出现了女子，无论是背后掩袖进谗，还是冲上前台牝鸡司晨，都在祸国。明明都是男人亡的国，他们也能找出原因，说是女人捣鬼。所以他们总对皇帝的床笫之事有着超乎寻常的兴趣。

另外，大规模的官修史书是从唐朝开始的，从《晋书》开始的。所谓盛世修史，目的被唐太宗一语道明，是要"以史为鉴，可以知兴替"。刘知幾在《史通》中也明确点出，说"史之为务，申以劝诫，树之风声"。

因此，史官们更加有兴趣去关注宫闱秘闻，渲染前朝皇后的花边新闻。他们在说妲己、褒姒的时候，真实用意是在警告当时的君主，好色会导致亡国，千万不要重蹈商纣王、周幽王的覆辙；他们在说吕氏篡汉的时候，实际是在劝谏君主，千万不能纵容外戚。

那些史上有名的美人，褒姒、妲己、息妫、齐姜等，她们并没有画像流传世间，她们的传说往往荒谬不经，后代的史官不可能穿越时空去确认芳容，但是她们无一例外被定格为狐媚的绝色美女。原因很简单，这是教化的需要，如果她们不是风华绝代，何以让君王明白，明眸皓齿的背后隐匿着亡国灭种的陷阱？何以让君王避免落入温柔乡，摆脱好色甚于好德的恶习？

因此那些古代佳人总是伴随着杀气，动辄倾人国、倾人城，史官在浓墨重笔描写她们"巧笑倩兮，美目盼兮"的时候，总是有意无意地暗示或明示，她们都怀着一副蛇蝎心肠，都是妖孽。

唯独贾皇后是个例外，她无须含睇兮又宜笑，照样可以祸国殃民，因为她的丈夫司马衷是绝无仅有的白痴皇帝。这令史官们惊喜无比，他们终于可以直抒胸臆，甚至不需要赞美这些妖孽的容貌。他们下笔如刻刀，而贾皇后已是冢中枯骨，无法还手。

然后，我们就看到了一个恶魔般的皇后贾南风，丑陋狰狞。

由于史料的限制，如今我们已无法还原贾皇后的真面目，只能因循旧说，说她是恶魔。

恶魔的心思自然不能以常人揣度之。贾皇后只记仇不记恩，睚眦必报。所以，当年杨皇后父女的竭力维护，贾皇后已经全部抛置脑后，她只记得当年杨太后受武帝派遣到东宫责骂她的场景。杨太后与贾皇后同年，却是个长辈，杨太后的美艳与趾高气昂的姿态，贾皇后每一想起就咬牙切齿。

史书上说，贾皇后"不肯以妇道事太后"，婆媳之间因此龃龉不断。杨骏又企图锁住贾皇后的手脚，不许她参政。

新仇加旧怨，贾皇后还没来得及爆发，杨骏又紧接着在她伤口上撒了一把盐。这把盐就是广陵王司马遹。永熙元年八月壬午，杨骏立司马遹为太子，虽然这是秉承武帝遗志，但是，绝对损到了贾皇后的牙眼。

杨氏与贾氏的分歧暴露出来了。

杨骏虽然昏聩贪权，但他对于皇权没有非分之想。司马遹今年十三岁，刚刚加冠礼，等他长大时杨骏已经行将就木，即使没死，他是皇帝的外祖父、太子的曾祖辈，根本无须担心富贵优宠。

贾氏则不同。对于贾氏而言，司马遹是把双刃剑，在用来扳倒齐王司马攸，扫平司马衷登基障碍时，他是一把利器，但从现在开始，他要割伤自己了，而且以后会越割越深：

贾皇后当时才三十三岁，司马遹不消五年就会长大，势必与她争权，这是矛盾之一；贾皇后一直忌恨司马遹的生母谢玖，把谢玖软禁在冷宫别室里不让他们母子相见，贾皇后与司马遹之间，只有积怨没有慈爱，这是矛盾之二；矛盾之三是最致命的，司马遹只是皇帝的庶长子，贾皇后将来如果生出皇子，就是皇帝的嫡长子，理应继承皇位。司马遹做太子就把贾皇后儿子的位置给抢走了，这不仅有违宗法制度，在情感上也难以令贾皇后接受。而且，万一皇帝发生什么不测，太子嗣位，贾皇后搞不好就会死无葬身之地。

所以，说太子司马遹是贾皇后的眼中钉，那还是轻的，明明就是悬在心头的一把刀。

但是贾皇后又不得不忍气吞声。天下人都知道，司马遹的嗣君之位是武帝隔代指定的，谁敢违抗先帝的旨意？贾皇后只能迁怒于杨骏，谁让你立太子立得那么早？

杨骏不知道，在贾皇后眼里，他已经非死不可了。

同样是皇后，当年汉武帝的陈皇后想让皇帝的新宠卫子夫死掉，她就找来一堆木偶，扎上钢针埋进地里，每天请女巫作法，祷告老天把卫子夫那个狐狸精给收了。贾皇后可不是那傻乎乎的陈阿娇，不相信巫蛊之术能把大活人整死，她觉得，还是红刀白刃比较可靠。

但是要杀杨骏谈何容易，内有表舅段广为耳目，外有另一个表舅张劭，手握几万把刀。

贾家男丁不旺，贾充的两个儿子先后早夭，几乎要绝后，最后由武帝做主，将贾充的外孙，也就是贾午的儿子韩谧过继入贾府，立为嗣孙，改名为贾谧。贾充死后，贾家已无人在朝中担任要职。丈夫司马衷是贾皇后的唯一依凭。

但是这个资源要与杨骏共享，并且极其不可靠。指望皇帝下诏让杨骏交出政权，那是自寻死路。

贾皇后只能偷偷找外援。自古后宫干政，必然需要阉人作为连接内外的眼线，有个叫董猛的大黄门，之前担任东宫寺人监，管理东宫的大大小小宦官，后来被贾皇后带进宫，担任中常侍，继续充当贾皇后的手眼。通过董猛，贾皇后的触手在杨骏视线不及的地方偷偷伸展，她的策略是从禁军内部开始，先抓兵权。

贾皇后刚抛出饵，就游来两条鱼，他们是殿中中郎孟观、李肇。

史书说孟观与李肇之所以投向贾皇后，是因为"素不为（杨）骏所礼"。这是一个很搞笑的理由，在政治上什么叫作无礼？当年刘邦当着黥布的面洗脚算不算无礼？可是一回头赐予华屋美宅、美女侍妾，出门用与汉王一样的排场，黥布马上喜笑颜开，一点都不在乎有礼无礼了。

所谓无礼，不过是杨骏给的利益还不够罢了，或者说，不如贾皇后给得多罢了。说杨骏不重视孟观与李肇，这是肯定的，原因无他，像这样的小角色太多，杨骏大人记不过来。

殿中中郎是禁军底层将领，毫不起眼的八品官。殿中中郎之上有殿中将军，殿中将军之上有左、右卫将军，左、右卫将军之上有北军中候。如果北军中候路遇杨骏，得下马避让，恭请太傅大人先行通过，所以，孟观、李肇被忽视，这完全在情理之中。

但这也再次说明杨骏的无能，连权臣也做得不够用心。当年霍光在记人方面可是下过一番苦功的，据说他对宫中任职的每一个人，名字、官衔、籍贯，都了如指掌。殿中中郎官职虽低，但手下有殿中虎贲数百号人，而且任职宫城，这是心脏部位，怎能等闲视之？孟观、李肇虽是条小鱼，却是长牙齿的食人鱼，在此后一次又一次血洗宫廷的政变中，充当急先锋的都是像孟观这样的中下层禁军将领。

即便贾皇后渗透到殿中禁军内部，她的力量还是不足以与杨骏一搏，准确来说，这点力量还不够杨骏塞牙缝的。

贾皇后当然知道这一点，她必须继续寻找外援。贾皇后把目光转向晋王朝最庞大的力量，那个至今缄默不语的庞然大物——宗室司马家。

五、辛卯政变

永平元年（291）二月癸酉，二十一岁的楚王司马玮与十八岁的淮南王司马允抵达洛阳。

这两个王平时一个在襄阳，一个在寿春，可调动的兵马合起来，有好几十万。他们此时同时进京，这自然不是巧合。

安排这次进京的人是贾皇后。贾皇后很明白，要打倒外戚杨骏，只能借助宗室力量，然而洛阳宗室是指望不上的，有实力的宗室在远方。她派遣李肇秘密离开洛阳，去联络真正有实力的人。

李肇第一站去了许昌，找汝南王司马亮痛陈晋室危亡。汝南王的表现一点都不像有担当的长辈，他对着李肇打哈哈，说什么："骏之凶暴，死亡无日，不足忧也。"

李肇一听这论调就知道找错了人，他扭头就走，直接去襄阳找楚王司马玮。

　　自从去年四月汝南王不战而逃，他在宗室中的威望已然扫地。楚王司马玮成为宗室新的希望，与年老气衰的汝南王迥然不同，这位二十一岁的王勇猛果断，武帝对这个儿子寄予厚望，将南方半壁江山的安危托付给他。天潢贵胄，手握重兵，楚王俨然已是宗室新的领袖。

　　这种人心所向早在去年五月，武帝下葬的时候就已经展露得很清楚。

　　永熙元年五月辛未，武帝下葬峻阳陵。散居在全国各地的郡王、县王，还有大大小小的公爵、侯爵，纷纷赴洛阳奔丧。楚王远在襄阳，来得较晚，但当他抵达洛阳的时候，那些诸侯，还有许多朝臣都赶到上东门外迎接，无数百姓跟着拥去瞻仰他的风采，洛阳城一时万人空巷。

　　但楚王在荆州两年已有历练，他没有在上东门外逗留，径直去了峻阳陵。在陵前他与同母弟弟长沙王司马乂单独会面，聊了许久，谈话内容不得而知。会晤结束后，楚王就匆匆返回襄阳去了。

　　尽管楚王刻意保持了低调，但他的惊人号召力已经引起贾皇后的注意，也惊动了杨骏。

　　或许因为是受了刺激。第二年，永平元年（291）正月乙酉，杨骏让惠帝下了一道贻笑后人的诏书，诏书说：禁止宗室子弟与群官去拜谒皇陵。

　　皇帝竟然禁止同族拜祭先帝祖宗，这事未免太过荒谬，杨骏却一本正经地告诉同僚：不要大惊小怪，不谒陵是司马家的祖训。

于是有好事者去查阅朝廷典章，结果发现还真有这么一条祖训，留这个祖训的还是司马家最权威的祖宗——宣帝司马懿。

众所周知，当年司马懿通过装病卖傻，麻痹了政敌曹爽，然后趁曹爽兄弟陪同齐王曹芳到高平陵拜祭魏明帝的时候，成功发动政变，夺取政权。事后司马懿总结经验，生怕别人偷学他的绝招，于是在临死的时候嘱咐儿子，要时时刻刻提防别人背后捅刀子，千万不可谒陵。司马师、司马昭果然遵循老父遗志，一次都没去司马懿陵前拜祭。

到了武帝统一天下时，江山巩固，已经没有人能够威胁司马氏的统治，于是武帝两次大张旗鼓地拜祭了父亲文帝司马昭的崇阳陵、伯父景帝司马师的峻平陵。武帝是知道有那么一条祖训的，大概是怕爷爷跳出来骂他，没去拜祭宣帝司马懿的高原陵。

但是司马家标榜以"孝"治天下，却连祖坟都不去拜祭，这未免说不过去。"不谒陵"的祖训只适用于江山未稳的非常时期，既然武帝已经破了例，祖训就该自动作废。如今杨骏把它又捡起来，只能说明他心虚。因为不提这条祖训，惠帝就不得不去谒陵，杨骏怕有人趁机端他老窝；另外，杨骏也怕那些诸侯王以谒陵为借口，到洛阳会合图谋不轨。

李肇到了襄阳，见到楚王，两人一拍即合。

随后李肇离开襄阳，赶往寿春联络淮南王司马允。楚王则恭敬谦逊地上书，陈述了对洛阳、对母亲审氏以及皇帝哥哥的思念，希望回洛阳做京官。

杨骏接到楚王的奏书，乐坏了，心想荆州山高路远我还真拿你没办法，你想自投罗网岂不正中我下怀？

贾皇后更高兴，有了楚王的参与，政变的性质将完全改变，这不再是贾、杨两家外戚之间的争斗，而是宗室在向杨氏复仇，司马家子弟将登上前台，而作为主谋的贾皇后则巧妙地隐藏到了幕后。

从二月癸酉到三月辛卯间隔十九天。这十九天，响彻洛阳的是磨刀的声音，街头巷尾传唱着新的民谣，内容是"光光文长，大戟为墙。毒药虽行，戟还自伤"。

杨骏，字文长。

永平元年（291）三月辛卯，政变开始了。

搞政变最重要的是什么？这个问题早在三百年前，汉代的吕太后就已经回答得很清楚。当时她知道朝中的那帮老臣有异心，于是临死之前让侄子吕禄、吕产控制长安的北军、南军，并告诫他们说："我快死了，幼帝年少，那些大臣恐怕会对吕氏不利。你们一定要抓住兵权，牢牢控制皇帝，千万不要替我送葬，不要为人所制。"可惜吕禄、吕产没听老人言，被骗走兵权，结果被宰。

诸臣诛杀吕氏是政变的模范标本，说明一次成功的政变，必须要具备两个前提：首先，要有兵权，有了兵权才有发言权；其次，要具备政治合法性，最直接的方式就是控制皇帝。

有贾皇后在，皇帝那边是不用担心的，关键是要掌握禁军。三月辛卯，贾皇后让惠帝接连下诏，任命下邳王司马晃接替张劭领中护军，任命楚王司马玮为卫将军、北军中候；任命东安公马繇为右卫将军；任命高密王世子司马越为左卫将军；任命长沙王司马乂为步兵校尉。洛阳的兵权，都掌握到宗室手中。

这一系列任命颁布完毕，已是深夜。贾皇后派出殿中中郎孟观、李肇向惠帝告发太傅杨骏图谋造反。惠帝当即龙颜大怒，诏令宫城内外戒严，命令刘颂为三公尚书，领兵守住殿内；北军中候楚王司马玮屯兵宫城大司马门下；左卫将军司马越护卫东宫；右卫将军东安公司马繇率领殿中虎贲四百人屯驻云龙门。同时，惠帝下诏废黜杨骏一切官职，以临晋侯身份就第①，若杨骏抗诏不从，则责令东安公率兵讨伐。

政变参与者清一色都姓司马，刘颂虽然姓刘，但他是淮南国的相国，二月份随着淮南王一起来到洛阳，是淮南王的代表。宗室积攒了多年的怨气一朝爆发，杨骏休矣。

作为杨骏安插在宫里的眼线，侍中段广知道大事不妙，但是当时宫门已闭、内外戒严，已无路可逃。这位表舅只能做一些微弱而无谓的抵抗，他对皇帝说："杨骏孤公无子，岂有反理，愿陛下审之！"

惠帝不作声，只木讷地盯着他看。

段广还想再说什么，贾皇后一挥手，有虎贲冲上来，把他拖了出去。

---

① 就第指免职归家。

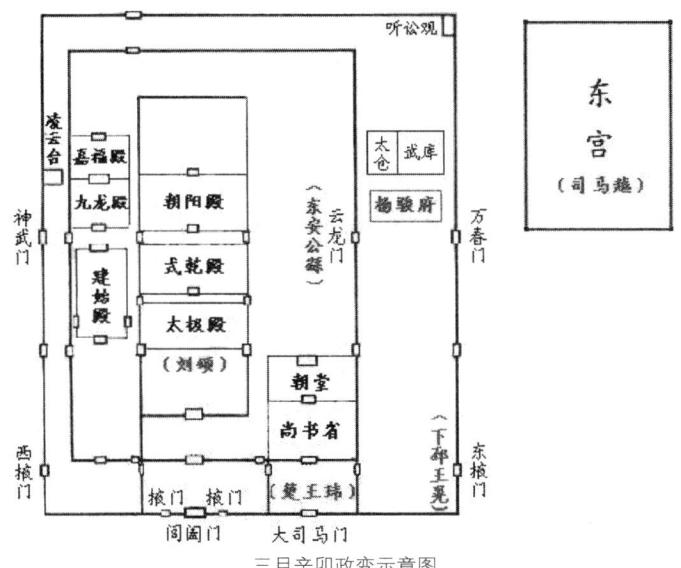

三月辛卯政变示意图

　　皇宫里面厉兵秣马，外边杨骏已经得到了消息。杨骏住在武库南，处于西宫与东宫之间，与西宫隔着云龙门，与东宫隔着万春门。这是当年曹爽的故居，杨骏即将面临与曹爽同样的命运。

　　杨骏赶紧召集群臣商议对策，可是赶来与他共患难的人并不多。杨骏很不解，他扪心自问并没有篡位的野心，天下人都知道杨文长女儿生了一大把，一个儿子都没有，说他篡位，那百年之后传位给谁呢？杨骏执政那是先帝托付的，他自觉也没有得罪谁啊，怎么就搞得天怒人怨了呢？

　　难道真如杨珧所说的"一门两后，未尝以全"？杨骏想起几年前胡嫔妃的父亲，镇军大将军胡奋对他说的一番话："你是依仗着女儿是皇后，才这么嚣张吧？历观前代，与皇家结亲的，没有不灭门的，只是时间有早晚罢了。我看你的所作所为，是在加速灾祸到来呀。"

杨骏当时就很奇怪，他反问胡奋："你女儿不也在皇家吗？"

胡奋那老家伙哈哈一笑，说："我女儿是给你女儿做婢女的，能有什么祸事！"

胡奋在太康九年（288）寿终正寝，朝廷追赠车骑将军，谥号为"壮"。今天他杨骏想要跟胡奋一样得以善终，岂可得乎？杨骏一筹莫展，连连叹气。

蔼蔼夜色中，从皇宫深处开出的禁军队伍悄然上路。生死关头，杨骏的府邸内却是一片慌乱，杨骏与群臣面面相觑，彼此看出大难临头的征兆。

太傅主簿朱振向杨骏献计："今内有变，其趣可知，必是阉竖为贾后设谋，不利于公。宜烧云龙门以示威，索造事都首，开万春门，引东宫及外营兵，公自拥翼皇太子，入宫取奸人。殿内震惧，必斩送之，可以免难。"

朱振是个人才，他轻描淡写，说这场变故只是贾皇后与几个阉人想对杨骏不利，绝口不提宗室。这是朱振在安抚人心，也是给杨骏台阶下，否则这天下是姓司马的，现在司马家人要你性命，如果你果真忠君爱国，岂不应该引颈就戮？

朱振的计策分为两步，先烧云龙门立威，阻止宫中禁军杀出，然后到东宫拥太子入宫，借东宫与外营的兵力，杀入宫中，清君侧。

此时杨骏、朱振还都不知道中护军已经换人，朱振所谓的外营兵力应该就是指张劭的中护军与刘豫的左军；东宫的兵力则指负责保卫皇太子的左、右卫率，合计约有五千人，当时担任太子太保的是杨骏弟弟杨济。

朱振的话其实点到为止，只讲了一半。试想一下，如果杨骏真的"拥翼太子入宫捉拿奸人"。奸人是谁？当今皇后。捉到皇后之后怎么办？既然动了手，那只有将她废黜。

这将使太子陷入十分尴尬凶险的境地，因为不管是否违心，名义上都是太子率兵逼宫，强迫父亲废黜嫡母。如此一来骑虎难下，没有中途收手的可能，唯有一条路走到黑：让皇帝做太上皇，太子提前接班。

所以杨骏若要依照朱振的计策行事，那结果只有一个：废惠帝、立太子。

这太骇人听闻了，杨骏做梦都没有想到，有朝一日他必须要逼外孙退位。

变生肘腋，想让杨骏这样的人仓促之间做出如此重大的决断，实在太强人所难了。杨骏听了朱振的计策，也不知道他有没有听懂，杨骏呢喃不清地说了一句令人绝倒的昏话："云龙门，魏明帝所造，功费甚大，奈何烧之！"

此言一出，在座的各位就明白杨氏大势去矣。都是生死关头了还在考虑什么保护文物，真是不知死活！

那自己怎么办？跟着一起陪葬？

还是侍中傅祗反应最迅速，他站起来对杨骏说："我和尚书武茂去云龙门探探形势。"

傅祗这是想溜之大吉，不过杨骏这时已傻掉了，点头说好。傅祗走了几步，回过头来对那些还在发愣的同僚说："宫中不宜空。"言下之意是："你们还傻愣着干什么？想送死啊！"

那些人恍然大悟，都站起来跟着傅祇溜走了。

傅祇又一回头，看见尚书武茂还坐着发呆，他冲着武茂大喝一声："你难道不是天子的臣子？如今内外隔绝，不知天子安危，你怎么可以不去护驾，而在这里傻坐着？"

武茂这才如大梦初醒，惊起，追随傅祇溜走。

群臣做鸟兽散，空荡荡的大殿上只剩下杨骏一人，左右徘徊，唉声叹气，无计可施。

外面已经杀声四起。

傅祇等人刚出殿门，东安公已经和孟观、李肇率领四百殿中虎贲杀到门前，杨家家兵闭门御敌，将傅祇等人堵在院子里。情急之下，傅祇等人只好翻墙逃走。

这边傅祇等人在翻墙逃命，那边殿中虎贲已开始四处放火，弓弩手登高放箭，杨家的家兵进行了微弱的抵抗，但很快就被杀散，四散逃逸。殿中虎贲冲进杨府，见人就杀，不少朝臣逃得慢，毙命于刀下。

孟观等人里里外外搜了个遍，没发现杨骏的身影。有报告说黑乎乎的马厩里有动静，孟观喝令里面的人出来，没有回应。孟观断定里面就是杨骏，但不敢冒险入马厩，一时拿杨骏没奈何。

正僵持间，孟观抬头看见杨骏府前有一排长戟幡旗。这是晋朝的风俗，达官贵人都喜欢在门前摆上两排兵器幡旗，用来讲排场、显威风。孟观指挥虎贲拔出长戟，将杨骏乱刃捅死在马厩之中。

杨骏死状正好应了那首民谣："光光文长，大戟为墙。毒药虽行，戟还自伤。"

六、哀哉秋兰

洛城戒严，杨骏伏辜，余党被困在城中插翅难逃。

杨珧早已废居在家，孟观领着殿中虎贲破门而入，杨珧在睡梦中束手就擒。

杨济倒没有在家中坐以待毙，他望见杨骏府第方向火起，心知有变乱发生。这时太子派人来召他去东宫，也许这是个陷阱，杨济很踌躇，就去向姻亲、太子太师裴楷问计。

裴楷说："你是太子太保，应该去东宫。"

裴楷并非有意要诓杨济，他也未必知道究竟发生了什么事，结果杨济一进东宫就被擒获。

杨济素来亲贤好士，很得人心，他门下养了四百秦中壮士，个个武艺精湛，这四百壮士听闻杨济去了东宫，急忙去追赶，结果晚了一步，东宫大门已闭。壮士们只能含泪恨恨而返，连夜遁逃。

从杨济的被擒可以看出，即使当时杨骏听从朱振的话也为时已晚，他想到的贾皇后也早已想到了，当时下邳王司马晃正守在东掖门下，准备伏击杨骏；即便杨骏冲过这一道关到达东宫，也不过是自投罗网，司马越已经捷足先登，控制了太子，也控制了东宫五千精兵。

当时杨骏的另一个党羽、左军将军刘豫反应十分灵敏，他匆忙召集麾下，陈兵列队要去救杨骏。如果有左军支援，杨骏还不至于一触即溃，但是这时老天已经下定决心要灭杨家了，所以刘豫走在半道遇到了右军将军裴颁。

刘豫想确定杨骏所在的方位，就问裴颁："太傅所在？"

裴颁忽悠他："刚才我在西掖门遇到，太傅带着两个随从坐车向西逃走了。"

刘豫也是傻瓜，他也不想想裴颁的话怎么可以轻易相信，裴颁的母亲郭氏与贾皇后的母亲是亲姊妹，而且裴颁从小就受贾充的赏识提携，贾家对他有恩。其实当时杨骏还没死，正在太傅府里唉声叹气呢。

刘豫一听说杨骏逃走了，当即傻掉，他问裴颁："那我怎么办？"

裴颁假装思考了一下，语重心长地说："到廷尉那儿去自首，争取宽大处理。"

刘豫竟然真的丢下左军，屁颠屁颠地跑到廷尉那儿去报到了。裴颁兼领左、右两军，屯兵万春门下。

于是杨骏这个脆弱的庞然大物，就像山崩一样，在几个时辰之内轰然倒塌，变成尘埃。

东安公将杨珧，杨济，张劭，河南尹李斌，散骑常侍段广、杨邈，左军将军刘豫，尚书武茂，中书令蒋俊等十数人，统统夷三族。这些人的阖门老幼几千号人，不分男女，尽数斩首。

杨珧临刑前大声号叫，声称当初曾获得武帝的赦免。他对东安公说："先帝有赦表在石函之内，此事张华可以作证。"一旁有议者说，当年钟会造反，钟会的哥哥钟毓曾向文帝密报钟会不可重用，用即造反，因此文帝赦免了钟毓一家。援引旧例，杨珧也该免罪。

东安公不听，他长着一副美髯，时人称为美髯公，但此刻他狰狞着面容，一心想着斩草除根。杨珧一直哭号着，行刑者手起刀落，哭号声戛然而止。

一直杀到东方既白，刽子手才行刑完毕。

第二天是三月壬辰，洛阳百姓打开家门，他们首先闻到的是弥漫在空气中的浓浓血腥味，然后他们会发现街道戒严了，御道铜驼街站满了手执长戟、面容冷峻的士兵。

朝廷颁布了改元的诏令，"永平"这个年号才用了三个月，就被丢弃到角落里，从今天起，"永平元年"不再存在，取而代之的是"元康元年"。

这只是个开始，往后每经历过一次兵火，都会改一次元。惠帝朝长达十六年，总共改元十一次。

朝堂上正在进行着另一场争论，争论如何处理一个棘手人物——杨太后。

有人拿着一支飞箭为证，箭上系着一份帛书，上写"救太傅者有赏"。据说这份帛书是杨太后所写，然后飞箭出宫。有人认为这是杨太后参与杨骏谋逆的铁证。

且不说别的，堂堂太后在父亲被杀之时竟然只能使出飞箭传书这种几乎没有作用的求救方式，这个太后也实在太可怜了。太后与太子一样，有自己的属官，有自己的卫队，杨太后竟然指挥不动自己的卫队，可知她有多么不得人心。

禁军将领之中，长水校尉赵浚是杨艳的舅舅，赵浚的女儿赵节是武帝的充华①，也是杨艳的表妹。这两个人都倒向了贾皇后这一边，可见杨太后和她父亲一样，连自己的亲人也笼络不住，难怪会一败涂地。

也许因为稳操胜券，或者是出于玩弄弱者的阴暗心理。贾皇后保全了杨太后母亲庞氏的性命，允许她入宫与杨太后住在一起，同时又把杨太后迁到永宁宫去住。永宁宫地理位置较偏，迁到永宁宫，其实就是打入冷宫。

迁居冷宫只是杨太后噩梦的开始。贾皇后是不会放过她的，她随即让朝臣揭发杨太后的罪状。

当即有人跳出来充当打手，上书说杨太后"阴渐奸谋，图危社稷""同恶相济，自绝于天"，要求将此案交由王公贵臣在朝堂上公议。

皇帝的回复是："此大事，更详之。"

这个态度就是表示同意。而朝臣们公议的结果，当然是杨太后罪不可赦，"宜废皇太后为峻阳庶人"。

这个要求其实没道理的。太后的"太"与太上皇的"太"是同一个含义，表示是皇帝的长辈，凌驾于皇帝之上。并非所有先帝的皇后都会被尊奉为太后，如果皇位是兄死弟及的，皇帝一般不会把嫂子尊奉为太后。此外还有一种情况，就是皇后犯有大罪恶，不配做天子之母，所以也不被尊奉为太后。

历史上有过太后犯法被废黜的先例。西汉时，汉成帝暴死没有子嗣，由宗室定陶王刘欣入继皇位，是为汉哀帝。汉哀帝尊奉成帝皇后赵飞燕为皇太后，但不久有人揭发赵飞燕曾经杀害成帝的皇子，罪行确凿。于是汉哀帝褫夺赵飞燕的

---

① 充华是妃嫔称号，晋武帝时设置，为九嫔之末。

太后称号，贬为汉成皇后。除此之外，东汉光武帝把吕后迁出太庙也算是一例，东汉和帝也差点把窦太后给贬了。

不过，汉哀帝等人的权限仅限于此，他可以不承认赵飞燕的长者地位，不尊奉她为太后，但是他不能褫夺赵飞燕的汉成皇后称号，这是既成事实，是先帝汉成帝的意志，只有汉成帝本人才有权力收回。

同理，如今惠帝也没有权力废黜杨太后为庶人，他最多只能把杨太后贬为晋武皇后，想要免为庶人，除非把武帝从峻阳陵里请出来。

太子太傅张华看不下去，认为这太胡来了。张华表示，太后并没有得罪先帝，贬为庶人太过分，可以援引汉代孝成皇后赵飞燕的旧例，贬为武帝皇后，打入冷宫养老送终就行了。

这显然不合贾皇后的心意。因此，左仆射荀恺与下邳王司马晃再次上书，请求治杨太后的罪，贬太后为庶人。

这次皇帝不再矜持犹豫，诏曰："可。"

荀恺接着上书，有条不紊地步步紧逼："杨骏叛乱，家属也应连坐。此前为了宽慰太后之心，陛下赦免杨骏之妻庞氏。如今太后已废为庶人，请将庞氏交付廷尉行刑。"

贾皇后还在惺惺作态，皇帝诏曰："就让庞氏追随杨庶人苟活吧。"

但是朝臣坚持国法为重，一定要置庞氏于死地。

最后皇帝做了让步，诏曰："可。"

于是可怜庞氏一老妪，在昨晚的杀戮场中侥幸逃生，到女儿处避难，席不暇暖、惊魂未定，又被倒拖出宫去斩首。

杨芷，这个昔日的太后抱着母亲号哭不止，一直跟到刑场。在极度的惊惶哀伤中，杨芷已经失去理智，她把头发剪掉，理成女囚的发型，她上书乞求儿媳的怜悯，她不顾身份地向儿媳献媚认罪，自称为"妾"。

但这一切最终没能让庞氏逃脱那一刀之厄。

许多人都不忍看这一幕人伦惨剧，司马家标榜以"孝"治天下，皇帝却在杀外祖父、废嫡母，最后连手无寸铁的外祖母也没放过。当时有个叫董养的太学士，公然点出了皇帝的虚伪，说明明是皇帝想杀外祖父母，却宣称"奈何公卿处议，文饰礼典，以至此乎！天人之理既灭，大乱作矣"。

杨芷被关入金墉城，起先还有十几个宫人服侍，后来都被贾皇后赶走，杨芷以囚徒的身份走完了她生命中的最后一程。元康二年（292）二月，政变发生的十一个月之后，杨芷八天没有东西吃，活活饿死在金墉城，死时三十四岁。

贾皇后担心杨芷死后与武帝会面，于是将她脸向下殡葬，身上贴了许多厌劾符书之类的东西，让她做了鬼也无法去申冤。

杨骏一夜之间灰飞烟灭。惠帝下诏封赏功臣：

东安公司马繇进爵为东安郡王，食邑两万户。

陇西王司马泰的世子司马越封为东海公，食邑五千户，不久又封为东海王，食邑六县。

下邳王司马晃，爵位已经是王，到顶了，于是封为司空，加侍中，兼任尚书令。

孟观封为上谷郡公，李肇也被封为郡公，两人都升官为积弩将军。

黄门董猛被封为武安侯，他的三个哥哥也都被封为亭侯。

裴颜诬刘豫有功，被封为武昌侯。

傅祗及时翻墙逃命有功，被封为灵川县侯，食邑一千八百户，又封其子傅畅为武乡亭侯，侄子傅隽为东明亭侯，三人合计食邑四千户。

犒赏完了继续杀人：

左仆射荀恺上书，奏请诛杀杨骏的所有属官，还请诛杀卫尉、太子太师裴楷，理由是裴楷的儿子裴瓒娶了杨骏的女儿，裴楷是杨骏的同党。

那是胡扯，谁都知道裴楷与杨骏一向不和，杨骏当权时也没有重用裴楷，何况裴瓒已经在政变当夜被乱兵所杀，天下没有如此株连的道理。

真正要杀裴楷的是贾皇后。因为裴楷一向看不起贾充，在贾充生前给他添过不少堵，裴楷曾对武帝说："陛下受命，四海承风，所以未比德于尧舜者，但以贾充之徒尚在朝耳。方宜引天下贤人，与弘正道，不宜示人以私。"

后来贾充差点被逐出洛阳，去关中领兵打仗，也是裴楷捣的鬼。贾充因此衔恨在心，但一直没有机会报复，现在贾皇后替父亲解恨来了。

不只贾皇后，东安王等人也在趁机报私仇。东安王"是日诛赏三百余人"，随心所欲，一时之间洛阳城的公卿王侯人人自危，就怕血光之灾从天而降。东安王睚眦必报，得罪他的当然要杀，得罪他亲戚的也要杀，如果正主已死，那就杀他的后人。

东安王的外公是诸葛诞。在三国乱世中，文钦被诸葛诞斩首，文钦的儿子文鸯活了下来，投靠了司马氏。文鸯是三国后期的一员猛将，在晋朝一直做到护东夷校尉。元康元年距离那段恩怨已有三十多年，文鸯也已经是年近花甲的老人，但是东安王没放过他。据说东安王担心文鸯要报父仇，威胁到他的舅舅，所以他先下手为强，将文鸯"夷三族"。

太多的鲜血，让越来越多的朝臣看不下去了。张华、刘颂、裴颜等人劝贾皇后适可而止。傅祗在朝堂上引经据典，与荀恺辩论，最后荀恺词穷，惠帝下诏赦免裴楷、赦免杨骏的属官。

消息传到刑场，差点就晚了。原来监斩的东安王杀人杀出了瘾，不等圣旨下达就先动起手来。当初给杨骏献计的朱振已经倒在血泊之中，余下的人在排队等死，诏书下达，幸存者喜极而泣，其中有两人值得我们关注，以后还会出场。

这两人一个叫阎缵，是杨骏的舍人。此人死里逃生后，看到杨骏曝尸数日没人敢收殓，他就召集以前的同僚替杨骏收尸，结果被人告发。葬礼进行了一半，大伙一哄而散，阎缵豁出性命使杨骏入土为安。

另一个人叫潘岳，就是那个史上有名的美男子，人称"潘郎潘安"是也。当时潘岳是杨骏的主簿，职位与朱振相同，他"少以才颖见称，乡邑号为奇童"，长大后果然才学很高，擅长写悼词。只是潘岳时运不济，先是做了十几年的三公僚属，然后做过两次小县令，好容易攀上杨骏，杨骏却又倒了。

不过潘岳并没有气馁，此后他将再接再厉，继续攀附权贵，直到有一天被夷三族。临刑前潘岳抱着老母亲痛哭流涕，说："负阿母。"

唉，此人的一生是个悲剧，容后详表。

元康元年三月壬寅，政变发生的十一天之后，杀人者终于厌倦了，洛阳逐渐恢复了平静。

惠帝颁布诏书，布置新的政坛格局：

"以大司马、汝南王亮为太宰，与太保卫瓘辅政。以秦王柬为大将军，东平王楙为抚军大将军，镇南将军、楚王玮为卫将军，领北军中候，下邳王晃为尚书令，东安公繇为尚书左仆射。"

政权、兵权全都回到了宗室手中。司马家的天下，可否江山永固呢？

当然不可能。

第三章　汝南王与楚王

一、一石三鸟

宣诏的使者从官道上奔驰而来，秦王司马柬收拾行装，黯然上路。

自从洛阳传来杨骏倒台的消息，秦王就知道，他留在长安的日子已经为数不多，这份招他赴洛的诏书，完全在意料之中。

诏书中，皇帝哥哥很诚恳地表达了对他的思念，并且表示京城有骠骑将军、加侍中、录尚书事等一系列重要的职务非他莫属。惠帝还让他享有开府仪同三司的殊荣，这份荣誉曾经被赏给立有大功勋的羊祜、杜预，也曾经赏给被武帝猜忌的齐王司马攸。

秦王不想去琢磨自己属于哪种类型，他的心情是忧郁的。他的母亲姓杨，所以他不可以再占据被称为"天下形胜之地"的关中。接替秦王都督关中诸军事的，先是叔祖梁王司马肜，然后是另一个叔祖赵王司马伦。

关中以及关中以西的雍、秦、凉三州，是汉族、羌族、氐族、卢水胡等各族杂居的地方，也是晋朝最先动乱的地方。后来，在梁王、赵王都督关中期间，羌族、氐族叛乱频起，关中民不聊生，无数流民背井离乡，向南拥入蜀中，重重冲突之后，有巴氏人李雄割据蜀中，成立成汉政权。为了镇压李雄，朝廷又在长江中下游大肆征兵征粮，激起民变，引发荆州张昌的叛乱，半壁江山几乎不保。大风起于青蘋之末，追溯起源，梁、赵二王罪莫大焉，但是挑起"八王之乱"的政客们也难辞其咎。

秦王到洛阳之后进位为大将军，但实际上他没有能够参与朝政。秦王在洛阳战战兢兢，整日忧虑，他屡次要求远离政治，回到关中的秦国去，但他的请求如泥牛入海。

半年之后，秦王突然死去。史书上未记载死因，只写道："元康元年九月甲午，秦王柬薨。""时年三十，朝野痛惜之。"他的皇帝哥哥也十分悲痛，下诏"葬礼如齐献文王攸故事"。秦王生前死后，都享受了与叔父齐王司马攸相同的待遇。

与秦王司马柬的心情截然相反，汝南王司马亮在赴洛途中，绝对是兴高采烈的。

因为懦弱，汝南王已与执政权力两度失之交臂，一次是在武帝出殡之日不战而逃，把洛阳拱手让给杨骏；另一次是面对贾皇后的邀请搪塞敷衍，将领导宗室复仇的机会让给了楚王。这两次关键时刻的糟糕表现让汝南王的威望大受损伤，到头来竟然还有机会执政，这实在出乎汝南王意料。晋朝人把意料之外得来的东西叫"傥来之物"，汝南王就被一个天大的傥来之物给砸晕了，所以，汝南王根本没有发现躲藏在这次任命背后的深刻原因，他不过是被贾皇后用来牵制楚王的一枚棋子。

杨骏既死，留下的权力真空必须有人填补，在这个问题上，贾皇后与楚王各怀鬼胎。

楚王是有资格做执政的。论亲疏，楚王是武帝的儿子、惠帝的弟弟，对他来说，国事就是家事。论威望，楚王是武帝临终特别委以重任的一个儿子，授予长江中游兵马大权，负责整个江南的安危，早已誉满天下；论能力，楚王勇猛果断，"性开济好施，能得众心"，人缘威望都不错；论功勋，楚王是辛卯政变的总指挥，拨乱反正的第一功臣。

楚王唯一的缺憾是太年轻了，元康元年他才二十一岁。当时武帝朝的老臣都在，与他们相比，楚王资历太浅。

贾皇后不希望楚王执政。惠帝只有太子司马遹一个儿子，太子是排在第一顺位的储君，排在太子之后的，理论上来讲，惠帝的弟弟们以及侄子们都有继位的可能。楚王权力太大，对惠帝、贾皇后，都是个威胁。

贾皇后内心中，当然是恨不得满朝公卿都姓贾，但是，吃独食是有代价的，杨太后父女刚刚为此付出了沉重代价。杨骏坟上的土色还是新的，自然不能步其后尘。此时楚王是北军中候，麾下禁军三十六军包围着宫城，冲进来只需要一盏茶的工夫。

因此，在政变后最初十几天内，贾皇后跟楚王之间保持着一种微妙的实力平衡。

军事方面，楚王控制洛阳的大部分禁军，但是最关键的殿中禁军掌握在贾皇后的手中：她的心腹李肇、孟观已升为积弩将军，各领二千五百强弩手守卫在殿中，后军将军荀悝是贾后党人，右卫将军郭彰是贾皇后的堂舅，车骑司马贾模是贾皇后的堂兄。

政权方面，郭彰、贾模还有贾皇后妹妹的儿子贾谧，与楚王、东安王司马繇共预国事。

尽管大家暂时相安无事，但是可以预料，很快双方都会感到不满意的。东安王虽然是宗室疏族，但是这人野心不小，并且对贾氏一直心存不满；贾氏这一边，贾谧是个轻浮子弟，宾客盈门，排场比皇室还大，而且行事张扬，早晚会惹出祸事来。

贾皇后未雨绸缪，于是有了三月壬寅的诏书：任命汝南王司马亮为太宰，与太保卫瓘辅政。

贾皇后要夺楚王的权，汝南王简直就是量身定作的一枚棋子，再也找不到比他更适合的人选了。

首先，众所周知，汝南王是武帝生前指定的辅政大臣，因杨骏作梗，才被排挤到许昌去。现在让汝南王回到中枢，这是遵循先帝遗旨，拨乱反正，谁也没法反对，包括楚王自己。其次，汝南王是宗室元老，楚王的叔祖，爷爷管教孙子，孙子能有什么话说？只能吃哑巴亏。

但其实，虽然大家都姓司马，内部并不团结，这一点贾皇后洞若观火。汝南王在与杨骏的交锋中怯懦败逃，政变发生前他又推三阻四不肯参与，现在政变成功了，汝南王赶来分杯羹，这肯定会令楚王等人反感。

汝南王与杨骏相似，老而昏聩，恋权不舍，而楚王少年得志，轻锐果敢，是个狠角色。汝南王入朝后，势必要与楚王争权，而楚王肯定不会因为汝南王是祖父辈就自认孙子。

当两人起了鹬蚌之争，这场争斗就是宗室内部的斗争，跟贾皇后无关。贾皇后完全可以隐在幕后，看一场好戏。

表面上看，汝南王入朝辅政也会损害贾皇后的利益，她与楚王一样，也必须交出权力。但实际上贾皇后并没有损失，作为妻子，她的权力来自白痴皇帝司马衷，这层关系没有解除，贾皇后就一直留着权力的暗门，想什么时候拿，都可以。

可能是担心汝南王一人对付不了楚王，贾皇后又重新起用了卫瓘。

这一招就狠毒了。贾皇后目的是一石三鸟，除了楚王、汝南王，她还要除掉卫瓘。

卫瓘，字伯玉，先朝老臣，早在文帝时就已被委以重任。当年邓艾、钟会讨伐蜀汉，出任监军的就是卫瓘。而之后钟会图谋造反，就是栽在卫瓘手里。

卫瓘后来先后都督关中、徐州、青州、幽州诸军事，入朝后又任尚书令、司空、太保等重要官职，"为政清简，甚得朝野声誉"。武帝封卫瓘为公爵，让卫瓘之子迎娶公主。卫瓘身为功勋重臣，家势显赫，遭世人羡慕，也招来了杨骏的忌惮，因此在武帝末年被罢官。

贾皇后起用卫瓘，表面上，是遵循先帝遗愿，由重臣与宗室夹辅王室，其实是为了将楚王更加有力地排挤出权力中枢。试想，一个是叔祖，另一个是两朝元老，两人从政的时间都比楚王的年龄长一大截，楚王的话语权自然就更小了。

再深一层的原因，是贾皇后想杀卫瓘。

贾皇后有充分的理由想杀卫瓘。当初群臣反对司马衷为嗣君，卫瓘是最起劲的一个，而且是贾皇后眼中最阴险的一个。当年武帝突发奇想，设了考场测试太子的应对能力，幸亏有贾皇后帮着作弊才蒙混过关。武帝拿到太子的答卷后，笑吟吟地拿给卫瓘过目，卫瓘"大踌躇"，朝臣才知道这场考试是卫瓘出的险招。

一计不成，卫瓘还不死心，又多次明里暗里进谏"太子不令"，每次都吓出贾充一身冷汗，他偷偷传话给当时还是太子妃的贾南风："卫瓘老奴，几破汝家！"

即使抛开司马衷不论，贾皇后也有理由恨卫瓘。当年武帝给太子选妃，贾南风最有力的竞争者就是卫瓘的女儿。武帝一度中意于卫瓘的女儿，还做出了比较，说："卫公女有五可，贾公女有五不可。卫家种贤而多子，美而长白；贾家种妒而少子，丑而短黑。"

虽然最后在杨艳、荀𫗴等人的帮助下，贾南风如愿以偿当上了太子妃，但是被公然说成"丑而短黑"，这口气怎么咽得下？卫瓘老奴实在可恶，竟敢把女儿生得"美而长白"，可不是该死？

史书上说"贾后素怨卫瓘"，现在有个借刀杀人的良机，贾皇后当然不会错过。更妙的是，从表面上看，卫瓘的复出表现了贾皇后胸襟开阔，不计前嫌。

贾皇后要微笑着将卫瓘推向断头台。

汝南王到洛阳之后，首要大事就是拉拢禁军，他老人家宣称要"论诛杨骏之功"，统计了参与政变的禁军将领人数，然后就是出大手笔，一次性封侯一千零八十一人。

这一幕是不是很眼熟？就在不久前，还有人在武帝灵柩前大赏群臣，以笼络人心。接下来还有眼熟的，还记得那个尚书左丞傅咸吗？当初劝过杨骏不要滥封滥赏的那位，现在他已迁官为御史中丞了。

傅咸写信给汝南王，劝诫汝南王不要走杨骏老路。傅咸说，这次拨乱反正应该归功于皇帝的英明领导，殿下却如此滥行封赏，"震动天地，自古以来，封赏未有若此者也"，这会使大家以后都希望国家有乱事，好浑水摸鱼。如此一来，就很危险了，此前东安王赏伐随心所欲，已经招来了不满，本以为殿下会矫正错误，没想到变本加厉，群臣"莫不失望"。我十分替殿下担忧啊。

与当时杨骏的态度相似，汝南王对一切谏言都置之不理。

这种态度可以用来对付傅咸这种文官，但如果将楚王也视为空气，那就很危险了。

汝南王偏偏就这么做了。

在讨伐杨骏的时候，汝南王远远地躲在许昌，风平浪静后却跑来抢功，楚王对此肯定是有情绪的。而汝南王不仅不安抚楚王，还试图到禁军里面去拉关系，这分明是在挖楚王的墙脚。

楚王还没来得及发怒呢，汝南王又马不停蹄地做了一件火上浇油的事。

汝南王曾经做过一段时间的"宗师"。所谓"宗师"相当于司马家族的族长，对族人"训导观察，有不遵礼法，小者正以义方，大者随事闻奏"。由于职务之便，汝南王对于司马家族内部的家长里短十分熟悉。汝南王知道哥哥琅邪王司马伷的两个儿子东武公司马澹与东安王司马繇兄弟俩一向不合。

东安王司马繇的为人，从他杀人如草芥就可见一斑，但是《晋书》还是替他找了一些好词来掩饰，说他"性刚毅，有威望，博学多才，事亲孝，居丧尽礼"，言下之意，他还算是一个好人。

东武公司马澹比他弟弟更不如，连《晋书》都找不到词替他掩饰，只好实话实说，说司马澹"性忌害，无孝友之行"。据说他一直眼红司马繇在外面名声比他好，一直妒忌父母从小对司马繇的宠爱胜过他。因为这个可笑的原因，他对司马繇"恶之如仇"，经常到处造谣诋毁司马繇。

汝南王执政的时候，东武公正在洛阳担任中护军。中护军手中的禁军兵权是汝南王迫切需要的，所以东武公也成为汝南王要重点拉拢的对象。东武公见缝插针，向汝南王进弟弟的谗言，他说："司马繇专行诛赏，欲擅朝政。"

汝南王其实早就想处置东安王了，东安王杀人如麻，罪行是人所共睹。可是，东安王毕竟新立了大功，这么早过河拆桥，又没有个合适的借口，汝南王不好下手。

现在可好，东武公将借口送上门来了。在傅咸写给汝南王的信中，早已经提到了东安王滥杀无辜，群臣有不平之声；现在连东安王的亲哥哥都看不过去，不惜大义灭亲，可见东安王确实罪恶滔天，不严惩不足以平民愤。

第二章

汝南王摆出替天行道的样子，要替文鸯等人报仇雪恨。

元康元年三月庚戌，汝南王进京执政的第八天，惠帝下诏追究东安王司马繇的罪行，内容包括：矫诏、擅杀东夷校尉文鸯等。东安王因此被罢免一切官职，后来听说他不服判决，有大逆不道的狂悖言论，于是又褫夺东安王王爵，废黜为庶人，发配辽东带方郡（在今朝鲜境内）。

东安王的被贬震动了楚王。楚王与东安王功戚一体，楚王是政变的总指挥，东安王矫诏杀人，楚王自然也脱不了干系。

楚王与汝南王原本就很脆弱的关系，更加雪上加霜，而汝南王并没有意识到自己已经在刀口上游走，他正心情大好地与卫瓘商议着如何重组政权。

可能是洛阳城中无可用之人，也可能是汝南王得不到群臣的拥护，汝南王觉得人才紧缺。他的解决方式是让惠帝下诏："群僚举郡县之职以补内官。"就是要从地方选拔官员入京任职。汝南王的动机一目了然，就是要培植自己的势力，但是这一措施必然会导致洛阳群臣反感。傅咸就曾劝阻过汝南王，可惜汝南王又来个充耳不闻。

如此磕磕磕碰碰过了三个月，汝南王大概觉得已在洛阳站稳了脚，他忍不住要对楚王下手了。汝南王与卫瓘决定，起用临海侯裴楷接替楚王，担任北军中候。

撤掉楚王的北军中候一职，是夺他兵权，但是起用裴楷，这就不只是想对付楚王了吧？

裴楷，字叔则，河东闻喜人，是一个风流名士，善于清谈，可以使"左右属目，听者忘倦"，为人"风神高迈，容仪俊爽，博涉群书，特精理义"，时人称之为"玉人"。

裴楷是两朝老臣，但不是先帝的重臣，他更多是以一种名士的姿态悠游于朝堂之上。当初武帝抽签抽到晋朝的帝位只能传"一"，皇帝很尴尬，众臣大惊失色，谁都不敢吱声，只有裴楷侃侃而谈："臣闻天得一以清，地得一以宁，王侯得一以为天下贞。"马屁拍得高雅不俗，使得龙颜大悦。

起用裴楷，性格是一个重要原因，裴楷"性宽厚，与物无忤"，而且裴楷与汝南王、卫瓘都是儿女亲家，裴楷的长子娶了汝南王的女儿，裴楷的女儿嫁给了卫瓘的儿子。禁军交给裴楷，两人放心。

但是，贾皇后可没法放心。

先前说过，裴楷是贾充的政敌，贾充生前两人曾斗得你死我活。贾皇后心里一直记着这笔账，裴楷另一个儿子裴瓒娶了杨骏的女儿，政变当夜，裴瓒死在杨府，贾皇后以此为借口，试图杀掉裴楷。这事才过去不久，就让裴楷掌握禁军，这是要对付谁？

因此这一份任命，不仅震怒了楚王，连幕后的贾皇后也快要坐不住了。

幸好裴楷本人的脑子还是清醒的，在杨骏主政期间，他担任着太子少师这样可有可无的悠闲职务，现在一跃而起成为北军中候，掌握禁军三十六军。别说旁人，裴楷自己都大吃一惊。他已过知天命之年，而且身体也不好，患有"渴利疾"，这是一直感到口渴要喝水的病，现代人推测就是糖尿病。上一次贾皇后要杀他，裴楷在刑场连遗书都写好了，最后一刻被人救了下来。五十病夫何所求？裴楷已经厌倦了，何必再掺和进那个杀戮场自寻死路？

裴楷坚决推辞任命。他预料到内乱将起，为了避祸，裴楷要求外放去做地方官，惠帝于是任命他去襄阳接替楚王，做安南将军，都督荆州诸军事。

一计未成，汝南王就打算蛮干，蛮干的策略很老套，当年武帝就曾玩过。汝南王直接上书，"奏遣诸王还藩"，矛头还是指向楚王，想赶他出京城。

贾皇后拿到这一份奏折，高兴坏了，这就是压垮楚王的最后一根稻草啊。贾皇后使坏，不说行，也不说不行，交给群臣廷议。

群臣们看到这份奏折，脸色都变了，全噤口不言，只有卫瓘表示赞成。

当时楚王的脸色，肯定阴沉得十分可怕。

二、六月政变

汝南王已走到人生的尾端，现在唯一的悬念，就是由谁在何时打开这扇末日的大门？

答案竟然是卫瓘。他原本要惩办一个不起眼的小人物，但是乱世将至，小人物也碰不得。

这个小人物叫岐盛，曾经与杨骏关系不错，现在改投楚王门下，是楚王舍人。岐盛据说人品不好，"薄于行"，卫瓘"恶其为人，虑致祸乱"，所以打算将他搜捕治罪，不料风声走漏了。

岐盛情急之下狗急跳墙，这小人物的能量可一点都不小，他与同僚楚王长史公孙宏商议之后，决定替楚王把憋在心里的话都说出来。两人找到积弩将军李肇，假称是楚王派来的代表，举报汝南王司马亮、太保卫瓘要造反。

李肇是贾皇后心腹，接到举报，急忙回宫禀报，《晋书》上说"后不之察"，意思是说贾皇后没有察觉这是岐盛与公孙宏在捣鬼，所以让惠帝诛杀汝南王等。

贾皇后是揣着明白装糊涂，还是确实受人蒙蔽，这个只有天知道了。

整个事件仔细推敲，其实布满疑云：

首先，卫瓘请求诛杀楚王官吏，这种机密怎么会走漏？

其次，李肇宿卫殿内，岐盛等人怎么可能说见就见？到底是岐盛、公孙宏主动去找李肇，还是李肇自己送上门来的？

再次，岐盛、公孙宏平时"为（司马）玮所昵"，得知了危险，为何不向楚王求助，却采用如此极端的方法，将楚王往火坑里推？

以上种种不合理因素的缘由，已经无法得到解答，只能永远沉入历史的河底。后人只知道，当天黄昏时，楚王收到了惠帝的密诏，密诏言简意赅："太宰、太保欲为伊、霍之事，王宜宣诏，令淮南、长沙、成都王屯宫诸门，废二公。"

楚王此时肯定是欣喜若狂，忍了多少窝囊气，今天终于要刺刀见红了。但是事情发生得太突然，难免会有疑虑。楚王说，这是惊天动地的大事，我得复奏陛下，再次请示。

这时，宣诏的黄门将光秃秃的下巴凑近楚王的耳朵，轻声说道："事恐漏泄，非密诏本意也。"——陛下发密诏，就是想让殿下衔枚而动，出奇制胜，殿下如果要复奏，机密可能就会漏泄，有违陛下本意啊。

楚王被吓到了，心想机会确实可能稍纵即逝，当断不断，必受其乱。楚王仔细查看了诏书，真实无误，楚王于是集结本部兵马，并召集北军中候麾下洛阳内外三十六军将领。

楚王治军严整，诸军不久即已到位。楚王进行了一番战前动员，随后，他矫诏下了两首圣旨，一道是罢免汝南王与卫瓘的官职，责令二人交还太宰、太保的印绶，侍中的貂蝉冠，遣散所有属官，各自回到封国。

另一道是赦免汝南王、卫瓘的属官，说"官属以下，一无所问。若不奉诏，便军法从事。能率所领先出降者，封侯受赏。朕不食言"。

最后楚王分配任务。他命令弟弟，时任步兵校尉的长沙王司马乂把守东掖门；派遣公孙宏与积弩将军李肇去围攻汝南王的官邸，收捕汝南王；派遣另一个弟弟，担任抚军大将军的清河王司马遐率领右军，去搜捕卫瓘。

军令下达，三路人马立即出动，消失在沉沉夜色里。

尽管事发突然，但还是有一些老谋深算的政坛老手捕捉到了阴谋的气息。

公孙宏建议楚王："当年宣帝废黜曹爽的时候，与太尉蒋济同车前往，以增加威重。如今大王要做大事，最好也请得朝廷耆宿同往，可以震慑众心。司徒王浑宿有威名，为三军所信服，可邀请其同车而乘，以正出师之名。"

楚王觉得有道理，于是将六十八岁的司徒王浑请来，打算拖他一起下水。

　　王浑是几年前齐王司马攸事件里冲锋陷阵的先锋，因此被武帝狠狠打了一顿屁股，之后他就变乖了。王浑的父亲王昶是曹魏的司空，王昶给哥哥的两个儿子取名，一个叫"沈"（通"沉"），一个叫"默"，给儿子王浑取字为"玄冲"。从这一堆名字就可以看出老爷子为人处世的态度，王昶还专门写了一篇家训，告诫子侄们要内敏外恕、推逊恭让。

　　面对楚王的邀请，王浑突然把老父的家训全记起来了。他推辞说自己突发疾病，要回府治疗，一进家门，他就急忙让家兵把大门封上，任何人不得入内。楚王被耍得没脾气，又不好过分勉强，只好作罢。

　　第二天楚王一死，王浑立刻开门奔赴宫中表忠心，因此没受到牵连。

　　另一个三公成员，时任司空的陇西王司马泰眼光就不如王浑。杨骏死后，司马泰统领了杨骏的营兵，他得知楚王在行动，马上集结麾下士兵，打算响应楚王。

　　司马泰的三个儿子，即日后的东海王司马越、南阳王司马模和新蔡王司马腾，都是"八王之乱"中的活跃分子，如果他参与了这次政变，下场肯定与楚王相似，成为贾皇后的弃子，他的儿子们必定会受到牵连，那么整个"八王之乱"的历史又将改写。

　　陇西王即将引祸上身，在这紧要关头，祭酒丁绥劝司马泰冷静，他说："公为宰相，不可轻动。且夜中仓猝，宜遣人参审定问。"

这一劝救了陇西王的性命，司马泰最终没有出兵，从而躲过一劫。

大概以为主动权在自己手中，汝南王不承想到楚王会反戈一击。所以，当公孙宏、李肇领着禁军包围府第，鼓噪呐喊的时候，汝南王对眼前发生的一切十分不理解。当时汝南王并没有到束手就擒的地步，为示优宠，惠帝赐给他的一百骑兵和一千亲兵，这些兵骑都还在，帐下督李龙对汝南王说，外面这些人来者不善，请求命令发兵拒敌。但汝南王六神无主，不置可否。

没多久，公孙宏等人展开攻势，禁军爬上府院的围墙，占据了制高点，张弓搭箭，另有一部分禁军已翻墙进入府内。汝南王看这架势，也知道大事不妙。他很吃惊，对公孙宏说："吾无二心，何至于是！若有诏书，其可见乎？"

公孙宏一听，这老头果然昏聩，死到临头还没有认准冤家对头。公孙宏这人也跋扈得厉害，他已经决心血洗这个府院，所以有诏书也不拿出来。对于汝南王的质问，他置若罔闻，只冷着脸命令手下进攻。

汝南王的长史刘准建议："观此必是奸谋，府中俊乂如林，犹可尽力距战。"可为时已晚，战斗呈一边倒的趋势，不多时，汝南王司马亮以及长子司马矩都被生擒。汝南王很委屈，他仰天叹息："我之忠心，可破示天下也，如何无道，枉杀无辜！"

依着公孙宏的愿望，汝南王最好死于乱兵之中，却没想到是被生擒，这就有点棘手了，公孙宏虽然是个狠角色，但是让他亲手加害皇帝的叔祖、朝廷的宰辅，他毕竟还是胆怯。

他都不敢，手下人更加不敢了，于是汝南王父子被安置在一辆车旁坐着，公孙宏派人去请示楚王。

这一去时间比较长，等到东方既白，请示的人没回来。日脚一点一点移向正中，请示的人还是不见踪迹。当时是六月，骄阳似火，汝南王一个白发苍苍的老人在太阳下暴晒，让人看了不由得心生怜悯，有士兵把汝南王安置到阴凉处，还有人给汝南王打扇子遮阳。

公孙宏心里焦躁无比，他不知道楚王会下怎么样的指令，万一楚王要与汝南王和解，那他就完蛋啦。

将近晌午的时候，楚王那边终于有回应了，来人老远就大声叫喊："楚王有令，能斩司马亮者，赏布一千匹。"

公孙宏大舒一口气。"赏布一千匹"这个赏格可不轻，看来楚王是铁了心要取汝南王性命的。西晋承接三国乱世，币制混乱，铜钱等货币并不被人信任，很多场合大家还是以粮食、布匹等实物进行流通交换，对于一个普通人来讲，一千匹布是笔天文数字般的财富。东晋初年，整个国库的储备也不过四千匹布，东晋元帝拿出一千匹布悬赏石勒的首级，汝南王的人头与敌酋同价。

利益当前，那些禁军士兵露出了狰狞本相，打扇遮阳的温馨场面瞬间变脸，一群士兵如狼似虎地扑了上去，将汝南王司马亮和他的长子司马矩乱刀砍死。

汝南王父子的尸体惨不忍睹，"鬓发耳鼻皆悉毁焉"，尸体被随意弃置在府第北门处的墙边。

就在公孙宏进攻汝南王府的同时，清河王司马遐也领着禁军直奔太保官邸。

与汝南王一样，卫瓘也对迫在眉睫的灾难一无所知。当清河王手拿圣旨出现在官邸门前，卫瓘和他的三个儿子卫恒、卫岳、卫裔，还有五个孙子围坐餐桌前，一家人其乐融融，正在吃饭。

清河王是一个"小时了了，大未必佳"的人物，据说他"美容仪"，幼年表现出色，所以"武帝爱之"，可惜他"长而懦弱，无所是非。性好内，不能接士大夫"。在这次搜捕卫瓘的行动中，清河王只是名义上的总指挥，真正的决策权在右军督荣晦手里。

荣晦，是楚王特意配给清河王的助手。荣晦与卫瓘有旧怨，当年卫瓘担任司空的时候，荣晦是他手下亲兵的帐下督，后来因为犯了过失，被卫瓘斥退驱逐了。荣晦是睚眦必报的人，一直耿耿于怀。楚王派他去搜捕卫瓘，那是借刀杀人。

所以当时的情况是局中局，荣晦是楚王手中的一把刀，楚王又是贾皇后手中的一把刀，大家都提着寒刃屠戮弱者，谁都不是无辜的。即使是如今已沦为案上鱼肉的卫瓘，在二十多年前也使过借刀杀人的诡计。

那是曹魏景元四年（263），蜀汉灭亡不久，邓艾与钟会还各自带着军队驻扎在成都。邓艾的为人处世远逊于他的治国才能，他居功自恃，与同僚关系很僵，这个缺点虽然惹人讨厌但不致命，致命的是邓艾竟然忠诚过度，擅自封蜀汉君臣为官。钟会一直盘算着要造反，因此他趁机向司马昭诬告邓艾谋反。

同行是仇敌，司马昭立刻命令监军卫瓘逮捕邓艾父子，用槛车押送到京城来。

　　邓艾被捕，钟会没了心腹大患，马上造了反，但叛乱随即被卫瓘讨平。卫瓘诛杀钟会后，控制了蜀中局势，当时邓艾还在押解的途中，许多邓艾的老部下纷纷替主帅叫冤。卫瓘当然明白邓艾是冤枉的，但是，当初污蔑邓艾造反他也有份儿，卫瓘担心邓艾日后会报复，于是决定斩草除根。

　　邓艾有个老部下叫田续。当初邓艾进攻江由，田续领着队伍没有及时跟上，差点被邓艾斩首。卫瓘知道田续怀恨在心，特意派他去追赶邓艾的槛车，悄悄地示意说："可以报江由之辱矣。"结果邓艾父子被田续杀害在绵竹三造亭。

　　卫瓘当时肯定想不到，二十八年后，他竟然会与邓艾一样下场。

　　公孙宏搜捕汝南王是靠蛮力强攻，虽然是作恶，倒也不失磊落；相比之下，荣晦完全是小人行径，他靠的是骗。

　　卫瓘与汝南王一样，也有一千亲兵在府内护卫。荣晦在大门之外，大声宣读楚王写的假诏书，要求卫瓘交还太保的印绶，免官回乡，并一再保证不会伤害卫家人性命。

　　卫府中人都觉得事情诡异蹊跷，怀疑荣晦手中的诏书有假，劝卫瓘下令抵抗，等天明后把事情搞清楚再投降也不迟。而卫瓘犹豫不决。

　　正在僵持间，卫瓘的儿子卫恒发现禁军中有一个亲戚。这个亲戚叫何劭，是前太傅何曾的儿子，何氏父子以生活奢侈而留名史册，人品也很差，何劭的女儿嫁给卫恒的哥哥，卫恒透过墙孔向何劭悄声询问凶吉，何劭明知卫家这次凶多吉少，却偏偏不说。卫恒素来有名士气质，以为这次不过又是免官，免官就免官，没什么大不了的。卫恒回到饭桌前，继续吃饭，卫瓘下令打开府门。

清河王等人拥进府第，荣晦站在中门下，再次宣读诏书，再次保证只是承诏免官。

荣晦收走了卫瓘的印绶、貂蝉冠，随即他脸色一变，严令卫瓘带领家人搬出府第。荣晦明显是有备而来的，他从怀中掏出一张纸，上面抄录着卫家上上下下所有人的姓名。荣晦逐一点名，发现缺了两人，原来卫恒的幼子卫玠从小体弱多病，那晚他在哥哥卫璪的陪同下在外就医，兄弟俩得以幸免于难。

结局虽然不是大圆满，但谅那两个漏网的小孩子也兴不起什么风浪。荣晦一挥手，上来一堆士兵，两个挟持一个，把卫家人捆绑起来。

这时卫家的亲兵已经被控制，卫瓘的僚属们也都已投降。荣晦露出了青面獠牙，他纵使士兵洗劫了卫府，然后，把卫家人拖曳到东亭道北围守，就着清风明月，不论老幼，全部斩首。

三、卒子过河

洛阳城笼罩在肃杀的气氛之中。

半年之内，前后三位执政大臣遭罹灭门惨祸，这是闻所未闻的事情。作为两次政变的直接指挥者，楚王司马玮的声威在这一晚达到了最高点。

但是有人还嫌不够。这个推波助澜者依然是岐盛，《晋书·楚王玮传》里说他怂恿楚王："宜因兵势，遂诛贾、郭以正王室，安天下。"

如果这段史实属实，那么岐盛未免太可怕了。他俨然是这场政变的导演，先引发这场政变，然后骗来贾皇后的诏书，诱使楚王对汝南王下杀手，现在又趁楚王骑虎难下，怂恿楚王杀进皇宫，"诛贾、郭以正王室，安天下"。

试想，倘若楚王果真杀进皇宫，废黜了贾皇后，那这场兵变将无法收场。一夜之间，杀执政、废皇后、挟持皇帝，任何一个臣子做下这种事，都不可能全身而退，而楚王身份特殊，他是有皇位继承权的，清君侧之后，楚王只能一条路走到黑，逼惠帝禅位或者逼惠帝立自己为皇太弟。

所以，岐盛其实是在鼓动楚王篡夺皇位。

好大的胆哪！他怎么敢？

前面说过岐盛曾经党于杨骏，他竟然不仅没受牵连，反而成为楚王心腹，可见此人必有过人之处。这过人之处，就是他能揣摩人心。岐盛胆敢如此大逆不道，是因为他十分清楚，这就是楚王所想的，他只是代楚王讲出了心里话。

在这场政变中，楚王看似承诏行事，是被动的。但实际上，在贾皇后想利用楚王铲除汝南王的同时，楚王也想利用贾皇后扫清他的障碍。

楚王是有野心的，对此他与贾皇后心照不宣。仔细推敲贾皇后下给楚王的那份诏书，就可以发现端倪。

诏书是这么写的："太宰、太保欲为伊、霍之事，王宜宣诏，令淮南、长沙、成都王屯宫诸门，废二公。"

表面意思是：太宰、太保要行废立之事，楚王你该出手了，召集淮南王、长沙王、成都王保卫皇帝，阻止并废黜两位执政大臣。

但这份诏书有两个值得推敲的地方。

第一个地方，是诏书中为什么要用"伊、霍之事"这样的字眼。

"伊"是指商代伊尹，"霍"是指汉代的霍光。商代的第五任君主太甲无道，伊尹将他流放，三年之后，太甲悔过自新，伊尹又将他迎回，复立为君主；霍光受汉武帝托孤辅佐汉昭帝，昭帝驾崩时没有皇嗣，霍光就迎立武帝的孙子昌邑王刘贺为皇帝，后来发现昌邑王不成器，于是当机立断废黜皇帝，改立武帝玄孙刘病已，是为汉宣帝。

伊尹、霍光两人的共同之处是都以辅政大臣的身份废立过皇帝，他们两人是史上公认的忠臣，他俩的废立之举历来被肯定，被说成"废无道立有道"。

如果要说汝南王、卫瓘等人犯上谋逆，应该把他们比作王莽才对。诏书中把他俩说成伊尹、霍光，那就等于在说当今的皇帝司马衷是无道之君啊。皇帝下诏暗示自己被废是合理的，汝南王、卫瓘要做的事情是正义的，这未免太不可思议。

第二个地方，是为什么让楚王召集"淮南、长沙、成都王"参与行动？

当时淮南王远在寿春，另外两个王爷都还年幼，长沙王司马乂才十六岁，成都王司马颖才十五岁，手里也没什么权力，这三个王是起不了什么实际作用的。当时真正对政变有用的宗室是中护军东武公司马澹，诏书中并没有提及，却特意点了惠帝这三个弟弟的名，似乎这三个王参与政变是理所当然的事，为什么？

如果不把这一张青纸看成皇帝下达给臣子的诏书，而是一封家信，看成哥哥写给弟弟的求救信，问题就容易理解了。

众所周知，司马衷不堪社稷大任，如果汝南王真要行"伊、霍之事"，废掉这个无能的皇帝，这绝对是利国利民的好事。但是仅仅"废无能"，"伊、霍之事"只进行了一半，汝南王还必须得"立有道"。这个"有道"之君必须是武帝的嫡系子孙，他必须贤明、有声望，能合理地、不引起争议地继承皇位。

当时朝中有没有这样的人选呢？有啊。这个人早已进入大家的视野，当他还是个儿童的时候，武帝就已经对他寄予厚望，说："此儿当兴我家！"武帝说他的气质和长相都像先祖宣帝司马懿，武帝已经迫不及待地替他预订好了晋朝第三任皇帝的宝座。这个人就是皇太子司马遹。

但是，这损到了楚王的牙眼。在当时，有一部分人宁愿傻子当皇帝，也不希望看到太子坐上龙椅。贾皇后是如此，惠帝的弟弟们诸如楚王、淮南王等人，也是如此。

因为，只要惠帝还在，楚王等人就还有希望做皇帝，毕竟本朝是有"兄终弟及"先例的。但如果太子司马遹做了皇帝，肯定没有侄子传位给叔叔的道理，那么楚王等人的皇帝梦想就彻底破灭了。

那道诏书的完整意思是：汝南王要废你哥哥，立你的侄子提前接班，到时候你们兄弟就彻底没有指望啦。所以，一定阻止汝南王。

这就是元康元年六月的政变中，楚王对汝南王等痛下杀手的真实原因，这也是楚王被贾皇后看穿的软肋。因为这个非分之想，楚王搭上了他年轻的性命。

楚王丝毫没有察觉，随着汝南王、卫瓘的殒命，他的项上人头也已经开始松动。在某个深邃的黑暗中，贾皇后露出狰狞的微笑，按照她写的剧本，这幕戏应该要收场了，唯一还欠缺的谢幕工具，就是楚王的鲜血。

第二天，楚王司马玮发动兵变，深夜杀害执政大臣的消息，立刻传遍了洛阳城。

宫城再一次戒严了，不愿意站错队的朝臣们纷纷赶来表明立场。

裴楷赶来了，气喘吁吁，神情委顿，他已被任命为安南将军，但还没来得及出发去襄阳，政变就发生了，随他一起进宫的是一个八岁的小男孩儿，名字叫司马羕，是汝南王的小儿子。

裴楷绘声绘色地讲述了他昨晚的遭遇：他如何得知楚王要杀戮大臣，他又如何预料到楚王一定会派人来杀他，然后他如何单车入城，如何在屠刀下救出司马羕，如何带着这个八岁的小孩子四处躲藏。他逃到岳父司徒王浑家，楚王的人就追到王浑家，他赶紧换地方，一个晚上换了八个地方，才侥幸大难不死。

裴楷在讲，一旁的司马羕声泪俱下。朝堂上充满了悲愤之情，朝臣们个个表情凝重，义愤填膺。

不久，司徒王浑也进宫来，他的证词进一步证明了裴楷控诉的真实性。最后，司徒王浑正色质问惠帝："有没有下旨命令楚王杀汝南王？"

惠帝一脸无辜，说怎么可能，汝南王德高望重，并且是朕的叔祖，朕怎么可能忍心杀他？

既然如此，真相就水落石出了：楚王司马玮矫诏杀戮大臣。

矫诏已经是一项重罪，杀戮大臣更是罪在不赦，两罪合一，即使楚王是惠帝的亲弟弟，也不能免死了。

楚王的罪行虽然确定，但朝臣们心情只有更加沉重。他们随即想到，楚王麾下的三十六军占领了洛阳城，宫城之外已经是楚王的势力范围。楚王没有杀进宫来，已经属于万幸。朝廷此刻哪有能力追究楚王的罪行？朝臣们愁容惨淡，替自己的性命担忧。

这时，太子少傅张华让董猛传话给贾皇后，说："楚王既诛二公，则天下威权尽归之矣，人主何以自安！宜以（司马）玮专杀之罪诛之。"

这是正确的废话，现在的棘手的问题不是楚王该不该杀，而是怎样杀？

贾皇后假痴不癫，一副惊恐不安的样子。她问，如今这局势，诛杀楚王谈何容易？

张华说有办法，"（司马）玮矫诏擅害二公，将士仓卒，谓是国家意，故从之耳。今可遣驺虞幡使外军解严，理必风靡。"

驺虞是传说中的一种瑞兽，外形像有黑条纹的白色老虎，尾巴有身躯那么长。驺虞幡就是绣有驺虞图样的旗幡，这是皇帝和经皇帝授权才能持有的一种幡，持幡者如同持节，可以代宣皇帝的旨意，通常用于制止干戈。

惠帝于是派殿中将军王宫出宫城，手持驺虞幡，高声宣布："楚王矫诏！"另外，惠帝派车骑司马贾模领二百殿中虎贲，去拘捕楚王司马玮。贾模，是贾皇后的堂兄。

驺虞幡的威力立竿见影，宫城外的禁军见到此幡，纷纷丢下武器作鸟兽散。不多时，楚王身边的人跑得一干二净，只剩下一个十四岁的贴身小厮。楚王没料到局势逆转得如此之快，惶恐中慌不择路，他坐上牛车准备去哥哥秦王司马柬那儿避难。

途中，楚王遇到了惠帝派来的谒者，谒者传旨令楚王回到武贲署的军营内等候处分。这时的楚王已是孤家寡人，已插翅难飞，他乖乖地回到武贲署，被交付廷尉议罪。

惠帝下诏，说楚王司马玮矫诏杀害汝南王、卫瓘父子，图谋不轨，罪恶浩天，处以斩首极刑。

楚王当即被拉到城东牛马市刑场，临刑前，他掏出怀中的青纸诏书，给监斩的尚书刘颂看，哭着说："受诏而行，谓为社稷，（不料）今更为罪。托体先帝，受枉如此，幸见申列。"

刘颂何尝不明白楚王这是落到陷阱里了，但是他又有什么办法呢？刘颂唯有陪着他一起哭，"歔欷不能仰视"。

楚王死时年仅二十一岁。据说行刑前，天地变色，狂风飙起，霹雳闪过天空，雷雨倾盆而下。楚王平时慷慨好施，能得众心，死讯传开后，百姓"莫不陨泪"，甚至有人为他立祠。

惠帝也在楚王死后，下了诏书表示哀痛："周公决二叔之诛，汉武断昭平之狱，所不得已者。廷尉奏玮已伏法，情用悲痛，吾当发哀。"

至于惠帝是不是真的很悲痛，那只有天知道了。

四、满朝公卿皆姓贾

元凶楚王已经伏辜，帮凶也要追究责任，公孙宏和岐盛都被"夷三族"。

清河王司马遐对卫家的惨案负有直接责任，可是他没有受到任何处分；长沙王司马乂当晚领兵守东掖门，没有直接参与杀戮，却被贬为常山县王，随即被赶出洛阳，奔赴常山国。兄弟俩的待遇如此不同，原因在于司马乂是楚王的同母弟弟。

被追究责任的还有一些与此次政变八竿子都打不到的人，比如司隶校尉傅祗，他被免除了官职，罪名是"闻奏稽留"，言下之意是听到风声没有及时禀报。

司隶校尉是汉武帝时设的官名，在汉朝时职权很大，"察三辅、三河、弘农七郡"，但到了晋朝，监察京畿的重任交给了河南尹，司隶校尉只对京城的治安负有限的责任。惠帝的意思是，昨晚闹出这么大动静，你傅祗身为司隶校尉，竟然毫无作为，也没有及时上报朝廷，渎职！当免。

惠帝下这道诏书的时候，可能忘了宫城的门禁是最严格的，入夜之后，除非是被宣诏入宫，臣子是没有办法进入宫城的。而且，满大街都是禁军，傅祗一介书生，手下只有可怜兮兮的一百从事官员、三十二名士卒，除了当炮灰还能起什么作用？

如果惠帝确实痛下决心要彻查，任何官员有恶必究，那也无话可说，毕竟傅祗的确有渎职之处。偏偏惠帝一转身又下了另一道诏书，赦免"为楚王所诳误"的人，只要不是与楚王同谋的人都免除罪责。积弩将军李肇等一干贾皇后的心腹因此被免罪，那晚跟着公孙宏等人围攻汝南王府的禁军将领也被免罪。

最离谱的是，作为制造卫瓘灭门惨案的直接凶手，右军督荣晦竟然也在赦免的范围内。

这种只问狐狸不问豺狼的做法，引起受害家属的极大悲愤，卫瓘的女儿给朝臣们写信，质问衮衮诸公："先父死得不明不白，连个谥号都没给，就与普通百姓一样。如此惨绝人寰的灭门冤案，满朝文武却全都缄默不语，难道无人该为这变乱负责？我特地写信向你们问个明白。"

此举可以看出，卫瓘的女儿也是胆气过人的奇女子，不知道是不是就是当年差点嫁给司马衷的那一位。如果是她嫁给司马衷，晋朝的历史也许就不会如此悲惨了。

这些信件如泥牛入海。楚王一死，贾皇后就全面把持朝政，朝中谁不知道卫瓘是贾皇后的仇人？所以个个敛手噤声，不敢替卫瓘申冤。

逼于无奈，由卫瓘的主簿刘繇出面，敲击设在宫城大门旁的登闻鼓，直接告御状，请治荣晦死罪，最后朝廷迫于压力，将荣晦夷三族。

后来，朝廷又给汝南王与卫瓘恢复名誉。

汝南王的丧礼如安平献王孚故事，庙设轩悬之乐，享尽哀荣，"给东园温明秘器，朝服一袭，钱三百万，布绢三百匹"。

汝南王的王爵由长孙司马祐承袭，另外，朝廷施恩加封汝南王的八岁幼子，就是那晚大难不死的司马羕为西阳王。

卫瓘生前是菑阳县公，现在无辜受祸，朝廷为表示抚恤，给他增邑三千户，改封为兰陵郡公，赠假黄钺。由幸存的长孙卫璪承袭爵位。

该杀的杀了，该赏的也赏了，该抚恤的也已经安抚完毕，元康元年六月的政变正式拉下帷幕。

不久，朝廷颁布了新的人事任命，这是本年度的第三次权力重组。

在兵权分配方面：

以贾谧为后军将军；以郭彰为右卫将军；以裴颁兼任右军、左军将军如故；以东武公司马澹为中护军；以琅邪王家的王衍为北军中候。

在政权分配方面：

以张华为右光禄大夫、开府仪同三司、侍中、中书监；以琅邪王家的王戎为尚书左仆射；以裴楷为中书令、加侍中；贾谧、贾模、裴颁、郭彰都任侍中，襄理朝政。

第一章

光看名单也许不容易看懂，那阐述一下以上人物的内在联系：

侍中、后军将军贾谧是贾皇后妹妹贾午的儿子，是贾充的嗣孙。

侍中、右卫将军郭彰是贾皇后的堂舅。

侍中贾模是贾皇后的堂兄。

侍中、右军、左军将军裴𫖮的姨妈，就是贾皇后的母亲郭槐。

中护军东武公司马澹，他的妻子是贾皇后的内妹。

尚书左仆射王戎，是裴𫖮的岳父。

北军中候王衍，他的妻子郭氏是贾皇后的姨妈，后来他的女儿还嫁给了贾谧。

看了这份名单，试问谁才是元康元年一系列政变的最终受益者？

答案一目了然。

悉数元康元年的两次政变，有一个人物虽然没有正式登场，却始终影响政变走向。

这个人就是太子司马遹，他是无数人的希望，也是无数人的梦魇。无论希望也好，梦魇也好，都让他不堪重负。对于他的争夺与陷害从元康元年就已经开始，他俨然是两起政变未出场的主角。

祖父司马炎爱他，所以亲手制造了一个火山口，让爱孙坐在上面，司马炎以为替爱孙预订的是晋朝第三任的皇位，实际上，他预订的是一把把霍霍作响的屠刀。

太子司马遹的存在，不仅妨碍了嫡母贾皇后，还妨碍了他那众多手握重兵的叔叔。这也可以解释为什么后来元康九年（299）贾皇后陷害太子的时候，他那些位高权重的叔叔，如淮南王司马允、成都王司马颖，没有能够及时去拯救他的性命，非要等到他被贾皇后害死了，赵王司马伦执掌朝政了，才想起了自己的责任，义愤填膺地兴兵勤王。

千夫所指，无疾而终，太子司马遹的命运在他五岁的时候就已经定好了。

元康元年九月甲午，大将军、秦王司马柬薨逝。

冬十二月辛酉，京师洛阳发生地震，元康元年在刀光剑影中踉跄而行，最后以地动山摇的剧烈方式完成了谢幕。两个月之后，前太后杨芷饿死在金墉城。

至此，一切与失败的杨家，与失败的汝南王、楚王等有关的人物，都退出了历史舞台。收拾掉残骸，冲刷掉血迹，中场休息过后，这出名为"八王之乱"的血腥历史剧将上演更血腥的第二场。

这个中场休息时间安排得比较长，从元康二年（292）起，至元康九年（299），有整整八年。

第四章 "会见汝在荆棘中耳！"

晋惠帝司马衷做皇帝的十六年，是晋王朝分崩离析的十六年。十六年间惠帝总共改元十一次：永熙、永平、元康、永康、永宁、太安、永安、建武、永安、永兴、光熙。每个年号都是好字眼，可惜每一个好字眼最终都是镜花水月。

众年号之中，"元康"用了九年，占了惠帝朝的二分之一强。年号保持不变表示这段时间政局稳定，没有大事发生。在多灾多难的西晋末年，没有大事发生，就已经算是一个天大的好事。元康之后，乱世一开，就延续三百年。

得知后事，再来翻看这段历史，另有一番滋味。

沉思往事，当时只道是寻常。

一、中朝名士

说起魏晋，必然要说魏晋名士。

东晋的袁宏曾写过一篇《名士论》，将东晋以前的名士分为正始名士、竹林名士、中朝名士。

正始名士，是指活跃在曹魏正始年间的何晏、夏侯玄、王弼等人，他们首倡玄学、清谈，算是魏晋名士的鼻祖。竹林名士，是大名鼎鼎的竹林七贤。东晋人称西晋为中朝，所谓中朝名士主要就是指太康、元康年间活跃的名士，主要是裴楷、乐广、王衍、庾敳、阮瞻、卫玠、谢鲲等人。

不同时期的魏晋名士，命运有很大不同。

正始名士的下场很不好。何晏是被司马懿杀掉的，夏侯玄是被司马师杀掉的，王弼被免官，二十四岁就病死了。

竹林名士的下场也不好。司马家宣扬要以名教立国、以孝治天下，但是嵇康要"越名教而任自然""非汤武而薄周孔"，明着跟司马家作对，因此被司马昭找了个借口，杀掉了。嵇康临刑，三千太学士替他求情，如此惊人的影响力，不仅加速嵇康的死亡，更将其他名士推到一个凶险的境地：做视名教蔑如的张狂名士，还是做效忠司马氏的臣子，两者不可兼容，选一个吧。

于是，阮籍在酩酊大醉后写了《阮嗣宗为郑冲劝晋王笺》，违心向司马昭劝进，不久郁郁而死。

于是，向秀出仕做官。司马昭当面奚落他："闻有箕山之志，何以在此？"——我听说你一心想当个隐士，怎么不学那个著名的许由在箕山采薇，到我的朝廷来做什么？

在刀剑威胁之下，向秀往自己的脸上涂抹泥巴，他说："以为巢许狷介之士，未达尧心，岂足多慕。"——我以为巢父和许由这种孤高自傲的人，不明白尧帝求贤若渴的用心，隐居的生活不值得羡慕。

司马昭闻言"甚悦"，于是收起了屠刀。向秀入朝之后，完全改节自图，"弃老庄之自然，遵周孔之名教"，但是在他的内心深处，依然回响着竹林清风，依然回响着嵇康的琴声、阮籍的清啸。数年之后，他再次经过嵇康的旧居，听到不知从何处传来的凄恻笛声，悲不自禁，写下了隐晦含蓄却又哀伤悱恻的《思旧赋》。

七贤中的其他人，如刘伶，一辈子都是醉醺醺的，身后常有一个童子相随，童子扛着一把锄头，他对小童说："死即埋我！"刘伶随时准备被醇酒杀死，他没有勇气、也不愿意清醒地面对这个丑陋的世界。

其余如山涛，是司马懿的表亲；王戎，是世人皆知的机灵人，他们都早已加入了司马氏的阵营。因此，嵇康写公开信与山涛绝交，以明心志；阮籍则不加掩饰地鄙夷王戎，喝酒的时候看到王戎，当面打脸说："俗物已复来败人意！"

到了中朝名士这一代，已完全不需要考虑安全问题。天下虽然还是司马家的天下，但是阴险好杀的司马昭早已化成一抔黄土，他的儿子司马炎宽厚仁恕，他的孙儿司马衷愚憨无知，做名士不再被视为与司马家作对。

从晋武帝开始，朝廷着力笼络士人。按照《晋律》"罪臣之门不得侍中"，但是嵇康的儿子嵇绍，还有先前被司马昭诛杀的许允之子许奇，都被委任宫中的官职，以表示无猜忌。

甚至即使有人心怀怨恨，明确表示与司马家不共戴天，朝廷也往往采取优容的态度。如北海营陵人王裒，他的父亲王仪被司马昭无故杀害，王裒咬牙切齿，一直隐居在父亲的墓侧，对朝廷多次征辟都置之不理。王裒没有遭到报复，以布衣身份寿终正寝。

王裒与司马家有杀父大仇，他的敌视态度还可以理解，此外还有一些臣子，他们敌视司马氏，根本不存在私仇，仅仅因为怀恋曹魏。如陈留外黄人范粲，原是曹魏老臣，自从司马氏篡权之后，他就一直闭门不出，朝廷征辟做官，他就装疯卖傻，假装话都不会说了，为了表明志向，范粲吃住都在一辆牛车上，足不履地，这举动其实就是"不共戴天"的意思。即使是这样一个政治异己分子，晋武帝也"诏郡县给医药，又以二千石禄养病，岁以为常，加赐帛百匹"。

可以说，太康、元康时期的司马氏已经找到了统治者应有的自信，做隐士、名士，非议名教，已经完全没有政治风险了。

然后，"名士风流"已像流感病毒一样传染开来，一时之间，全国上下到处都是风流的雅士，到处都充斥着不着边际的玄言清谈。

当整个社会都标榜自己很雅的时候，不知道这是真的雅，还是只是附庸风雅。

中朝名士对于玄学理论体系，几乎是没有贡献的。

对于玄学理论贡献较大的，是早期的何晏、王弼等人，以及后来为《庄子》作注释的向秀、郭象等人。那些中朝名士，他们追求的只是一种时髦的姿态，是一种作秀。

例如著名的王衍，他是中朝名士领袖，"妙善玄言，惟谈老庄为事。每捉玉柄麈尾，与手同色。义理有所不安，随即改更，世号'口中雌黄'"。——"信口雌黄"这个词语即来源于此。雌黄是一种黄色的矿石，可以做颜料，古时用黄纸书写，错了即用雌黄涂抹重写。王衍可以根据自己清谈的需要，随意更改理论，此人的学术水平与学术品格可见一斑。

既然是作秀，那当然会修饰仪容，仪容俊美是成为名士的一个基本要求。因此，当时对于男子的仪容出乎意料地重视，那段时期的史料关于男子仪容的记述特别多，例如王衍，"王夷甫容貌整丽，妙于谈玄。恒捉白玉柄麈尾，与手都无分别。"——王衍这人长得好看，说玄言说得很妙，他在谈玄的时候，手里总捉着一柄白玉麈尾，手很白，看上去与白玉没分别。

再比如裴楷，"裴令公有俊容仪，脱冠冕，粗服乱头皆好，时人以为玉人，见者曰：'见裴叔则，如玉山上行，光映照人。'"

作为反面典型，左思虽然名满天下，但是他长相丑陋，还有口吃的毛病，不能清谈，所以始终做不了名士。

风气如此，当时许多男子开始涂脂抹粉，手里腰间挂着香囊，行步顾影。有做得比较过火的，比如大臣张华，喜欢在须发上缠绕五彩缤纷的丝带，要知道这位老人家当时已经年过花甲了，每天顶着一脑袋色彩去上朝，那简直就是一个活宝。当陆机、陆云兄弟从江南赶来洛阳的时候，陆机都不敢让弟弟去见张华，因为陆云这人有"笑疾"，一笑起来就控制不住自己，直到笑到抽风为止。张华不相信，说见见无妨，陆云果然笑得跌倒，差点抽死。

《世说新语·言语篇》第二十三条：诸名士共至洛水戏。还，乐令问王夷甫曰："今日戏，乐乎？"王曰："裴仆射善谈名理，混混有雅致；张茂先论《史》《汉》，靡靡可听；我与王安丰说延陵、子房，亦超超玄著。"

所谓的"谈名理"，就是清谈。清谈之风从正始时期就已刮起，经竹林七贤一渲染，到西晋时，已是风靡全国的时尚，成为"雅"的一种标志。不清谈，不名士。这些名士们聚在一起，一壶酒，一柄麈尾，一坐半晌，侃侃而谈，清谈的内容一般人听不懂。谈完了各自回家嗑药、服食五石散，药性发作时，神情恍惚、神志错乱，行为举止古怪异常。

值得注意的是这些名士的身份。"乐令"是时任中书令的乐广，"王夷甫"是时任尚书令的王衍，"裴仆射"是时任尚书左仆射的裴颜，"张茂先"是时任司空的张华，"王安丰"是时任司徒的王戎。这些人在一起，差不多就是整个国家的中枢决策层。

对权力的不同态度，是中朝名士与竹林七贤的最大差异。竹林七贤远离权力，而中朝名士则牢牢把持着权力。

这个差异，首先说明了西晋官方意识形态的彻底破产。西晋的官方意识形态，一直是被称为名教的儒教，当年司马昭杀嵇康，所用的借口就是"不孝"。到元康年间，却连政府最高官员都已经公然抛弃他们宣扬的东西。人心，彻底乱了。

人心一乱，"人性"就会披着各种时髦的理论，赤裸裸地跑出来。

《世说新语·德行》说，"魏末阮籍嗜酒荒放、露头散发、裸袒箕踞，其后贵游子弟阮瞻、王澄、谢鲲、胡毋辅之之徒，皆祖述于籍，谓得大道之本。故去巾帻，脱衣服，露丑恶，同禽兽。甚者名之通，次者名之达。"

这些人"脱衣服，露丑恶，同禽兽"不仅仅是在饮酒的场合，据东晋葛洪的记述，那些名士醉的时候多，醒的时候少，醒后大服五石散，五石散有壮阳的作用。这些人于是借酒乱性、借药癫狂，聚众淫乱，相互交换侍妾。

随心所欲，无视一切他人看法，酗酒、嗑药、撒泼，性欲来了扒姑娘衣服。这样的流氓每个时代都有，唯独西晋的流氓以风流自喻，标榜得清新脱俗，理直气壮。

《晋书·谢鲲传》里记载谢鲲调戏邻居高氏之女，动手动脚，被该女子用飞梭打落两颗牙齿。时人笑话他，他还很骄傲，说："犹不废我啸歌。"

如果这种行为是风流，那么，高衙内调戏林冲娘子没有理由不是风流。

而这些人竟然说是在仿效阮籍，呜呼！阮籍何辜！

《晋书·阮籍传》里记载阮籍邻家少妇有美色，当垆沽酒。阮籍去买酒，喝醉了，就睡在她身旁，少妇的丈夫起先很介意，后来发现确实没有发生什么，不再起疑。

又记载有一个兵户家的女儿长得美丽，又有才气，但是很年轻就去世了。兵户的子女，社会地位是很低下的，甚至婚配都不得自由，等于是国家奴隶。一般的高门子弟视这个阶层为草芥，但阮籍为这个女子而伤心惋惜，赴灵前哭泣，尽哀而还。阮籍甚至根本不认识这一家人。

阮籍的行为，都是可以列入美学范畴的。《晋书》总结他"外坦荡而内淳至"，谢鲲等人只看到"外坦荡"，而不知"内淳至"，这是风流与下流的区别。

当然，并不是所有中朝名士都是这个样子。比如乐广，他看到王澄、胡毋彦国诸人的裸体表演，心里就不爽，然而乐广发现，他无法从玄学理论中找到武器驳斥这种行为，只能退回儒学领域，讪讪地说："名教之中自有乐地，何为乃尔也！"

而那些不裸奔的名士，也各自有不同的人性要展露。与名士风流同样有名的，是中朝名士的汰侈与吝啬。

先说汰侈。

汰侈并不是一个新鲜的词，春秋时代就有，《左传·昭公二十年》："汰侈无礼已甚，乱所在也。"而汰侈作为一种现象则出现得更早，甚至可能比人类文字出现得还要早，自从产生了有闲阶级，就有人开始骄奢淫逸。

汰侈的内容，总离不开口腹之欲，后来时代进步了，又加上声色犬马。《史记》《汉书》中，关于汰侈的注解总是"酒食珍味，盘错于前，衣服轻暖，舆马文饰"，连奴仆都"食必粱肉，衣必文绣"。

本来，吃得好、穿得好，是无可非议的事。如果人人都吃得起肉、穿得起绫罗绸缎，那就是世人梦寐以求的盛世，不仅不会被贬斥，反而要大加赞颂。可是，如果朱门酒肉臭，路有冻死骨，平民百姓"褐衣不完，糟糠不厌"，权贵家中酒池肉林、粉黛无数、夜夜笙歌、挥霍无度，那才用得上"汰侈"这个词。

西晋建国伊始，天下未平，一些官员已经忙不迭地开始骄奢享乐，之前提及过，太傅何曾父子每天花在餐桌上的钱就达数万钱之多，何曾还嫌没地方下筷子。此外像羊琇、王济、王恺等高官重臣都竞相奢侈，史上有名的王恺与石崇的斗富，始于太康年间。

延续到元康年间，汰侈的风气愈演愈烈，那个人人都高雅脱俗，人人都清谈争作名士的时期，恰恰是世风堕落、人心大坏的时期。许多元康名士都非常有钱，如王济、王澄、王敦，生活都奢侈淫逸，甚至于口不言钱的王衍都在《世说新语·汰侈篇》中留名。其他名士，如裴楷、乐广、庾敳、阮瞻、卫玠、谢鲲，没有一个是穷人。

其中庾敳是出了名的富人，"聚敛积实""性俭家富"；大名士王衍虽然超凡脱俗，嫌谈钱俗，鄙夷地将之称为"阿堵物"，但是他有一个"才拙而性刚，聚敛无厌"的老婆，家里的钱可以堆满卧室，堵住出路。

此外，大名士王戎"既贵且富，区宅、僮牧、膏田、水碓之属，洛下无比"。

还有，王济王武子吃饭都用琉璃器，有百余个婢子，穿着绫罗绸缎服侍，做菜用的猪都用人奶喂大。王济在北邙山下建筑新宅第，当时洛阳的富人众多，地价昂贵，王济有"马癖"、好骑射，他买了大块地做跑马场。跑马场周围筑有短垣，王济用钱把这个跑马场铺满，时人称之为"金沟"。

提起西晋的汰侈，当然不能不提石崇。石崇"财产丰积，室宇宏丽。后房百数，皆曳纨绣，珥金翠。丝竹尽当时之选，庖膳穷水陆之珍"。他与王恺斗富一斗就是十几年，从武帝太康年间一直斗到惠帝元康年间。王恺用麦芽糖刷锅，石崇就用蜡烛烧火。王恺用紫丝布做四十里长的步障，石崇就用锦缎做步障五十里。石崇用昂贵的椒泥涂墙，王恺就用可以入药的赤石脂来涂墙。

这些斗富的内容看起来任性无比，充满了暴发户的嚣张气焰。王恺这人口碑确实不怎么好，但是石崇，说起来别不信，他还真是个大名士。

石崇"颖悟有才气"，是贾谧"二十四友"之一，时常与潘岳、刘琨、王澄等人吟诗唱和。石崇编的《金谷诗》如今已散佚，但有两篇《思归引序》及《金谷诗序》流传了下来。自然流畅、情调飘逸，确实是佳作，在当时就广为传阅，颇受世人赞赏。

《世说新语·企羡篇》："王右军得人以《兰亭集序》方《金谷诗序》，又以己敌石崇，甚有欣色。"——有人把王羲之与石崇相提并论，王羲之竟然因此感到很欣喜。

由王羲之的反应，可以想见，石崇在晋朝人的心目中是一个风采绰约的名士；由此也可以想见，晋朝人心目中，生活汰侈与名士风流是并行不悖的；由此更可以想见，晋朝人的价值观与今天我们的价值观是完全不相同的，因为在我们看来，石崇这种人完全与"风流"两字沾不上边，也许我们误解了"名士风流"。

石崇在《金谷诗序》里说，他有一个庄园在河南县界金谷涧中，"去城十里，或高或下，有清泉茂林，众果竹柏、药草之属。金田十顷，羊二百口，鸡猪鹅鸭之类，莫不毕备。

又有水碓、鱼池、土窟，其为娱目欢心之物备矣"。

这寥寥几十字，还看不出这个庄园的规模，让我们做一个比较。石崇的斗富对手王恺也有一个庄园，王恺曾经把一个人关在他的院子里，结果这个人迷了路，跑了好几天没有跑出院子，最后差点饿死在里面。石崇的庄园比王恺的要大得多。

石崇的庄园不仅大，而且装修十分豪华，连厕所都挂着文帐，熏香熏得像个卧室，里面有十几个美丽的婢女拿着香囊服侍，并且提供衣物，客人上一次厕所就可以换一身新衣服。

太子太保刘寔曾到石崇家做客，他去上厕所，以为自己走错了地方，慌忙退出，连连向石崇道歉，说："不好意思，刚才不小心走错到你卧室去了。"石崇笑着说："没走错，那就是厕所。"刘寔咋舌不已。

刘寔是个清贫的官员，年纪也大，所以在婢女面前放不开，但并非所有的客人都像他那样拘谨。日后撑起东晋半壁江山的王敦，当时还没有成名，他可一点都没客气，上完厕所，脱故衣、着新衣，神色傲然，侍候他的脾女窃窃私语，说："这人脸皮好厚，将来肯定能做贼！"

如果仅仅家产大一点，装修好一点，似乎也不好多谴责。但石崇不仅汰侈，而且残忍。石崇有一个很变态的规矩，他每次招待客人总是让侍女劝酒，客人如果饮酒不尽，石崇就要将劝酒的侍女斩首。这一招够狠，客人们不得不饮，几乎每次都大醉而归。

不过也有例外，有一次王导、王敦在石崇家饮酒。王导酒量很一般，但是人命关天，只好勉强自己一杯接着一杯，最后喝个烂醉。王敦是个狠角色，任侍女劝也好、求也好，就是不喝，石崇已经当着他的面斩了三个人，王敦还是不喝，脸色都没变。王导怪他是不是有点过分了，王敦瞥了一眼脸喝得通红的王导，慢悠悠地说："他愿意杀他家里人，关你什么事？"

需要说明一下，王敦也是名士之一。由这个事例可以看出，元康名士的心肠都是很硬的。在当时杀侍女这种事一点都不稀罕，与石崇斗富的王恺也是如此，他宴宾客时，令使女吹笛，小失声调，就被殴杀。按照当时的法律，打杀奴婢只要到官府备一下案，杀人者就不用负任何责任。

看到这些史料，让人禁不住联想，在那些炫目的诗文之外，那些白衣胜雪的风流名士背后，还隐藏着怎么样的冷酷面容？还流淌过多少出身卑微的下人的鲜血？

汰侈的背后，是令人咋舌的吝啬。

早在太康年间，就流传有"三癖"之说。哪"三癖"呢？"和峤钱癖、王济马癖、杜预《左传》癖"。王济好马、杜预好读《左传》，这都是雅癖，而和峤爱钱如命，说他有"钱癖"那就是讥讽他了。

和峤也有个庄园，庄园里李树长的李子相当好吃。李子是能够卖钱的，所以王济向和峤讨李子的时候，和峤勉勉强强送了几十个，心疼好几天。王济是和峤的小舅子，王济一看姐夫竟然这么小气，火了。王济发起火来连皇帝都敢骂，还在乎你一小小和峤？他领了一帮贪嘴能吃的家伙冲进和峤的庄园，把李子吃个精光，吃完了还把全部李树都砍倒。最后，王济拉了一车李树枝给和峤，说："还你李子!"和峤哭笑不得。

到了元康时期，吝啬的新人新事也层出不穷，最有名的几个事例还都出在大名士身上。

首先一例有关王衍，王衍本人是口不言钱的，但是他的老婆郭氏就相当厉害了。也许是为了节省开支，王衍家里仆人很少，而郭氏又是锱铢必较的人物，她派婢女去大街捡牛粪，回来当柴烧，王衍劝也劝不住。堂堂大名士家人竟然做出如此没面子的事，实在是丢份。王衍的弟弟王澄实在看不下去了，他斗胆向嫂子进言，结果差点挨一顿打。

郭氏已是吝啬高手，但是跟"竹林七贤"之一的王戎相比，她又自叹不如了。

王戎的吝啬也与李子有关，可见当时李子是价格不菲的经济作物。王戎家的李子也长得非常好，卖得也非常好。可恨李子是带核出售的，王戎智者千虑，生怕人家买了他的李子做种，就在每一个李子上钻眼，把李子核破坏掉。

王戎已经相当有钱了，他的家产号称"洛下无比"，他本人在朝中位高权重，公事繁忙。但是这位王大人百忙之中抽出空来，每天晚上与老婆在烛火下算账，兼做会计。

王戎有女儿长到了谈婚论嫁的年龄，王戎为了女儿的婚事操了不少心，他大张旗鼓地选婿。当年武帝出殡时，朝廷从全国的青年才俊中挑选了一百名最优秀的，替武帝扶殡，王戎就从这一百人里选女婿，层层筛选之后，终于选定河南裴氏的裴颜为乘龙快婿。

按说花了这么多心力，女儿的婚礼应当奢侈一回了，王戎偏不，女儿的嫁妆他都不愿意出，算是女儿向他借的。后来女儿归宁，王戎摆出一副臭脸给女婿看，所谓知父莫如女，女儿回头把嫁妆钱还给了父亲，王戎这才喜笑颜开。

行文至此，可以总结一下那些中朝名士。他们的"人性"，得到了彻底的解放。

不管不顾的放荡，追逐声色，这是"人性"；挥霍无度，醉生梦死，这是"人性"；极度的贪财自利，这也是"人性"。

这些"人性"，原本由儒教的一系列规矩束缚着、收敛着，实施起来，总归有点顾忌。到此时儒教破产，鼓励率性而为，就全喷发出来了。于是中朝名士呈现出一个立体、复杂的形象：一方面，白衣胜雪，潇洒有风度，明星一样夺目；另一方面，贪鄙自私，傲慢冷酷，孩子般的任性。

而这些，还不足以看清中朝名士的真实面目，必须再叠加上他们的社会角色。

这些名士绝大多数是高门士族子弟，父辈、祖辈不是公爵就是侯爵，他们自身也是体制内的高级官员，政治权力被他们这个阶层垄断。在经济上，他们大多占据着广袤的土地，占据着物产丰富的山林湖泽，成百上千门客、部曲、奴隶依附他们，为他们耕作土地、经营庄园。

概言之，这个群体垄断了王朝的政治、经济资源，并且还掌握了文化的话语权。

这是名士风流？这是特权阶层的饕餮盛宴。玉杯饮尽千家血，银烛烧尽百姓膏。

以举国之力，供养一个特权阶层，他们怎么能活得不滋润、活得不精彩！他们占尽了一切便宜，然后又来卖乖。就如今日有人说，能力之外的资本等于零。

楚王好细腰，宫人多饿死。城中好高髻，四方高一尺。

洛阳中枢的风气，引导着全天下的风气。作名士、会清谈，就此成为打入西晋上流社会必需的一张名片。太康末年，江南的陆机、陆云兄弟来到中原发展，当时陆家兄弟已是赫赫有名的江南文坛领袖。但陆云"本无玄学"，为了融入中原上流社会，他特地下苦功进修老庄，学习玄言清谈。

朝堂充斥着名士，于是名士风流也成为谋取富贵的终南捷径，名士白衣胜雪，动机未必单纯。如陆机兄弟，他们北上洛阳，原本就是有意于仕进，谋取利禄。

《晋书》列传第十九，是所谓的"名士列传"，阮籍、嵇康就在此卷中。这一卷中提到的王子博、王尼、光逸诸人，原本出身于社会底层，或为兵家子弟或为小吏。在社会等级森严的晋朝，王尼等人将注定贫苦，在社会底层的泥淖中挣扎一生。但是他们通过清谈玄言，通过放荡无耻的行为，博得所谓的名士称号，最终获得了相应的官职，逃离了底层的宿命。

《晋书》列传第十九篇末是"光逸传"，里面说：光逸"寻以世难，避乱渡江，复依辅之。初至，属辅之与谢鲲、阮放、毕卓、羊曼、桓彝、阮孚散发裸袒，闭室酣饮已累日。逸将排户入，守者不听，逸便于户外脱衣露头于狗窦中窥之而大叫。辅之惊曰：'他人决不能尔，必我孟祖也。'遽呼入，遂与饮，不舍昼夜。时人谓之八达。"

元康时期的名士风流，是高门望族才玩得起的奢侈品。像光逸这样出身低贱之人，说难听一点，只是一条被放行的狗，只有经过权贵的允许，才能一起参加这个"名士风流"的游戏，否则，他只能探头"于狗窦中窥之而大叫"。

我不知道别人是不是看到了风流，反正我只看到心酸，看到一个畸形的社会，它附在一个光膀子的中年疯子身上，这个疯子伏在地上，像狗一样去叼一个叫作"名士风流"的肉骨头，骨头上牵着一根线，线的另一头系着官爵禄米。

后来，光逸被晋元帝封为军谘祭酒，又封为给事中，死于官任上。

相比其他无数战死于战场、饿死在路旁、冻死在荒野，甚至于被人吃掉的同胞，光逸的善终实在令人羡慕，幸甚！幸甚！

东晋初年，君臣反思西晋亡国原因，应詹上书晋元帝："元康以来，贱经尚道，以玄虚宏放为夷达，以儒术清俭为鄙俗。永嘉之弊，未必不由此也。"

桓温北伐，在楼船上眺望沦陷的国土，更是恨得牙痒痒："遂使神州陆沉，百年丘墟，王夷甫诸人不得不任其责！"

至于北方沦陷区的人民，经历过山河沦丧，国破家亡，对于那些名士作风更是咬牙切齿。十六国后秦时期，京兆人韦高"慕阮籍之为人，居母丧，弹琴饮酒"。有个叫古成诜的儒士听说了，愤激得眼泪直流，说"吾当私刃斩之，以崇风教"。拔剑去找韦高，吓得韦高弃家而逃，终身不敢见古成诜。

南朝后期的姚察反思这三百年乱世的由来，矛头也直指魏晋名士。"魏正始及晋之中朝，时俗尚于玄虚，贵为放诞，尚书丞郎以上，簿领文案，不复经怀，皆成于令史。逮乎江左，此道弥扇……望白署空，是称清贵；恪勤匪懈，终滞鄙俗。是使朝经废于上，职事隳于下。小人道长，抑此之由。呜呼！伤风败俗，曾莫之悟。永嘉不竞，戎马生郊，宜其然矣。"

顾炎武在《日知录》中，也有一段著名的评论："有亡国，有亡天下，亡国与亡天下奚辨？曰：易姓改号谓之亡国。仁义充塞，而至于率兽食人，人将相食，谓之亡天下。"

这话骂的是谁？就是魏晋名士。其下文是"魏晋人之清谈，何以亡天下？是孟子所谓杨、墨之言，至于使天下无父无君，而入于禽兽者也"。在同一篇章中还有这么一句："国亡于上，教沦于下。羌、戎互僭，君臣屡易。非林下诸贤之咎而谁咎哉！"林下诸贤，就是大名鼎鼎的竹林七贤。

顾炎武是中国古代最出色的知识分子之一，当然知道阮籍、嵇康远离权力中枢，论亡国亡天下，坏菜坏在一干中朝名士如王衍等辈。骂阮、嵇不骂王衍，那是老先生段位高，直击中朝名士的精神偶像。

元康年间，天下方兴未艾，国家百废待举。正是勠力王室，振奋中原之时。而那些名士们，却一方面手中紧攥着政治、经济特权，另一方面高喊着一切皆是虚无，要避世出尘。

如果只看《世说新语》，里面那些有头有脸的人物都那么蠢萌蠢萌的，确实很喜感。但如果再翻翻《晋书》《资治通鉴》，看看里面满纸满篇的诛、鸩、反、讨、围、陷、坑、焚、沉，心情忍不住沉重起来。

幸好年代久远，许多书籍失传了，不然若有《蜀碧》之类的野史流传至今，读完之后再看那些中朝名士终日戏于洛水、嗑五石散，那可真是要骂娘的。

二、九品中正

将目光从那些名士身上移开，扫视一下，能看到一个极度僵化的社会。用今天的话来讲，就是社会阶层固化。

西晋社会不只是固化，是混凝土化。一个人，靠什么谋生、有多少收入、能不能做官、能做多大的官，都由父亲的精子决定。少数人醉生梦死，多数人咬牙切齿。

诗人左思为此写了许多牢骚诗，比如这首："郁郁涧底松，离离山上苗。以彼径寸茎，荫此百尺条。世胄蹑高位，英俊沉下僚。地势使之然，由来非一朝。金张藉旧业，七叶珥汉貂。冯公岂不伟，白首不见招。"

左思自比高大挺拔的松树，可惜长在山涧里，某些人是弱不禁风的小苗，侥幸生在高山上，这个错位注定松树将一辈子处在小苗之下，对它低头哈腰。左思感叹说，我是个"英俊"啊，竟然沉抑下僚，那小子不过是生得好，就占据着高位，不公平！太不公平了！但是接下来他又说算啦算啦，汉代冯唐不也是条好汉？头发熬白了都没被提升，倒霉的不止我一个，吐啊吐啊就习惯啦。

左思是个纯粹的文人，就这点出息，若换成枭雄来写，那诗就该是"待到秋来九月八，我花开后百花杀。冲天香阵透长安，满城尽带黄金甲"。

其实左思的社会地位并不低，他的父亲做过郡太守，相当于现在的地级市市长，妹妹左棻是晋武帝的贵嫔，主管后宫宣传事务，他自己长期担任秘书郎，负责重要文书的起草。

混凝土只埋到左思的脚脖子，这或许是他只发发牢骚，没有产生戾气的真正原因。

然而另外有许多人，已经无法忍受了。

比如，在荆州有个叫张昌的蛮族小吏，武力过人，喜欢做陈胜没有发迹前做的事，好论攻战，总是一个人偷偷占卜，说自己有富贵命。同事都笑话他，他想必也在笑话同事"燕雀安知鸿鹄之志哉"！

比如，冀州有个叫刘灵的，力气比牛还大，跑起来比马还快，他在这个社会里没有出路，经常握着拳头问苍天："天下什么时候才能乱起来呀！"

比如，幽州有个叫桃豹的，从小就以胆大勇猛著称，善于骑射，他经常自叹生不逢时，说如果生在魏武帝那时，"不封万户侯位上将者，非丈夫也"。

不仅社会底层的人，那些处于社会中层的寒门士族子弟，也因为出路断绝而愤懑难平。

比如，青州东莱王氏的疏族子弟王弥，不事生产，喜好四处游侠，江湖外号"飞豹"。有个相面的隐士评价他："声音像豺狼，眼睛像猎豹，是好乱乐祸之人，如果天下骚扰，是会去做贼的。"

比如，赵郡张宾，父亲曾担任中山太守，家世并不算差，张宾好学，但又不是拘泥于章句的酸儒，而是郦食其一类的人物。张宾曾经出仕晋朝，做中丘王司马弘的帐下督，这在当时是不入流的浊官，张宾自视甚高，因此不得意，很快告病不干了。他经常对兄弟们叹息，说："论智算鉴识，我不比张良差，可惜不遇汉高祖！"

这些人，按传统史家说法，是天生好乱兴祸之人，危害和谐社会的不稳定因素。

但这是倒因为果。古人逻辑学得不好，修辞又过分得好。好乱兴祸与建功立业，就如野心与志向，本质上是同一回事。在以农耕为基础的王权专制时代，出路只有一条——学成文武艺，货与帝王家。贩卖成功，那是建功立业；贩卖没有渠道，硬要搞事，那就是好乱兴祸。

何世无奇才？遗之在草泽。把人才都收罗到体制里来，体制外只剩些蠢材，自然就乱不起来；体制内尽是世袭的蠢材，人才都被摈斥在体制外，那就等着打仗吧。

对于历代统治者而言，人才流通渠道的建设非常重要，而两晋是在这方面做得最差劲的王朝。

说起两晋的人才政策，不能不提"九品中正制"。

"九品中正制"诞生于魏文帝曹丕时期，始于吏部尚书陈群的倡议。陈群的初衷蛮好，他是想恢复两汉以来的察举制度，将更多人才纳入体制中。

两汉察举制度，一般是以郡为单位，每郡按秀才、孝廉、贤良方正、明经、明法、廉吏、良将等科目，推举秀才若干、孝廉若干，等等。一个郡的人口往往几十万甚至上百万，郡太守又常常更换，来不及熟悉当地人情，如何筛选出秀才、孝廉的人选呢？那就得靠乡论清议。越往后，乡论清议的重要性就越突出，到东汉晚期，甚至出现了郭林宗、许劭、许靖这样的职业"清议者"，出现了"月旦评"这种专业点评人物的著名节目。

但是，汉末乱世一起，中原士人为了逃避战乱，纷纷背井离乡，连主持"月旦评"的许劭、许靖兄弟，也一个逃到江南，另一个逃到蜀中。不同籍贯的人聚在一起，连名字都叫不全，又怎么评定他的品德呢？于是，乡论清议无法落实，察举制度也就没法实施了。

曹魏建立，局势逐渐稳定，但是逃亡在外的人们一时还回不了故乡。为了恢复察举制度，网罗人才，陈群想到一个办法：每郡设立一个"中正"，由郡里声誉好、交流广泛的官员兼任，中正的职责是给本郡的人才——不管是居住在本郡的，还是逃难到外地的逐一打分，报司徒府复核批准，然后送吏部作为选官的根据。吏部根据中正打分的结果，分别给予这些人才相应的官衔。打分高的，授官起点高，升迁也快；打分低的，授官起点低，升迁也慢。

中正打分，要综合考虑簿阀（家世）、状（道德才能），然后得出该人物的品，因此打分被称为"定品"。品的等级，陈群仿照《汉书·古今人表》的做法，共九品。"九品中正制"的名字，就来自于此。

《古今人表》中，班固共点评了古今一千九百余人，分为上上、上中、上下、中上、中中、中下、下上、下中、下下九等。其中上上等，是"圣人"等级，对应九品中正制中一品，列入该等的是三皇五帝、大禹、商汤、周文、周武、周公旦、孔子诸人；上中等，是"仁人"等级，对应九品中正制的二品，列入该等的有伯夷、叔齐、姜太公、管仲、郑子产、颜渊、孟子、屈原等人；上下等，是"智人"等级，对应九品中正制的三品，曾子等孔门高徒就在此等级。再往下，就是中人三等、下愚三等，不是好评，对应九品中正制第四品到第九品。

《古今人表》本是用来给死人盖棺定论的，陈群用来点评活人，就产生了问题。上上等"圣人"等级太高，追溯到神话人物与皇帝，活人之中，不可能达到这一等级，因此，九品中正制的最高品级实际是二品，一品人物是虚设的。

九品中正制的具体操作，效仿的是当年的月旦评，每月评一次。这种评定不是终身的，一次评定的有效期是三年，过了三年，人物重新定品。

听起来，这项制度没有问题啊，骨子里就是两汉施行了近四百年的察举制度啊。而且，比起东汉时期将乡评清议的权力散在民间，九品中正制通过设立中正，将乡评清议控制到朝廷手中。

但是怎么就臭大街了呢？

其实，察举制度本身，到东汉末年时，也已经处于崩溃边缘了。

东汉是传统豪强向世家大族转变的时期，转变的路径，是先读经成为学阀，然后出仕做官，同时兼着教学，官员加学者，使他在察举制度中有极大的话语权，于是门生故吏遍天下。当时的舆论环境，门生对于师长、故吏对于旧长官，都是有拥戴义务的，违忤者会被视为不义，名誉会受损，而名誉受损，则意味着前途的毁坏。所以，就如滚雪球一般，世家大族就成为不容忽视的政治势力，著名的弘农杨氏、汝南袁氏，是最典型的例子。

抱团取暖，成为处世之道。这种风气发展到东汉末年，已成公害。

徐干在《中论·谴交篇》中描绘世道人情："桓灵之世，其甚者也，自公卿大夫、州牧郡守，王事不恤，宾客为务，冠盖填门，儒服塞道，饥不暇餐，倦不获已，殷殷沄沄，俾夜作昼，下及小司，列城墨绶，莫不相商以得人。自矜以下士，星言夙驾，送往迎来，亭传常满，吏卒侍门，炬火夜行，阍寺不闭；把臂捩腕，扣天矢誓，推托恩好，不较轻重；文书委于官曹，系囚积于囹圄，而不遑省也。详察其为也，非欲忧国恤民，谋道讲德也，徒营己治私，求势逐利而已。有策名于朝，而称门生于富贵之家者，比屋有之。为师无以教训，弟子亦不受业。然其于事也，至乎怀丈夫之容，而袭婢妾之态，或奉货而行赂，以自固结，求志属托，规图仕进，然掷目指掌，高谈大语，若此之类，言之犹可羞，而行之者不知耻。嗟乎！王教之败，乃至于斯乎！"

曹丕在《典论》中也有同样的描述："桓、灵之际，阉寺专命于上，布衣横议于下，干禄者殚货以奉贵，要名者倾身以事势，位成乎私门，名定乎横巷。由是户异议，人殊论，论无常检，事无定价，长爱恶，兴朋党。"

宦官收了贿赂，卖爵鬻官，自然是股浊流。但那些士大夫，做的事情也不见得干净。东汉末年的党争，始于两位大儒的帝王师之争，按《后汉书·党锢列传》，"初，桓帝为蠡吾侯，受学于甘陵周福，及即帝位，擢福为尚书。时同郡河南尹房植有名当朝，乡人为之谣曰：'天下规矩房伯武，因师获印周仲进。'二家宾客，互相讥揣，遂各树朋徒，渐成尤隙，由是甘陵有南北部，党人之议，自此始矣。"

只要抱团结了党，自然党同伐异，有立场，无是非。对于己方人物，竭力维护，对于不是己方阵营的人，则不留遗力地攻讦。各方要壮大己方力量，不择手段往体制里塞自己人，自然就会破坏察举制的公平性。

于是街头传唱这样的童谣："举秀才，不知书。举孝廉，父别居。寒素清白浊如泥，高第良将怯如鸡。"

"九品中正制"即使成功恢复察举功能，最多也就达到东汉末年的水平罢了。

况且魏晋时期的社会土壤，比起东汉更加不利于察举制的施行。

东汉察举制的崩坏，深层次的原因是豪强势力的扩张。

东汉原本就是由地方豪强建立起来的。光武帝刘秀一家及其母族樊氏、姊夫邓氏都是南阳大地主。云台阁上的"云台二十八将"，大多是各自地方上的一霸。曾与刘秀争天下的刘永、卢芳、王郎、隗嚣、公孙述等人，也都是一方豪强的代表。光武帝得了天下，对于豪强势力不得不有所迁就，主要方向是大棒加胡萝卜：经济上放纵、政治上严控。

在这样的大环境里，东汉豪强努力增殖产业，许多史籍都记载了他们的富裕。

比如，《续汉书》里说南阳樊重"能治田，殖至三百顷，广起庐舍，高楼连阁，波陂灌注，竹木成林，六畜放牧，鱼蠃梨果，檀棘桑麻，闭门成市，兵弩器械，赀至百万，其兴工造作，为无穷之功，巧不可言，富拟封君"。

比如，仲长统《昌言》里描述当时豪强"连栋数百，膏田满野""奴婢千群，徒附万计""馆舍布于州郡，田亩连于方国""船车贾贩，周于四方；废居积贮，满于都城。琦赂宝货，巨室不能容；马牛羊豕，山谷不能受"。

经济上的实力，肯定会向政治上转换。东汉皇帝倡导儒学，极度厌恶豪强的跋扈，喜欢任用酷吏打压那些横行不法、鱼肉乡里的豪强大户。上有所好，底下就有了方向，于是有许多豪强开始折节读书，以士大夫的身份，染指政治权力。然后，一方面继续精进学问，成为一代儒宗，并且将学问传给子孙，形成"经学世家"；另一方面利用讲学与察举制度，广收门生故吏，扩大政治影响力，实现由豪强大户向世家大族的升级。这种升级实际是在蚕食王权，察举制度原本是替皇帝选拔人才服务的，但却变成了世家大族争夺利益、巩固利益的工具。

不过东汉毕竟还是王权至上的王朝，世家大族势力再扩张，也始终在经济、政治领域，它触碰不到军权，所以无法对王权构成致命威胁。

但到了那个著名的甲子年（184），黄巾起义一起，这条底线也被击穿了。

东汉制度，郡守、州刺史只有行政、监察的权力，汉灵帝为了平息黄巾叛乱，重新启用了"州牧"这个官衔，赋予行政、军事大权。这一下放虎出笼，各州郡趁机掌握军权，各地方豪强也纷纷以平叛为借口，凭借强大的经济实力招募军队，黄巾起义是很快被镇压了，但是地方割据已经不可阻止。最后临门一脚，埋葬东汉王朝的，不是宦官，不是外戚，而是世家大族。袁绍、袁术、刘虞、刘璋、刘表、曹操等诸多军阀，都是昔日的州郡牧守，他们麾下都充斥着地方豪强。

魏武帝一世枭雄，但是也没有办法对抗时代的洪流。

曹魏政权，也是由地方豪强建立起来的，历数《三国志·魏书》人物，若非闻名遐迩的世家子弟，就是称雄一方的地方豪强。在消灭袁绍之前，曹操甚至不敢对手下将领考评过失，即使在统一北方之后，他对青州豪强臧霸等人，也依然给予极大的自治权。

在这样的背景下，实施"九品中正制"，必然是重蹈东汉末年察举制的覆辙，给世家大族提供一个攫取权力的工具。设立中正，看似是加强朝廷对舆论的管控，但实际上更糟糕，东汉的清议散在民间，评论者顾及自己声誉，不敢胡乱评点；设立了中正，人物定品就被垄断到中正手中，可以随意评点。担任中正，就等于手握一郡士人的前途，这是多大的权力。有资格担任中正的，必须是二品人物，这就是说，选官大权被交给了朝廷权贵和世家大族。

这些弊端，曹丕未必没有想到，但当时他要搞禅让、做皇帝，需要世家大族的拥护，"九品中正制"算是他与世家大族谈判的筹码。

不过，"九品中正制"在实施初期，家世还没有成为唯一标准，还是起到了一些选拔人才的作用。南朝沈约在《宋书》中，肯定了"九品中正制"最初的功能："盖以论人才优劣，非谓世族高卑"，后来才演变成百分百的弊政。

这个演变与魏晋禅代有关。"九品中正制"在曹魏正始、嘉平年间有一次重大调整，主要内容是在郡"中正"之上，又设立一个州"大中正"。这项调整曾经引起很大争论，反对者的意见是：设立中正，原本就是指望他熟悉当地人物风情，给士人做出适当的评价，一个人的视野有限，考察一郡，已经是极致，一州地域辽阔，他怎么顾得过来？如果设立州大中正，到头来他还得询问郡中正，叠床架屋，何必多此一举？

这项调整最终还是实施了，推行它的人是司马懿。当时司马懿已经存有取代曹魏之心，多设一个大中正，按唐长孺先生的说法，是"地方大族势力扩大的结果。少数大族已不满足于一郡的范围内了"。司马懿就是要迎合这种"少数大族"的需求，其用意与当年曹丕一样，换取他们的拥护。

这双重的架构保存了下来，一直贯穿"九品中正制"始终。州、郡士人的前途，都被操持在世家大族手中，一个合乎逻辑的变化就是，家世在人物定品过程中越来越重要，很快成为唯一标准。

于是"九品中正制"彻底变成世家大族维护本阶层利益的工具，到西晋初年，就已经是"上品无寒门，下品无势族"的局面了。

西晋初年，"九品中正制"曾遭到猛烈的抨击，段灼、卫瓘都曾劝晋武帝，说"九品中正制"原本就是乱世中的权宜之计，却演变成阻挠人才出路的东西，如今天下统一，是时候废除它了。素以正直敢言著称的尚书左仆射刘毅，甚至专门写了一篇《论九品有八损疏》，里面有一句著名的结论流传至今："上品无寒门，下品无势族。"

然而晋武帝做不到。这深层次的原因，是西晋的王权进一步衰弱，而世家大族的势力进一步扩张，皇帝也不敢得罪这个阶层。

西晋的世家大族在经济上，比东汉的豪强更加富有。其中原因，在于战乱导致人口锐减，无主的土地更加多了；战乱也导致更多的人无以聊生，只能依附于豪强大户，成为他们的佃客、部曲，甚至完全失去人身自由的奴隶。

比如，在东汉甲富一方的南阳樊氏，在乱世中消亡，包括家宅、良田以及樊氏开挖的池塘"樊氏陂"在内的产业，都被庾氏获取，因此当地有谚语流传："陂汪汪，下良田，樊子失业庾公昌。"再比如，北方并州的匈奴、胡人，在三国乱世中无以聊生，纷纷依附于豪强大户做田客，少至百数，多至数千。西晋著名的富翁石崇被抄家时，奴仆有八百多人，足以组成一支小规模的军队。

但西晋的世家大族不仅仅是富裕而已，在政治上也极有权力。像颍川荀氏、京兆杜氏、泰山羊氏、河东裴氏、太原王氏、琅邪王氏、汝南周氏、颍川庾氏等，既是一方豪富，又是朝堂重臣，彼此之间还相互联姻，盘根错节、休戚与共。司马氏篡夺曹魏政权，就是得到这些世家大族的拥护，才得以成功，自然不敢轻易得罪这些人。

除了上述那些顶级门户，还有次一级的世家大族，纵横地方，在经济上"封山略湖""占山封水"，百姓砍柴、捕鱼都要额外向他们交税，在政治上垄断了州郡大小官职，甚至还拥有私人军队，皇帝拿他们也无可奈何。

比如，金城麹氏、游氏，当时童谣如此传唱两族的声势："麹与游，牛羊不数头。南开朱门，北望青楼。"比如，江南的吴兴钱氏、沈氏，可以依仗家族势力造反，而义兴周氏可以凭借家族势力，三次平定江南叛乱。此外，吴郡顾氏、会稽贺氏、会稽虞氏也都曾提供军队，帮助晋政府平定叛乱。再比如，青城山的范长生，后来以天师道首领的名义纠集军队，帮助李特割据蜀中。

"八王之乱"后期，成都王、齐王分别募兵参加内战，军队数量动辄十万、二十万，这些军队从哪儿来？自然来自那些搞政治投机的地方大族。

西晋太康元年，官方统计的人口总量约为 1600 万，而在东汉桓帝年间，人口总量就已超过 5000 万，150 年过去后，人口锐减超过三分之二，这不正常。其间虽然有个大乱世，但是太康元年之前数十年，局势大致稳定，战争规模并不大，已经足够休养生息，即使只恢复到东汉桓帝年间的六成，也该有 3000 万。

那么，剩下的 1400 万，哪里去啦？

他们都隐匿到世家大族的庄园里，成为不入官方户籍的部曲、奴隶。

农耕时代，人口是一个政权产生财政收入、国防力量的源泉。国家的一半人口掌握在世家大族手中，合乎逻辑的结果就是，世家大族势力膨胀，而西晋政府财政紧张、国防孱弱。

局势如此，晋武帝自然知道，可能经常为此夜不能寐。所以，晋武帝刚做皇帝，就严令禁止豪强大户收揽那些为了逃避税赋而放弃户籍的平民。

咸宁三年，冀州刺史杜友举报中山王司马睦招募七百多户黑户人口。司马睦是晋武帝的堂叔，晋武帝对于宗室一向宽厚，此前司马睦曾被举报侵占官田，晋武帝并没有追究。而且咸宁二年十月有一场大赦，司马睦的行为发生在大赦之前，因此，在议罪的时候，有臣子揣摩上意，建议赦免。但是这次他揣摩错了，晋武帝大发雷霆，骂司马睦不配做郡王，将其由郡王直接贬为县侯。这当然是杀鸡儆猴，告诉臣子，哪些是皇帝心中不可触犯的底线。

不过皇帝的警告并没有起效果。《晋书·王恂传》里提到，王恂在担任河南尹的时候，严格执行皇帝的这个旨意，"所部莫敢犯者"。这则史料得反过来看，如果皇帝的旨意得到广泛地严格执行，根本没必要写进史书，特意写上这一笔，说明当时的世家大族普遍都在侵夺人口，已是法不责众的局面，官员们根本管不过来，而且那些犯法的人来头很大，他们也不敢管。王恂是晋武帝的舅舅，靠山够硬，为人又忠诚正直，不怕得罪人，所以才管得住。

所以到了太康元年，天下刚刚统一，晋武帝就迫不及待地"诏天下罢兵役""悉去州郡兵"。这其中包括两项措施：一是地方上裁军，"大郡置武吏百人，小郡五十人"；二是收回曹魏以来州刺史、郡太守领兵的权力。这两项，都旨在削弱地方势力。

后人已知"八王之乱"与"五胡乱华"，因此指责晋武帝自废武备，没有居安思危，不过是事后诸葛亮。在晋武帝下决定的那一刻，可以对政权构成威胁的不是宗室，也不是胡人，而是散布在各州郡的有权、有钱、有兵的世家大族。

而从"八王之乱"中，各州郡动辄出动数万、数十万的军队来看，晋武帝的这两道旨意，其实也没有得到落实。

这场不见硝烟的争夺，最后以皇帝的妥协而收场。

太康年间，晋武帝颁布了相关占田、荫客的制度，主要精神是官员根据各自的品级高低，可占有相应的土地，可享有相应的黑户人口。

其中，占田制度："品第一者占五十顷，第二品四十五顷，第三品四十顷，第四品三十五顷，第五品三十顷，第六品二十五顷，第七品二十顷，第八品十五顷，第九品十顷。"

荫客制度："品第六已上得衣食客三人，第七第八品二人，第九品及举辇、迹禽、前驱、由基、强弩、司马、羽林郎、殿中冗从武贲、殿中武贲、持椎斧武骑武贲、持鈒冗从武贲、命中武贲武骑一人。其应有佃客者，官品第一第二者佃客无过五十户，第三品十户，第四品七户，第五品五户，第六品三户，第七品二户，第八品、第九品一户。"

这些制度实际就是放开了一个口子，让世家大族合理地去侵占官田、侵夺官方人口。尽管从制度上看，官员的占田、荫客数量并不多，但这是原则上的变化。制度颁布之前，哪怕侵占一亩地、侵夺一个人口，都是犯罪；制度颁布之后，哪怕侵占一万亩良地、侵夺一万人口，都只是犯规。皇帝的底线，被击穿了。

而制度中约定的占田、荫客上限，也只是皇帝自欺欺人，给自己找个台阶下罢了，实际根本不可能管得住。此中逻辑很简单，如果皇帝有能力保住这些田地、人口，就不可能出台这些制度，而既然皇帝缺乏管控的能力，那么，再严格的制度也只是一纸空文。

更要命的是，占田、荫客两项特权也可以按一定方式折算，赋予官员的亲属，"多者及九族，少者三世。宗室、国宾、先贤之后及士人子孙亦如之"。

世家大族的利益得到了最大化。

连自己的土地与人口都守不住，晋武帝哪里还有勇气废除"九品中正制"，损及整个世家大族阶层的牙眼？

《晋书·刘毅传》中，曾经激烈批判"九品中正制"的刘毅直言不讳地指责晋武帝连汉桓帝、汉灵帝都不如，原因是"桓、灵卖官，钱入官库；陛下卖官，钱入私门"。

桓帝、灵帝公开售卖官爵，是汉末政坛的一大丑闻，然而晋武帝并没有做这种没羞没臊的事情，刘毅怼他，是因为以"九品中正制"为基础的选官制度，滋生了许多行贿受贿、卖官鬻爵的行为。刘毅在《论九品有八损疏》也揭露过，由于大小中正权限过大，想做官的人"或以货赂自通，或以计协登进，附托者必达，守道者困悴。无报于身，必见割夺，有私于己，必得其欲"。晋武帝泰始年间，更是发生过轰动朝野的"袁毅贿赂案"，牵连众多王公大臣。

刘毅的意思是说，桓帝、灵帝卖官，钱好歹还进了国库，陛下的官衔被卖了，钱还流不进国库，都进了那些官员的私人腰包。陛下这冤大头做的，还不如桓帝、灵帝！

晋武帝心里，其实是明白的，可他不能得罪那些世家大族，因此面对刘毅的谏言，他装作听不懂，打哈哈装糊涂。

《晋书·胡威传》中也有相似的一幕，尚书胡威对晋武帝说，您对待臣子太溺爱了。武帝说："对待尚书郎以下的臣子，我可一点都不含糊。"

胡威是个好官，他说："臣所指的岂是底下小吏？我说的就是像我们这些高官啊，你一味纵容我们，怎么可以肃化明法？"

从这个对话可以看出，晋武帝一点都不糊涂，他也知道自己正在以全国血膏，喂食一个特权寄生阶层。

晋武帝是以为人宽厚而留名史籍的，但或许，这宽厚的背后是无奈的叹息。我们无法知道，是否在某些深夜，失眠的皇帝在太极殿上徘徊，对比自己与秦皇汉武的巨大差异，恨恨地咬碎了好几颗牙。

三、法不责权贵

晋武帝在世时，王权已经孱弱如此，后来晋武帝驾崩，晋惠帝生活不能自理，王权孱弱进一步加剧。到了元康年间，某些世家大族已经彻底无法无天。

还是以石崇为例。石崇出身很高，他的父亲石苞老早就投靠司马氏，是司马师兄弟的心腹。武帝开国，石苞作为功臣勋旧，被封为乐陵郡公，食邑近万户。

石苞死于武帝泰始八年，石崇是幼子，爵位由石崇的哥哥石统继承。石苞临终分家产，大部分财物都给了别的儿子，石崇一无所得，石崇的母亲以为石苞偏心，找丈夫理论，石苞说："此儿虽小，后自能得。"知子莫如父，后来石崇果然成为晋朝首屈一指的富翁。

石崇的仕途是从做县令开始的，升迁至太守，太康元年参与伐吴有功，被封安阳乡侯。

石崇是从太康年间开始变为富翁的，当时他的官职先后是黄门侍郎、散骑常侍、侍中，这些都是前途无量但是暂时无法折现的官职。当时石崇的唯一财源就是食邑收入，石崇在伐吴战役中也没有立下什么大功，食邑估计也不会超过一千户。不过石崇是敛财致富的天才，没过多少年，他就积攒了数量惊人的财富，能够与皇帝的舅舅王恺斗富夸豪，并且占据上风。

但是太康年间的石崇还只是小试牛刀，远远没有达到顶峰，此时他还没有能力建立奢华无双的"金谷园"。

武帝驾崩，杨骏辅政滥封爵位，石崇因言获罪，被任命为荆州刺史、南中郎将，领南蛮校尉，加鹰扬将军。看似石崇是由侍中的闲职变为封疆大吏，实际是被逐出洛阳赶到襄阳去，眼不见为净。

石崇政治上失意，经济却大大得意了一下。石崇是荆州最高的行政长官，也掌握着一方军事，但是石崇竟然在荆州"劫远使商客，致富不赀"。

试问西晋第一大富翁的发财秘诀是什么？答曰：做官，然后抢劫。

两晋时期官员公然抢劫绝非偶然现象，那个中流击楫的英雄祖逖后来也经常干这种杀人越货的勾当；东晋初年，长江中游盗贼肆虐，断江劫掠的人很多，不仅无数北方来的流民遭到劫杀，连官府的运粮船也会被掠夺，时任武昌太守的陶侃花了大力气打击盗贼。结果他发现，有许多所谓的盗贼竟然是抚军大将军西阳王司马羕（就是汝南王的那个小儿子）的手下。

祖逖、司马羕抢劫是在乱世之中，这些行为太平岁月里要收敛许多，但整体而言当时的治安情况并不乐观，除了洛阳、邺城等名都大邑，其余地区的治安情况就很令人怀疑，而在长江流域，在以前的孙吴与曹魏交界区域，则一直是盗贼横行。

这些盗贼，很多就是地方上的豪强大户，有的和石崇一样，干脆就是朝廷官员。

元康末年，旅宦洛阳的陆机回江南吴郡老家度假，走到半路上，陆机就被人给劫了。劫陆机的人叫戴渊，这个戴渊不是普通的毛贼，戴家是广陵大户，戴渊的祖父戴烈是孙吴政权的左将军，父亲戴昌担任过晋朝的会稽太守，戴渊是个打劫的衙内。

陆机看着戴渊"神姿峰颖"，坐在胡床上指挥抢劫时很有大将气度，在船上就远远地招呼他："卿才如此，亦复作劫邪？"

戴渊也觉得今天被劫的这个家伙不同凡响，一打听吓坏了，李逵初遇宋江时什么心态，戴渊就是什么心态。陆机、陆云两兄弟在江南家喻户晓，而且众所周知，陆家兄弟特别关心失足青年，早年江南有一个叫周处的衙内，"好驰骋田猎，不修细行，纵情肆欲，州曲患之"，就是在陆云的教导之下洗心革面，成为西晋的大忠臣，战死在沙场。戴渊当即丢掉利剑，痛哭流涕向陆机投诚。

陆机后来向执政者推荐戴渊，说这个江洋大盗"清冲履道，德量允塞""安穷乐志，无风尘之慕；砥节立行，有井渫之洁"，是"诚东南之遗宝，宰朝之奇璞也"。

戴渊后来做到东晋的征西将军，假节都督兖、豫、幽、冀、雍、并六州诸军事。戴渊死于王敦之手，成为东晋的忠臣，他与陆机的相识、相交也成为一段佳话。

这段佳话有太多的偶然，如果被劫者不是名满天下的大文豪陆机，如果劫匪不是有意于仕进的有志青年戴渊，这段佳话恐怕就会有一种十分血腥的写法。

元康年间，有多少劫匪呼啸纵横于江、淮之间？这些劫匪之中有多少是朝廷的官员？当朝廷的官员在忙着做劫匪的时候，有多少百姓被劫匪掠夺、杀害？又有多少晋朝的百姓直接死在伪装成劫匪的朝廷官员屠刀之下？

这些问题已经永远找不出答案了。后人只看到，劫匪戴渊被推举为"孝廉"，劫匪石崇没有受到任何处分，杨骏倒台之后贾氏当权，石崇依附贾谧，很快被召回洛阳任职。

石崇在荆州做刺史，或者说做劫匪的时间并不长，估计不会超过两年，但是获利无穷。当石崇重返洛阳时，他的财富已经到了令王恺等皇亲国戚都惘然若失的程度。石崇在洛阳北邙山下修筑的金谷园美轮美奂，奇珍异宝无数，美女如云。十年之后石崇被押上断头台，朝廷籍没他的财产，仅奴隶就有八百多人。

由此又产生另一个重要问题，官员如此胆大妄为，莫非晋朝没有律法？

当然不是。

早在司马昭当权的时候，他嫌曹魏的法令太烦芜："于是令贾充定法律，令与太傅郑冲、司徒荀顗、中书监荀勖、中军将军羊祜、中护军王业、廷尉杜友、守河南尹杜预、散骑侍郎裴楷、颍川太守周雄、齐相郭颀、骑都尉成公绥、尚书郎柳轨及吏部令史荣邵等十四人典其事。"

当时曹魏的法律文书有七百多万字，修订法令的工程浩大，耗时也相当长，贾充等人对汉、魏律法"蠲其苛秽，存其清约"，修成《晋律》二十篇，总计六百二十条、两万七千多字，这时已是武帝泰始三年。

《晋书·刑法志》说："世祖武皇帝接三统之微，酌千年之范，乃命有司，大明刑宪。于时诏书颁新法于天下，海内同轨，人甚安之。"这份新法就是《晋律》，颁布时间是泰始四年，因此这部《晋律》也被称作《泰始律》。

《泰始律》中难道没有关于抢劫、官员受赂的法令？

当然不是！

《泰始律》第三篇是"盗律"、第四篇是"贼律"，专治盗贼强盗，对于抢劫刑罚是很重的，"积聚盗赃，赃五匹以上，弃市"；第六篇是"请赇"、第七篇是"告劾"，专治贪官污吏，《泰始律》中对于贪污是当"盗"来处理的，"取非其物谓之盗"，官吏盗财物超过五匹布就要处死。

若严格按照《泰始律》，石崇、戴渊等人早已横尸洛阳东市的刑场，但事实上，他们毫发无损，并且越活越富贵，步步高升。这是因为，这些律令只是用来羁縻小吏、小民的，并不适用于世家大族。

世家大族如果犯了罪，适用"八议制度"。

所谓"八议"，是指议亲（宗室成员）、议故（皇帝故旧）、议贤（大德之人）、议能（有大才艺之人）、议功（功勋之臣）、议贵（对于国家财政有大贡献的人）、议勤（尽职兢业之人）、议宾（先代贵族后人）——范围之广，几乎已将那些"上品"人物一网打尽。

"八议"制度的作用是和亲贵，所谓"亲贵犯罪，大者必议，小者必赦"。在八议范围内的人犯了法，都要上报朝廷，由尚书仆射与御史大夫集议，提出处理建议，然后交由皇帝裁决，使他们"得以减、赎论"。而只要不是谋反，一般的罪行皇帝都会给予赦免。

但是，如果哪个亲贵玩过火了，皇帝都无法替他遮掩，那该怎么办？

没关系，晋朝另有两种法令，彻底保证亲贵的安全。

一条法令是拿官品或者爵位抵罪，抵罪范围相当广泛，包括杀人重罪。东晋庐陵太守羊聘疑人为贼，滥杀无辜一百九十人、徒刑流放一百余人，事情暴露，本来妥妥地应处死刑，但因为羊聘出身泰山羊氏，祖上出过两任皇后，在

"八议"范围内，最后仅仅是罢去官爵，除名为民。另外有一个叫刘彤的，用刀砍伤妻子，按照《晋律》"杀伤人三岁刑"，结果他拿爵位抵罪，根本就没坐牢。

另一条法令操作起来更加简便，就是拿钱赎罪："公侯有罪，得以金帛赎"，"诸侯应八议以上，请得减收留赎，勿髡钳笞也"。

说到底不过就是钱的问题啊，而且价格一点都不贵，"赎死，金二斤；赎五岁刑，金一斤十二两；赎四岁刑，金一斤八两；赎三岁刑，金一斤四两；赎二岁刑，金一斤。"

难怪石崇、王恺这些有钱的权贵，杀个人就跟杀猪宰羊那样随意。晋朝的法律，只是用来羁縻无钱无势之人的。

四、杀鸡取卵式的税赋

武帝咸宁五年，司徒左长史傅咸对皇帝说："泰始开元以暨于今，十有五年矣。而军国未丰，百姓不赡，一岁不登便有菜色者。"

这是什么原因呢？傅咸总结，主要是"官众事殷，复除猥滥，蚕食者多而亲农者少也"。

这话绝对有理。翻开《晋书·职官志》，很容易产生一个感觉：杂。

但凡秦、汉两代出现过的官衔，不论是常设的，还是临时设立的，几乎都可以在其中找到，甚至有些官衔职权是重合的，只是不同时期的不同称谓而已。这就好比一个人换了套衣服，然后他就变成了两个人。

比如，太宰、太傅、太保，这是周朝的三公；太尉、司徒、司空，这也是古官名，职权相当于三公；另外还有大司马，也是古官名，汉代用来代替太尉一职；还有大将军，是汉代非常设的官衔，起先只是帝国的最高军职，相当于太尉、大司马，发展到霍光时期，就集行政、军事大权于一身，"大将军内秉国政，外则仗钺专征，其权远出丞相之右"。

所以，太宰、太傅、太保、太尉、司徒、司空、大司马、大将军，这八个官衔实际上是高度重合的，但是晋武帝即位之初，一口气把这个八个官衔都设立了起来："以安平王孚为太宰，郑冲为太傅，王祥为太保，司马望为太尉，何曾为司徒，荀颢为司空，石苞为大司马，陈骞为大将军，世所谓八公同辰，攀云附翼者也。"

这八个人，每人都享受三公待遇，领着一品大臣的俸禄，按一品大臣的资格来进行占田荫户。

一品大臣，尚且冗余如此之多，一品以下就更不胜枚举了。傅咸说："夏禹敷土，分为九州，今之刺史，几向一倍。户口比汉十分之一，而置郡县更多。空校牙门，无益宿卫，而虚立军府，动有百数。"

确实，晋武帝分天下为十九州（惠帝时割扬州、荆州十郡，增设江州，共为二十州；怀帝时又割荆州、江州八郡，增没湘州，共为二十一州），比传说中的大禹九州多两倍还余，比两汉的十三州也多了近一半。西晋的户口远少于两汉，设置的郡县却比两汉更多，需要养活的地方官员当然也比两汉更多。

文官系统如此，武官系统也是如此。光是西晋的将军就有骠骑、车骑、卫将军、伏波、抚军、都护、镇军、中军、四征、四镇、龙骧、典军、上军、辅国等近二十种，都是不掌兵的空头将军，如果算上等级较低的校尉、牙门将等，这样的闲职有上百个。

官无闲置，这是提高管理效率、减轻国家负担的基本常识，偏偏在晋朝这个常识被打破。原因很简单，皇帝不敢得罪高门士族。那么多高门士族子弟都需要做官，没官职怎么可以？只好制造出官职给人做啦。

而既然是靠父祖荫庇得到的官职，当然会视为应得之物，不会对授予官职的皇帝心存感激。这些人"平流进取、坐取公卿"，每天在任上也不做事，清谈扯淡、嗑药酗酒。比如，吏部郎毕卓，他的人生理想就是"得酒满数百斛船，四时甘味置两头，右手持酒杯，左手持蟹螯，拍浮酒船中，便足了一生矣"。

用四个字来总结就是：醉生梦死。

王权孱弱的表现，除了养着众多闲官，还有泛滥的爵位。

晋朝是秦汉以来分封最多的朝代。武帝开国，大封王侯，后来灭蜀、平吴，又有大批朝臣凭军功封侯；后来武帝驾崩，杨骏、汝南王先后辅政，为了收买人心，他俩大肆封侯，最夸张的一次封侯一千余人，抵得上西汉两百余年封侯的总人数。

如此乱来的结果，就是洛阳城内遍地侯爵。晋怀帝永嘉年间，东海王司马越想掌握洛阳禁军，他让皇帝下了一道旨意：禁军里面的侯爵全部离开洛阳，返回封地。禁军将领因此走了一大半，禁军当即就不成编制，让东海王的卫队顺利接管。

王爵、公爵、侯爵都有食邑，这些食邑都从国家土地里划出。食邑上的物产原本归国库，现在都归个人，所以食邑的数量直接影响国家的财政。遍地诸侯，在富了个人的同时，是国家财政收入的减少，是国力的减弱、国防力量的削弱。另外，这些诸侯又各自有属官，这也是一个惊人的数字。

官员比前代多、诸侯比前代多、开支范围比前代多，这就是傅咸所谓的"蚕食者多"。

而所谓"亲农者少"，这现象更加一目了然。前面说过，晋朝的在籍人口，最高也只达到1600万，连东汉的三分之一都不到。

试想，凭借不到前代三分之一的人口，养活远比前代庞大的寄生阶层，晋朝的生产者负担得有多重？

晋朝的生产者，也就是国家税赋的贡献者，根据处境不同，也分几个层次。

处境最好的，是寒门士族阶层。他们处于统治阶层的最底层，有产业，但不丰厚；有官衔，但不显要、清闲；有权力，但微不足道；有人脉，但没用，因为他们都来自同一阶层，被隔绝于真正的权力阶层之外。

寒门士族不能免除赋役，不能荫庇亲族，不能享受赐田、给客等经济与政治上的特权。如果犯了法，高门士族有"八议"制度来保护，寒门士族绝对没有这个待遇，地方官吏对他们可以任意鞭笞、诛杀，即使量刑过甚，也绝对不会有人替他们抱不平。例如，邓艾被诬陷谋反，父子被杀，满朝都知他冤枉，但因为邓艾出身贫贱，没人替他出头，邓艾因此迟迟未获平反。

高门士族都看不起寒门士族，"视寒素之子，轻若仆隶，易如草芥，曾不以之为伍"。

《晋书》中多处记载了寒门子弟被歧视、欺辱。例如，寒门出身的李含，颇有才干，"两郡并举孝廉"，然而"而门寒为豪族所排"，多次被打压，降品贬官。例如，《晋书·孙练传》，（孙练）仕郡为主簿，"自微贱登纲纪，时僚大姓犹不与练同坐"。例如，《晋书·陶侃传》，陶侃"少长孤寒"，在举孝廉除郎中后，仍被士族斥为"小人"。

看着人家飞黄腾达，自己不仅没机会分杯羹，连连远远看一下都要挨白眼，这种愤懑可想而知。太康、元康年间国家无事，只能把这愤懑埋在肚子里，但是后来天下大乱，在孱弱的高门士族子弟四散逃命、寻找庇护之所的时候，不论是在北方肆虐的胡虏帐中，还是南方如火如荼的叛军幕下，都活跃着寒门士族的身影。比如，石勒帐下的"右侯"张宾，在巴蜀造反的杜弢，在山东造反的王弥，在江南造反的陈敏、杜曾。

寒门士族的怨气来自分赃不均，生计还是不用担忧的。但是比他们地位更低的被剥削阶层，就日渐贫蹙，步步被逼向生死边缘。

被剥削阶层根据人身自由的程度，主要是分三个层次：

第一层次的人分布最广泛，他们的名称从古至今又变化了好多次。因为戴着黑头巾，所以被称为黔首；因为被编入户籍需要纳税服役，所以被称为编户齐民；因为人多、姓氏也多，所以被称为百姓；因为命如草芥，所以被称为草民。他们或者有自己的土地，或者租用地主豪强的土地，或者出卖劳力做雇工，生活较为困顿，但有人身自由。

第二层次的数量也不少，他们在性质上属于国家奴隶，具体分工不同，有租用国家土地、耕牛的屯田户，去战场填沟壑的军户，侍候各级官员办公的吏家，干手艺活、给各级政府提供工具器皿的百工户等。这个阶层是世袭的，一为军户，永为军户，世代为军户。

第三层次是私人奴隶，包括替地主豪强看家护院的部曲、侍候主人饮食起居的奴婢、主人豢养的歌舞伎等。

这个层次的人完全没有人身自由，生杀予夺全看主人心情，法律是不保护他们的，"奴婢、部曲，不同良人……部曲杀主，斩；主杀部曲，部曲有罪，勿论，部曲无罪，主徒刑一年……"[1]家里来了客人，女伎吹笛吹破音，当即被活活打死，死了就死了；婢女劝酒客人不喝，当即被杀掉，杀了就杀了；女伎弹琴弹得好，客人夸一句"好手"，当即就被主人砍下双手献给客人，砍了就砍了。这些行凶的主人没有被追究责任，顶多被谴责为残忍，史书在记载这些事情时，死者连个名字都没有。

----

① 《泰始律》已经失传，引文中内容来自与《泰始律》有传承关系的《唐律疏议》。

私人奴隶的产出，全归主人所有，与国家无关。国家财政收入，主要由编户齐民与屯田户等国家奴隶的产出组成。对于这两部分不同的人，西晋政府分别施行不同的政策。

适用于编户齐民的，是"占田制"与户调制度。

关于编户齐民的占田与课田数量，政策如此规定："男子一人占田七十亩，女子三十亩。其外丁男课田五十亩，丁女二十亩，次丁男半之，女则不课。男女年十六已上至六十为正丁，十五已下至十三、六十一已上至六十五为次丁，十二已下六十六已上为老小，不事。远夷不课田者输义米，户三斛，远者五斗，极远者输算钱，人二十八文。"

政策里没有明确说明当时的田租是多少，因此学界对此有不同看法。按唐长孺先生的观点，课田的数量是田租的税基，"凡民丁课田夫五十亩，收租四斛"，一斛为十斗，十升为一斗，换算下来，每亩八升。

《晋书·食货志》里说"咸和五年，成帝始度百姓田，取十分之一，率亩税米三升"。两晋的生产力应该差不多，既然东晋"亩税米三升"是"取十分之一"，可知当时每亩产粮在三斗左右（每亩产粮三斗，似乎低了，两晋的一斗可能比较大），七十亩为二十一斛，五十亩为十五斛。

也就是说，西晋的一个成年男丁可以分到七十亩土地，产量二十一斛，但只按五十亩土地缴税，四斛，综合计算，税率为百分之二十左右——这个税率虽然比两汉的十五税一、三十税一要高许多，不过，似乎也没到特别苛刻的程度。

问题在于，以上只是理论数据。一个男子占田七十亩，这个数据好大，大到不可信。而且即使政府真的分配给他七十亩，他也未必有能力实施耕种，《淮南子·主术训》中说"夫民之为生也，一人足耜耒而耕，不过十亩。中田之获，卒岁之收，不过亩四石。"《淮南子》是汉代的书，即使假设晋朝的农业水平已经有了飞速发展，一个人可以耕种的土地比汉代翻了一倍，大概也不超过二十亩。但是，课田的五十亩地、四斛的税米，这是官方指派下来的硬性指标，却是一定要交足的。

二十亩地产粮六斛，缴税四斛，实际税率超过百分之六十。这已经十分吓人了。

然而编户齐民还要承担户调："丁男之户，岁输绢三匹，绵三斤，女及次丁男为户者半输。其诸边郡或三分之二，远者三分之一。夷人输賨布，户一匹，远者或一丈。"

两项相加，一个成年男子"春不得避风尘，夏不得避暑热，秋不得避阴雨，冬不得避寒冻，四时之间，亡日休息"。辛苦了一年之后，他不得不将全年收入的三分之二上缴给官府。

此外，各地的名山大泽都被当地豪强霸占，百姓采柴、汲水都可能要花钱买。《晋书》中说东晋时期，"山湖川泽，皆为豪强所夺，小民薪采鱼钓，皆责税值"。一样的皇帝一样的臣民，在国难临头的东晋尚且如此，那在太平安乐的西晋只有变本加厉。

因此，年景好的时候或许可以勉强度日，但如果遇上水、旱、兵祸等荒年，如果遇上生病、丧亡等凶事，百姓还有活路吗？

惠帝元康七年，关中氐族齐万年叛乱，"关中饥，米斛万钱"。灾情报到洛阳，惠帝问："何不食肉糜？"无数关中流民背井离乡，流窜到巴中、蜀郡，埋下了日后巴蜀叛乱的伏笔。

对于屯田户等国家奴隶，西晋政府的政策更是敲骨吸髓。

屯田户耕种的是国家的土地，有些屯田户有自己的耕牛，有些屯田户连耕牛也没有，只能向政府借。他们与西晋政府的分配方式是：没有向政府借耕牛的，三七开，屯田户拿三，政府拿七；向政府借了耕牛的，二八开，屯田户拿二，政府拿八。

这种杀鸡取卵式的高税率，将屯田户摁死在生存线上，他们操劳一生，却连温饱也无法解决。因此许多屯田户纷纷逃亡，宁愿舍弃人身自由，去做豪强大户的私人奴隶，西晋政府禁也禁不住。

五、知我者谓我心忧

《晋书·何曾传》中说，有一次何曾陪武帝宴饮之后，回家对儿子说出他心中的忧虑："国家应天受禅，创业垂统。吾每宴见，未尝闻经国远图，惟说平生常事，非贻厥孙谋之兆也。"——何曾虽然是个奸佞，眼光却是十分精准的。

何曾对儿子说，国家必有大难，你们这一辈人也许轮不到，他指着底下一群孙儿："此等必遇乱亡也。"二十年后果然天下大乱，何曾的孙子何嵩大哭："我祖其大圣乎！"何氏一族在乱世之中死亡殆尽。

预见到来日大难不止何曾一人。元康年间的大名士王衍从小"神情明秀，风姿详雅"，他在总角之年的时候拜访过山涛，山涛大为惊叹，"嗟叹良久"。但是目送王衍离开之后，山涛叹息说："何物老妪，生宁馨儿！然误天下苍生者，未必非此人也。"

山涛在"竹林七贤"之中就以敦厚君子著称，入晋之后，勤于政事，操心王室，俨然有良臣风范。山涛眼光独到，识人赏鉴，人所叹服。他领吏部十余年，甄拔人物举荐人才，个个称职，被时人称为"山公启事"。

山涛说王衍将"误天下苍生"，不仅只是对于王衍个人的判断，还是对整个社会风气的预测。他预料到，浮夸虚荣的风气即将在不久之后的太平岁月里甚嚣尘上；他也预料到，当权的君臣只会推波助澜，丝毫没有大刀阔斧修正时弊的可能；他因此预料到，像王衍这种出身名门、容貌俊美并且口绽莲花的轻浮子弟，必将名满天下，引导一时潮流，而这个潮流必将"误天下苍生"。

与山涛持同样观点的，是武帝朝的另一位贤臣、灭吴的大功臣羊祜。羊祜是能臣、良臣，他的话更加直接，"王夷甫方当以盛名处大位，然败俗伤化，必此人也"。

羊祜说这句话的时候是武帝泰始年间，离乱世还有二十年，如果从这时开始改弦易辙、整顿纲纪，亡羊补牢为时未晚。

可惜了，这是在晋朝，倡导及时行乐肯定应者云集，倡导厉行节朴、勤政爱民，只能引来几声讥笑："哼哼，俗人！"

早在武帝朝，就有吏部郎李重、尚书令卫瓘、尚书左仆射刘毅先后要求废除"九品中正制"。武帝"善之"，并且"优诏答之"，最终结果还是"而卒不能改""竟不施行"。

元康时，尚书左仆射王戎又提议实施《甲午制》，对于官员先试用再任命；吏部尚书刘颂提议"建九班之制"，对官员进行考课，"明其赏罚"，来决定升迁或降黜。

这两个提议引来大片口水，都夭折在萌芽状态。是这些提议不正确，所以引来公愤？非也，恰恰是这些提议太正确了，所以引来公愤。《晋书·刘颂传》用八个字来总结引来公愤的原因："贾郭专朝，仕者欲速"，所以不施行。

王戎做了一辈子名士，终于在元康时期掌握权势，历任中书令、尚书左仆射，他原本是打算有所作为的，可是《甲午制》被否决的现实，让王戎意识到这个社会积弊太久，已经沉疴难返。哀莫大于心死，王戎又重新做回了名士，随世俯仰、"苟媚取容"，"竟无一言匡谏"。

时间就如锉刀一样，一缕一缕地锉去晋朝的元气，满朝公卿都在得过且过。史书上说元康九年，"虽当暗主虐后之朝，而海内晏然""朝野安静"。

"海内晏然、朝野安静"确实不假，但是这种安静并非有条不紊、井然有序的安静，而是捉襟见肘、勉强度日的安静，就如病入膏肓之人苟延残喘，离死不远了。

在歌舞升平中，敦煌人索靖提前唱起了丧歌。他对着峙立在洛阳宫门前的一对铜驼，叹息说道："会见汝在荆棘中耳！"

随着这一声长叹，西晋王朝的最后一抹余晖，消失了。

不久，天就黑了。

第五章　愍怀太子

一、杜锡坐针毡

元康九年（299），京兆人杜锡三十岁。在而立之年，他的仕途却跌到了谷底，他的新官职是卫将军长史，这是一个官秩不足六百石的小官，与他的身份极不相称。

杜锡是晋朝屈指可数的万户侯之一，他的父亲就是大名鼎鼎的杜预，因为平定江南的战功获爵当阳县侯，杜预死后，爵位就传给了杜锡。杜锡"少有盛名"，出仕之后先担任长沙王司马乂文学，后来又担任太子舍人，总体来说仕途稳健、前途可观，怎么就忽然摔个跟头，由皇子、太子的属官贬为卫将军的从吏呢？

杜锡每次想到这个问题都郁闷无比，膝盖隐隐作痛，他当然知道自己遭贬官的原因。那原因就是他的性格"亮直忠烈"，在担任太子舍人的时候，他屡屡规劝太子司马遹修德进善、远离奸佞。他太多事了，上头有人不喜欢。

早在贬官之前，杜锡已经受到警告，这个警告来自太子司马遹本人。太子司马遹嫌他太聒噪，就在他平时常坐的毛毡里扎上钢针。晋朝人在正式场合的坐姿是双膝前跪，坐于大腿之上，屁股及踵。第二天杜锡来到东宫，双膝跪下，钢针入肉，当即血流一地。此事流传后世，产生成语"如坐针毡"。

太子佯装不知。隔了几天之后，太子问杜锡："向著何事？"

杜锡家教很好，不面揭人之短，他答道："醉不知。"

太子脸色一变，满脸都是促狭成功的得意表情，说："君喜责人，何自作过也！"

如果是孩童作此恶作剧，可以视为童心无知，一笑哂之，但此时太子年过二十，并且已为人父。身为皇嗣，忠佞不分，睚眦必报，这样的人将来如何君临天下？

杜锡语塞了，他看着眼前这张俊美但是杂糅了阴冷、残酷、狂妄诸种表情，因而显得扭曲的脸，想起这张脸的主人曾经流誉天下，先帝曾经以此人为豪，说："此儿当兴我家。"

这两人是同一人吗？

杜锡再放眼看这东宫。

正殿里，小孩子的玩具、种种奇技淫巧的稀奇玩意儿散落一地，这是太子为了哄爱妾蒋美人与爱子司马虨开心，而特地买来或者亲手制作的，与此同时，诗书典籍却堆在角落里沾满了灰尘。

后园中，住着一大群出身卑贱的佞人，他们每天陪太子嬉戏，变着法子引导太子荒废时日。耳濡目染中，太子也日渐沾染市侩小人的习气，变得易怒，缺乏自控能力，稍有不称心，就不顾身份地对手下大打出手；太子还时常命令左右宫人驾着车马在宫中奔驰，然后突然割断马鞅，看宫人跌落下马时惊恐的表情，以此为乐。

最不成体统的是，太子命令宫人随从装扮成商人小贩，在东宫内扮菜市场玩。太子的生母谢夫人出身屠夫家庭，太子最喜欢扮演的角色就是屠夫，而且他把聪明才智都用在卖肉上，做生意不用秤称，"手揣斤两，轻重不差"。太子还把东宫厨房里的蔬菜、篮子、鸡、面等物，拿到洛阳西园菜市去卖，以此牟利。这种事情一百五十年前的汉灵帝也做过，但是众所周知，汉灵帝是个昏君。

种种胡作非为，搞得东宫鸡飞狗跳、乌烟瘴气。杜锡看得心寒，他想不明白惠帝何以对太子的行为不闻不问，他也想不明白太子天资如此优异，肩负着江山社稷重托，肩负着祖宗的厚望，何以自甘堕落到这种田地。

十几年前，杜锡也遇到过一些想不明白的事情。那时他的父亲杜预出镇荆州，总是搜罗奇珍异宝去贿赂洛阳的权贵。杜锡很奇怪，问："大人深得陛下信任，洛阳那些人不可能给大人再带来什么益处，何必再给他们送礼？"

当时杜预的回答很无奈："只要他们不陷害我，我就已很满足，哪敢再奢求有益处。"

杜预是不可多得的全能型人才，他扮演过的社会角色用现在的头衔来标记，可以称之为军事家、政治家、工程师、学者以及文人。除此之外，他还是修身励节的名士，还是个书痴，雅好读《左传》。《晋书》上评论杜预"结交接物，恭而有礼，问无所隐，诲人不倦，敏于事而慎于言"。

杜锡则去其父远矣。杜锡也是个谦谦君子，但他只学到父亲的前一半本事，最为关键的"敏于事而慎于言"则明显没有学到，杜预又死得早，无人再来指点杜锡世间的鬼蜮伎俩。

而且杜锡还是个"老来子"，他的几个兄长都是庶出，杜预四十八岁那年，正妻才生下杜锡这个嫡子。在当时四十八岁可以算是老年，杜锡后来也只活到四十八岁。"老来子"都是掌中之宝，杜家父慈子孝，其乐融融，杜锡无法相信世间会有骨肉相残这种事情，也无法理解长年生活在阴谋诡计之中，长期受压抑之人扭曲的心灵。

上述原因造成的后果就是：杜锡枉比太子年长八岁，政治上却很不成熟。

太子虽年轻，却身经百战，早已久病成医。太子对于自己的真实处境观若洞火，表面上来看，他是嗣君，一人之下万人之上，尊贵无比；而实际上，他只不过是一个软禁在洛阳东宫的待罪囚徒，不知哪一天祸从天降，就会死无葬身之所。

这不是杞人忧天。

八年前，也就是元康元年（291），太子十四岁，已到了记事的年龄。他应该记得三月辛卯那天，白昼一切如常，太子太保杨济的脑袋还牢牢长在肩膀上；入夜之后风云突变，后来被进爵为王的东海公司马越脸色铁青地出现在东宫，集结东宫左、右卫率麾下五千精兵，严阵以待。

没过多久，杨济慌里慌张地出现在东宫殿前，司马越下令关闭宫门，瓮中捉鳖。勇武有力的杨济做了没有意义的困兽之斗，最终受伤被擒。当杨济被拖曳着离开东宫的时候，太子看见他脸上有血、面如死灰。

几个时辰之后，杨济就身首异处了。同一天毙命的还有他的哥哥杨珧、杨骏，以及他们的亲信党羽一千多人。

十四岁的太子并没有意识到这个夜晚的意义无比重大，八年之后，二十二岁的太子回想往事，痛彻心扉，背上全是冷汗。就在那个夜晚，他的人生轨迹被彻底篡改了。

太子司马遹五岁时，祖父司马炎替他编写了无比灿烂的命运剧本。按照这个剧本，司马遹将由广陵王、皇太子，循序渐进，最后御宇天下。可惜司马炎所托非人，由于杨骏的贪权昏聩，这个剧本演到一半就被完全抛弃。元康元年三月的杀戮之夜，面目可憎的后母贾皇后接手掌管太子的命运。

贾皇后是个多么可怕的人哪。想想吧，精明练达如卫瓘、宗室元老汝南王，年轻勇猛如楚王，三个不同类型的对手同时陷入贾皇后的连环局，一朝殒命，这三人至死都没有认清仇人是谁。

八年过去了，杨骏、卫瓘、汝南王、楚王等人墓木已拱，尸骨估计也已经腐烂得所剩无几。当今这天下名为姓司马，有一半已经姓贾，若说贾皇后还有什么不满意，恐怕就只有嫌他这个太子晃来晃去，碍着她眼。

太子心知肚明，他们母子之间不可避免会有一场恶战，这是他五岁时就被安排好的宿命。

祖父司马炎的幽灵在他背后隐现，发出声声叹息，不知道是不是表示后悔。

元康九年，武帝的尸骨正在峻阳陵的地宫中腐烂，武帝朝的重臣多数已经死亡，残留的老朽也近乎家中枯骨。晋朝的朝堂已经洗刷一新，武帝时代的痕迹残留无几。

贾皇后肯定是不喜欢武帝时代的，对她而言，那个时代标志着委屈、羞辱，一想起来就恨得牙痒手痒，恨不得拿鞭子抽人。武帝留下的最后一个障碍就是太子司马遹，这是武帝的得意之作，也是郁结在贾皇后胸口十几年不散的心病。

首先，太子司马遹的出生，就是在提醒贾皇后：你曾经失败过。

那时贾皇后还是东宫太子妃，在自己生下嫡子之前，她严防死守，绝对不允许其他女人为司马衷生儿育女。贾皇后在东宫布满眼线，发现有人怀孕就用尽手段将胎儿打掉，甚至不惜亲手杀死孕妇。此等行为曾经引起武帝的震怒，贾皇后差点因此被废黜。

咸宁四年，谢才人突然被武帝招回西宫。对此贾皇后没有放在心上，因为谢才人年纪大、姿色平常，贾皇后并未将她列为威胁对象。谁承想谢才人回到西宫不久就生下了司马遹，武帝心思慎密，害怕这皇孙回到东宫遭人毒手，就秘密养在西宫，不仅把贾皇后蒙在鼓里，连司马衷都毫不知情。

司马遹在祖父身边长到三四岁，某日司马衷去朝觐，武帝对司马衷说："我最近很努力，给你添了好几个弟弟，你们兄弟握握手，认识一下。"

武帝在太康年间后宫人数暴涨，儿子数量也暴涨，好几个皇子和司马遹年龄相仿，比如长沙王司马乂只比司马遹大一岁，成都王司马颖就与司马遹同岁，像吴王司马晏、怀帝司马炽等人，比侄子司马遹要小四五岁。

听了武帝的话，司马衷于是一个接一个地握手，司马遹混在众多叔叔的队列里。孩童的手肉嘟嘟，手感还不错，司马衷一路握下来，将到司马遹，武帝急忙喊停。武帝说："这是你的儿子。"

司马衷这才知道已为人父好多年，回东宫一报告，贾皇后暴跳如雷，却又无可奈何，皇孙养在西宫，她鞭长莫及。

贾皇后因此恨死了谢才人。惠帝登基之后，贾皇后将谢才人打入冷宫，不仅不许惠帝与她见面，就连司马遹想看望生母，贾皇后也不允许。算起来，他们母子有近十年没见面了。

由于武帝的宠爱，也因为司马遹是惠帝唯一的儿子，所以司马遹顺理成章地成为太子。如此一来火上浇油，严重损害贾皇后的牙眼，此中原因前文已经分析过，不再赘述。

这近十年来，贾皇后视司马遹为眼中钉肉中刺，总想着拔之而后快。

除患应趁早，以防夜长梦多。贾后全面掌握政权是在元康元年六月，至元康九年已有近九年的时间，贾皇后为何一直隐忍着不动手？

不是贾皇后不忍心，而是老天不配合。贾皇后有苦衷：她始终没能为惠帝生出个儿子来，司马遹是惠帝唯一的皇子，废了他，立谁为嗣呢？

说来可怜，这十年来，太子的身家性命一直维系在贾皇后的子宫之上。

二、洛阳街头的艳遇

《晋书·贾后传》里有一个匪夷所思的故事，主角是洛南盗尉部的一个小吏，小吏"端丽美容止"，长得不赖。

盗尉部是晋朝城市内一个基层治安机构，归洛阳令管辖。晋朝的普通百姓除了要按时缴纳税赋、服力役，另外还有一项义务就是"补吏"，所谓"盗尉部小吏"并非正式公务员编制，充其量不过是在盗尉部听使唤、打杂的闲杂人员。

小吏长得帅，可是长得帅的小吏也依然只是小吏，家穷，地位低下，可是突然有一天，人们意外发现他有"非常衣服"。这个"非常衣服"不是指奇装异服，它有两层含义，第一层含义是这衣服很贵，不是帅吏小哥这种穷小子能买得起的；第二层含义是这些衣服是有身份的人才可以穿的。古代服饰也是礼仪大防，不同出身、不同爵位官职的人穿不同质地、图纹的衣服，穿错了衣服就是"违礼"。

"违礼"分两种：一种是身份高贵的人穿了低贱的衣服，这是"失仪"。如果在居家生活中失仪，问题并不大，但如果在正式场合失仪，轻者被呵斥，重者丢官降爵。

另一种"违礼"，是低贱的人穿了高贵的衣服，这是"僭越"。僭越的后果一般比失仪严重，如果不是亲王，一不小心穿了带龙凤图样的衣服，脑袋十有八九是保不住了；即使是亲王，那龙的长相、姿态、脚趾的个数，也有严格的规定：

在明、清两代，穿明黄色的衣服招摇过市，那是要被拖到衙门打板子的。即使是最普通轻微的僭越行为，也会遭来斥责、笞打、剥衣服的待遇。

晋朝法律对于"僭越"也有严格的规定，"庶人不得衣紫绛及绮绣锦缋"。朝廷对于百姓的僭越行为检查得相当严格，武帝常常派人微服出宫，观察风俗。《晋书·良吏传》里描述太康年间担任司隶校尉的变态官员王宏，他派人在大街上拦截百姓，让他们脱衣检查有没有穿不该穿的，连妇女的内衣也不放过。

人们发现帅吏小哥竟然藏有昂贵的"非常衣服"，都怀疑这些违禁品来路不正。按照那时的司法程序，如果换了别人，下场估计就是拖到盗尉部一顿暴打，然后盗贼认罪、赃物充公，被盗尉部的小吏们瓜分掉。帅吏小哥比较幸运，盗尉部的官员一看，嚯，是熟人！就给他机会辩解一下。

当时周围已挤满了前来看热闹的百姓，帅吏小哥稳定一下心神，向大家讲了一个晋朝版本的"天方夜谭"。

"有一天，我在大街上行走，"帅吏小哥说，"忽然有个老姬鬼鬼祟祟地对我说，她家里有人得了疾病，巫师占卜说，需要城南的少年相助压压邪，病人才能痊愈。老太婆想请我帮忙去邪，说必有重谢。

"我看了一下，这个老姬衣着光鲜，像是个有身份的人。因为一来酬金很高，被她说得心动，二来我也好奇，于是就跟着老姬上了路旁的一辆大车。这车十分华丽，车厢十分宽敞，还设有帷幄。坐了一会儿，老姬让我钻进一个篚箱，车继续行驰大约十多里，经过了六七道门关，然后停下。老姬说，到了。"

"你们猜我看到了什么？"帅吏小哥咽了一下口水，"我从簏箱里爬出来，天哪！满眼全是高大华美的殿堂，层层叠叠，一直延伸到远处云端，还有数不清的楼宇，造得精巧好看。我当时就傻掉了，问这是哪儿，那老妪却不知道去哪儿了，来了一个年轻的侍女，嘿嘿，那侍女可真漂亮！侍女回答说，这是在天宫里。她嘴角含笑，打量了我一下，然后就领我走进一间大殿，啊，那大殿可真是大！比洛阳令大人的府邸还要大。侍女先带我去洗澡，洗完澡又拿来好多漂亮衣服让我换上，然后拿来许多好吃的东西。那真是美味啊，其中有一大半东西我听都没听说过。"

帅吏小哥闭上眼，禁不住回想陶醉一番。周围的听众不停地催他："然后呢？说下去！"

"然后，我就被领着去见一个妇人。"帅吏小哥突然有点失落，"那妇人长得不好看，大概是三十五六岁左右年纪，身体短小，皮肤是青黑色的，眉毛边上有一连串黑色的疵点，总而言之很丑陋……老妪说她家人有病，那是骗人的，那妇人不仅没病，还……"帅吏小哥脸红一下，"精力还很旺盛，我被她留住了几天，共寝欢宴，临走的时候她送给我这些衣物。这就是这些违禁品的由来。"

周围听众相当不满意，认为帅吏小哥所述细节不够详细，该渲染之处没有好好渲染，不够黄也不够暴力。他们啧啧连声，呼吁："详细点！更详细点！""细节！注重细节才能打动观众！"

只有一个人边听边退，脸红讪笑地挤出人群，逃之夭夭。

这个人是贾皇后的远房亲戚，据说他一眼就看出这些衣服与贾府有关，于是尾随而来，想找个合适的机会现身把衣服要回来。听了帅吏小哥的叙述，他确定这个三十多岁的妇人必是贾皇后无疑，所以悄悄溜走。

当天主持审讯的盗尉也是人精，他相信帅吏小哥所言，但因为这是掉脑袋的事，他只有斥责帅吏小哥胡言乱语，以盗窃罪将帅吏小哥收押。《泰始律》中规定官吏盗财物超过五匹布就要处死，按律帅吏小哥不死也得残疾，但是他好像没被严格按律追究，只是被收押。

不久之后，宫中河东公主生了病，贾皇后大赦天下为女儿祈福，她的这个情人就此逃出生天。

惜字如金是历代史官的基本职业素养，唐朝人却在正史里浓墨重彩地渲染贾皇后的艳史逸文。此事例中，洛阳少年姓名、该盗尉姓名、该贾氏亲戚姓名，无一坐实，断然不会取自官方正典，显然采集自民间逸闻，而这种以讹传讹的逸闻究竟有多大可信度，实在让人起疑。

此等宫闱秘闻，历朝历代都有流传，大多只是捕风捉影，不值一哂，竟然收入正史，殊为可笑。

试想一下，即使此事属实，谁会泄露于后人？

洛阳少年、盗尉肯定不会，除非他俩嫌命长；贾氏亲戚？他在现场尚且缄口离开，难道会在事后自曝家丑？最有可能的是在场百姓，但在百姓眼里，小吏所言荒诞不经，已被官府判定为窃贼收押；即令有百姓认为小吏所言不假，洛阳京师大邑，王侯无数，富人上千，何以断定那妇人就是贾皇后？

退一步假设，即便贾皇后真的荒淫无度，宫中禁军上万，个个健壮勇武，何必冒险藏人入宫？贾皇后毕竟不是吕太后，也不是后世的武则天，她是皇帝的妻子，权力依附于丈夫。虽然司马家宗室暂时被压制臣服，但一直虎视眈眈，她怎么可能做如此孟浪之事？

再退一步，即便贾皇后真要藏人入宫，又怎么会垂青像小吏这等人？贾皇后从小养尊处优，父亲是万户侯、丈夫是皇帝，她本人也经历风雨，眼界自然非普通妇人所能比拟；小吏出身低微贫贱，平时可能三个月不洗澡，满嘴黄牙，一腔口臭，又不见有何才学，贾皇后委身于这样一个人，是否太自轻自贱？

更退一步，即便贾皇后与小吏做了几夕欢娱的露水夫妻，以贾皇后的心狠手辣，怎么会留下这么大一个后患？如果说小吏真正是天生尤物，令贾皇后情不自禁，以贾皇后的手段权势，在偌大皇宫里藏一个人，应该不成难题，何不把小吏留在宫中常伴左右？

即使贾皇后确实不得已，不能金屋藏娇，保险起见最好让小吏远走高飞，何苦又让他在天子脚下的洛阳街头招摇过市？

招摇过市倒也罢了，小吏的生活似乎也未见很大改善。以贾皇后的身份，随便赏赐点金银珠宝都可以令小吏吃喝不愁，又怎么可能用几件破衣裳打发挚爱？而且她似乎唯恐天下不乱，故意在衣服上留下贾府的痕迹。

凡此种种不合理，唐朝人一概不予考虑，铁了心地要将此事写入《晋书》。

这种不加甄别、一意孤行的行为多次发生，成为《晋书》为人诟病之处。唐朝人刘知几就曾批评《晋书》的编者选材不严谨，好用"稗官之体"，《旧唐书·房玄龄传》里评价《晋书》"好采诡谬碎事，以广异闻；又所评论，竞为绮艳，不求笃实"。这话一点都不冤枉。

除了引少年入宫淫乱，唐朝人说贾皇后还和宫中的人关系暧昧，"与太医令程据等乱彰内外"。

太医令程据是晋朝一个有名的佞人。第一章提到此人曾在咸宁四年（278）向武帝献了一件雉头裘，恰逢武帝提倡节俭，正苦于没有反面教材，程据自己撞枪口，被武帝痛斥。

从咸宁四年到元康年间，中间隔了二十年，程据搞不好已经是个头发花白、牙齿缺落的糟老头。说正当盛年的贾皇后与这么一个糟老头私通淫乱，未免太玷污古人。

不过虽是无稽之谈，此谣言却并非毫无价值，它从侧面反映了元康年间的贾皇后求子心切。

贾皇后是司马衷嫡妻，她生下的儿子就是嫡长子，到时候贾皇后废黜太子司马遹，立自己儿子为嗣，名正言顺，没人敢不服。只可惜天不遂人愿，贾皇后前后生育四次，都是女儿，分别封为河东、临海、始平公主，最后一个小女儿夭折，追谥为"哀献皇女"。

西汉武帝的皇后陈阿娇绝育，为求子嗣，陈皇后求医问药花费数千万。贾皇后的情况虽与陈皇后不同，但是晋朝人不懂生儿生女取决于染色体组合，当时的医学又类同于玄学，贾皇后少不得会让太医进呈种种所谓的偏方秘药，有些药还可能取材怪异、见不得人。所以程据每次见贾皇后总是鬼鬼祟祟的，给人留下充分的想象空间，谣言遂起。

从表面上看，求子心切可以构成贾皇后秽乱宫廷的动机，其实不然。

在贾皇后之前相传秽乱宫廷的皇后，有汉武帝的皇后陈阿娇、汉成帝的皇后赵飞燕，且不说这些也只是传说而已，就算传说属实，也都事出有因。陈阿娇本来就不育，后来又失武帝欢心不得侍寝，所以有可能求助外人；赵飞燕本身也是不育，她与妹妹赵合德虽然始终得到成帝宠爱，但是汉成帝荒淫过度，身体每况愈下，到后来必须借助春药才能行房事，生育能力也大有疑问，赵飞燕求嗣心切，这才出下策借精求子。

贾皇后则根本没有借精求子的必要。司马衷生有太子司马遹、贾皇后生有四位公主，这证明二人都没有生理问题。贾皇后独擅后宫，司马衷是任她摆布的木偶，两人结婚二十年生有四女，虽然不是高产，司马衷已经足够勤奋。

司马衷脑子庸聩，身体未见孱弱。元康年间司马衷正当壮年，夫妻俩通力合作，已成功出产四位公主，完全可以再接再厉，生产出皇子来，贾皇后何必要冒杀身之祸引人入宫？

三、晋世宁

虽说元康年间贾氏专权，但是晋朝贾氏专权与西汉吕氏专权、霍氏专权，根本不可同日而语。

吕后是陪伴汉高祖一起打天下的糟糠妻，又是汉惠帝的母亲，在当政期间，吕后得到了那些开国老臣的支持，帝国最强大的军队尽在她掌握之中，刘氏子弟在她的打击之下，要么臣服要么死亡，完全丧失反击之力。

霍光专权之时，刘氏宗室的力量已经很弱，霍光的亲信占据了朝堂上上下下，军权也在霍光的儿子、女婿手中。霍光辅佐两帝，汉昭帝充分信任霍光，汉宣帝则从民间入主未央宫，在霍光生前，他就是一个傀儡，因此霍光才能尽情施展，打下昭宣中兴的基础。

由此可知，吕氏与霍氏的专权，是得到朝臣与宗室拥护的，无论这拥护是真心还是违心，吕氏与霍氏都能对这两股势力指挥如意，而贾氏无法做到这一点，无论是朝臣还是宗室，都对贾氏若即若离。

先说朝臣。与汉朝皇帝的乾纲独断大不一样，晋朝皇权衰微，门阀政治初显萌芽。朝臣全都出自世家大族，即使是武帝也要忌惮三分，所以武帝在世时一味纵容公卿，不敢得罪。武帝尚且如此，何况贾皇后？

在武帝死后的历次政变之中，大部分朝臣保持着他们一贯的风格，冷眼旁观，让你们去闹，自己只要等一切尘埃落定后，随大流跟着跪拜就行了。他们知道，无论是谁当政，都不敢为难世家大族，反而会想方设法笼络他们，以换取支持，所以杨骏上台，加官进爵；汝南王上台，再次加官进爵。这些公卿们得了好处还卖乖，摆出一种无欲则刚的高姿态，杨骏等人热脸贴上冷屁股，徒增笑料而已。

晋朝的公卿根本没有参与政治斗争的动力，所以乐得逍遥，平时都忙着装清高、讲玄言，忙着骄奢淫逸，忙着嗑药服五石散。王鸣盛在《十七史商榷》里叹息说"晋少贞臣"，这话一针见血。

贾皇后获得权力之后，这种状况并没有得到改善。众公卿继续保持看客姿态，做永远不跳下墙头的墙头草。

所以贾皇后只有利用亲戚关系构建自己的政治班底，主要依靠河东裴氏、琅邪王氏，还有本族贾氏，再加上一个寒族出身的张华，维持朝堂的运作。仅凭着少数几人想推动整个时代向前进，那是不现实的。形势注定了贾皇后的政治班底很难有大作为，勉力维持平衡，不出大乱子，这已经是她能力的极限。

元康年间，琅邪王氏的王戎曾想革除时弊，试图推行《甲午制》进行吏治改革，这些尝试最终不了了之。阻力来自朝野内外尸位素餐的大大小小官员，元康年间的暂时稳定是西晋王朝日落前的最后一抹余晖，绝大多数人都在坐吃等死，面对日后的大难，没有一个人是无辜的。

贾皇后清楚地看到，处于肘腋之间的群臣，他们从来不为我用，随时都有可能投靠政敌。因此贾皇后网可吞舟，继续纵容世家大族骄奢淫逸，同时，她谨言慎行，约束贾氏不要太过火。除了废杀太子与所谓莫须有的"荒淫"，贾皇后并没有别的罪行；而贾家，也没有历代外戚专权时那种跋扈专横。郭彰、贾模、贾谧，他俩的官职一直在张华、裴頠之下：郭彰是个冠军县侯，贾模至死爵位不过是乡侯，食邑千户，远少于孟观等人；贾谧因袭贾充的鲁公爵位，一直没有增封，至于他"奢侈逾度"，这是当时的社会通病，不足以为罪证。

总体而言，元康九年之前的贾氏，还是能够以大局为重的。

她一直指望着自己能生出个嫡子来，名正言顺地取代太子，但天不遂人愿，连生四个女儿，随着年龄的增加，生儿子的希望日益渺茫，最终导致贾皇后失去耐心，不管不顾地蛮干——不过这已是元康九年的事了。

说完朝臣，再看宗室。若说洛阳公卿不过疥癣之疾，那么手握几十万大军的司马氏宗室才是贾皇后的心腹大患。

此时武帝临终安排的四方藩镇几经变换，已经面目全非。楚王司马玮、汝南王司马亮、秦王司马柬已经过世，赵王司马伦也在洛阳担任一个闲职。元康九年初，除了淮南王司马允依旧镇守寿春，镇守长安的变为河间王司马颙，镇守邺城的变为成都王司马颖。这几个王游离于贾皇后控制之外，后来个个都是"八王之乱"中的活跃分子。

外戚与宗室的矛盾始终没有得到很好的调和，杨骏时期是如此，贾皇后时期也是如此。之前依附贾氏，并且对宗室有点影响力的下邳王司马晃已经去世，活着的宗室成员中，赵王司马伦、东武公司马澹可以算为贾氏一党，但赵王司马伦为老不尊，历来没有威信，能力也很差；东武公司马澹是宗室疏族，口碑同样也很差。两人无法代表宗室。

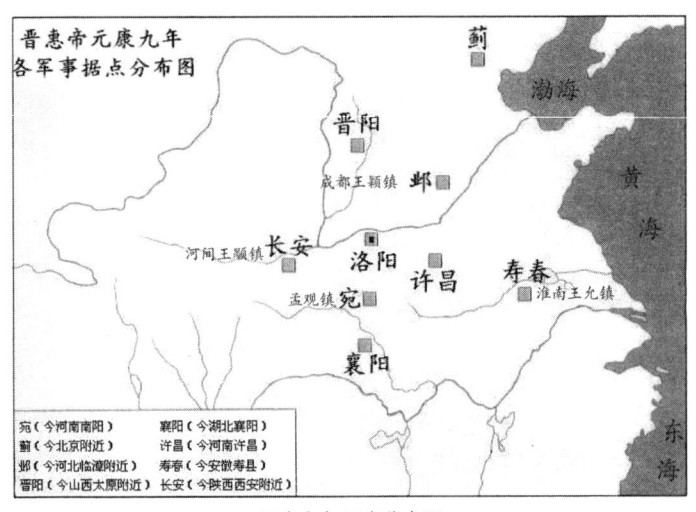

元康九年军事分布图

当时朝中另一位有影响力的宗室元老是梁王司马肜，官拜大将军、尚书令、领军将军，录尚书事。可是此老好声色犬马，对于权势并不过分热衷，并且还是惠帝的叔祖，因此没有巴结贾皇后的必要，后来赵王起兵杀贾皇后，他也是主谋之一。

此外，还有一个高密王司马泰（之前是陇西王，后来改封高密王）在朝中任尚书令，此人是惠帝的堂叔，在宗室中威望也很高，可惜也不是贾皇后一党，元康九年病死了。

因此直到元康年间末期，贾皇后依然无力控制宗室。

好在宗室虽然强大，其一盘散沙的弱点却依然存在，特别是在汝南王、楚王殒命之后，宗室诸王更加明哲保身，各大藩镇也保持着观望的态度。

当年杨骏就是把宗室欺负得太狠，引起不满，结果丢掉了性命；汝南王倚老卖老，得罪了宗室的少壮派，结果死于乱刀之下。殷鉴不远，贾皇后是这两起事件的策划者，当然不能步杨骏等人的后尘。因此她不敢夺宗室之权，作为回应，宗室也遵从贾皇后对中枢的领导。

元康年间的太平就是建立在这么一种微妙的平衡之上，这种平衡的脆弱，可以用当时流行的一种歌舞来做比喻。这种歌舞俗称"晋世宁"，表演方式是拿一个盘子，盘子上放着酒杯等易碎物，用手快速将盘子翻来覆去，边跳边唱，歌词如下：

"晋世宁，四海平，普天安乐永大宁。四海安，天下欢，乐治兴隆舞杯盘。舞杯盘，何翩翩，举坐翻覆寿万年。"

设想一下，酒杯在盘子上随时可能摔个粉碎，这样的"晋世"到底是"宁"还是"不宁"呢？

贾皇后最担心的事情，就是有人把宗室凝聚起来夺她的权。

诸藩镇之中，河间王司马颙是宗室疏族，辈分资历都不高，没有这个能力；需要提防的是两个小叔成都王司马颖与淮南王司马允。成都王司马颖资历尚浅，也可以暂时不考虑；值得重视的是淮南王司马允，此人镇守淮南近十年，声名卓著，元康九年时淮南王二十八岁，正是建功立业的大好年华。

对于贾皇后而言，淮南王虽是危险人物，但是毕竟远在寿春。有一个人比淮南王更危险，这个人的血缘比淮南王更加正统，这个人的身份比淮南王更具备号召力，而且这个人始终卧在京师。

这个人就是太子司马遹。

元康九年，太子司马遹二十二岁，也是建功立业的大好年华。

明白了这层利害关系，再回过头来审视贾皇后与太子之间，就不是表面上的刀俎鱼肉关系那么简单了，而是一个相互投鼠忌器的僵局。

如果只着眼于洛阳城内，太子无疑是案上鱼肉，贾皇后要对太子下手是很容易的，问题在于怎么善后。太子的血肯定能将宗室凝聚起来，他就像一根导火索，引爆的炸药足够让贾皇后粉身碎骨。

此刻不知有多少双眼睛正盯着洛阳，说不定有人正在暗中盼着贾皇后对太子下手，太子一死，这些居心叵测的王们就趁机杀上前台，消灭贾皇后，瓜分贾氏的权力。

贾皇后当然不愿让这些野心家得逞。

不过，悬而不决对贾皇后也很不利。太子还年轻，而她与惠帝则在一天天老去，时间拖得越久越危险。危险来自两种可能：一、惠帝突然驾崩，太子必须登基，到时候贾皇后如果阻挠，太子就有绝对充分的理由号召天下讨伐她；二、太子逐渐发展出了自己的势力，跳出贾皇后的控制，最后号召宗室，与贾皇后争权。

动手也不是、不动手也不是，这九年间，进退维谷的贾皇后心中有多煎熬可想而知。

对于上面所说两种潜在的危险，贾皇后也做了相应的防备，她没办法阻止惠帝可能会发生的暴毙，但是她有办法阻止太子发展自己的势力。

元康年间，贾皇后一直遏制着东宫的发展。

四、诡异的母子情

贾皇后首先把东宫的好人都调走。

太子司马遹是在元康元年春正月加冠礼的，加完冠礼就表示成年，必须搬出西宫，入主东宫。为保证太子得到良好的教育，当时惠帝下诏："遹尚幼蒙，今出东宫，惟当赖师傅群贤之训。其游处左右，宜得正人使共周旋，能相长益者。"

这道诏书里的"群贤""正人"，含金量相当高。太子太师是何劭，太子太傅是王戎，太子太保是杨济，太子少师是裴楷，太子少傅是张华，太子少保是和峤，文人孟珩为太子友（官名），杨准、冯荪为太子文学，个个都是享有盛誉的人物。

仅以上这些人就可以组成一个强有力的政治班底。但是惠帝担心这还不够，怕太子误交损友，又命令太保卫瓘之子卫庭、司空陇西王司马泰之子司马略、太子太傅杨济之子杨毖、太子少师裴楷之子裴宪、太子少傅张华之子张祎、尚书令华廙之子华恒，轮流到东宫陪太子读书。

如此安排下，曾经在武帝朝政坛上叱咤风云的何氏、杨氏、卫氏、裴氏、和氏、王氏还有张华，都去了东宫。

这套华丽组合是杨骏替太子配备的，里面虽然包含杨骏排挤老臣的私心，却也体现了杨骏对于太子的重视。他煞费苦心地把当时最显赫的高门士族当家人与后起新秀都集中到东宫，与太子培养感情，这样等太子登基之后，就能轻易得到这些高门士族的支持，巩固帝位。

杨骏确实是太子真正的靠山，可惜太不结实了。杨氏倒台之后，张华、王戎、裴楷、何劭被调任朝中显职，和峤是贾氏仇人，还被留在东宫，元康三年病死。其余各高门士族子弟也先后被调离东宫。

在贾皇后的努力之下，太子的属官开始变得良莠不齐，再后来，东宫成为官场垃圾堆，有处理不了的人事问题，就往东宫塞，来的也不是什么好人。比如赵王司马伦，他在元康年间出镇关中，激起民变，被人弹劾，垂头丧气回到洛阳，就被安排到东宫做了太子太傅。

再往后，东宫的官员任命越发莫名其妙。有一次，贾皇后任命陈准之子陈匡、韩蔚之子韩嵩入职东宫。陈匡、韩蔚当时还是年幼的顽童，裴𫖳看不下去了，上书进谏："东宫之建，以储皇极。其所与游接，必简英俊，宜用成德。（陈）匡、（韩）嵩幼弱，未识人理立身之节。东宫实体凤成之表，而今有童子侍从之声，未是光阐遐风之弘理也。"

这种话贾皇后是听不进去的，她的目后就不是让太子成才。贾皇后有意派许多奸佞，去诱导太子学坏。《晋书·愍怀太子传》里说，贾后素忌太子有令誉，因此密敕黄门阉宦媚谀于太子曰："殿下诚可及壮时极意所欲，何为恒自拘束？"每见喜怒之际，辄叹曰："殿下不知用威刑，天下岂得畏服！"

太子原本聪慧过人，据说在黄门阉宦们的诱导下，"及长，不好学，惟与左右嬉戏，不能尊敬保傅"，"东宫旧制，月请钱五十万，备于众用，太子恒探取二月，以供嬖宠"，变成了本章第一节中那样令杜锡痛心疾首的人。

教育工作颇具成效，但贾皇后对太子还是不放心，经常派贾谧去东宫监视太子。贾谧是个轻浮子弟，他与太子素不相容。他们两人的矛盾愈演愈烈，成为元康九年太子谋反事件的导火索之一，容后再表。

太子越来越不成器，难免会有人劝谏。贾皇后这时又使阴招，谁对太子推诚置腹，就将其调离东宫，并且贬官以示惩戒。杜锡被贬为卫将军长史的真正原因，就在于此。

与杜锡同病相怜的还有成都王司马颖，司马颖原本在洛阳担任越骑校尉，加散骑常侍、车骑将军，掌管部分禁军。后来有一次成都王到东宫去，正撞上贾谧与太子下棋，贾谧的态度相当不恭敬。成都王与太子同岁，从小一起在西宫玩到大的，感情应该不差。看到这情况，成都王怒了，他厉声呵斥贾谧："皇太子国之储君，贾谧何得无礼！"

此事过后没几天，成都王就任命为平北将军，被赶出洛阳，到邺城去了。

试想，在如此恶劣的生长环境下，如果太子真如武帝所夸奖的那样聪明，他应该怎么做？

是表现得像杜锡所希望的那样，做个勤奋的好嗣君；还是如贾皇后所愿，成为一个不成器的纨绔子弟？

因为贾皇后作梗，太子的真实面目变得模糊不清。他是果真所谓的"小时了了，大未必佳"，还是在学习勾践在吴国、孙膑在魏国，通过韬光养晦，甚至作践自己麻痹对方，以求自保？

这个问题还真不好答，当年吴王夫差正在思量勾践这人是不是真心臣服时，勾践立马舔了夫差的粪便，你说他忠不忠？庞涓也曾压抑不住好奇心，派了一个故识去探孙膑的底，老兄，你是真疯还是假疯啊？孙膑充耳不闻，塞了把猪屎到嘴里，像蚕豆一样大嚼，你说他疯没疯？

勾践、孙膑后来都逃出牢笼，用实际行动告诉世人：我是忍辱负重，我在装疯卖傻。

可是太子没那么好运，他至死都没有得到机会自由地施展。若说他是在演戏，那他一生都在戏中，没有等到谢幕的那一刻，所以卸下伪装的太子司马遹究竟长什么样，这只能是个谜。

从常识推断，一个在阴谋中浸泡长大，常年处在死亡阴影之下的人，心理难免会扭曲，历代皇室中人少有心理健康者，原因就在于此。另外，如果一个人不受任何约束，他就容易被欲望操纵，脱缰野马一般不可自制，最后自取灭亡。汉代刘姓诸侯王在自己封地里无法无天，有以杀人为乐的，有奸淫姑妈姊妹的，其荒淫残暴令人发指，所以汉代法律专门有一种罪行叫"禽兽行"，因为"禽兽行"而被处死的诸侯王为数不少。

很不幸，以上两种环境太子都经历过，此外太子还有一个心肠狠毒的后妈，老派些不三不四的人去勾引他学坏。按贾皇后的愿望，太子越穷凶极恶、越荒淫无耻，就越让她满意，最好太子再做出点"禽兽行"来，这样她就可以痛心疾首地宣告天下：太子不令，为了江山社稷，只好另立嗣君。甚至还可以握着太子的手含泪惺惺作态一番，岂不快哉？

贾皇后想得挺好，可惜太子不配合，太子最大恶行也没超过纨绔子弟的范畴，可见太子内心自有分寸。考虑到西晋社会上层阶级整体荒淫无耻的氛围，太子简直算是有道德操守的。

但因此断定太子全然不受生存环境的影响，玩物丧志啊、脾气暴躁啊、贪图逸乐啊，种种劣迹都是做出来给贾皇后看的，这也未必。毕竟太子也是人，有血有肉有情绪，长年累月提心吊胆过日子，压抑久了，总要找人发泄。面对杜锡这种看不清形势，满口忠言但却无补于事，并且可能坏事的迂憨无用之人，太子未必会心存感激，那把钢针，未必是扎给贾皇后看的，可能是太子的真实心意。

贾皇后在东宫布满线眼，如果她得到密报，说太子现在连忠人、佞人都分不清了，杜锡劝他弃恶向善，太子竟然用钢针扎他。贾皇后肯定会很欣慰。

说来还是杜锡最可怜，无意间被贾皇后、太子两方面利用，结果流了血受了伤还要被贬官。

差不多在杜锡被贬官的同时，江统也进谏太子要向善。

江统也算是西晋历史名人，原因在于元康九年的时候，他写了著名的《徙戎论》，建议朝廷将散居中原的外族人迁徙出境，防微杜渐，阻止将来可能发生的叛乱。这一建议并没有实行，不久就"五胡乱华"了，后人都说江统有先见之明，因此《徙戎论》与江统一起名垂千古。

其实徙戎的观点并非江统首创，早在武帝年间就有不止一人提起过，到了元康年间，关中地区已经发生鲜卑、羌族、氏族数次叛乱，并州的匈奴、幽州的鲜卑也很不安分，江统只是旧事重提。

解决民族问题不是江统的本职，江统当时的官名是太子洗马。所谓"洗马"并不是在东宫马厩里给马洗澡，而是在马前驱驰的意思。江统给太子的谏文被保留在《晋书·江统传》里，文章很长，《资治通鉴》里对此文进行了归纳总结，讲了五件事：

第一件事是"虽有微苦，宜力疾朝侍"；

第二件事是"宜勤见保傅，咨谘善道"；

第三件事是"画室之功，可且减省，园刻镂杂作，一皆罢遣"；

第四件事是"西园卖葵、篮之属，亏败国体，贬损令闻"；

第五件事是"缮墙正瓦，不必拘挛小忌"。

这五件事与杜锡劝谏的内容差不多，但江统没挨针扎，可能是因为他没有像杜锡那样不厌其烦地反复唠叨，江统出身寒门士族，达不到让贾皇后嫌忌的标准，所以也没遭贬官。

既然有这方面的劝谏，必然有这方面的不足。第二、第三、第四、第五件事，实际就是指责太子亲佞远贤、奢费过度、玩物丧志又信阴阳邪说，这些已在本章第一节阐述过，不再赘述。值得注意的是第一条，江统劝太子：虽然苦了一点，但是进宫朝觐这些必要的礼节还是要勉力维持的。

按例，太子五日一朝，就是每隔五天就得入宫去向父亲问安。但显然太子已经有很长时间没去西宫请安了。江统原文里措词很委婉，"自顷圣体屡有疾患，数阙朝侍"，但所谓生病不过是个借口，实际太子不想去西宫，或者很可能，太子不敢去。东宫有太子卫率保卫，兵力达到一万人，出了东宫，太子就没有了安全保障。元康九年十二月，导致太子被废的"式乾殿风波"，就发生在太子被诱骗进西宫之后。

这也是一个端倪，由此处可以看出太子的谨慎敏感，也可以推想到了元康末年，太子与贾皇后的矛盾已相当尖锐。

对于江统的劝谏，太子的反应当然是不理睬，继续努力做问题青年，混得一日是一日。

五、生机与杀机

九年之间，太子一直在刀锋上行走却始终有惊无险，除了太子本人的谨慎，裴頠、张华、贾模等人的维护也功不可没。

这三人在元康年间主持朝政。张华是三人之中威望最高的，但他的身份与贾皇后最疏远，所以进谏只能曲线救国。张华写了一篇《女史箴》献给贾皇后，很委婉地进行规劝。这叫"讽谏"，是古人比较推崇的，据说是水准比较高的一种进谏方法。

贾模是贾充的族子、贾皇后的族兄，"深有智算，确然难夺"，贾充在世的时候就经常向他资询意见。史书上称贾模"尽心匡弼，推张华、裴頠同心辅政。数年之中，朝野宁静，模之力也"。因为关系密切，贾模对贾皇后的劝诫最直接，"每尽言为陈祸福"，最终贾皇后不胜其烦，把他晒在一边，贾模在元康末年忧郁而死。

裴頠，河东闻喜人，晋朝首任司空裴秀的次子，"弘雅有远识，博学稽古，自少知名"，裴颜的姨妈就是贾皇后的母亲郭槐，所以他被贾皇后倚为腹心，在政坛声名鹊起。裴颜颇有才能，史书称赞他"雅望素隆，四海不谓之以亲戚进也，惟恐其不居位"。

《晋书·裴颜传》里说裴颜身在曹营心在汉，他一直担心贾皇后会乱政，所以与张华、贾模商量着要废黜贾皇后，立太子之母谢玖为皇后，但因为张华、贾模的反对而作罢。

这个推测的事实依据，是裴颜给太子的母亲争取到了名位。按惯例，生下皇子的宫人都会被封为九嫔以上官秩，但由于贾皇后忌恨谢玖，因此谢玖一直只是个"才人"。元康初年，因为裴颜的请求，谢玖得以升级为"淑妃"。

但这一事实只能说明裴颜在努力弥合贾皇后与太子之间的矛盾，并不足以说明裴颜要对贾皇后倒戈相向。废黜贾皇后并不符合裴颜的利益，也不符合河东裴氏的利益。做外戚的要扳倒自己的靠山，这是不可思议的。

然而更不可思议的是，这种事竟然发生了不止一次。《晋书·贾皇后传》里说："（贾）模知后凶暴，恐祸及己，乃与裴颜、王衍谋废之，衍悔而谋寝"，这回提议废黜贾皇后的人是贾模，参与者是裴颜、王衍，最终因为王衍不同意而作罢。

这两个事例明显是矛盾的，贾模一会儿反对废后，一会儿又首倡废后，他到底是什么态度啊？出现这种矛盾，大概是撰写史书的人觉得外戚的名声不好听，所以想拔高裴颜、贾模，顺便再泼贾皇后一盆污水。其实这是腐儒之见，画蛇添足尔。英雄不问出处，如果真是贤良，外戚又何妨？君不见卫青、霍去病、霍光乎！

裴𫖮其实只是在替贾氏做长远打算罢了，他深知皇后、太子的不和会引发来日大难，与其两败俱伤，不如同舟共济。

裴𫖮为此做了许多实事。

比如说，增加东宫护卫。武帝建国之初，为东宫太子设护卫军，称为"中卫率"，泰始五年（269），东宫中卫率一分为二，分别是左、右两卫率。永熙元年（290），杨骏辅政，替太子增设东宫前卫率，元康年间在裴𫖮的要求之下，再增设东宫后卫率，增加护卫三千人。使东宫护卫有前、后、左、右四卫率，兵力达到万人。

裴𫖮还找到姨妈郭槐，让她劝说贾皇后。

史书上说郭槐是一个善妒凶暴没修养的悍妇，但在此处这个老妇人竟然十分通情达理。郭槐对太子非常慈爱，养孙贾谧对太子无礼，她就狠狠地责斥贾谧。因此在郭槐生前，贾谧与太子的矛盾并没有激化。

郭槐还常劝贾皇后要善待太子，她明白贾皇后这辈子可能不会再有儿子了，所以劝女儿替自己留条后路。

这些劝谏有没有效果？肯定是有的，否则裴𫖮提出的给谢玖升官秩、给东宫增加护卫等请求就不可能得以通过。贾皇后是个孝女，她并没有违背母亲的心意，有一段时间，贾皇后确实考虑过与太子讲和，以上措施其实就是她放出的信号，一方面是向天下人展示自己的宽广胸怀，另一方面是向太子伸出橄榄枝。

面对这种善意的信号，太子明不明白？

太子如此聪明，怎么可能不明白？他做梦都盼着有这么一天啊。太子马上行动起来了，他要进一步巴结贾氏，于是他向贾皇后的妹夫韩寿请求联姻，表示想娶韩寿的女儿，也就是贾谧的妹妹为妻。太子等于在说，皇后你放心，我唯你的命令是从，我愿意你把眼线安插到我生活的任何一个角落。这天下现在由你做主，将来即使我做了皇帝，也由司马家、贾家两家共享，因为我的子嗣有一半与你们贾家有关。

对于这桩婚事，郭槐极力赞成。前景大好之时，韩寿的妻子，也就是贾皇后的妹妹贾午跳出来反对，贾皇后被妹妹说动，最后也表示反对，联姻于是成为泡影。

遭受打击的太子并没有气馁，他退而求其次，向王衍求婚。史书上说，王衍有两个女儿，大女儿比小女儿漂亮，贾皇后做主把漂亮的大女儿嫁给了贾谧，小女儿嫁给了太子，所以太子很不满意，口出怨言。

这种八卦又是无稽之谈，这是典型的政治婚姻，政治婚姻只求达到目的，哪会挑人家相貌。以太子委曲求全的低姿态，打落牙齿和血吞，哪敢再口出怨言？太子与王衍结亲也是为了攀附贾氏，因为王衍的妻子就是贾皇后的姨妈。此外，太子通过这桩婚姻还与贾谧结成连襟，太子与贾谧一向不合，这是一个增进感情的渠道。

因此，对于太子来说，只要娶到的是王家的女儿就行，具体是哪个女儿无关紧要。

好景不长，元康末年，郭槐生病倒下了。贾皇后请人占卜，术士说郭槐不宜封在广城，最好封在宜城。贾皇后立刻改封母亲为宜城君，并且出宫服侍十多天；其间太子也相当紧张，隔三岔五去探病，还主动去寻医问药。

但是一切努力都白费，郭槐最终还是到了弥留之际。临死前郭槐再次叮嘱贾皇后善待太子，她抓住贾皇后的手，警告她："赵粲及贾午必乱汝事，我死后，勿复听入，深忆吾言。"

人之将死其言也善，但是贾皇后显然没有听从母亲的遗言。郭槐一死，太子就失去了最有力的保护人，祸不单行，不久后贾模也病死了，贾谧代替贾模进入权力中枢。失去郭槐约束的贾谧对太子越来越无礼，二者之间的矛盾与斗争迅速白热化。

后来，贾谧越来越得到贾皇后的信任，贾午、赵粲也一再撺掇贾皇后对太子下手。

在贾皇后面前撺掇最为卖力的是贾谧，这一点世人皆知。后来贾谧死于乱刀之下，有个叫阎缵的，就是此前替杨骏收尸掩埋的那位，他对着贾谧的尸体吐口水，骂道："小儿乱国之由，诛其晚矣！"

太子与贾谧并无仇隙，但贾谧恨太子如仇敌，动机很值得琢磨。

贾谧的母亲贾午比贾皇后年轻两岁，就算贾午是十五岁结婚生子，到元康年间贾谧也不过才二十四五岁，史书说贾谧"好学，有才思"，做过"秘书监，掌国史"，是个文学青年。倚仗贾皇后的势力，贾谧"负其骄宠，奢侈逾度，室宇崇僭，器服珍丽，歌僮舞女，选极一时"，元康后期又开始干预政事，"权过人主"，作威作福，甚至敢囚禁惠帝派来的黄门侍郎。

如果仅仅是恃宠而骄、小作威福，贾谧的所作所为也没离开历代外戚骄奢跋扈的范畴。要命的是，他又开始养门客，

"开阁延宾，海内辐凑"，"贵游豪戚及浮竞之徒，莫不尽礼事之"。有人一看大家都姓贾，就夸贾谧文章写得好，不比汉代的贾谊差。凡此种种大吹法螺，把这个二十多岁的年轻人吹捧得自以为天下第一。

附会的人多了，自然会结党。于是"渤海石崇欧阳建、荥阳潘岳、吴国陆机陆云、兰陵缪征、京兆杜斌挚虞、琅邪诸葛诠、弘农王粹、襄城杜育、南阳邹捷、齐国左思、清河崔基、沛国刘瑰、汝南和郁周恢、安平牵秀、颍川陈眕、太原郭彰、高阳许猛、彭城刘讷、中山刘舆刘琨"外加贾谧结成著名的"二十四友"，经常一起游园宴乐，吟诗唱和。

"二十四友"是一个文学团体，同时也是一个政治团体，其中石崇、潘岳、陆机、陆云、刘舆、刘琨等人，他们依附贾谧的目的明显是求仕途通畅。石崇、潘岳极力谄事贾谧，在洛阳街头遇到贾谧车骑经过，都会恭恭敬敬地跪在路边望尘而拜。要知道石、潘两人当时已经名满天下，并且是贾谧的父辈中人，这种卑微谄媚的姿态必然使贾谧产生错觉，更加目中无人。

事实上"二十四友"是典型的"以权相交、权失则弃"。赵王兵变之后，押送贾皇后去金墉城的就是和郁，刘舆、刘琨则成为了赵王的心腹，最过分的是陆机、陆云，他们落井下石，反而因为贾谧的败亡被封关内侯。

但元康年间的贾谧并不知道那些朋友不可靠，他每日出行都前呼后拥，排场比皇室还大，环顾四周全是谄媚的笑脸，充斥耳际的都是奉承之声。

很自然的，他就滋生了更大的野心。

《晋书·贾谧传》中记载了这么一件事情："（贾）谧时从帝幸宣武观校猎，讽尚书于会中召（贾）谧受拜，诫左右勿使人知。"

这一行为类同谋反，有贾皇后撑腰，当然没人敢拿他治罪，也没人敢质问他是何居心。但是，大家开始怀疑贾谧有莫大的野心。

史书上说，贾皇后确实有迹象想把丈夫家的江山挪到娘家去，她后来找到一个小孩儿冒充皇子，试图立为嗣君，这个小孩儿据说就是贾谧的弟弟。

如果此说当真，那倒可以很好地解释贾谧为何如此仇视太子，因为太子挡了他们的道啊，当然得除之而后快。

贾谧仇视太子的另外一个原因则可能是自卑。

同龄人之中，权势尊贵可与太子比肩的唯有贾谧，按贾谧小人得志的心态，未必不生好胜之心，要压太子一头。可事实上贾谧毫无值得夸耀之处，在注重门阀门风的晋朝，"贾谧"这两个字是一系列丑闻的产物，令他自惭形秽。

贾谧的出生就是洛阳轰动一时的丑闻。他的父亲韩寿曾是贾充的掾属，当时尚处闺中的贾午对其芳心暗许，由婢女牵线与之私通，后来丑事被贾充识破，为了遮羞，贾充只好将女儿嫁给韩寿。这段情事曾传得沸沸扬扬，成语"窃玉偷香"就是由此事产生的。因此相比太子堂堂皇室贵胄，贾谧的出生很令人不齿，说不定他还可能是个私生子。

贾谧是贾充的嗣孙，在贾充死后继承了鲁国公爵位，但他应该姓韩，叫韩谧才对，按理他是没有继承权的。贾充生有两个儿子、五个女儿，女儿们都长大成人，但是儿子们却全都夭折了，按当时的观点，贾充已经绝后。贾充死后，遗孀郭槐上书请求将外孙韩谧继入府，这是违反宗法制度的。按《礼》的精神"大宗无后，以小宗支子后之"，郭槐只能从贾充同族中选择同姓后辈做嗣子，而不可以用外姓人鱼目混珠。所以当时就有很多人劝郭槐不要闹笑话，不过郭槐执意坚持，说这是贾充的遗愿，最后武帝开金口特许韩谧入继贾府，改名为贾谧，这事才算了结。

不过贾充因此再次遭到世人的讥笑，博士秦秀评论这种行为是"舍宗族弗授，而以异姓为后，悖礼溺情，以乱大伦"，"绝父祖之血食，开朝廷之祸门"，当时朝廷正在给贾充拟谥号，秦秀拟出来的是个恶谥——"荒"！按照谥法，"昏乱纪度曰荒"。这个恶谥被武帝否决，贾充最后被定谥为"武"。

谥号虽定，世人还是认为贾谧这个公爵来路不正，《晋书》上说"时人讥之，而莫敢言者"。

贾谧的人生原本与太子根本没有任何交集，结果这个在人们的非议中长大的家伙，靠着姨母的裙带，在年少轻狂的年纪攀上了王朝权力顶点，于是得意忘形。面对出生、声望与未来都远比自己优越的太子，贾谧自惭形秽之余更多的是仇视，他觉得自己才高八斗（别人夸的），太子是如此不肖，最终却必须臣服于此人，真是天意弄人。

贾谧小人得志之后，经常往东西两宫跑，到西宫去自然是向贾皇后邀宠，到东宫来则是狐假虎威，存心找碴。《晋书》上说贾谧对太子"无屈降心"，有意折杀太子的威风，甚至可能有意羞辱太子。

郭槐在世的时候，还有人教训贾谧要对太子恭谨，他的行径也有所收敛，郭槐一死，贾谧就无所忌惮日愈放肆起来。贾谧似乎唯恐天下不乱，所以两面挑拨，先是在东宫故意激怒太子，然后回西宫向贾皇后告状。

贾皇后本来就对太子心存厌恶，然后又偏听偏信，替贾谧撑腰打击太子。在成都王被贬到邺城去之后，贾谧的气焰更加嚣张，贾皇后与太子的关系雪上加霜。

虽然太子努力要与贾氏改善关系，但太子的忍耐也是有限度的。太子自出生以来哪曾受过这种窝囊气？太子是嗣君，他的父亲是皇帝，祖父是皇帝，贾谧及其父祖不过是太子家的家奴，家奴怎能如此飞扬跋扈？

于是到了后来，太子无法再掩饰对贾谧的反感，每次看到贾谧来，他就躲到后园去玩乐，将他晒在一边。太子詹事裴权劝太子继续忍耐，说："贾谧甚有宠于中宫，而有不顺之色，若一旦交构，大事去矣。"

太子知道裴权的好意，只是这口气实在难以忍受。

贾谧到了西宫，经常有意无意地对贾皇后说：

"太子广买田业，多畜私财以结小人者，为贾氏故也。密闻其言云：'皇后万岁后，吾当鱼肉之。'

"非但如是也，若宫车晏驾，彼居大位，依杨氏故事，诛臣等而废后于金墉，如反手耳。不如早为之所，更立慈顺者以自防卫。"

这些话无疑坚定了贾皇后的杀心。

六、南风烈烈吹黄沙

元康九年接近年底的时候，四十二岁的贾皇后突然高调宣布：本皇后有儿子了。

国增皇胤这种大喜事，臣子们当然要去向皇帝、皇后道贺。进了宫见到了小皇子，群臣大吃一惊，因为出现在他们面前不是一个嗷嗷待哺的婴儿，而是一个垂髫小童。

众人面面相觑，这是怎么回事？

贾皇后解释说，这小皇子早就有了，一直藏在宫中没与大家见面。

那么，是什么原因促使皇后把小皇子藏匿起来呢？

贾皇后继续解释，这个说起来不好意思，当年先帝大行不久，陛下哀痛过度，本宫前去抚慰，情不自禁，化悲痛为力量……细节就不描述了，这个孩儿是"谅暗"时期所生，所以此前不便公开。

所谓"谅暗"，是指皇帝服丧期间。这个词出自《礼记·丧礼》，即是说嗣君要为先帝服丧三年，后世简化成服"心丧"三年，所谓"心丧"就是指除去丧服，生活照旧，在心里深切悼念，就如居丧一样。

既然是服"心丧"，心情应该是沉痛的，"心丧"期间居然有心思搞出个儿子来，可见惠帝一点都不悲痛，不孝。这事传出去会损害惠帝的声誉，因为这个不得已的苦衷，多年来贾皇后一直将儿子秘养在后宫，但是如今瞒不下去了，只好抛开惠帝的脸面，将小皇子公开。

按贾皇后的解释，此事的前因后果就是如此。但这解释很难令人相信，《晋书》上就说，这个孩子根本不是贾皇后所生，而是她妹妹贾午的儿子，姓韩，叫韩慰祖。

《资治通鉴》上既没说大家信，也没说大家不信，却写了一句看似与此事无关的话，"于是朝野咸知贾后有害太子之意"。《晋书·贾后传》里进一步点明了贾皇后的动机，她领养这个孩子并把他推向前台，目的在于"谋废太子，以所养代立"。

一句话，贾皇后与太子这一幅母子相残的长卷铺展了九年，终于要图穷匕见了。

这场长达九年的斗智斗勇，贾皇后看似占尽上风，实则是个失败者。她忍了九年，一方面等着亲生儿子出生，另一方面就是在等太子沉不住气露出破绽，进而光明正大地废立嗣君。

结果呢？一无所获。贾皇后年过四旬，生育已近乎绝望，太子还是好整以暇，小过天天有，大错绝不犯。贾皇后本来已经心浮气躁，再经贾谧一撩拨，就无法控制地失去了理智。

失去理智后的贾皇后推出这个七八岁的小孩来冒充皇子，这种拙劣的谎言谁会相信呢？可能她自己都没打算相信，她也不在乎别人信不信，她已不再有耐心，打算蛮干。而精明透顶的贾皇后到最后竟然还是选择蛮干，可谓黔驴技穷，此刻贾皇后的内心应该是愤懑的：既然要蛮干，她何苦要等九年！

洛阳街头又开始传唱新的童谣："南风烈烈吹黄沙，遥望鲁国郁嵯峨,前至三月灭汝家。"

南风,是贾皇后的名字;黄沙,太子小名"沙门";鲁国,贾谧承袭贾充的爵位,为"鲁国公"。

山雨欲来风满楼。世人屏息静气,看太子有何动作。

这时东宫来了不速之客,中护军赵浚出现在太子面前,他一脸诚恳地建议:"先下手为强,起兵废黜贾皇后!"

这个建议很具诱惑力。众所周知,中护军麾下的禁军保卫着大内诸宫殿,皇帝、皇后诸嫔妃都在其包围之中。东宫有卫率万人,如果与中护军里应外合,贾皇后只有束手就擒。

但出人意料,太子沉思了片刻,竟然不同意。

赵浚很不理解,太子已落入绝境,与其坐以待毙,何不反戈一击?

太子还是摇头,目光犀利得让赵浚不敢逼视。最终赵浚悻悻而去,太子看着他的背影,露出辛酸的冷笑。赵浚这人是赵粲的叔父,也是杨太后的舅舅,当年武帝皇后杨艳顾念舅氏,劝武帝给赵浚加官进爵,又推荐赵粲进宫为夫人,算起来杨氏对赵氏有恩。可是在元康元年的政变中,他们二人却投靠贾皇后,对杨氏落井下石,这种忘恩负义的人怎么可以信任?何况赵粲一直在贾皇后面前进太子的谗言,赵浚也一直是贾皇后的心腹,何以突然反叛贾氏而投靠处于弱势的太子?

太子也许惊惶,但惊惶之中他还是保持了冷静的头脑。贾皇后万事俱备,只欠一个借口,太子可不能让她得逞,所以他要加倍小心谨慎。如果刚才受了赵浚引诱,轻易表露心迹，那就万劫不复了。

　　那应该怎么办？坐着等死不成？

　　当然不是，这九年期间太子并非无所作为，他也一直暗中发展自己的势力。太子的策略与当年贾皇后相似，笼络握有实际兵权的低级禁军将领，贾谧说太子"勾结小人图谋贾氏"，并非全是谗言。后来这部分将领积极参与了诛杀贾氏的兵变。

　　太子的实力并不像他表现出来的那么孱弱，但也不宜高估。就如当年贾皇后虽然收买了禁军，但如没有楚王玮的相助还是无济于事，如今缺少宗室奥援的太子还是显得势单力薄。

　　那么太子处于险境的时候，他的那些叔叔们在做什么呢？他们在观望，各怀鬼胎。

　　有迹象表明，太子曾经动过念头想搞政变。

　　《晋书·张华传》里记载，元康九年十二月的某一天深夜，张华家里来了一个不速之客。客人是张华的故人，名叫刘卞。

　　刘卞这人的经历颇有传奇色彩，他是兵家子弟，虽然出身低微却有骨气，早年他在须昌县服吏役，有县里的功曹喝醉了半夜如厕，命令刘卞执烛照明，遭到拒绝后衔恨报复，刘卞因此被贬到亭舍里做清洁工，不料因祸得福，有客人在亭舍给刺史写信，总是不能成文，刘卞忍不住在旁点拨几句，立刻点铁成金。客人感恩图报，向县令大力推荐了刘卞，恰好县令是爱才之人，刘卞于是得到提携，到洛阳入太学，学成出仕。从小吏做起，辗转十余年逐步升迁，"所历皆称职"，最后在并州刺史任上调回洛阳，入东宫辅佐太子。

太子最需要的就是这种有真才实学的能吏，刘卞马上成为太子心腹，太子每次离开东宫去赴宴会，都由刘卞随同护卫。

刘卞在东宫的官职是太子左卫率。太子卫率分左、右、前、后，以左为尊，刘卞其实就是太子派来的军事代表，深夜造访张华府第，目的是策动张华参与政变。

刘卞对张华说："贾皇后将对太子不利，你知道吗？"

张华说："不闻。"

刘卞怒了，说："卞以寒悴，自须昌小吏受公成拔，以至今日。士感知己，是以尽言，而公更有疑于卞邪！"

张华说："假令有此，君欲如何？"

刘卞说："东宫俊乂如林，四率精兵万人。公居阿衡之任，若得公命，皇太子因朝入录尚书事，废贾后于金墉城，两黄门力耳。"

张华叹了口气，说："今天子当阳，太子，人子也，吾又不受阿衡之命，忽相与行此，是无其君父，而以不孝示天下也。虽能有成，犹不免罪，况权戚满朝，威柄不一，而可以安乎！"

刘卞看张华不同意，恨恨而去。他与太子只看到张华位高权重，却没有想到张华一直处于贾皇后的监视之中。刘、张二人的交谈被眼线报告给贾皇后。随后，刘卞接到任命，调离东宫去关中担任雍州刺史。

刘卞知道风声已经走漏，为了不连累太子，他服毒自尽。

七、式乾殿上

元康九年十二月，贾皇后前后三次宣太子入宫朝觐，太子始终躲在东宫不奉诏；太子的爱子司马虨病重，太子请求惠帝给长孙封个爵位，冲冲喜，惠帝也始终没有回复。

两宫僵持着，眼看元康九年就要到年底了。

十二月二十八日傍晚，有黄门郎到东宫，带来惠帝的一封信函，封面御笔要求东宫亲启。太子拆开一看，信中说惠帝病重，想见太子。太子当即上书请求入宫朝觐。

二十九日清晨，太子早早入宫，但没见到父亲司马衷，却被领到贾皇后处。不过也没见到贾皇后，只见到一个名叫陈舞的侍女。

陈舞对太子说，皇后一早醒来就觉得不舒服，一直在呕吐，所以请太子到旁边一门空屋里稍坐片刻，因为担心太子无聊，皇后特地派奴婢在中间传话，拉拉家常。

隔了一会儿，太子听见贾皇后遥呼陈舞，说："昨天陛下吩咐，赐予太子酒与枣。"

于是陈舞拿来了枣和酒。枣有一大盘，酒有多少呢？见鬼，有三升。陈舞让太子把酒和枣喝干吃尽。

到这时太子应该已经明白落入了圈套。太子推辞说自己素来不好酒，让陈舞转呈贾皇后，心意领了，酒就不喝了。

于是贾皇后就挤对太子，说："平时我见你在陛下面前饮酒甚欢，今天怎么不喝啦？这也是陛下赐的酒，你就勉强喝一点吧，就当是替道文（司马遹字道文）喝的。"（言下之意是你喝了这酒，老娘一高兴，就给你儿子封王。）

太子继续推辞，说，以前陛下在宴会时赐酒，所以不敢推辞。三升实在太多，平时一天也喝不了如此多酒，况且今天入宫心切还没用膳，空腹饮酒容易醉，过一会儿还要面圣，喝得醉醺醺的恐怕有失体统。

贾皇后听太子说得有理，于是开始撒泼，令陈舞传话，说："你这个不孝子，天子赐酒你都敢不喝，莫非你认为这酒里有毒？"

为了证明自己并非怀疑这酒有毒，太子只好喝。喝了两升多，太子实在灌不下了，于是哀求贾皇后，余下的一升让他带回东宫慢慢喝。贾皇后不同意，太子不得已，只好继续灌。

空腹饮酒本来就很容易醉，何况是在很短的时间内灌三升之多。太子事后自我辩解说："饮已，体中荒迷，不复自觉。"说自己已经醉得完全失去知觉。

所以这时陈舞走来，说，陛下命你抄写这份文书。

太子一惊而起，神志不清、醉眼迷离，只见眼前放着一张白纸、一张青纸，有一个名叫"承福"的宫婢，磨好墨，把笔塞到太子手中，身旁陈舞在不停催促："快点，陛下正等着用呢！"

于是太子"急疾不容复视"，下笔时"实不觉纸上语重"，写下了反书：

"陛下宜自了，不自了，吾当入了之。中宫又宜速自了，不自了，吾当手了之。并与谢妃共要，刻期两发，勿疑犹豫，以致后患。茹毛饮血于三辰之下，皇天许当扫除患害，立道文为王，蒋氏为内主。愿成，当以三牲祠北君。"

太子被废黜之后，曾写信向太子妃王惠风及岳父王衍求助，详细描述了当时中计被陷害的情景，这封信后来被收入《晋书·愍怀太子传》，上述细节就来自那封信。

那封信语词恳切，凄楚悱恻，但是太子的某些辩解，却令人不解。

信上说："……十二月，道文疾病困笃，父子之情，实相怜愍……为之求请恩福，无有恶心。自道文病，中宫三遣左右来视，云：'天教呼汝。'……"

由这句话可知，此前中宫（即贾皇后）曾三次派人召唤太子入宫，太子都没有去，既然如此谨慎，为何到了二十八日傍晚，听说惠帝病重，太子竟然不觉得突兀，并且不加求证就决定贸然进宫呢？要知道，这很有可能还是一个陷阱。

而且，太子特别强调了一件事，说他祭神祷福，为道文"求请恩福，无有恶心"。太子替儿子祷福，理由正当，此举与陷害事件无关，太子为何要提及此事，还强调自己"无有恶心"？

太子的辩解给人此地无银三百两的感觉。联系此前江统劝谏"缮墙正瓦，不必拘挛小忌"，可知太子本人是很相信鬼神的，很有可能，太子并非"无有恶心"。他在东宫祭神，并非是在求神保佑儿子，而是在绝望之中出了昏招，行巫蛊之术，诅咒惠帝与贾皇后早死。

这就是太子露出来的破绽，给贾皇后逮到了，所以她将计就计，说惠帝突然染疾，病重，使太子误以为巫蛊有效，连早饭都没吃就欣然入宫。而等太子进宫之后，贾皇后借陈舞的口，谎称自己也在呕吐，再次巩固太子的猜测。

太子得到消息后，并没有在二十八日傍晚就急吼吼地入宫，他先上书请求朝觐，在程序完全合法之后才正式入宫，这说明太子还是有戒心的。当年楚王司马玮受了密诏没有按例复奏，结果丢了性命，太子可不想重蹈覆辙。

等入宫之后，陈舞说贾皇后也很不舒服，太子心中暗喜，以为巫蛊真的有效，一惊喜，戒心自然下降。太子被逼饮酒时，大概还没有预料到贾皇后会出什么狠招，以为贾皇后不过是悍妇撒泼，令他出丑而已。而当贾皇后真正使出撒手锏，诱使他写反书的时候，太子已经落入彀中，无法自制了。

史书上说，那篇要弑父弑母的大逆不道文章，是由黄门侍郎潘岳起草的，太子誊写了一半就醉死过去，潘岳模仿太子的笔迹将其写完。这种说法有待推敲，看那文句很像是醉汉的呓语，似乎用不着潘岳这种大才子来牛刀小试。

即令是潘岳拟文，太子只是誊写，未必这就不是太子的真心话，长期以来太子战战兢兢地苟且偷生，心中难道不生怨恨？平日里，他还可以用理智控制情绪，矫饰自己的行为，但现在他醉烂如泥，酒后吐真言，借酒泄愤一下，也是人之常情啊。

可惜，贾皇后等的就是这个真言，太子一招不慎，从此万劫不复。

十二月壬戌，是元康九年的最后一天。惠帝急召群臣入宫，会面于式乾殿，主题是裁定太子的罪行。

贾皇后不便出现在朝堂之上，由中常侍董猛拿着太子写的反书遍示公卿。借董猛之口，贾皇后说出自己心声："遍书如此，今赐死！"

满朝公卿的反应与当年群议处置杨太后时一模一样，低着头端详脚趾，装哑巴，"莫有言者"，其中包括誉满天下的名士王戎，包括太子的岳父王衍。这种事早在意料之中，自从贾皇后宣称有子，他们就知道太子的政治生命已到了尽头，唯一的悬念就是太子将以何种方式获罪。现在谜底揭开了，贾皇后果然狠毒，不仅要夺太子嗣位，还想要太子的性命。

但是，这与他们何干？他们这些惯于趋利避害的人精，早就在心中做出了选择。反正伤害不到他们的爵位与家产，司马家人喜欢骨肉相残，那就随他们的便好了。

反对的意见来自贾皇后的阵营，张华与裴頠坚持不能这么草率定罪。

张华说："此国之大祸。自汉武以来，每废黜正嫡，恒至丧乱。且国家有天下日浅，愿陛下详之！"

张华说话总是比较含蓄，他这个谏言明里对惠帝，实则是警告贾皇后。当时贾皇后明明已经宣称有了儿子，她的儿子才是"正嫡"，太子不过是庶长子而已。张华却说如果要废太子就是"废黜正嫡"，显然，他并不相信所谓"谅暗生子"这种无稽谎言。

张华所说的"国家有天下日浅"，表面意思是说晋朝统一天下的和平岁月还很短暂，地方上还有动乱的隐患；实则是在警告贾皇后三思而后行，地方上的诸侯王手握雄兵，小心激怒他们作乱犯上。

裴頠则直言不讳，质疑董猛手中的反书是他人捉刀，有意栽赃太子，请求核对笔迹。

但这也在贾皇后的算计之中，侍中搬出太子以前的奏折。众人一哄而上，几经比对，张华、裴頠黯然无言。

即使证据确凿，张华与裴頠也坚持太子杀不得。

这两个人都是晋朝的铜齿钢牙。张华首先是朝中宿老，对于律令、先朝典故如数家珍；其次他是博物学家，大名鼎鼎的《博物志》就是他写的，天文地理、阴阳五行、奇闻异事，他什么都知道；更要命的他还是个名士，平时没事就到洛水上泛泛舟，找王衍、王戎等人斗嘴玩，拳不离手，曲不离口，现在正好派上用场。

裴頠也很了不得。他原本也是一个名士，乐广曾经找他谈玄，"欲以理服之"，没想到裴頠"辞论丰博"，反把乐广说得无言以对，唯有憨笑而已；后来裴頠主持政务，觉得名士那套作风太败害社会风气了，就写了一篇《崇有论》批判玄学，引得王衍等人群而攻之，最后也堪堪打个平手，所以裴頠被时人称为"言谈之林薮"。

跟这两人打嘴仗，那是自讨没趣，到最后贾皇后一方理屈词穷，愤羞成怒，就让董猛假称是长广公主的意思，对惠帝说："事宜速决，而群臣各不同，其不从诏者，宜以军法从事。"长广公主是文帝司马昭的女儿，惠帝的姑妈，所谓"军法从事"，意思就是再不听话，就要杀人了。

贾皇后这是气晕头了，张华、裴頠她一个都杀不得，杀了他们她靠谁来打理政事呢？

直到太阳偏西，还是没有决议。贾皇后终究没有杀张华，她也怕夜长梦多，于是妥协，要求废黜太子为庶人。

这大概已是最好的结果了，张华、裴颜也只好妥协。于是惠帝下诏，令尚书和郁与御史中丞解结去东宫宣诏，废黜太子为庶人。大概是怕太子不奉诏作乱，贾皇后还派了大将军梁王司马肜、镇东将军淮南王司马允、前将军东武公司马澹、赵王司马伦、太保何劭随同去东宫。太子很顺从地接受了诏书，步行从承华门走出宫城，坐着牛车被送进了金墉城。

随后东武公司马澹用兵押解太子妃王氏，还有太子的三个儿子司马虨、司马臧、司马尚一起到金墉城。

与此同时，贾皇后迫不及待地派人杀死了太子的生母谢玖。这个无辜而可怜的女人，十余年来无时无刻不生活在恐惧之中，儿子贵为皇嗣，可是别说母以子贵，连母子团圆都成为奢望，到头来还要被儿子连累，死在元康九年的除夕之夜。与谢玖同时被害的，还有太子宠妃、皇孙司马虨的母亲蒋俊。

东宫的势力一下子灰飞烟灭，时间是元康九年十二月。正好应了另一首洛阳童谣：

"东宫马子莫聋空，前至腊月缠汝合。"

第六章　贾皇后

一、阎缵舆棺上奏

第二日是癸亥日，新年的第一天。大概是庆祝胜利，贾皇后让惠帝大赦天下，改元为"永康"。"元康"这个年号伴随着太子的政治生命，一起走到尽头。

朝廷将废黜太子的诏书，连同太子的反书一起传阅天下。于是太子阴谋弑杀君父的消息，犹如惊雷一般，迅速传遍王朝的每一个角落。世人依稀记得十余年前，先帝司马炎曾大力褒奖这个皇孙，说他聪慧仁爱有孝心，使他小小年纪就流誉天下。如此佳儿长大后竟然成为叛臣逆子，实在不可思议。别的先不说，皇室的教育方法就很诡异，硬是把一棵好苗培养成了杂草。

消息传到了关内，时任西戎校尉司马的阎缵闻到了阴谋的味道。当年杨骏死后无人收葬，时任安复县令的阎缵抛官弃职，召集旧日同僚替杨骏收殓下葬，结果有杨骏的一个族弟叫杨模的，当时已经吓破了胆，竟然去告发他们。东武公司马澹要求诛杀首犯阎缵，没获准，阎缵因此得到世人赞誉。国子祭酒邹湛打算替他谋个秘书郎的职位，谁料秘书监华峤说："秘书郎职位轻闲，俸禄又高，许多高门士族子弟都抢着要做呢，哪里轮得到阎缵这种人？"

一气之下，阎缵应河间王司马颙的招揽，赴关内担任西戎校尉司马。阎缵确实是能吏，不久就立功封侯，他的祖父阎圃、父亲阎璞都是曹魏的平乐乡侯，阎缵也被封为平乐乡侯。

得知太子被废，阎缵又有惊人之举，他再次抛弃官职回到洛阳，带着一口棺材来到宫阙前，上书替太子喊冤。这个举动开了先河，以后凡有臣子决心以死相谏，就为自己准备好棺材，表示自己豁出去了，其中最著名、最有影响的人物，当数一千二百年以后的海瑞。

阎缵的上书很长，大意如下：太子确实有过失，但是不算大恶，汉朝戾太子"子盗父兵"，与父亲喋血长安，但是仍然得到了武帝的原谅；商代的皇帝太甲，曾经因为作恶而被放逐三年，后来改过自新，仍然成为一代贤君；前朝魏明帝曹叡，曾经被废为平原侯，后来依然成为明君。太子的罪恶不及戾太子，而且认罪态度是如此之好，可见仍是可教之材。如今天下不太平，四夷未宁，异族人都盼着国有内乱。国嗣的位置事关重大，不宜空置，所以请陛下不要轻易言弃，再给太子一个机会洗心革面。如果太子实在不知悔改，到时再放弃也不迟。

在奏折的最后一段，阎缵写道，我出身寒门，与太子没有私交，之所以上书，实在出于对国家的忠诚。临行之前，我母亲替我算了一卦，说我这份奏章交到御前，我的命就算完了，我的妻儿哭泣着劝我不要上书。但是我承蒙陛下天恩，不敢辜负，哪怕一死也要尽忠，今天我把棺材都带来了，等着杀身成仁。

奏折递了进去，被冷处理。所谓冷处理，就是既不遵从，也不反驳，更不商议，就当这事没有发生过。阎缵以死进谏的目的没有达到，太子的处境不仅没有丝毫的改善，反而加深了贾皇后等人的忌恨，据说贾谧看了阎缵的奏折，冷笑了一声，说："阎儿作此为健，然观其意，欲与诸司马家同。"

从这句话可以看出，贾谧心中已经把贾氏与司马家完全对立起来。这种心思，显然是很不理智的。

阎缵千里赴死，替太子进言，相比之下，那些在洛阳身居要位的达官就太让人失望了，他们该发言时全都装聋作哑。不仅如此，还有人落井下石，比如尚书令王衍，太子身陷图圄，他连忙与太子划清界限，请求惠帝准许女儿太子妃王惠风与太子离婚。十二年之后，王衍被羯人石勒活埋，王惠风自刎于胡虏帐中。

张华、裴𬱟未能救太子免于厄难，都有些心灰意冷。有人已经预见到来日必有大难，劝二人急流勇退，张华的儿子张𬳶以天象"太白昼见，中台星坼"（不利于宰辅）为理由，也劝张华辞官。张华与裴𬱟都犹豫良久，还是没有同意。

有后人因此讥笑二人恋栈权位，不知发出讥笑的那些人有没有想过，如果没有此二人查漏补缺，这个国家将不知会崩坏成什么样子。智者不立危墙之下，晋朝并不缺乏所谓的"智者"，这些智者只顾着明哲保身，尸位素餐，最终遗祸子孙。

《晋书》将卫瓘、张华合写在一卷之中，唐朝的史官没有吝惜赞美与敬仰之语，他们感慨说"忠于乱世，自古为难"。

永康元年初的洛阳是分裂的，前半个洛阳城里贾皇后等人在改元、大赦、庆功，但在另半个洛阳城里，气氛是肃杀的，不平、惶恐的情愫在交织蔓延。太子虽然被关进了金墉城，但是太子的党羽仍在，这些人不知道贾皇后会不会实行清洗，别说仕途，他们的人身安全也处在危险之中。为了自保，同时也是为了报答太子的知遇之恩，这些人开始活动。

禁军将领司马雅、许超曾经在东宫任职，太子对两人不薄，后来两人被调至禁军，担任右卫督与常从督。两人为太子抱不平，于是联合殿中中郎士猗，密谋要救出太子，扳倒贾皇后。

殿中中郎是当年孟观、李肇的军职，右卫督与常从督与殿中中郎相似，也宿卫宫中，但是官秩比殿中中郎要高，手下兵也多。当年贾皇后就是依仗殿中禁军才消灭杨氏，政变成功，现在肘腋之间埋下这么一颗炸弹竟然浑然不觉，可见生于忧患死于安乐，贾皇后的敏锐精明已经在元康年间的专横跋扈中消磨殆尽了。

司马雅等人有心杀贼，但仅凭他们几个却无力回天。就如当初贾皇后一样，他们转而求助于宗室。

从表面上看来，当时身在洛阳的宗室重亲有不少，仅武帝的儿子，就有淮南王司马允、清河王司马遐、吴王司马晏、豫章王司马炽。可惜太子的这四个叔叔都靠不住。

先说清河王司马遐，当年逮捕卫瓘时他的懦弱表现，已足以让人对他不抱希望，一个连属下都管不住的人，难道还能做大事？何况此时清河王已经久病不起，没几个月就一命呜呼了，死时才二十八岁。

吴王司马晏，史书上说他"才不及中人，于武帝诸子中最劣"，连惠帝都不如。吴王很小的时候就半身不遂，样子也很让人倒胃，长大之后更加难看，"不堪朝觐"。当时吴王担任射声校尉，很明显，他能掌兵权是因为贾皇后觉得这人不构成威胁，根本无须忌惮。

豫章王司马炽是武帝最小的儿子，后来他成为西晋的第三任皇帝，是为晋怀帝。永康元年他才十七岁，史书上说他为了避祸"冲素自守，门绝宾游，不交世事，专玩史籍"。如此韬光养晦，当然无法指望他会涉险反抗贾皇后，何况当时豫章王官拜散骑常侍，这是一个既没行政权又没兵权的闲职。

唯一有能力领导一场政变的，只有淮南王司马允。当年武帝寄予重望的三个儿子秦王、楚王、淮南王，秦王病死，楚王笨死，硕果仅存的淮南王司马允，无论从哪方面看，都是除惠帝以外司马家的第二号人物。永康元年，淮南王二十九岁，正是大有可为的年纪。

但是司马雅等人并没有去找淮南王。因为据《晋书·淮南王传》里说："初，愍怀之废，议者将立（司马）允为太弟"，所以，此时除了贾皇后，淮南王司马允也许是第二个最为心切盼太子早点死的人。

除了皇帝的四个弟弟，另外有两个宗室成员手中有兵权。一个是东武公司马澹，时任中护军；另一个是齐献王司马攸的儿子，小齐王司马冏，时任翊军校尉。不过司马澹是贾氏党徒，是废黜、押解太子的急先锋，也是杀害太子之母谢淑妃的刽子手；齐王司马冏呢，年轻，资历不够，威望也有限。

以上人物都不能用，那就只能在祖父辈中找了，宣帝司马懿九个儿子中，撑着活到永康元年的有三位，分别是平原王司马干、梁王司马肜和赵王司马伦。

老三平原王司马干，前文已经介绍过了，是一个精神病患者。

老八梁王司马肜刚在元康年间大大出了丑，他继赵王司马伦出镇关中，公报私仇，害死了建威将军周处，大失人心，氐人的叛乱愈演愈烈，朝廷只有把他召回洛阳，派河间王司马颙镇关中；永康元年，梁王担任大将军、尚书令、领军将军、录尚书事等一连串显赫的官职，实际上对朝政一事无补，手中并没有实际兵权。

老九赵王司马伦比他哥哥还不如，关中氐族的叛乱就是他出镇关中的时候胡作非为而激发的。当时是元康六年，朝廷把他召回了洛阳，作为惩戒，只让他担任车骑将军、太子太傅这种虚职闲职，长达三年。

永康元年春，在太子被废黜后，贾皇后也不知出于什么心理，鬼使神差地任命赵王司马伦为右军将军。赵王原本期望能像梁王一样，录尚书事，主持朝政，右军将军这种区区千石的小官，而且还是武官，实在配不上他的身份，所以赵王很不满意。

司马雅等人感觉到了赵王的怨气。右军将军官衔虽不高，手下禁军着实不少，赵王一向贪婪，经不起诱惑，这位王爷早年还曾不顾身份，伙同散骑将刘缉偷盗武帝的裘皮大衣，传为一时笑谈。

将希望寄托在这样一个贪婪无行的人身上，实在是个冒险。但是司马雅等人别无他选，只有孤注一掷，决定策反赵王。

在大内深宫笑逐颜开的贾皇后肯定没有想到，近日这个看似无关紧要的任命，竟然替自己开启了死亡的大门。

二、黄雀在后

司马雅与许超等人还在为营救太子奔走谋划，那边贾皇后先动手了，仅仅把太子关进金墉城，她还觉得不够安全。

于是有一个黄门跳出来自首，自称曾与太子合谋造反，惠帝照例大会群臣，数落太子的忤逆，把黄门的供词给公卿传阅。

于是百官寒心、龙颜大怒，但到底父子情深，惠帝网开一面，赦免死罪，仅仅下诏将太子囚禁于许昌别宫思过。东武公司马澹再次充当了打手，他率领一千禁军押解太子出京，向东南百里，送至豫州颍川郡的许昌，随行的还有治书侍御史刘振。

治书侍御史是汉代官名，晋朝依然在使用，职责是掌管律令。刘振的任务是看守太子，不过惠帝令刘振持节，按照晋朝法令，持节者可以杀无官位之人。当时太子已被废黜为庶人，所以在法理上，刘振有权将太子先斩后奏。

为了立威，也为了试探世人的反应。贾皇后禁止百官相送太子。但是仍有不少东宫官吏，如太子洗马江统、潘滔，太子舍人杜蕤、鲁瑶、王敦等人连夜出城，洛阳城郊不许送，洛水不许送，他们就向北远走几十里，在洛水的支流伊水之滨，守在路边等车驾经过，望拜流涕。

司隶校尉满奋闻讯，责令属下将这一干顶风作案的违禁者抓捕。

可是抓人容易，处理起来就难了，太子蒙冤，群情激奋，一不小心就是火上浇油，满奋觉得此事棘手，就把人往河南狱、洛阳狱里一送，把这个烫手山芋扔给了河南尹乐广和洛阳令曹摅。

乐广在元康年间与王衍齐名，但与王衍的矫揉造作大不相同，乐广是个敦厚长者。他将送至河南狱的人悉数释放，属下都替他捏一把汗，乐广不以为意。

另一部分被送到洛阳狱的人就没那么幸运了。曹摅其人也非凡品，他是个神探，对囚犯也很仁慈，曾被百姓称作"圣君"。只是这次案件非同小可，是公然违诏的重罪，曹摅不敢做主，只好暂将这些人收押。

但此事已经在洛阳传开，江统、王敦等人因此获得了世人的普遍赞誉。贾谧的从事孙琰劝贾谧说："前以太子罪恶，有斯废黜，其臣不惧严诏，冒罪而送。今若系之，是彰太子之善，不如释去。"

贾谧觉得有道理，抓人反而成全了这些人，于是让曹掾放人，乐广也没有受到任何追究。

太子到许昌不久，儿子司马虨就不治身亡。这个小名"道文"的皇孙，去年得病，十二月病情加重，此后生母蒋氏被杀，随父亲被关进金墉城，后又辗转至许昌，始终不得医治，熬到永康元年元月丙子，终于断绝了呼吸。他短暂的一生还没来得及犯什么罪孽，唯一错误也许就是出生在了皇家。

一月之间，太子丧母丧妻，又新罹丧子之痛，但是此时他还没有余力悲伤。太子给前太子妃王惠风写信陈述冤屈，希望位高权重的前岳父王衍良心发现，突然长出脊梁骨，替他昭雪冤屈。

可是奇迹没有发生，王衍把这封信藏了起来，只当什么事都没发生过。直到三个月后贾氏倒台，他才羞羞答答地把这信拿给梁王司马肜看，以图与贾氏划清界限，不过那时太子已经死去。

就当皇孙司马虨在许昌奄奄一息的时候，司马雅等人开始行动。

赵王的愚昏在洛阳人尽皆知，这位王爷不识字，所有的往来公文、信函都委托给心腹孙秀处理。孙秀与王戎、王衍同乡，也是山东琅邪人，他的门第不高，所以仕族的起点只是琅邪小吏，不过此人善于钻营，后来机缘巧合做了赵王司马伦的属官，马上被引为心腹，赵王对他言听计从。

司马雅没有直接找赵王，先去找到孙秀。这是因为，直

宗藩帐下落日楼 | 227

接找赵王是不明智的，如果这个老糊涂骤然听到劝他兵变，说不定立马翻脸将他绑了拖到贾皇后处邀功。好在赵王的脑子是长在孙秀肩膀上的，只要说动孙秀，就等于说动了赵王。

而孙秀是经不起诱惑的。孙秀的门第决定了他的仕途只能止步于赵王的属官，除非赵王忽然间飞黄腾达，他才可能附骥尾，攀上高官显职。

眼下就是个绝佳的机会，于是孙秀与司马雅一拍即合。史书如此猜测着孙秀的心理："（孙）秀知太子聪明，若还东宫，将与贤人图政，量己必不得志。"自己亲身涉险，到头来替太子做嫁衣，这又何苦？孙秀因此想要借刀杀人，不仅贾皇后，连带太子一起消灭掉，踩着太子与贾皇后的尸体，踏进权力中枢的大门。

孙秀回头找到赵王，拿司马雅的原话吓唬他："中宫凶妒无道，与贾谧等共废太子。今国无嫡嗣，社稷将危，大臣将起大事。而公名奉事中宫，与贾、郭亲善，太子之废，皆云豫知，一朝事起，祸必相及。何不先谋之乎？"

坊间确有风声说有人要谋废贾皇后。赵王一听连孙秀都这么说，吓坏了，连问怎么办。

孙秀想了一会儿，把头凑向赵王："太子为人刚猛，不可私请。明公素事贾后，时议皆以公为贾氏之党。今虽欲建大功于太子，太子含宿怒，必不加赏于明公矣。当谓逼百姓之望，翻覆以免罪耳。此乃所以速祸也。"按这意思，迎回太子不仅没有功劳，反而是自己往钢刀上撞。

孙秀继续说道："今且缓其事，贾后必害太子，然后废后，为太子报仇，亦足以立功，岂徒免祸而已。"

赵王连连点头，觉得十分有道理。

主意既定，孙秀就四处煽风点火，制造出天下汹汹要诛贾氏的假象，然后，孙秀再有意无意地将这些讯息透露给贾谧。

孙秀的奸计虽然狠毒，但他所说的全是大实话，以赵王与他的处境，想要实现野心，除非贾皇后与太子都死光。

其实不只是他们，所有在暗处觊觎大权的野心家都盼着贾皇后与太子同归于尽。连孙秀都看出"贾皇后必杀太子"了，难道别人还看不出来？只是他们都很深沉，要等着贾皇后螳螂捕蝉，然后自己充当静默的黄雀。

千夫所指，无疾而终。太子的死是早已注定的，赵王与孙秀只是众多恶人中，机会最好的一对而已。

最可悲的也许就是司马雅等人，他们满腔忠诚，冒着灭族的风险四处活动想要救出太子，而实际结果却是，他们正加速把太子往绝路上推。

三、哀王孙

永康元年注定是不平静的，连天象都频频示警。

正月己卯，日食；二月丁酉，洛阳刮起罕见的大风，飞沙走石遮蔽日光，将白昼变成昏夜，铜驼街两旁的大树被拦腰折断；三月，洛阳以东百里的豫州尉氏县下起了血雨，有妖星出现在南方天际。

种种不祥之兆，令贾皇后焦躁不安。太子被废被软禁，竟然会激起如此强烈的反响，大大出乎她的意料。看来蛮干这条路是行不通的，但是现在已经骑虎难下，只能一条道走到黑。

要镇压异己就像在捕风搏影，因为对太子的同情、对贾皇后的反感并不以公开的形式出现在朝堂上，满堂公卿表面都驯服于她的每一个决议。闲言碎语流传在坊间，出现在街头巷尾的家常话里，出现在茶余饭后的叹息声中。贾皇后在洛阳城内散布了不少眼线，他们反馈回这些令人不快的消息，大概这就是所谓的民意。

仅仅民间细杂的非议，并不能打动贾皇后，民意不会让当权者喜闻乐见，当权者也不会把区区民意放在心上。但致命的是，这种愤愤不平的情绪似乎已经传染到宫中，有迹象显示禁军的中下层将领，特别是殿中禁军将领们正在密谋造反。

这个消息才令贾皇后真正感到恐惧，没有谁比她更清楚禁军造反的威力。杨氏满门、卫氏满门、汝南王父子就是昔日禁军刀俎上的鱼肉，如今阴谋的味道又在空气中弥漫开来，但是源头在哪儿？

习惯于躲在暗处使阴谋诡计的贾皇后生平第一次被阴谋诡计包围，这种草木皆兵的感觉令她手足无措。

贾谧进宫来了，神情竟然也是惶恐不安。在太子被废黜前，他视太子为贾氏的唯一障碍，现在这个障碍被搬开了，贾谧发现贾氏不仅没有能够如事先想象得那样为所欲为，反而束手束脚。看不见的压力从四面八方拥来，就如夏季雷雨将至时黑云压城，让人产生大祸临头的感觉。

贾谧对贾皇后说，最近贾府很不安宁，总有妖异作祟。前几天阳光明媚，突然平地里起了一阵妖风，把他的朝服刮上数百丈的高空，飘落在中丞台前；前日春雷震动贾府，把贾谧的卧室给劈了，而且正好是床的位置，把床帐轰个粉碎。

这些都是凶兆啊！据说当年卫瓘家人做饭时，米粒掉在地上，全部变成田螺，爬出门远去，没多久卫家就遭罹灭门惨祸。

晋朝人还是蛮相信鬼神这一套的，贾皇后与贾谧面面相觑，从彼此眼中都看到了不安。

贾谧说，他得到消息，殿中禁军将要发动兵变，废贾皇后，复立太子。

贾皇后大吃一惊，连贾谧都能发现苗头，看来此事假不了。

那怎么办呢？彻查禁军？禁军将领有一千多号人，怎么查得清？万一处理不当，会不会激起哗变？

贾谧大摇其头，认为扬汤止沸不如釜底抽薪，他们不是指望复立太子来谋取富贵吗？索性让太子彻底消失，绝了他们的希望，也就安分了。

贾皇后觉得贾谧说得对。

永康元年三月癸未，黄门孙虑抱着个小坛子，从洛阳秘密赶到许昌。小坛子里面是太医令程据制成的"巴豆杏子丸"，巴豆可以"荡练五脏六腑，开通闭塞"，杏仁有"润肠通便"的功效，二药合一，会使人剧烈腹泻，严重的可以致死。贾皇后命令孙虑把药丸混入太子的饮食，造成太子突发痢疾，不治而亡的假象。

到了许昌之后，孙虑发现这个任务难度很高。太子自从被废黜，一直防备着有人下毒，所以一切食物都亲自动手煮食。孙虑找不到机会下手，就请监督太子的治书侍御史刘振帮忙。惠帝让刘振"持节"，实际就是给予刘振杀太子的权力，当然刘振没那个胆量，但是他可以像看守对罪人一样，任意地摆布太子。

刘振把太子的住所搬迁到别宫旁的死巷子里，封锁住出口，断绝食水。他想以此来逼迫太子食用孙虑等人提供的食物，可是计谋没有得逞，因为不断有人从墙外面传递食物给太子。如此耗了几天，太子还是生龙活虎。

洛阳贾皇后那边不停在催促，孙虑终于失去了耐心，他带着卫兵冲进小巷，强逼太子服毒，太子抵死不从，孙虑作势要强灌，太子逃出户外，又躲进厕所，孙虑追进厕所，用手中石制药杵将太子活活砸死，太子临死前的惨叫传出数里远，闻者无不动容。

太子时年二十三岁。

孙虑等人搞出这么大动静，不可能没有地方官员的协助，当时主持许昌军政的是东中郎将王浚。此人出身太原王氏，父亲王沈是司徒王浑的堂兄。

王沈是曹魏时期有名的变节之人，他擅长作文，年轻时深受魏主曹髦的宠信，被曹髦尊称为"文籍先生"。当年曹髦密谋袭击司马昭，召来心腹王沈一同商议，王沈却一转身就跑去向司马昭通风报信，因此被世人鄙视为不忠。但王沈不用顾忌这些闲言，他获得了实惠，从此深得司马氏信任。入晋之后，王沈正待飞黄腾达，可惜其寿不永，泰始二年就病死了。

王浚是王沈唯一的儿子，可是一直被王沈所不齿，为什么呢？因为王浚是他擦枪走火造出来的私生子。当年有个赵姓佃户家的妇人出入王沈家，给王家打打杂，不知怎么的王沈就和这个妇女搞上关系，生下了王浚。本来这事无人知晓，现在可好，连儿子都有了，铁证如山，所以王沈一辈子都痛恨这个儿子。

王沈死时，王浚才十五岁，亲戚们共推王浚为嗣子，继承了父亲的博陵县公爵位。

王浚的存在是太原王氏的一个笑柄，所以他一直被同族的人所轻视。堂叔王浑出将入相、堂弟王济迎娶公主，誉满天下，而王浚却始终无法靠近权力中枢。

王浑、王济是齐王党人，王浚则投向了贾皇后，害死太子之后，王浚被任命为宁北将军、青州刺史，后来又转为宁朔将军，持节，都督幽州诸军事。因为远离中枢，所以王浚没有遭到清算，后来风云际会，此人成为晋末割据一方的实权人物，在"八王之乱"后期，王浚成为左右政局的重要人物，容后再表。

太子薨逝的消息传回洛阳，痛心疾首者不在少数，暗中弹冠相庆者也不在少数。

一直在忙碌着，致力于拯救太子的司马雅与钟超心理遭到重创，觉得兵变已失去了意义，所以宣称身体不适企图退出兵变。而此前一直推三阻四的赵王司马伦此刻却热情高涨，孙秀前来说服司马雅，既然未能及时救出太子，那就替太子报仇。

朝堂之上，官员们又为太子葬礼的规格起了争执，有人说太子已经被废黜，那只能按照庶人的规格下葬。这些人其实只是配合贾皇后唱双簧，贾皇后对死人一向宽大为怀，汝南王、卫瓘死后都恢复了名誉与爵位，何况太子？

果然，贾皇后再次亮出了高姿态，她假模作样地替太子说情，表示"悲痛之怀，不能自己"。拜贾皇后的恩赐，太子最后按广陵王的礼节下葬在许昌。

当初传说广陵这个地方有王气，所以武帝封太子为广陵王，以此表明心迹，预订太子的皇嗣之位。而其实，太子的悲惨命运就是从被封广陵王那一日确定的。

四、刃将加颈

司空张华是范阳方城人，父亲张平曾经是曹魏的渔阳郡守，可惜在张华很小的时候就去世了，张华幼年家境窘迫，以至于不得不靠牧羊为生。张华爱读书，"朗赡多通，图纬方伎之书莫不详览"，爱书是他一生未改的爱好，他死后被抄家，"家无余财，惟有文史溢于机箧"。他是靠学问起家的，"学业优博，辞藻温丽"，少年时写过一篇《鹪鹩赋》自勉，结果大名士阮籍过目之后大为赞赏，称之为"王佐之才也"。由此一言荣身，张华声名鹊起，步入仕途。

四十年光阴转瞬即逝，当年的掌权者还是文帝司马昭，如今掌权者已经更替了三代，张华也已两鬓斑白。入仕虽早，却是大器晚成，此前有好几次机会登阁拜相，结果都阴差阳错地失之交臂。

早在武帝咸宁年间，张华就担任中书令这种重要职位，但不多久母亲病逝，他离职丁忧。咸宁末，武帝准备征讨孙吴，举朝反对，只有羊祜、杜预、张华三人竭力支持，平定江南之后，武帝论功行赏，大家都以为张华将被重用，谁料到他在齐王问题上站错队，被贬幽州。

幽州有鲜卑、乌桓，历来是不安稳的地方，但在张华的治理之下，"远夷宾服，四境无虞，频岁丰稔，士马强盛"。武帝晚年，念及张华的好处，打算托以后事，却又被政敌进了谗言。张华被召回洛阳，仅仅担任太常的职务，管理皇家的祭祀。不久祸不单行，太庙的一根大梁突然折断，太常失职免官。一直到武帝驾崩，张华的身份始终是一介布衣。直到元康元年，贾皇后上台，张华才真正进入权力中枢，左右朝政。

十年之后的永康元年，张华已经是一个六十九岁的老人。那些曾与他一起跨越魏、晋两个朝代的政坛元老，大多已经作古入土。这些人曾经在朝堂上与张华争议过或唱和过，制造过阴谋也曾被阴谋造访，枪林弹雨中，下场各不相同。有的始终身居高位，寿终正寝，并且身后享尽哀荣，如羊祜、杜预、山涛、裴秀；有的显赫一时，然后中道遭废黜，默默老死，如任恺、和峤；有的生前权重一时，死后背尽骂名，如何曾、贾充；还有的最不幸，遭罹惨祸不得善终，如杨珧、卫瓘。

不知道张华可曾预测过自己会以哪一种结局收场，有一点可以肯定，经历了宦海四十年的风风雨雨，张华已经不像年轻时那样百折不挠了，他的内心是悲观无奈的。

儿子张韪劝他退位免祸，张华说道："天道玄远，惟修德以应之耳。不如静以待之，以俟天命。"这说明当时他已经很消极，听天由命了。

而命运容不得他消极怠工，在严酷的政治环境里，被卷入其中的人是不允许中立的。沉默就意味着不合作，不合作就意味着是敌人。

永康元年四月癸巳，垂垂老矣的张华又一次面临决定生死的选择。右卫督司马雅再次找到张华，对他说："今社稷将危，赵王欲与公共匡朝廷，为霸者之事。"

贾皇后固然罪恶滔天，但赵王又岂是好人？张华略一思量，拒绝与赵王合作。

司马雅本怀着一片好意前来，哪知明月照沟壑。他勃然大怒，说道："刃将加颈，而吐言如此（真是不知死活）！"转身愤然离去。

张华不知道死亡已经迫在眉睫，他有昼卧的习惯，结果当天就梦见房倒屋塌，把自己吓醒。几个时辰之后，政变就发生了。

政变经过周密的部署。孙秀早就和通事令史张林、省事张衡、殿中侍御史殷浑、右卫司马督路始接上了头。这些官员官衔都不高，但因为在殿中任职，他们的背叛都很致命。

此外，赵王还策反了翊军校尉齐王司马冏和右卫佽飞虎贲督闾和，这部分兵力再加上赵王麾下的右军、司马雅麾下的右卫督，还有士猗麾下的殿中虎贲，洛阳禁军半数兵马参与了进来。禁军名义上的统帅是北军中候王衍与中护军赵浚，然而两人对局势一无所知。

政变时间定于四月癸巳丙夜一筹，即四月初四凌晨。当夜，赵王召来右卫将军麾下的前驱、由基、强弩三部司马，假称奉了惠帝诏书，说："中宫与贾谧等杀吾太子，今使车骑入废中宫。汝等皆当从命，赐爵关中侯。不从，诛三族。"

三部司马一看，连顶头上司路始都已经参与，哪还有什么好犹豫的呢？于是"众皆从之"。

赵王率领禁军赶到宫城，早有人替他把宫城大门打开，政变的部队悄无声息地进入宫城，陈兵列队在御道南侧。

然后，赵王命令侄孙齐王司马冏率领三部司马进殿去擒拿贾皇后。

为什么要派齐王出马呢？这是有原因的。

参与兵变的禁军将领出身都很低微，这些人做惯了奴才，此刻只是想赌一下富贵，未必能镇得住皇帝皇后。贾皇后可不像杨骏那样无能，以她的手段，万一说动这些将领反水，那就糟糕了。

所以只有派能与贾皇后分庭抗礼的宗室人员出面，才可以把她治住，而且这个人必须是宗室嫡系。司马雅是疏族，不具资格。

剩下的人选就寥寥无几了。梁王司马肜也参与了政变，但是他并没有到达现场，现场地位最高的是赵王，作为主谋，按说赵王应该身先士卒，可是赵王一来年迈，二来无能，孙秀不敢对他抱有期望，而且估计赵王自己也胆怯，所以就指使年轻力壮的齐王做了先锋。

齐王是惠帝的堂弟、景帝的嫡孙，这个身份绝对有说服力，何况他还是老齐王司马攸的嫡子，"少称仁惠，好振施，有父风"，在宗室中口碑相当好。

最关键的还有一个原因，齐王绝对不会对贾皇后心慈手软。若说武帝司马炎是他的杀父仇人，那么贾皇后就是他的杀母仇人。

贾皇后其实是齐王的姨妈（司马冏若按母亲的亲戚关系，他应该是惠帝的子侄辈，但按父亲的亲戚关系，他是惠帝的堂弟），她与齐王的母亲贾荃是同父异母的姊妹，但是这对姊妹却是仇人。

这段恩怨可以追溯到五十年前，那时候，齐王的外公贾充还是个年轻人。

贾充结过两次婚，第一次婚姻娶了李丰的女儿，生下了贾荃、贾裕姊妹俩。曹魏嘉平末年，李丰在魏主曹芳的授意下，与皇后之父、光禄大夫张缉，还有太常夏侯玄密谋诛杀司马师，结果秘密泄露。皇帝曹芳在九个月后被废黜，李丰则被司马师亲手用刀环砸死，夏侯玄、张缉被夷三族。

贾充的前妻李氏因此受到牵连，被流放辽东。后来贾充又娶了城阳太守郭配的女儿郭槐，生下了贾南风、贾午两姊妹。

泰始元年，武帝受禅，大赦天下，流放在外十一年的李氏获释回到洛阳。

当时贾充的母亲柳氏还在世，她要求儿子把李氏接回家来。武帝听说此事，特地下旨允许贾充设左右两位夫人（一夫一妻，其余只能为妾，这才合乎礼数，贾充两位夫人并列，是特例），可是郭槐不干，她是一个泼辣的悍妇，而贾充怕老婆，不敢违背郭槐的意愿。

最后，贾充在洛阳永年里建了屋子，安置李氏，自己却从不过往。贾荃与妹妹贾裕多次请求父亲去看望生母，而贾充不为所动。

泰始三年，贾充被任命都督秦凉二州诸军事，要出发前去关中，百官在城西夕阳亭为贾充送行，贾荃、贾裕当众恳求贾充召回母亲，叩头以致额头鲜血直流。当时贾荃已是齐王司马攸的王妃，百官一看王妃下跪，心想清官难断家务事，都吓跑了。

不久后，贾南风做了太子妃，武帝下旨，像李氏这样的罪人家属不许回到夫家。

皇帝开了金口，李氏最后就只能终老永年里。柳氏因为这儿媳，一辈子都不原谅儿子。柳氏临终，贾充问母亲还有什么心愿未了，柳氏白了他一眼，说："我教汝迎李新妇尚不肯，安问他事！"

大女儿贾荃也绝望了，她又气又恨，不久就生病去世了。

贾荃死后十几年，她的儿子司马冏终于逮到机会，要替母亲与外祖母出一口恶气了。

五、杀人活人

齐王领着一百多人推开大门，悄无声息地进入后宫，华林园的园令骆休在里面接应。两人一合计，觉得首先要控制皇帝，以正出师之名，于是大伙潜至寝宫，把惠帝从被窝里揪出来，簇拥到了东堂。

贾皇后已是瓮中之鳖，不着急下手，先得提防宫外的贾氏一党兴兵反扑。东武公司马澹毕竟是赵王的亲侄子，人又贪利粗鄙，不足为虑，值得担心的倒是贾谧，万一他狗急跳墙，联络上中护军赵浚，那就不可避免有一场厮杀。

齐王使人去召贾谧火速来东堂，贾谧不知是陷阱，睡眼惺忪中匆忙赶来。来到殿前看到齐王全身披挂整齐，横眉怒目，才觉察不妙，但此刻宫门已闭，贾谧已是入瓮之鳖，他绕殿躲避，边躲边高声向贾皇后求救："阿后救我！"

东堂与贾皇后寝宫相隔甚远，贾皇后如何听得见？此时此景，听见了又能如何？贾谧在绝望中周旋了好几圈，终于在殿西钟楼下被逮住，被乱刀砍死。

外患已除，齐王率部直奔皇后寝宫。此时贾皇后已经惊醒，只是还没搞清楚状况，忽然瞥见齐王，贾皇后大吃一惊，问："卿何为来！"

齐王冷冷答道："有诏收后。"

贾皇后大概还没睡醒，脑子里一片混乱，她很惊异："诏当从我出，何诏也？"

齐王懒得跟她废话，指挥手下架起她就走。来到东堂，贾皇后看见丈夫泥偶一样呆呆地坐在殿上，此时她已完全清醒，明白报应到了。贾皇后远远地冲着丈夫喊："陛下有妇，使人废之，亦行自废。"

平心而论，贾皇后说的是事实，虽然惠帝一直被她操纵于股掌之中，但是与惠帝休戚相关，对惠帝维护最有力的，还是只有贾皇后。贾皇后的失败，是惠帝悲惨命运的开始。

不过，即使是肺腑之言，对一个白痴来说又有什么意义呢？如果惠帝有判断能力，能够乾纲独断，他就不可能坐视嫡母被杀、亲生儿子被杀而无动于衷。贾皇后濒临绝境时对着丈夫大吼大叫，有什么用呢？难道是期望出现奇迹？

假使这个奇迹真的发生，惠帝会不会赦免这个妻子呢？外公杨骏，嫡母杨芷，叔祖司马亮，弟弟司马柬、司马玮，侧室谢玖，唯一的儿子司马遹，长孙司马彬都直接或间接死在这个悍妻手下，可谓血海深仇。平时的蛮横泼辣尚且不论，手剖胎儿的罪行尚且不追究，仅仅抱来妹妹的儿子试图冒充皇子这也是死罪啊。

假使惠帝恢复了正常人的神智，可能他不仅不救妻子，反而会说：早知如此，何必当初！

贾皇后吼完，也觉得徒劳无益，然后她看到了贾谧的尸体，放声大哭，哭了几声突然收住。此刻贾皇后已承认大势已去，但是刀箭及身却连主谋者都不知道，这输得也未免太惨了。

贾皇后问齐王："起事者谁？"

齐王抛出两个辈分最大的老头，回答："梁王、赵王！"

贾皇后骂自己太大意，说："系狗当系颈，今反系其尾，何得不然！"

齐王宣布奉诏废黜皇后贾南风为庶人，暂且幽禁于建始殿。随后，他派人去请赵王，同时使人去收捕贾午、赵粲，交付掖庭暴室收押，当夜杖毙。贾皇后的心腹董猛，参与谋害太子的刘振、孙虑、程据也被收押。

赵王到了东堂，下令召集中书监、侍中、黄门侍郎以及尚书省的全体官员入朝，皇帝要开一个夜间的朝会。

随即，黄门四处出动，子夜的洛阳骚动了一阵，文武官员预料到出了大事，惶惑不解地来到宫中。

赵王的目的很简单，用四个字概括就是"杀人立威"。

赵王说："奉诏，搜捕司徒张华、尚书左仆射裴颁、尚书解结、前雍州刺史解系。"

赵王还没上台执政，马脚先露了出来。

发布诏书不是儿戏，诏书的发布流程应该是先由中书监、中书令起草，经皇帝认可，盖上那枚从秦朝一直流传下来的皇帝玺印，如有必要，还要由门下省进行复核，然后才对外颁布。

赵王当时只是禁军右军将军，怎能越俎代庖来发布诏书？

当下尚书省的尚书们就和赵王对质了，尚书左仆射裴颁与尚书解结都是他们同僚，自家人当然得维护一下。吏部尚书刘颂就怀疑赵王使诈，另有一个尚书郎叫师景的，说众尚书都不知道有这么一份诏书，要求赵王出示皇帝手诏，以辨真伪。

竟然有人胆敢与他作对！赵王又气又恼，刘颂是功勋老臣，他不敢触动，于是火气都发在师景头上。可怜的师景被禁军拖出殿外，当场斩首。

大家一看赵王杀人了，吓得不敢再吱声。

前去搜捕张华的，是通事令史张林。张华问张林："卿欲害忠臣邪？"

张林说："我是奉诏行事，而且'卿为宰相，太子之废，不能死节，何也？'"

张华说："式乾之议，臣谏事具存，可复按也。"

张林想想，事实果然如此，于是他又说："谏而不从，何不去位？"

这就是在乱扯了，反正欲加之罪何患无辞。张华缄口不再言语，可能他也后悔，不如听儿子的话早点退位，现在不仅自己不免一死，还要连累家人。

张华被收押，不久裴頠、解结、解系等人也被押到。有使者过来宣旨，说："奉诏斩公！"

张华叹息说："臣先帝老臣，中心如丹。臣不吝惜一死，惧王室之难，祸不可测也。"张华与两个儿子张祎、张韪在前殿马道南侧被斩首。

裴頠也在同一个深夜、同一个地点遇害，时年三十四岁。

赵王立威的效果并不理想，屠刀只能压制态度，并不能颠倒是非。明眼人都看出来，赵王不过是在借机泄私愤。

四年前，赵王出任征西将军镇守关中，因为孙秀的刑赏失当，激起了氐人叛乱，在平叛过程中，孙秀又与时任雍州刺史的解系争夺军权。两人都上表参劾对方，解系甚至请求诛杀孙秀以平息氐人、羌人的怒火。主政的张华、裴頠深知解系是良吏，而赵王一向不争气，于是召回赵王，改换梁王司马肜出镇关中。

当时解系的弟弟解结担任御史中丞，在廷议孙秀罪行的时候，解结坚持诛孙秀以谢天下。于是张华与裴頠示意梁王抵达关中之后将孙秀处死，以安抚氐、羌情绪，可惜梁王并没有听从。从此孙秀就对解氏兄弟，还有张、裴二人怀恨在心。

赵王回到洛阳之后，作为在关中失职的惩戒，朝廷仅授予赵王一些无关紧要的闲职。赵王花大力气谄媚贾皇后，数次要求录尚书事，都被张、裴二人驳回。因此赵王也视二人如仇敌。

平时赵王拿张、裴诸人无可奈何，一朝小人得志，就公报私仇来了。赵王杀了张华父子与裴頠，觉得还不够解恨，又下令将二人夷三族。

这时就有梁王司马肜、东海王司马越替裴家说话，他俩说裴頠的父亲裴秀是开国元勋，裴秀的灵位正在太庙里陪伴先帝，裴家如果绝了后，这未必太狠心。

河东裴氏是晋初第一等高门士族，亲戚都是权贵重臣，东海王司马越的王妃就姓裴。赵王经过权衡，放过了裴家，裴頠的两个儿子裴嵩、裴该因此免于一死，被流放带方郡（今朝鲜境内）。

张华就没有那么幸运了，他出身低微，没有那么多权贵亲戚，结果被夷三族。张华有个孙子叫张舆，身手矫健，逃了出来，从此亡命天涯。两年后赵王垮台，张华恢复名誉、爵位，张舆继承了张华的爵位。后来天下大乱，张舆避乱江南，做了王导的掾属，得以善终。

张华是很得人心的，当有人回来禀报说，张家有一个孙子漏网了。正在抚尸痛哭的刘颂破涕大笑，这老头一边笑还一边说："茂先（张华字茂先），卿尚有种也！"把赵王气个半死。

与刘颂一起恸哭的还有此前舆棺上奏的阎缵，阎缵一边哭一边说："早语君逊位而不肯，今果不免，命也！"哭着哭着这位老兄怒火中烧，跑到贾谧的尸体前，踹两脚吐几口唾沫，骂道："小儿乱国之由，诛其晚矣！"

当晚罹难的还有解系、解结兄弟。梁王曾是解系的上司，于是替老部下求情，可是赵王翻起脸来连亲兄弟也不买账，他勃然大怒说："我于水中见蟹且恶之，况此人兄弟轻我邪！此而可忍，孰不可忍！"

那意思是说，赵王想起解氏兄弟就咬牙切齿，连带着讨厌一切带"解"这个音的生物。梁王最终未能解救解氏兄弟的性命，赵王一动手就是斩草除根，解家满门都被屠戮。解结的女儿第二天就要出嫁了，夫家裴氏（也是河东裴氏，但不是裴𬱟这一支）想把她救下来，那女子却说："家破如此，我怎么忍心独活！"于是也跟着家人一起被杀。

这事震撼人心，此后晋朝廷就定下制度：父家犯罪，出嫁女子不得连坐。

政变是在子夜发生，等杀完人已接近黎明。

第二天是甲午日，正式开始清算贾氏党人，赵王高坐在宫城最南端的门楼之上发号施令，禁军严阵列于门楼之下，北向宫廷，杀气腾腾。

尚书和郁将已被废为庶人的贾南风押送至金墉城，五天之后，尚书刘弘等人送来了金屑酒。金屑酒是古代帝王赐死所用的酒，它的成分今天众说纷纭，没有定论。刘弘送来这杯酒，就表示贾南风的大限已到，该上路了。当年杨皇后就死在离贾南风几十米远的地方，冤魂不远，当年的始作俑者，今日也尝到了自酿的苦酒。

　　冤冤相报的轮回才刚刚开始，一年之后，也在这金墉城里，赵王司马伦也饮下一杯金屑酒，以相同的方式结束了自己的生命。

　　但在永康元年四月，春风得意的赵王绝对没有预料到自己的悲惨结局。送走了贾庶人，他传令将毒杀太子的凶手太医令程据、治书御史刘振、黄门令董猛、黄门孙虑，满门抄斩、暴尸于市。参与陷害太子的赵粲、贾午已死，赵粲的叔父中护军赵浚斩首；贾午的丈夫韩寿虽已病死，但韩氏仍被夷三族。

　　另外，司徒王戎是裴頠的岳父，身为大臣却没有匡谏，免职；尚书令王衍素来阿附贾氏，免职。此外还有许多朝臣被认为是贾氏、张华、裴頠的党人而受牵连被罢免。

　　赵王又称奉诏大赦天下，让惠帝任命自己为相国、侍中、大都督，使持节，督中外诸军事，百官总己以听，划拨禁军万人为自己的府兵。当年宣帝、文帝辅佐曹魏时享受什么待遇，他司马伦就享受什么待遇。

　　上台伊始，赵王的野心就暴露无遗。相国是秦朝设立的官衔，西汉有时设"相国"，有时就改名为"丞相"，到了东汉，不设"相国"，改由"大司徒"行使名义上的宰相职权，东汉末年天下大乱，"相国"又被一些别有用心的人翻出故纸堆。汉末以来，担任过"相国"的臣子全都心怀叵测，例如汉献帝的"相国"是董卓、曹操，魏齐王曹芳的"相国"是司马懿。现在赵王想当侄孙的"相国"，还想享受当年父兄在曹魏的待遇，当年司马昭之心路人皆知，他司马伦是想步其后尘吗？

永康元年四月的政变在贾氏等人的鲜血中落幕了，太子的冤仇得以昭雪，但世人并未因此欢呼雀跃，人们发现，新上台的赵王似乎更加居心叵测。战乱的阴影不仅没有散去，反而更加凝重黑暗了，世人想起张华临死前的叹息：惧王室之难，祸不可测也！

六、他乡遇仇敌

贾皇后既废，为了显示她的罪恶，也为了标榜赵王的正义，就必须给太子恢复名誉。

惠帝下诏为儿子的冤魂昭雪，重新册立其为皇太子。尚书和郁率领原来东宫的官属赶到许昌，将太子的梓宫与两个皇孙迎到洛阳，同时宣诏，追封太子长子司马虨为南阳王，皇孙司马臧为临淮王、皇孙司马尚为襄阳王。

太子的梓宫出发那天，据说天地变色，狂风大起，雷电交加，把队列前的帷幕还有遮阳的篷盖给轰碎了。惠帝于是又写了一份哀悼的策文，向儿子忏悔，"呜呼哀哉！尔之降废，实我不明。牝乱沈裁，衅结祸成"。那意思是说，你被废黜确实是我的责任，你的后母影响了我的判断，铸成了这个大错。

接着惠帝又追思儿子："尔之逝矣，谁百其形？昔之申生，含枉莫讼。今尔之负，抱冤于东。悠悠有识，孰不哀恸！"那意思是说，你如今与世长辞，我即使愿意用一百人来换回你的性命，又有谁能替我做到呢？昔日有春秋时代的晋国太子申生含冤而死，来不及替自己洗刷罪名，今天你的冤屈与申生相似，天下有识人，无不哀恸。

但惠帝告慰儿子说，"皇孙启建，隆祚尔子。虽悴前终，庶荣后始"，那意思是说，我会让你的儿子来继承皇位，虽然你遭遇不幸，但你的后代会享受荣光。策文最后，皇帝再次表达了他的哀伤："同悲等痛，孰不酸辛！庶光来叶，永世不泯。"

这篇文章不知是谁的手笔，真情流露感人肺腑，但是与其说它表达了皇帝的悲痛，不如说是寄托了群臣对太子的哀思。当太子的梓宫抵达洛阳，哭声震动了洛水两岸。

太子被谥为"愍怀"，后人于是称司马遹为愍怀太子，惠帝为太子举行了隆重的国丧，并且为太子服长子斩缞，这是最重的丧服。

五月己巳，惠帝策立皇孙临淮王司马臧为皇太孙，诏命前太子妃王惠风为太孙太妃，返回东宫教导皇太孙，以前东宫的太子属官全部转为太孙属官，由相国赵王司马伦兼任太孙太傅。

当日，赵王与皇太孙从西掖门出发，沿着当日太子被废时离宫的路线返回东宫，以前东宫的宫娥、侍从都在铜驼街上等候，两相见面，又是一片哭声，听得沿路的洛阳百姓也禁不住掉泪。

这时有人举报，当初太子被幽禁许昌时，曾写信向前尚书令王衍说明冤情，但是王衍胆小怕事苟且偷生，竟然将太子的求救信隐匿不报。

王衍这下撞枪口上，当时举国哀痛，民愤极大，王衍差点性命不保。幸亏他与孙秀是同乡，而且对孙秀有恩。当年孙秀还是琅邪郡吏的时候，想要求得上品，求助于显赫的琅邪王家。王衍本来是不想搭理这种小人物的，还是王戎有眼光，劝王衍帮他说了几句好话。结果这举手之劳在几十年后得到回报，救了王衍的一条命。但死罪可免活罪难饶，惠帝下旨将王衍禁锢终身。

六月己卯，太子葬于显平陵，同时惠帝追赠谢玖为"夫人"，也葬在显平陵。太子母子生前极少有见面机会，死后才得以团聚。惠帝又在洛阳修筑了思子台，安置太子游荡在外的灵魂。如此父子情深让人感动，也让人疑惑，早知如此，何必当初呢？

赵王一边打着太子的悲情牌，一边也在使劲攥紧政权。他让惠帝封赵王世子司马荂为冗从仆射；封儿子司马馥为济阳王，任前将军；儿子司马虔为汝阴王、任黄门郎；儿子司马羽为霸城侯、任散骑侍郎。一句话，赵王儿子们几乎全部进宫，作用主要是监视惠帝。

政权方面，孙秀成为新一任中书令，"威权振朝廷，天下皆事（孙）秀而无求于（司马）伦。"赵王以哥哥平原王司马干为卫将军，梁王司马肜为太宰、守尚书令，增封二万户，又任命东武公司马澹为领军将军，任命广陵公司马漼为左将军、散骑常侍，东海王司马越为中书监。此外，赵王召回了九年前被流放带方郡的东安王司马繇。

兵权方面，参与兵变的禁军将领一律封侯、增加官职，封侯者达到千人之多。这已是惠帝即位以来第三次大规模封侯了。

赵王极力想收拢人心，有意起用一些海内知名的人士，结果这些人大多很不识趣，让他碰一鼻子灰。比如，他想用尚书郎束皙做相国府记室，束皙说做不了，生病了；他想用高平人郗鉴为相国府掾吏，郗鉴也说做不了，生病了；他想用平阳太守李重为相国府左长史，得到的答复也是做不了，生病了。赵王终于火了，说你不来就等着去东市刑场挨刀吧，李重挺冤枉，他确实是病了，但是性命要紧，只好去相国府报到，没过几天李重就病死了。

最过分的是一个叫羊忱的，赵王任命他为相国参军，羊忱死也不愿意。赵王派使者去请他上任，羊忱竟然夺门而出，骑马就逃，使者拍马就追，羊忱善于骑射，张弓搭箭威胁使者，说再上前我就放箭了，吓得使者屁滚尿流。羊忱出身泰山羊氏，是景帝羊皇后的族人，赵王因此没和他计较。

陆机在这时做了相国府的参军，不过他是自愿的。

太康末年，陆机与弟弟陆云从江南来到洛阳，随行的还有吴郡顾荣，他们三人被称为"江南三俊"。十余年光阴蹉跎，三人始终不得志。陆机先做了杨骏的祭酒，杨骏死后，他转任太子洗马、著作郎，随后又做了吴王司马晏的属官，最后做了近十年的殿中郎；陆云担任太子舍人，后来出任浚仪县令，后来接替陆机担任吴王司马晏的郎中令；顾荣也不如意，先后担任郎中、尚书郎、太子中舍人，最近新任廷尉正。

吴郡陆氏、顾氏，在孙吴时期都是出宰相、出大将军的门户，到了司马家竟然只能做这种不入流的小官。前不久顾荣写信给陆机，表示自己心灰意冷，想回江南隐居，陆机看了他的信，叹息流泪。

不过陆机并未死心，他参与四月政变有功，被封为关内侯。赵王上台伊始，正是用人之际，这在陆机眼里是一个好机会，于是他接受赵王的任命，做了相府参军。

赵王和孙秀以前劣迹斑斑，遭到过不少弹劾，那些曾经得罪过他们的臣子现在全都惶恐不安。

潘岳就是其中之一。这个"美姿仪，辞藻绝丽"，昔日走在洛阳街头可以引起妇人围观，"连手萦绕，投之以果"的美男子如今已经两鬓斑白。永康元年潘岳五十三岁，已过知天命之年。对他而言，天命很残酷，他一生汲汲于仕进，却屡受打击。

十年前潘岳阿附杨骏，不久杨骏倒台，连累他差点被杀，幸亏得到故人公孙宏相助才逃脱一死；此后他依附贾氏，甚至不惜尊严，在大庭广众之下向晚辈贾谧屈膝谄媚，连他的母亲也看不过去，责备他"不知足"。谁承想贾氏说倒就倒，潘岳十年努力一朝化为泡影，他发现新贵赫然竟是故人孙秀，沮丧之情立刻转化成恐惧。

他乡遇故知，但故知是仇敌。潘岳的父亲潘芘担任过琅邪内史，当时孙秀是他手下的小吏，服侍过潘岳，潘岳那时少年气盛，屡次因为过失而鞭笞孙秀。谁承想世道轮回，二十年后，孙秀竟然飞黄腾达，成为权倾天下的中书令，潘岳反为案上鱼肉。

潘岳战战兢兢，不清楚孙秀是否记仇，于是有一天，他退朝时偷偷向孙秀试探，问："孙令犹忆畴昔周旋不？"那意思是说，孙长官，你还记得我们昔日的老交情吗？

孙秀瞥了他一眼，幽幽地说道："中心藏之，何日忘之！"这是诗经中的一句，意思是说，我一直惦记在心中，何日敢忘啊。

一桶冰水当头泼下，潘岳知道自己难逃一死了。

同样知道自己难逃一死的还有冯翊太守欧阳建。当初赵王在关中胡作非为，提议处斩孙秀的除了解结、解系，还有欧阳建。如今解氏兄弟被满门抄斩，欧阳建自度无法独善其身，于是躲到舅舅石崇的金谷园里。

石崇是晋朝首任大司马石苞的幼子，他是史上有名的富人，所居金谷园美轮美奂，世上仅有。乱世之中有这么庞大的家产，本身就是一个令人觊觎的祸根，更何况石崇还是有名的贾氏党羽，"二十四友"中的活跃分子，来日大难看来不可避免。

而石崇似乎没有意识到自己的危险处境，依然我行我素。石崇家有一个歌伎叫绿珠，美艳无比，善吹笛，孙秀听说之后，派人向石崇讨要。石崇把家里的侍婢一字排开，让使者自己挑，使者说："奉命讨要绿珠，别人不要。"石崇大怒，说："绿珠吾所爱，不可得也。"使者威胁石崇三思，石崇说不给就不给。

使者恨恨而去，石崇知道这回真的捅了娄子，于是找来潘岳、欧阳建，"阴劝淮南王（司马）允、齐王（司马）冏以图（司马）伦、（孙）秀"。

为什么是淮南王与齐王？因为这两人对赵王都怀有怨恨。

政变之后，淮南王被任命为骠骑将军、开府仪同三司、侍中，都督如故，领中护军。前面说过，像"骠骑将军、开府仪同三司"这一类的官职都只是虚衔，"都督如故，领中护军"对于淮南王也没有多大意义。当时全国性的内战还没爆发，在那些权贵眼里，政权还远比兵权重要，此前赵王不满足于统领禁军，要求录尚书事，就是这种心理。

淮南王的心结不仅于此。太子刚死的时候，有议者说要立淮南王为皇太弟，现在太子平反，皇孙司马臧被立为皇太孙。淮南王的失落无法言说，只是一个人偷偷地表示遗憾。

齐王的不满则更加易于理解，如果没有齐王，兵变就不会成功。未参与兵变的淮南王可以享受开府殊荣，亲自冲锋陷阵的齐王，事后得到的报酬却仅仅是一个游击将军。

他俩的怨气被石崇等人捕捉到了。

但是石崇等人机事不密，孙秀正密切注视着洛阳城里的一举一动，他很快发现了石崇等人的异动，然后他还发现了淮南王暗地里豢养了不少死士。

孙秀赶忙与赵王商议对策，两人决定先除掉淮南王，计划的第一步，是夺走淮南王的兵权。于是惠帝下诏，解除淮南王镇东大将军的职务，由彭城王司马植接替淮南王，都督扬江二州诸军事。

仅仅解除扬、江二州兵权是不够的，于是马上又有第二份诏书，任命淮南王为太尉。

当时是永康元年秋八月，这份诏书逼迫淮南王与赵王喋血京城。

七、白虎幡

太尉是三公之一，一品官职，名义上掌管天下兵马，在晋朝实质已是一个没有实权的养老闲职。此前担任太尉一职的有何曾、汝南王司马亮、高密王司马泰，他们不是朝廷宿老就是宗室前辈，年龄都在五十岁以上。永康元年，淮南王司马允才二十九岁，赵王就想让他提前过晚年生活。

惠帝在任命淮南王为太尉的同时，解除了他中护军的职务，所以这是明升暗降，表面是升官，实质是夺权。淮南王当然不乐意，这位皇弟在政变发生之后就提防着赵王，一直告病假不参加朝会。当黄门郎来宣诏的时候，他依然躲着不出来，说自己病了，没办法受诏。

这种态度无疑是很不正确的，容易授人以柄。孙秀高兴坏了，他派侍御史刘机带着手下令史、吏曹、军曹、法曹一干人等气势汹汹地赶到淮南王府，逼迫淮南王接受任命。

淮南王的回答依然是，病了，不从。

刘机等的就是这句话，于是他命令逮捕淮南王的从官，并且表示将要弹劾淮南王拒诏，这是大不敬的罪名。

淮南王被激怒了，他一巴掌打翻刘机，劈手夺过诏书，一看，火上浇油了。晋朝的诏书是写在青纸上，人们也称之为"青纸诏"，诏书应该由中书令或中书监起草，盖有皇帝玺印。淮南王手里的诏书，只有孙秀笔迹，并没有盖皇帝玺印，也就是说，所谓诏书实际只是孙秀写的便条。真是好大胆！

形势瞬间逆转，淮南王一边下令关门放狗，一边指挥手下操家伙，将刘机一干人等拿下。

刘机不愧叫刘机，见机不妙转身夺路狂奔，淮南王追赶不及，只砍倒刘机的两个令史。事到如今不得不反了，淮南王恨恨回到府中，召集平时豢养的死士，说道："赵王欲破我家！"

养兵千日，就等着这一刻。众死士齐口同声："随殿下差遣！"

于是淮南王率众出门，沿路大呼："赵王反，我将攻之，佐淮南王者左袒！"

这一招学的是汉代的周勃。当年周勃等人搞政变对付吕氏，周勃召集长安北军训话："为吕氏右袒，为刘氏左袒。"禁军全部左袒，于是发兵攻杀吕产、吕禄，拥立汉文帝。从此"左袒"就成为关键时刻表明立场的标志性行为，标榜自己是拥护王室的。

淮南王起兵是个突发事件，如果蓄谋已久，必定不会如此仓促草率。那时淮南王与齐王的接触尚浅，或者根本就没有开始，事件从头到尾就只见淮南王孤军奋战，齐王、石崇等人袖手观望。

淮南王的兵力十分有限，他手下死士七百，全部是从淮南带来的剑客，武艺高强，这部分应该是进攻主力；余下还有淮南国国兵，按武帝咸宁三年定下的制度："大国中军二千人，上下军各千五百人，次国上军二千人，下军千人。其未之国者，大国置守土百人，次国八十人，小国六十人，郡侯县公亦如小国制度。"淮南国是大国，淮南王未之国，所以按例只有一百个国兵。

史书上说，在淮南王的感召下，一路上"归之者甚众"。这句话很模糊，"归之者"军事素养应该都不高，而且"甚众"只是概数，不可以过多估计。

因此满打满算，跟随淮南王发动政变的士兵，总数不超过一千五百人，并且战斗力良莠不齐，其中正规军只有八百人左右。

这点兵力根本不够赵王塞牙缝的，淮南王的失败在他追杀刘机那一刻就已经注定。

虽然力量弱小，但是淮南王的战术是正确的。他第一步是想进宫控制惠帝，以取得政治主动权。当时淮南王还是中护军，名义上掌握一半禁军，如果惠帝下诏讨伐赵王，那么赵王在政治上、军事上都会陷于被动。

但是淮南王的战术没有得以贯彻，原因在于他在禁军中的根基太浅。他名为中护军，却指挥不动他的属下，禁军中下层将领都向着赵王。淮南王兵临宫城，尚书左丞王舆紧闭宫城掖门，不放淮南王进宫，这种行为如果没有殿中禁军的默许是不可能得逞的，由此可以明显看出殿中禁军的立场。

以淮南王的兵力，强攻宫城是自寻死路。擒贼先擒王，淮南王扭头直奔赵王的相国府。

按常理，赵王可调用的兵力要远多于淮南王。且不说他"使持节、督中外诸军事"可以任意调动禁军，仅以赵王的相国身份，按常例惠帝也应该赐给他一千人左右的营兵作为护卫，当年汝南王、卫瓘都有这个待遇。

如果这些兵力不够用，当时赵王还兼职担任着太孙太傅，相国府与东宫相连，东宫太子卫率合计有上万人，也是赵王可以倚仗的资源。

但不知何种原因，也许是变生肘腋，应对不暇，也许是淮南王麾下确实勇猛非凡。在两军交锋的初始阶段，赵王竟然完全落于下风，"伦与战屡败，死者千余人"。

随着淮南王的节节获胜，那些对赵王暗怀不满的异己分子开始蠢蠢欲动。太子左率陈徽召集麾下三千人，在东宫内鼓噪起来，响应淮南王。不过，这三千卫士没能帮助淮南王，原因很简单，东宫有前、后、左、右四卫率，人数上万。仅仅左卫率三千人是折腾不起来的，轻易就被其余七千人堵在东宫里。

淮南王在宫城外的承华门下结阵，强攻相国府，箭如雨下，射得赵王没有还手之力。赵王的手下都藏在树后躲避箭矢，赵王本人也差点被箭射死，有一个主书司马叫畦秘的舍身救主，替赵王挡箭，自己却被射成刺猬。

巷战从辰时打到未时，也就是上午八点一直打到下午两点，相关街道两旁，每棵树上都插了几百支箭，战况之激烈可以想象。

赵王、淮南王祖孙俩喋血洛阳，四周无数人在偷偷观望。《晋书》上说："初，伦兵败，皆相传：'已擒伦矣。'百姓大悦。既而闻允死，莫不叹息。"由百姓的反应可见人心所向，但是，那些芳心暗许淮南王的人，也不过就是在一旁坐视成败，然后发了几声廉价叹息而已。世人的勇气与正义感到此为止了，人人明哲保身，最终就导致了国家的万劫不复。

宫外打得惊天动地，皇宫里面也不平静。太子左率陈徽的哥哥陈淮在中书省任职，陈淮对惠帝说："宜遣白虎幡以解斗。"（《晋书》上说是任中书令，但此前《晋书》又说孙秀是中书令，又是一个前后打架的例子，潘岳称孙秀为"孙令"，因此可以肯定孙秀才是中书令，至于陈淮，就不清楚了，也许是中书监，或者只是中书侍郎。）

陈淮是个坏蛋，他在欺负惠帝是个白痴，因为白虎幡根本不是用来解斗的，用来解斗的幡是驺虞幡。当年驺虞幡一出，楚王麾下数万禁军立刻作鸟兽散，楚王顿时成孤家寡人束手就擒，威力之大令人咋舌。

白虎幡的作用恰恰与驺虞幡相反，它是用来指示进军冲锋的。陈淮与他弟弟陈徽一样，心向着淮南王。如果赵王手下看到惠帝授予淮南王白虎幡，就会误以为淮南王是奉诏讨伐赵王，赵王就会像当年的楚王一样，不战而溃。

惠帝上当了，他派司马督护伏胤率领四百殿中骑兵持白虎幡出宫，去劝双方罢兵。

陈淮的计谋看似就要得逞，结果出现了意外。

先前说过，殿中禁军是站在赵王那一边的，而且赵王把他的几个儿子安插在宫中监视皇帝，当时赵王的儿子汝阴王司马虔担任侍中，在门下省轮值，他急忙找来伏胤，发誓说："富贵当与卿共之。"

伏胤持幡来到淮南王阵前，拿着一张白纸诳淮南王，说有圣旨助淮南王。淮南王麾下看到他持白虎幡前来，都大喜过望，山呼万岁。淮南王也不疑有他，散开阵型，走下战车，来到伏胤面前，跪下接旨。伏胤一咬牙，猛然抽刀砍下，淮南王当场身首异处。

突发奇祸，淮南王麾下还没有反应过来，与伏胤同来的殿中禁军已经举起屠刀，赵王麾下也开始反攻。淮南王全军覆没，包括淮南王的儿子秦王司马郁、汉王司马迪在内，上千人无一幸免。

赵王赢得不容易，为了表达自己的喜悦，也为了提醒天下人谁是胜利者，赵王在洛阳范围内大赦。

大赦之后，就是彻底的清算。淮南王的属官、故友都在清算范围之内，他们全部被收押交给廷尉定罪，赵王的意思是全部诛杀，幸亏时任廷尉正的顾荣极力维护，救活不少人。

赵王还收押了武帝的另一个儿子吴王司马晏，想杀掉他，因为他是淮南王一母同胞的弟弟。吴王司马晏是个偏瘫患者，"少有风疾，视瞻不端"，长大后病情加重，甚至"不堪朝觐"。连上朝都没有能力的人怎么可能谋逆？光禄大夫傅祗因此与赵王据理力争，群臣也附和傅祗，最后吴王司马晏被贬为宾徒王，降一级，由郡王变为县王，这个处置与当年司马乂相同。

另外两个受牵连的宗室成员是齐王司马冏与彭城王司马植。齐王行事谨慎，赵王逮不到他的把柄，于是任命他为平东将军，假节，镇许昌，赶出洛阳了事。

至于彭城王司马植，他接替淮南王出镇寿春，还没出发，就传出流言说他参与了淮南王事件。赵王正想对彭城王下手，彭城王自己先忧虑成疾，一命呜呼了。

宗室尚且如此，石崇、潘岳等人当然在劫难逃，两人加上欧阳建，都被"夷三族"。潘岳全家老小，包括老母亲、一个兄长、三个弟弟，侄子、女儿十几号人无一幸免，统统拉到洛阳城东的牛马市斩首示众。潘岳是个孝子，最终却连累老母亲死于非命，临刑前，潘岳抱着母亲痛哭，说："负阿母！"

石崇全家十五人比潘岳先到刑场。当捕者破门而入的时候，石崇正在高楼上设宴，与宾客饮酒，绿珠正领着女伎在席前歌舞。看到捕者，石崇对绿珠说："我今为尔得罪。"绿珠垂泪说道："当效死于官前。"走到楼边飞身跃下，香消玉殒。

石崇起先没有预料到死期已至，他自我安慰说："吾不过流徙交（州）、广（州）耳。"后来发现被押解直奔东市而去，这才明白过来，他叹息说道："奴辈利吾家财。"身旁的捕者嗤笑说道："知财致害，何不早散之？"石崇无言以对。

石崇在刑场等到潘岳，惊讶说道："安仁（潘岳字安仁），卿亦复尔邪！"

潘岳冲他苦笑："可谓白首同所归。"

"投分寄石友，白首同所归。"这是石崇早年在金谷园宴饮唱和时潘岳写的诗句，没想到一言成谶。

几声刀斧响，头颅滚落，其时残阳如血。

八、着火的羊皇后

淮南王一死，赵王两次立威，更是气焰熏天，于是法螺大起。有一天上朝，孙秀提议说，赵王的功勋旷古烁今，宜加九锡。

朝臣们心中咯噔一下，心想，终于图穷匕见了啊。

所谓九锡，是九种高规格的器物，这些器物都是帝王或者帝王的祖宗才够资格享用的，包括：一锡车马，再锡衣服，三锡虎贲，四锡乐器，五锡纳陛，六锡朱户，七锡弓矢，八锡铁钺，九锡秬鬯。

九锡的最早记载见于《礼记》，不过里面不是配套批发的，而是零售，如有臣子立了大功勋，就赐给臣子一两件表示恩宠。《汉书·武帝纪》里说汉武帝元朔元年，汉武帝让各诸侯王举荐贤能，有朝臣奉议说："古者，诸侯贡士，壹适谓之好德，再适谓之贤贤，三适谓之有功，乃加九锡。"

这意思是说，在古代，诸侯有向天子举荐贤人的义务，举荐三批就算是有功勋，可以"加九锡"。可见到汉武帝时，"加九锡"还是维持了本意，只是表示恩宠，并没有什么特别的含义。

到了汉末，王莽这个书呆子想篡位做皇帝。王莽说《周礼》有"上公九命"之说，周王给诸侯加九锡，把这个诸侯升到距天子只有一步之遥的"上公"地位；当今皇帝给臣子加九锡，也是把这个臣子上升到无比接近皇帝的位置。

学术是为政治服务的，这个见解抛出来没多久，汉帝就很识相地给王莽加九锡，六年后，王莽自立为皇帝，建立新朝。

历朝历代都不乏乱臣贼子，有老前辈王莽当始作俑者，后进权臣纷纷跟风，从此"加九锡"就成了权臣篡位的前奏。

曹操受了汉献帝的九锡，他的儿子曹丕就篡位建立魏朝。

司马昭受了曹魏的九锡，他的儿子司马炎就篡位建立晋朝。

现在，赵王也想加九锡，莫非他想学哥哥司马昭？当年"司马昭之心，路人皆知"啊。

在场的朝臣心里嘀咕着，都知道不妥，但是张华、裴𫖮尸骨未寒，这时站出来反对，需要勇气。尚书刘颂豁出一条老命，表示反对："昔汉之锡魏，魏之锡晋，皆一时之用，非可通行。今宗庙乂安，虽嬖后被退，势臣受诛，周勃诛诸吕而尊孝文，霍光废昌邑而奉孝宣，并无九锡之命。违旧典而习权变，非先王之制。九锡之议，请无所施。"

刘颂这几句话分量还很重，他把曹丕、司马昭等受九锡另立新朝的权臣归为一类，把周勃、霍光等匡扶社稷的权臣归为一类，话不挑明，但是含义自现：所谓九锡，是给有野心的权臣备用的，赵王如果你是忠臣，那就学学周勃、霍光，不要加九锡。

可是，赵王就是有野心的，他也根本没打算掩饰自己的野心。最后这事演变成一场闹剧，惠帝执意要加九锡，赵王害羞，坚决不要，但是惠帝一定要给，赵王就躲在家里不上朝，惠帝心很诚，派文武百官轮番上门求赵王千万别推辞。

盛情难却，赵王最后只好被迫接受，同时还增封食邑五万户。

赵王的党羽张林，是当初捕杀张华的直接凶手，他劝赵王杀刘颂图个眼前干净。孙秀这时说了一句人话："杀张、裴已伤时望，不可复杀颂。"刘颂因此逃过一劫，仅仅被调离机要部门门下省，出任闲职光禄大夫。这次谏议耗光了刘颂的最后一把余热，几个月之后他就病死了（《三十国春秋》里说他是自杀的）。

赵王加了九锡，不知道自己离死期更近了一点，心情大悦，论功行赏。在淮南王事件中立下汗马功劳的伏胤、王舆加官晋爵，自然是不在话下。其中王舆被任命为左卫将军，掌管左卫禁军，王舆因此有了日后反水的资本。

赵王还将禁军的兵权交到自己儿子手里。赵王世子司马荂担任抚军将军、领军将军；司马馥任镇军将军、领护军将军；司马虔任中军将军、领右卫将军；司马诩依旧为侍中，监视惠帝。

经此一役，赵王发现相国府的保卫力量还不够强，于是增加相府卫兵至两万人，数量与皇帝的殿内禁军相等，赵王还觉得不安全，额外又隐匿不少兵士，使相国府的实际武装力量超过三万人。

此时，清河王已在三个月前病死，吴王已经被贬斥，赵王又扫除了淮南王这个障碍，洛阳城内除了十七岁的豫章王司马炽，再也没有皇帝的亲弟弟了。豫章王就是日后的晋怀帝，此刻担任散骑常侍的闲职，他为人低调，"门绝宾游，不交世事，专玩史籍"，这样的人是不足为忌的。

所以洛阳已经没有人能够挑战赵王的权威。控制了禁军，就是控制了洛阳；控制了洛阳，就是间接控制了天下。赵王与孙秀松了口气，开始任意妄为。

孙秀有个儿子叫孙会，这个孙会据说长得相当寒碜，一看就是个奴仆的坯子，"形貌短陋，奴仆之下者"。早年孙秀没发迹的时候，他是在洛阳城西给人打杂卖马的，后来托老子洪福，孙会被任命为射声校尉。

永康元年孙会二十岁了，孙秀一手操办，竟然让他迎娶惠帝的女儿河东公主，河东公主的母亲就是前不久被杀的贾皇后，孙秀逼着正在给母亲服丧的公主与丑儿子成亲，这个新闻传出去，洛阳百姓"莫不骇愕"。

永康元年冬十一月，在孙秀的安排下，惠帝司马衷迎娶了他的第二任，也是最后一任妻子。新的皇后姓羊，名献容，来自泰山羊氏。泰山羊氏可以算是西晋外戚世家，曾出过景帝司马师的皇后羊徽瑜。

景帝的羊皇后经历十分平淡，唯一过人之处是寿命长，她一直活到武帝咸宁四年，死时六十五岁，为西晋第一长寿皇后。她的长寿意义重大，她的弟弟羊祜因此成为晋武帝最信赖的臣子，羊祜因此有机会施展才能，替晋武帝打好统一天下的基础。

羊献容是羊徽瑜的孙辈，同样是晋朝的皇后，但境遇却有天壤之别。羊献容的皇后生涯总是有死亡如影相随，从永康元年（300）至永嘉五年（311），羊献容被五次废黜又被五次册立，还曾被关进金墉城险些遭赐死。永嘉五年，洛阳沦陷，羊献容被匈奴人刘曜俘获，后来成为前赵政权的皇后，替刘曜生了两个皇子，其经历之跌宕起伏，不仅晋朝仅有，也是中国历史仅有。晋惠帝的两任皇后都赫赫有名，贾皇后凭她的狠毒心计，羊皇后则凭她两国两皇后的传奇经历。

羊献容未必愿意做青史留名的人物，作为一个女人，羊献容是不幸的，她不幸的根源在于她有一个利令智昏的舅舅。

羊献容的舅舅孙弼，孙弼的堂弟孙髦、孙琰、孙辅，都是赵王心腹，一直巴结着孙秀。他们四人是乐安郡人，与出生于琅邪郡的孙秀风马牛不相及，只是趋炎附势，所以与孙秀合为一族。孙弼的父亲孙旐时任平南将军，远在襄阳，得知此事急忙派小儿子孙回前去阻止，没想到儿大不由爷，孙弼根本不听劝，孙旐气得恸哭不已，后来孙氏果然受牵连，满门罹难。

为了谄媚孙秀，也为了配合赵王监视与控制惠帝，孙弼出卖了这个外甥女。在孙秀的操纵下，羊献容被立为皇后。

十一月甲子，惠帝立皇后羊氏，大赦天下，封皇后之父尚书郎羊玄之为兴晋侯，升职为光禄大夫，特进散骑常侍。

对于羊玄之而言，这不是喜讯，而是灾难的开始，他从此被卷入司马家骨肉相残的"八王之乱"，直至家破人亡才罢休。

据说进宫那天，羊献容的衣裙突然无故起火，这大概是上天发出的警示，但在当时，人人都把它误解为吉兆。

第七章　赵王

一、狗尾续貂

永康元年八月，齐王司马冏被赶出洛阳，去许昌赴任。离京之时，淮南王司马允已经横尸洛阳街头，齐王知道下一个被逼反的很有可能就是自己，所以他一到许昌，就着手组织武装。

齐王当时是平东将军，假节，这个官职是华不而实的。《晋书·职官志》里说："四征、镇、安、平加大将军不开府、持节都督者，品秩第二"，"然则持节都督无定员"。这意思是说被任命为四征、四镇、四安、四平（平东、平西、平南、平北）将军，未必会有皇帝授节，也未必会被任命为都督。而只有都督诸州军事，才能掌握军权。

以往楚王司马玮任"平南将军，假节，都督荆州诸军事"，淮南王司马允任"镇东大将军，假节，都督扬、江二州诸军事"，所以权重一方。当年汝南王镇许昌，也是"假节，督豫州诸军事"，齐王没有被任命为都督，所以他只是光杆将军。

为了扩充实力，齐王只好接洽地方豪族，他与离狐人王盛、颍川人王处穆商议筹集一支军队。王处穆在家乡颍川长社县浊泽招亡纳叛，据说"百姓归之，日以万数"。浊泽位于豫州西部，在许昌与洛阳之间，乃是兵家必争之地，战国时代赵、韩、魏、秦四国多次在浊泽交锋，齐王选择这个地方屯兵，明显是有所图谋的。

赵王对在外的三个诸侯王都心有疑忌，他安排心腹担任成都王、河间王、齐王的军司，监视三王。监视齐王的人叫管袭，但此人被齐王玩弄于股掌之中，一直没发现齐王的异动。赵王又曾派心腹张乌去偷偷监视齐王，张乌也被骗过，回到洛阳对赵王报告："齐无异志。"

齐王乃是一个奸雄，为了巩固赵王的信任，他与管袭一起攻杀了王处穆，并将王处穆的首级传送洛阳。可怜的王处穆成为一枚弃子，赵王从此对齐王完全放心。

王处穆虽然死去，但是他召集来的军队没有散，齐王将他们收编到麾下，等待机会。

机会果然来了，永康二年（301）正月，消息传到许昌：赵王司马伦篡位了。

赵王篡位的过程就像是一场心虚的闹剧。

孙秀是徐州琅邪郡人，青、徐两州地方盛行"五斗米教"，当地的豪强大户几乎家家信奉，琅邪王氏就世代信奉"五斗米教"，直到东晋都没改。

道教兴起于东汉末年，很快就蔓延开来，再经"太平道"黄巾之乱这么一闹，家喻户晓。黄巾起义虽然被镇压了，但是道教仍在蓬勃发展。"五斗米教"的"师君"张鲁甚至凭借教徒占据汉中，建立政教合一的政权。后来张鲁政权被曹操攻灭，但是"五斗米教"依旧如火如荼地发展。

到了晋朝，佛教势力还不值得一提，西起蜀中，东至临海，北至青州、冀州，到处可见道教徒的身影。蜀中李氏成汉政权就封"五斗米教"教魁范长生为"四时八节天地太师"；西晋太安二年（303），荆州张昌叛乱就利用道教来召集部众；光熙元年（306），在青州北部（今烟台附近）发生了以刘伯根为首的道教徒叛乱；直到百年后的东晋末年，江南还爆发"五斗米教"教魁孙恩领导的叛乱，直杀得伏尸百万、血浸江南，令东晋朝廷名存实亡。这个孙恩是谁？就是孙秀的同族后辈。

在永康二年，孙秀也利用道教的神神道道替赵王制造舆论。他先派一个牙门将叫赵奉的，假装得到赵王他爸，也就是宣帝司马懿的托梦，司马懿在梦里命令小儿子"早入西宫"，意思就是让他做皇帝。

也许司马懿觉得托梦的效果不够好，于是没过几天，就有人看见宣帝在洛阳北部的邙山显灵，还是表达希望赵王做皇帝的意思。赵王闻讯十分感激，赶紧在邙山上替老父亲立庙。

然后，又是天降祥瑞啊，天星异动啦，各地都出现了莫名其妙的超自然现象，内容只有一个：宣帝显灵，批示赵王该做皇帝了。

永康二年正月乙丑，各宗室诸侯王、文武百官纷纷向赵王劝进，连傻皇帝司马衷也突然开了窍，写了一道禅位的诏书给赵王。当然，诏书上留的是孙秀的字迹。

尚书令满奋持节宣读禅让诏书，身后站着尚书仆射崔随、太子詹事裴劲、左军将军卞粹、散骑常侍义阳王司马威等黑压压一大群人。赵王一开始很谦虚，"伪让不受"，但是大伙死命哀求，最后赵王逼不得已，只好笑纳。

随后，早已等得不耐烦的左卫将军王舆与前军将军司马雅等人，率领五千披挂整齐的禁军拥入殿中，召来负责殿中安全的禁军三部司马，通告赵王受禅，要三部司马表明立场。三部司马一看对方人多势重，哪敢不从。于是当天晚上，赵王的心腹张林率禁军屯守皇城各大门，黄门郎骆休与散骑常侍义阳王司马威进宫去夺皇帝玺绶。

义阳王司马威是司马懿弟弟司马孚的重孙，算起来是惠帝司马衷的族弟，据说此人"凶暴无操行"，一向"谄附赵王伦"。这次他为了向赵王邀功请赏，充当了急先锋，原以为此事轻而易举，不料司马衷竟然也知道皇帝玉玺意义重大，抱在怀里死活不给。司马威连哄带骗始终不能得逞，急了，就冲上去和惠帝肉搏。

傻子发起蛮力来劲儿还很大，司马威久夺不下怒火攻心，就顾不得什么金枝玉叶，抓起惠帝的手使劲一掰。这一掰坏事了！玉玺到手了，可是惠帝被掰哭了。司马衷含泪捂着被掰伤的手指，充满仇恨地盯着司马威，傻子轻易不记仇，但一记就是一辈子。赵王倒台后，司马威因为这一行为而遭受杀身之祸。

皇帝玺绶到手，禅让诏书已受，赵王从此刻起就是晋朝的皇帝了。于是，赵王按天子法驾的规格安排卤簿，入主皇宫，大赦天下，改元为"建始"。

新皇帝已立，旧皇帝怎么办呢？赵王命令尚书和郁，侍中、散骑常侍琅邪王司马睿，中书侍郎陆机送司马衷出宫。司马衷乘坐云母车，随行卤簿数百人，从华林园西门出宫，入居金墉城。

金墉城在接待过太后、皇太子、皇后之后，终于迎来了这位身份最为显赫的客人。

第二天丙寅日，赵王尊奉司马衷，也就是他的侄孙为太上皇，把金墉城改名为永昌宫，赵王派遣心腹张衡守卫永昌宫，当然张衡的实际作用是幽禁监视。赵王又废黜了皇太孙司马臧，封其为濮阳王，一并送到永昌宫陪傻子爷爷享福，八天之后，即永康二年正月癸酉，赵王派人杀死了尚在冲龄的濮阳王。

整个篡位的过程中，赵王没有遇到任何阻力，晋朝的臣子们很好地保持了"国事与我无关"的传统，唯一的例外据说来自侍中嵇绍。义阳王司马威入宫收皇帝玺绶，问嵇绍："圣上法尧舜之举，卿其然乎？"

嵇绍厉声喝道："有死而已，终不有二！"司马威大怒，拔剑相向，据说赵王篡位后，嵇绍主动随司马衷去金墉城居住。

这一段叙述出自清朝人汤球编撰的《三十国春秋》，与《晋书》中不符，《晋书》中说赵王篡位后，嵇绍仍心安理得地做他的侍中。孰真孰伪难以辨别，但即使嵇绍当时没有辞职，也无须苛求，许多累世受司马家宠信的朝臣，也都接受了赵王的伪职，如何曾之子何劭，他被任命为太宰。

赵王立世子司马荂为太子，儿子司马馥为侍中、大司农、领护军、京兆王，司马虔为侍中、大将军领军、广平王，司马诩为侍中、抚军将军、霸城王。军权因此都集中到赵王一家手中。

赵王论功行赏，以孙秀为第一功臣，担任侍中、中书监、骠骑将军、开府仪同三司；余下张林、王舆等人都名列卿将，封为诸侯；其余同党也都破格升官，数量"不可胜纪"，乃至于奴隶、小厮都有爵位。

在宗室方面，哥哥平原王司马干被任命为卫将军，另一个哥哥梁王司马肜则被任命为"阿衡"，另外还"给武贲百人，轩悬之乐十人"，以表示优宠。"阿衡"据说是商代的官名，来自辅佐成汤的大功臣伊尹，职权相当于宰相。

此外，赵王还任命义阳王司马威为中书令，东武公司马澹为领军将军，东平王司马楙为卫将军、都督诸军事。哥哥扶风王司马骏的儿子、新野公司马歆被任命为南中郎将，出镇襄阳。

以上被笼络的都是宗室疏族，宗室嫡系则被赵王重点提防着。惠帝的弟弟、豫章王司马炽就在此时被囚禁了起来。

处理完宗室，赵王下一步是更大范围地笼络人心，这一步至关重要，做好了就是坐稳龙椅，实现晋室中兴；搞砸了就是篡臣贼子，遗臭万年。不过世人并没有对赵王抱什么期望，哪些人望之不似人君？惠帝司马衷是一个，赵王也算一个。赵王不仅品行不良，长得也很难看，眼睛上还生着很大的肉瘤，导致一只眼睛几乎失明。

赵王一出手，果然就是臭棋，而且是没有新意的臭棋，还是学习当年杨骏乱封滥赏，并且将之登峰造极。

晋朝的选举制度以"九品中正制"为主，同时乡郡荐举制作为一种辅助制度也在实行。按照晋朝法令，由地方举荐"贤良""直言""秀才""孝廉""良将"文武五方面的人才，朝廷予以考核，考核通过才授予官职。

但是赵王下令，当年所有被举荐为"贤良、直言、秀才、孝廉、良将"的人选，全都不用考核，直接任命授官。此外，地方郡国与京邑的一切待考察官吏全部转正，十六岁以上的太学生及各地在学二十年以上的学员，全部署以吏职。在赵王宣布大赦的当天，所有在职的二千石郡守全部封侯，郡守的功曹属官全部荐为"孝廉"，县令的功曹属官全部荐为"廉吏"。

国家一夜之间冒出成千上万名官员、侯爵，以至于国库中的布帛储粮都不够对这些人进行封赏。新封的侯爵如此之多，工匠夜以继日也来不及铸冶那么多的印章，只好先用白板代替。到了朝会的时候，没有足够多的貂尾装饰新进官员的官帽，只好随便找块东西代替。

世人嘲讽这样的朝堂"貂不足，狗尾续"，《晋书》上说"君子耻服其章，百姓亦知其不终矣"。

如此滥封只能争取到部分寒门士族的支持，因为高门士族子弟大多通过"九品中正制"，被评为上品顺利入仕；只有寒门士族子弟才会去举"孝廉""秀才",也只有寒门士族子弟才稀罕做那些不入流的小官。

由此可见赵王黔驴技穷。赵王是通过政变攫取政权的,他依靠的是中下级禁军将领,这些禁军将领的出身大多不高,也就是说赵王在政治上的根基其实很薄弱,支撑司马家政权基础的是高门士族,但赵王对此缺乏有效的笼络手段。

高门士族大部分对赵王阳奉阴违。比如,何劭、乐广、傅祗等众多早已功成名就的朝臣,虽然坦然接受了赵王的伪官职,但却都只拿俸禄不出力。这部分人始终悠然世外,他们心里很清楚,自己无须为官爵禄位担心,无论谁做皇帝,都不敢得罪他们这个阶层,都少不了他们一杯羹。所以,当皇室需要他们挺身而出的时候,他们装聋作哑;赵王任命他们仕宦伪朝,他们也无可无不可,最后赵王覆灭之时,他们还是袖手旁观。

稍有气节的朝臣,则选择与赵王不合作,不接受伪职。比如太原内史刘暾,赵王任命他为征虏将军,不受;比如尚书高光,赵王给他升官,不受;还有扬州刺史何攀,赵王召他进京,何攀死活不愿意,赵王怒了,要杀他,何攀只好上路,病死在途中。

另外也有一些朝臣,因为与赵王有仇,积极奔走,伺机复仇。

比如,赵浚被赵王诛杀,他的儿子赵骧就逃亡到邺城投靠成都王司马颖;石崇、潘岳也被赵王所杀,石崇的侄子石超就逃亡到邺城,潘岳的侄子潘尼则逃亡到许昌投靠齐王司马冏。

其中值得一提的是琅邪王氏，在名门望族中他们反对赵王最为积极，这是因为此前琅邪王氏与贾氏走得太近，所以被赵王打压得最厉害。琅邪王氏的招牌人物，尚书左仆射王戎是裴𬱟的岳父，裴𬱟死后，王戎被连坐免官；琅邪王氏的另一个招牌人物尚书令王衍，被赵王禁锢终生。赵王篡位之后，王衍担心赵王于己不利，就佯装发疯，拿刀在家里狂呼大叫，把婢女给砍伤了，这个大名士不仅善于装清高，还十分善于表演。

所以赵王不倒，琅邪王氏就没有出头之日。王衍的弟弟王澄当时是成都王司马颖的从事中郎，他后来极力鼓励成都王举兵勤王；王衍的另一个族弟王敦，在洛阳担任黄门侍郎，赵王派他去劝说时任兖州刺史的叔父王彦前来归顺，结果王敦到了兖州，反劝王彦举兵反抗赵王。

二、勤王！勤王！

赵王迫不及待地篡位，可帮了齐王司马冏的大忙。此前齐王的生死全在赵王的一念之间，哪天赵王心情不好让惠帝下道诏书取他人头，齐王也只有引颈受戮，完全没有反抗的能力。

赵王一篡位，形势立刻逆转。惠帝都已经被关进金墉城了，时危见忠臣，此时不起兵勤王，更待何时？齐王可以理直气壮地号召天下群殴赵王，这是一个大是大非的问题，容不得骑墙观望，如有不响应者，就是附逆分子，天下人共击之。

齐王长出一口气，他宣布接管豫州军事，并迅速搜捕监军管袭，在誓师大会上将其斩首祭旗。

随后，齐王派遣使者邀请邺城的成都王司马颖、长安的河间王司马颙、襄阳的新野公司马歆，齐头并进，围攻洛阳，去拯救惠帝于水火之中。

同时，齐王传檄各州、郡、县、国，俨然以拨乱反正为己任，用盟主的强硬口气说道："逆臣孙秀，迷误赵王，当共诛讨。有不从命者，诛及三族。"

这是永康二年三月，距赵王篡位还不到三个月。

而那些手握重兵的都督们却各怀心思，有的积极响应，有的拥兵观望，有的骑墙反复。总体而言，与惠帝血缘关系越近，反抗赵王的意愿越强烈；与惠帝血缘关系越远，对于谁做皇帝越无所谓。

积极响应的，有武帝的两个儿子，邺城的成都王司马颖与常山的常山王司马乂。

成都王其实早有准备，他此前一直在网罗赵王的仇人。齐王的使者到达邺城，成都王向他的谋主、时任邺城令的范阳人卢志问计，卢志想这还用考虑吗？赵王夺去的可是你们兄弟的天下。这话大合成都王的心意，成都王当即拍板，去洛阳救他那个傻哥哥。

成都王点起三军，同时通告天下。羽檄所及，莫不响应，兖州刺史王彦、冀州刺史李毅随即率兵响应，并将兵权交予成都王统一指挥。

成都王任命邺令卢志为左长史，顿丘太守郑琰为右长史，黄门郎程牧为左司马，阳平太守和演为右司马；任命王彦、李毅、督护赵骧、石超等为前锋，挥师西进。

一路上不仅没遇抵抗，反而不断有地方军队加入进来。成都王的大军高歌猛进，驻扎在殷商的古都朝歌。

朝歌位于洛阳东北，宽广的黄河从两城之间奔腾而过，黄河两岸百余里是当年楚汉争霸的古战场，有天下粮谷的集散地、号称"天下粮仓"的敖仓；还有险峻的氾水关，氾水关的名头也许不够响亮，它的另外一个名字叫虎牢关，号称"天下雄关第一"，到了秦末，它又易名为成皋关，刘邦与项羽曾在此酣战良久。

驻扎在朝歌的成都王大军据说已经达到二十万，旌旗绵延数里，声势浩大，同时散兵游勇不绝如缕，从四面八方辐辏而来。

常山王九年前受胞兄楚王的连累，由长沙郡王贬为常山县王，被赶到北方冀州常山郡，手中无权无兵，一举一动都在监视之下。当齐王勤王的消息传来，常山王手中只有三千常山国卫兵，不过他几乎未加思考就决定响应，理由与成都王相同：天下者，我们兄弟的天下，岂容外人染指！

常山郡与赵国毗邻，这里是赵王的老巢。常山王要奔赴邺城，必经赵国。常山王一路招降，不降则战，赵国房子县令拥兵踞守，常山王就攻破房子，杀县令过境。

等常山王抵达邺城，成都王已经出发西进。常山王在邺城斩杀了朝廷派来监视他的常山内史程恢和他的五个儿子，然后一路向西，去追赶成都王。

拥兵观望的是东北蓟城的幽州都督王浚、东南寿春的宁东将军郗隆、南方宛城的安南将军孟观。

先说王浚。一年前，时任东中郎将的王浚与刘振、孙虑等人合谋，在许昌杀害了愍怀太子。贾皇后论功行赏，将王浚转任为宁北将军，兼青州刺史，不久又升一级，转任宁朔将军、持节都督幽州诸军事。

王浚到蓟城不久，洛阳发生兵变，贾氏垮台，刘振、孙虑等人被满门抄斩。王浚暗叫侥幸，假设他当时身在洛阳，必定也已经横尸街头；幽州与洛阳有千里之遥，朝廷若不是鞭长莫及，肯定会将他捉拿问罪。从那时起，王浚就产生了挟兵自重的念头。

幽州是从周朝沿用下来的古地名，偏居东北隅，疆域最大的时候，包括今日的山西省东北、河北省北部、辽宁省南部环渤海区域，还有朝鲜半岛的北部。东汉末年，称据幽州、冀州的军阀公孙度划出幽州东部五郡，另立为平州。幽、平两州向来都是汉人活动范围的边缘，是极北荒凉胡狄杂居之处。在春秋战国时期，此处有山戎、东胡、匈奴，两汉时期，此处有匈奴、鲜卑、乌桓，魏晋时期比较活跃的是匈奴宇文氏、鲜卑段氏、鲜卑慕容氏与乌桓。

王浚一到幽州，就偷偷与这些异族人建立起交情，他将女儿嫁给了段氏鲜卑的首领段务勿尘，又将另一个女儿嫁给了乌桓首领苏恕延。在此期间，国家政治中枢洛阳一直乱糟糟，政变、兵变不断，无暇顾及他的异常举动。齐王与成都王的檄文先后传到蓟城，王浚勒令境内按甲寝兵，任何人都不得妄动。

成都王因此对王浚相当不满，只是一时无力实施惩戒，只好先咽下这口气，但也记下了这笔账。

再说郗隆。郗隆的门第也不低，其先祖郗虑是汉末的御史大夫。此前郗隆曾经两次被免官，幸好他与赵王是从小相识的老交情，赵王篡位之后，任命郗隆为扬州刺史。

晋朝的扬州幅员辽阔，北起淮河流域，南至珠江流域，范围包括今日安徽省北部，江苏、浙江、江西、福建全省，再加上湖北省东部，占据半个中国南方。扬州刺史负责一州的政务、治安，赵王还加封郗隆为宁东将军，郗隆集政权、军权于一身，成为扬州的实际统治者。

当齐王的檄文传到扬州，郗隆犹豫不决，召集僚属众议。

主簿赵诱献计，分为三策："当今上计，明使君自将精兵径赴齐王；中计，明使君可留督摄，速遣猛将率精兵疾赴；下计，示遣兵将助，而称背伦。"

郗隆不悦，其实他的心里是向着赵王的。抛开赵王的恩情不说，他们全家都与赵王走得很近，侄子郗鉴是赵王故吏，郗隆的几个儿子也都在洛阳任职。

郗隆向心腹别驾顾彦问计，顾彦劝他对齐王敷衍了事，说："赵诱下计，乃上策也。"这话太合郗隆心意了，他将齐王的檄文压住不予回应。

但是情势已经超出郗隆的控制。扬州是孙吴故地，归附未久，朝廷对于吴人一直有戒心，因此驻扎扬州的军队，有很多是从北方中原调动过来的。那些北方来的将军、士卒，听说家乡在打仗，而自己却待在这个潮湿的鬼地方无所事事，都很愤愤不平。

军人就是靠军功来升官加爵的，眼前明明有一个进阶荣身的好机会，却被主帅阻挠，将士们自然很不满意；而且郗隆对待下属十分苛严，平时就很不得人心。于是扬州的驻军人无固志，怨言沸腾。

治中留宝、主簿张褒、西曹留承等人觉察到了危险，于是请郗隆表明立场，积极勤王。

郗隆不知死期将至，说："我俱受二帝（指惠帝与赵王）恩，无所偏助，惟欲守州而已。"

留承觉得郗隆愚不可及，当前的局势怎会容许有人置身事外？留承说："天下者，世祖皇帝之天下也。太上承代已积十年，今上取四海不平，齐王应天顺时，成败之事可见。使君若顾二帝，自可不行，宜急下檄文，速遣精兵猛将。若其疑惑，此州岂可得保也！"（"世祖皇帝"是指武帝司马炎，"太上"是指惠帝司马衷，"今上"是指赵王司马伦。）

郗隆置若罔闻，几天之后，郗隆的参军、陈留人王邃在金陵的军事重镇石头城内竖立旗帜，宣告响应齐王。麾下将士纷纷弃郗隆而去，投奔王邃，郗隆派人在牛渚渡口阻拦，可是人太多，根本拦不住。

不久，扬州驻军哗变，谎称郗隆聚合远近，有割据的野心，他们奉王邃为主，将郗隆父子杀死并传首许昌，响应齐王加入到勤王的行列。

再说孟观。孟观在元康元年帮助贾皇后消灭杨氏，成为贾皇后的心腹，升官为积弩将军，封为公爵。元康六年关中大乱，鲜卑、羌、氐一时俱反，氐人齐万年甚至被拥立为皇帝，建立伪政权。

朝廷先后派兵镇压，梁王、赵王先后临危受命，却全都铩羽而归，史上有名的回头浪子周处也在平叛期间阵亡。元康八年，孟观受命赴关中收拾乱摊子。孟观确实是一员良将，仅用数月就生擒齐万年，平定关中。此后转任东羌校尉，征拜右将军，因此远离洛阳中枢，没有参与诛杀贾氏的兵变。赵王篡位后，任命孟观为安南将军，假节监沔①北诸军事，镇宛城。

孟观其实有充分的理由来反对赵王，因为他的儿子孟平是淮南王的前锋将军，在淮南王事件中战死于洛阳街头。事后孙秀谎称孟平死于淮南王之手，还追赠了一个"积弩将军"的官衔以示笼络。

孟观也许确实不知道儿子的死状，所以齐王起兵之后，他也一直在左右摇摆。勤王的队伍风起云涌，越来越多，不时有人来劝孟观响应。

但是孟观这人迷信，他自认为懂天象，观察了几天之后。孟观发现，天上对应皇帝的"紫帝星"并无异动，由此他认为勤王不会成功。孟观于是做出愚蠢的决定，按兵不动，在名义上他依旧承认自己是赵王的臣子。

孟观的下场比郝隆好一点，他的部队没有哗变，但是孟观只比郝隆多活了两个月，赵王失败后，孟观被夷三族。

骑墙反复的，有长安的平东将军河间王司马颙、襄阳的

---

① 即沔水，即今日汉江。

南中郎将新野公司马歆。

先说河间王司马颙。河间王在元康九年出任平西将军，接替梁王司马肜镇守关中。关内与关外隔着连绵群山，所以河间王对关外形势缺乏了解。一开始，河间王判断失误，决定站在赵王这一边。当时关内有一个叫夏侯奭的，曾经担任过安西将军府的参军，他自称侍御史，受密诏响应齐王讨伐赵王。夏侯奭在始平县招募了几千士兵，还不知死活地派人邀请河间王共同起事。

在河间王眼里，关中就是他的禁脔，所有大政方针都应由他说了算，岂容他人染指？何况始平县仅在长安西侧几十里处，卧榻之旁岂容他人鼾睡！河间王当即派遣主簿房阳、振武将军张方带兵杀到始平，生擒夏侯奭及其党羽十余人，统统在长安街头腰斩。后来齐王的使者到了长安，河间王还将使者执送洛阳向赵王邀功。

赵王很感动，于是向河间王征兵。河间王派张方领着关内的雄兵健将去支援洛阳，张方走到华阴，将要出潼关，身后却有河间王的长史李含追了上来。原来河间王得到最新消息，知道齐王、成都王声势浩大，预料到赵王这次凶多吉少，所以改变了立场。

张方于是又领兵回到长安，修整一番重新出发，一路有意磨磨蹭蹭。等张方再次抵达潼关时，赵王已经死了。

河间王的首鼠两端使齐王感到愤怒，这为日后二王交恶埋下了伏笔。

再说新野公司马歆。新野公是扶风王司马骏的儿子。赵王是新野公的亲叔父，也是他的伯乐，新野公在武帝太康年间出仕，十余年来，他一直在洛阳担任散骑常侍这种可有可无的闲职。赵王篡位之后，任命他为南中郎将，主持荆州军事。

论亲疏、论恩情，新野公似乎应该毫不犹豫地站在赵王这一边，新野公的亲信王绥也是这么劝他："赵亲而强，齐疏而弱，公宜从赵。"

王绥只说对了一半，论血缘关系，赵王亲、齐王疏这个不假，但说论实力，赵王强、齐王弱则未必。现在的局势不是赵王与齐王一对一较量，而是赵王在挑战全天下的忠诚心。说"忠诚心"其实也是表象，名在利先，有了"忠臣"之名自然就会得到作为忠臣的犒赏，赵王其实是把自己放在火上烤着，给天下人提供了一个做忠臣的机会，一个重新分配利益的机会。

当时已经有许多人闻风而动，对赵王群起而攻之。豫州、兖州、冀州、并州都举起了勤王的旗帜，从南到北，形成了对洛阳的半包围。赵王的处境即使说不上岌岌可危，也不太乐观。

所以孰强孰弱还真不好说，而骑墙又不行，因为新野公的南中郎将官职是赵王任命的，属于伪职。他如果袖手旁观，只有死路一条。赵王胜了，会说他首鼠两端；而齐王胜了，又会说他附逆，因此新野公必须做出选择。

新野公招来僚属商议，参军孙询当众反驳王绥："赵王凶逆，天下当共诛之，何亲疏强弱之有！"听者纷纷点头，新野公于是下定决心，把宝押在齐王那一边。

新野公派孙询北上豫州去联络齐王，齐王大喜过望，给予孙询相当高的礼遇，并且握着他的手说："使我得成大节者，新野公也。"

齐王的喜悦并非做作，新野公的态度对他至关重要。

豫州在洛阳东南、荆州的东北，如果荆州倒向赵王那边，齐王就会面临被南北夹击的危险。以齐王的军事实力，一对一与赵王单挑尚且力不从心，如果被夹击那是必死无疑。齐王最担心的应该就是腹背受敌，如今新野公雪中送炭，怎么会不感激涕零。

齐王知道，新野公做出如此决定是不容易的，因为当时荆州的最高军事统帅并非新野公，而是假节镇襄阳的平南将军孙旂。

孙旂与孙秀合族，赵王给他全家加官晋爵，孙旂还获得了开府仪同三司的殊荣，他有四个儿子在洛阳担任要职，因此孙旂一家被视为赵王的不可动摇的死忠之人。新野公要投向齐王，首先就要对付同处一城之内的孙旂。

新野公如何对付孙旂，掌握襄阳兵权，此中细节已经无法深考，《晋书》上说其实孙旂一家内部并非一条心，孙旂本人是反对依附赵王的，他曾经派小儿子孙回赴洛阳，责备大儿子孙弼等人利令智昏。但是子大不从父，孙弼等人置若罔闻，老父亲孙旂躲在家里大哭了一场。由此可以料想，孙旂的态度应该是比较消极的，他很可能并没有与新野公争权。但是这个消极的态度并没能救得了他的命，赵王垮台之后，孙旂的下场是"夷三族"。

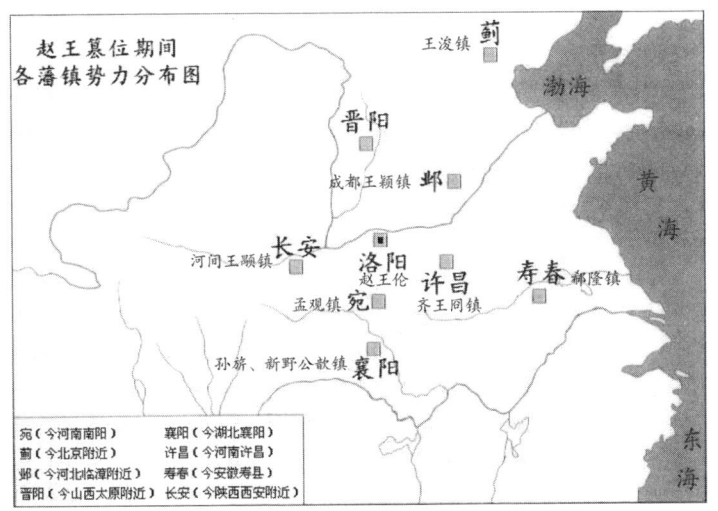

整个勤王过程中，新野公并没有直接参与对赵王军队的作战，保证后院不起火，这是他对齐王的重要贡献。所谓"后院不起火"，并非仅仅指孙旂，也指孟观。因为宛城夹在襄阳与许昌之间，新野公是安在孟观身后的一颗炸弹，令孟观不敢轻举妄动。

而齐王得以腾出手来，一心一意对付从洛阳赶来的禁军。

三、洛南洛北皆成战场

赵王成为孤家寡人，从南到北，从西到东，旌旗林立，到处都是讨伐他的军队。

在这杀声四起的时刻，赵王等人却在洛阳内讧。

原来赵王历来无能，称帝之后，事无大小，都要先咨询孙秀。有时孙秀心意改变，而赵王的诏令已经写成，孙秀就毁掉诏书，重新写就，如此朝令夕改，让属下官员无所适从。

官职的任免也由孙秀说了算，朝堂之上如走马换灯一样换了一拨又一拨，来去频繁。孙秀俨然已是事实上的皇帝，于是趋炎附势之徒争相巴结。孙秀当时居住的相国府在曹魏时期司马昭曾住过，此时再次门庭若市。

因为大权旁落，赵王太子司马荂对孙秀十分不满。司马荂的妻舅就是日后大名鼎鼎的北伐英雄刘琨，刘琨和哥哥刘舆素来与孙秀不和，三人密谋要扳倒孙秀。

正好此时赵王的另一个心腹，卫将军张林因为争宠失败而备感失落，他此前曾要求开府，却遭孙秀拒绝，因此对孙秀怀恨在心。张林写信给司马荂，说："孙秀专权不合众心，而功臣皆小人，扰乱朝廷，可悉诛之。"

司马荂得到张林援助，高兴坏了，他把信展示给赵王看，劝老父除掉孙秀。

赵王此时的表现令人惊讶，他竟然坚定地站在孙秀那一方，将信交给孙秀处理。可怜的张林被夷三族，刘舆、刘琨兄弟也被免官。

表面上看是孙秀胜了这一局，实则是两败俱伤。他得罪的是赵王太子，如果赵王不垮台，终有一天司马荂会成为他的君主，到时候孙秀的结局会怎么样，这个可以参考秦国的商鞅。而孙秀是赵王伪朝廷的柱石，权势熏天，他自然不可能坐以待毙。因此可以预料，孙秀与司马荂之间将有一场激烈的火拼，无论谁笑到最后，都将给予赵王伪朝廷沉重的打击。

齐王的檄文阻止了矛盾的升级。成都王、齐王的军队，一支从东北，一支从东南，逶迤而来，吓坏了深居洛阳的赵王与孙秀。

洛阳禁军号称天下精锐，这并非浪得虚名。只是双拳难敌四手，架不住对方人多啊。成都王在朝歌的军队号称有二十万，目前每天仍然有数以千计的零星部队赶去投靠；齐王在许昌、阳翟两地的驻军合计十数万，且人数仍然在不停攀升。沸腾了的中原大地此时就是一部开动了的战争机器，赵王等人听到了它隆隆作响的庞大引擎声。

孙秀是五斗米教徒，因此赵王的应急举措充满了道教徒的色彩。

赵王先派一个叫杨珍的亲信，全天候在宣帝司马懿的别庙里祈祷，请求老父亲在天保佑。让人感到奇怪的是，宣帝最权威的牌位在太庙里供着，据说这才是皇帝死后的正式办公场所。赵王为什么不去太庙祈祷呢？也许是因为太庙里还供着他两个哥哥司马师、司马昭，还有侄子司马炎，赵王也知道这三位先帝对他恨之入骨吧。

杨珍在宣帝别庙里收获颇丰，据说宣帝不止一次显灵，安慰赵王少安毋躁，"某日当破贼"。赵王听了很是欣慰，他还封了一个道士叫胡沃的为"太平将军"，每天在宫殿里开坛作法，杀敌于无形之中，破敌于千里之外。

孙秀也没闲着，他在家里摆满香案，每天杀猪宰羊供奉各路神仙。孙秀本人还亲自上阵，行"厌胜"之术，诅咒成都王、齐王军队溃散、身遭横祸。

当时洛阳城人心惶惶，不知所从。孙秀偷偷派某个长得很仙风道骨的亲信，日夜兼程跑到洛阳西南的嵩山，诈称自己是仙人王乔下凡。这位仙人在天上待得好好的，缘何下凡呢？仙人说，他是专程来安抚人心的。仙人劝百姓们不要听从成都王、齐王这些乱臣贼子的妖言，赵王的帝位稳固得很，赵王的国祚是要传承万代的。

光靠神仙也许骗不住朝臣百姓，于是孙秀就伪造了一份齐王的奏折。奏折里齐王可怜兮兮地说："不知何贼猝见攻围，臣懦弱不能自固，乞中军见救，庶得归死。"

那意思就是说，所谓的齐王反赵王是子虚乌有的事，齐王只是被反贼挟持了，齐王本人立场坚定，是非常拥戴赵王政府的。

当时齐王的一兄一弟，东莱王司马蕤与北海王司马寔都在洛阳。赵王把这兄弟俩抓起来，交付廷尉，想杀了他们。赵王太子中庶子祖纳（就是那个日后中流击楫的北伐英雄祖逖的哥哥）替他们求情，表示"罪不相反，恶止其身"。赵王想了想，刚刚才说齐王归顺伪朝廷，一转眼又杀了齐王的兄弟，这岂不是自打耳光？于是最终手下留情，都没杀。

神神道道只能暂时迷惑人心，赵王明白，真正想戡平叛乱还得靠真刀实枪的战争。

于是他请来最高明的巫师，选择了一个适合出征的黄道吉日，派出四路大军。

第一路：以中坚将军孙辅为上军将军，积弩将军李严为折冲将军，率领七千禁军出延寿关。

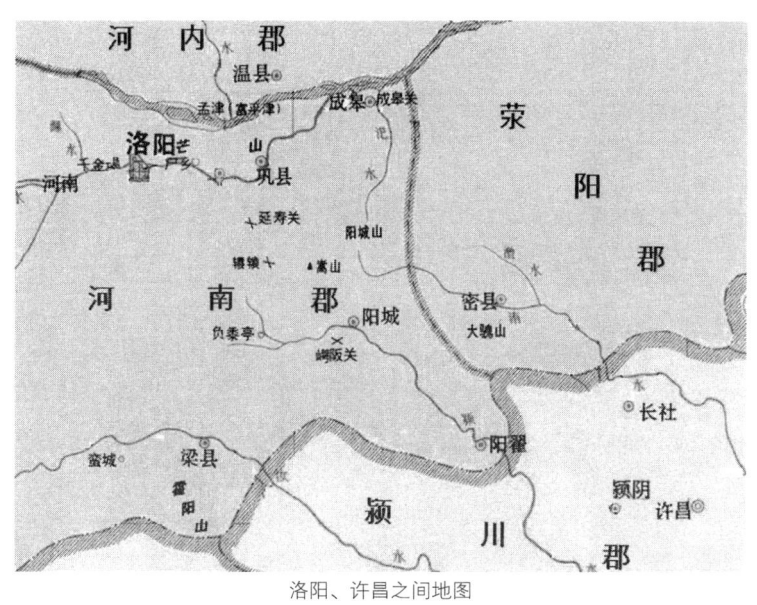

第二路：由征虏将军张泓、左军将军蔡璜、前军将军闾和等人，率领九千禁军出墹坂关。

第三路：由镇军将军司马雅、扬威将军莫原等人，率领八千禁军出洛阳东南的成皋关。

这三路是去攻讨齐王的。

第四路军由孙会任督军，士猗、许超直接领军，率领三万禁军北上渡河，去迎战成都王。

最后，赵王任命东平王司马楙为卫将军，使持节都督诸军。

洛阳、许昌之间地图

这个兵力部署表示赵王的战略是擒贼先擒王，他知道只要砍倒成都王、齐王两棵大树，其余乌合之众就会作鸟兽散，并且会重新向他表示臣服。这个思路无疑是正确的，但是在将领的任命上，赵王所托非人。《晋书》里说孙会不仅人长得丑而且能力也很差劲，是"奴仆之下者"，让他来统兵打仗有送死的嫌疑。

孙会的父亲孙秀就显得很担心，他想请赵王的儿子司马馥或司马虔代替儿子督战。但是没想到司马馥、司马虔一个都不愿意上前线，孙秀无法说动这两位公子哥，转而求助被自己免过官的刘舆。

幸好刘舆还是头脑清醒的，说服司马虔以大局为重，司马虔这才扭扭捏捏地领着八千禁军上路。

禁军的战斗力天下无敌，当年孟观提着七千兵马孤军深入，在叛乱迭起的秦、凉二州纵横往来，如入无人之地。并且连战连胜，一举生擒氐酋齐万年，只用了数月时间，就平定了困扰数万地方军三年之久的叛乱。禁军威力之强，可见一斑。

但是，禁军强则强矣，数量毕竟有限。《晋书·赵王传》里有这么一句话，说赵王"增相府兵为二万人，与宿卫同"，这说明平时宫城内保卫皇帝的常备禁军为二万人；宫城外禁军人数不详，应该与宿卫禁军均衡，即算是宿卫禁军的两倍，那么整个洛阳禁军合计也不过六万人。即使算上太子卫率一万五千人，洛阳的军力也不会超过八万人。

对比成都王、齐王动辄十几、二十万的兵力，禁军在数量上处于大大的劣势，这是赵王的致命伤。而且，这八万的禁军也不能倾巢出动，赵王得对洛阳保持威慑。洛阳的那些公卿一直在阳奉阴违，对此赵王心知肚明，在这种危急关头，更是要提防有异己分子浑水摸鱼。

赵王还得提防背后的河间王落井下石。河间王的关中军也许是除禁军之外，全天下第二强大的军事力量，如果他从关中杀出来，赵王就会腹背受敌。虽然他已向赵王献诚，但是他答应提供的援军一直没有到达，防人之心不可无。

此次进军东南攻打齐王的禁军合计两万四千人，进军东北攻打成都王的禁军合计三万八千人，赵王已动用了总兵力的八成。随着战事的扩大，他将越来越捉襟见肘。

开战初期，禁军无往不胜。

在南部战场，张泓、孙辅、司马雅三路大军探照灯似的边搜索，边向豫州进发。一路上，不时有小股乌合之众阻拦去路，但都是一触即溃，讨厌的是这些人马上又会重新纠合在一起，阴魂不散不停反扑。

孙辅、司马雅两路打了不少莫名其妙的胜仗，可是这些胜仗全都胜之不武，丝毫不能增加军人的荣誉感。而传说中齐王的主力，一直潜伏在某处，不曾露面。

张泓一路比较幸运，他南下出圬坂关，途中虽有骚扰，但他还是很快抵达了阳翟，那有齐王的前锋部队。张泓在阳翟城南截获了齐王军队的辎重，押送辎重的数千齐王军队被消灭。阳翟的齐王守军也没有顶住攻击，阳翟失守。

当时齐王的后继部队在阳翟以东四十里外的颍阴。颍阴与阳翟相隔一条颍水。齐王军凭借数量上的优势，分兵多方位强渡颍水，颍水是渡过了，但是上岸后齐王军队随即又被打得溃不成军。

张泓率领麾下九千士卒连战皆捷，士气空前旺盛，又把齐王军一步步逼回颍水北岸。随后两军划水而治，禁军临颍水结营，齐王军多次冲击，禁军兵来将挡，岿然不动。

在北部战场。成都王的军队在黄河以北，滔滔黄河激流澎湃，自古都是一道难以逾越的天险。在武帝朝，司马炎委命时任度支尚书的杜预在洛阳北部的孟津渡口建了一座浮桥，从此变激流为坦途，往来黄河两岸畅通无碍，孟津也改名为"富平津"。

孙会领三万禁军从洛阳北上，由富平津渡过黄河，然后折道向东逶迤而行，此时成都王的军队在朝歌休整完毕，正擂鼓西进。

禁军与成都王的前锋部队在朝歌西南的黄桥遭遇，两军大战，成都王的前锋部队惨败，死者八千余人，伤者上万。先锋赵骧、石超丢盔弃甲逃回成都王军营，"士众震骇"，全军上下都陷入恐慌之中，成都王甚至想把部队后撤，固守朝歌。

就在赵王形势大好，胜利似乎指日可待的时候，发生了一起乌龙事件，引起全线崩溃。

乌龙事件的主角是南讨齐王的主力之一、上军将军孙辅。他比较不幸，领着麾下七千人在豫州游弋许久，始终没撞上齐王主力，倒不时从斜刺里杀出小股的游兵散卒，放几支冷箭后又消失得无影无踪。

孙辅的部队军老师疲、士气低落，听说张泓在阳翟，孙辅于是向阳翟开拔，试图与张泓合军。结果走在半路上，不知如何传出谣言，说张泓部已被齐王歼灭。这个谣言击溃了禁军的心理防线，孙辅的部队无故惊变，七千人一夜解体。

孙辅狼狈不堪地逃回洛阳，对赵王报告说："齐王军盛，不可当，泓等已没。"

这个晴天霹雳把赵王震傻了，他第一反应是让孙辅保持缄默，以免引起京师震动，随即赵王下诏让在河北作战的孙会、司马虓火速回师保卫洛阳。

传达诏书的黄门郎马不停蹄，六百里加急冲到前线。孙会、司马虓一听说后院起火，仓皇撤军。

孙会一撤军，成都王就捡了便宜。

黄桥的惨败原本已让成都王心生惧意，他甚至产生了退兵固守的想法。幸亏有左长史卢志及时劝阻，卢志说："如今我军失利，敌方新得胜，必然对我有轻敌之心。我方军队大多是招募而来的义军，如果我方停兵不进，三军士气低落，恐怕会不战自溃。胜败乃兵家常事，不如更选精兵，星夜倍道而行，出其不意，攻其不备。"

成都王采纳了卢志的建议，他拨给赵骧八万兵卒（八万啊，赵王如果知道对手出手这么阔绰，估计得吐血），重新任命赵骧与王彦为前锋，领军向西挺进。

此时孙会正好受命全军后撤，赵骧等人气势汹汹地冲进禁军营帐，却发现早已人去营空。

赵王在发出回师诏书后好几天，张泓在阳翟大败齐王的露布①才传到洛阳。赵王拿着捷报露布哭笑不得，此时孙会、司马虔救主心切，已经班师抵达洛阳城郊的"庾仓"，即京师粮仓。

赵王赶忙让孙会掉头回前线，三万大军日夜奔袭，莫名其妙走一遭，连个喘气的工夫都没有就原路返回，将士们身心俱惫，锐气严重挫伤。渡过富平津，没走几里路，孙会的军队就在溴水北岸的温县迎头撞上了尾随而来的成都王大军。

此时强弱易势，成都王军一路高歌猛进，眼看着洛阳已在咫尺之遥，千秋功业毕此一役，荣华富贵唾手可得，全军上下都兴奋不已。

而孙会军队被来回折腾，内部将帅之间也是矛盾重重。孙会原本就才能低劣不能服众，士猗、许超又是禁军宿将，不甘居于人下。黄桥大捷之后，赵王发了昏，竟然让他们每人都持节督军。这下可好，孙会、士猗、许超谁也不服谁，谁也管不了谁，政出多门、军令不一，让麾下人不知所从。

温县是司马氏的老家，埋着赵王与成都王的祖先。爷孙俩就在祖先幽怨的魂灵之前展开决战，赵王的军队人心涣散，被打得落花流水，孙会等主将临阵脱逃。

等赵王觉察危险，任命刘琨持节，带领步骑千人去都督河北诸军的时候，已经晚了。刘琨赶到富平津，迎接他的是潮水一般涌来的溃兵。大势已去，刘琨只好烧断富平津河桥，以求延缓成都王的渡河时间。

北部战场已一败涂地，南部战场前景也堪忧。

① 不缄封的军旅文书。

张泓军一直与齐王军对峙于颍水，十数天来双方都毫无斩获。时间已进入永康二年四月，赵王重新派孙辅前往阳翟支援张泓。打持久战对赵王不利，因此张泓在与孙辅合兵之后，全军出动强攻齐王大营，齐王以何勖、卢播为将进行反击，击退赵王军队，孙辅死于乱兵之中。

张泓的强攻没有得逞，被迫拖入僵持阶段。

四、金屑酒

成都王正指挥军队准备渡黄河，一过黄河，洛阳就是他的囊中之物。

而赵王已经无力阻止成都王渡河，他没兵了。唯一还能战斗的队伍在阳翟被齐王拖住，无法施以援手，而洛阳城里到处躺着从前线溃败下来的伤员，哭声、呻吟声、哀叫声，听得那些没受伤的士兵也彻底丧失斗志。

这时洛阳街头又出传言，说那些朝臣们正在密谋杀赵王、孙秀，迎接成都王入城。日暮途穷的赵王终于意识到，皇帝的宝座原来是块烙铁。他追悔莫及，若不是受了孙秀的蛊惑，若不是被野心冲昏头脑，何以落到今天这般田地。

孙秀也惶惶不可终日，他是赵王伪朝廷的中书监，此时他深居中书省内不敢跨出半步。他也得到消息，知道此刻洛阳满城都视他如仇，恨不得杀之而后快。动机嘛，有的是怨他引来了战火，有的是为了向新掌权者邀功请赏。

为了稳定军心，孙秀又炮制了一份捷报，说张泓已大破反贼生擒齐王，不日凯旋。孙秀将捷报贴满洛阳，命令文武百官都上表庆贺。这种做法纯属掩耳盗铃，除了给后人读史增加点喜剧色彩，于事无补。

当时最有用的举措是做一下困兽之斗，兴许可以把成都王打跑。可是没兵怎么办？孙秀下令，京城四品以下官员子弟，只要年满十五岁的，全部到司隶校尉处报到，由赵王的儿子统率，出城作战。孙秀还找到已废黜在家的王戎，想让他率领这支生力军，幸好有个博士叫王繇的头脑比较清醒，他说："濬冲（王戎字濬冲）谲诈多端，安肯为少年用？"孙秀想想有道理，王戎老奸巨猾，别让他给卖了，于是此议作罢。

而这道犯众怒的命令一下，火上浇油了，洛阳的朝臣都恨不得把孙秀生吞掉。义阳王司马威建议孙秀到尚书省去，与"八坐"以上亲贵商议战备，结果一出门就有人喊杀喊打，义阳王吓得从崇礼闼偷偷溜回家中躲了起来，孙秀缩回中书省，布置重重护卫，不敢再露面。

士猗、许超、孙会等一干亲信来了，与孙秀商议下一步怎么办？有说收拾收拾洛阳的残卒孤注一掷，和成都王拼了；有说把洛阳城内那些心怀鬼胎的异己分子统统杀掉，一把火烧掉洛阳宫殿，挟持赵王向南逃窜，去荆州投奔孙旂或者孟观；有说荆州也未必安全，不如向东逃，逃到大海里找个孤岛躲起来——最后一个建议简直是痴人说梦的胡话，洛阳离海边相隔千里，怎么到达得了？

商议来商议去，走投无路，彼此挥泪相对。

正在彷徨无计，外面杀声四起。原来是赵王的心腹左卫将军王舆见势不妙，倒戈反水了。

与王舆一起反水的还有广陵公司马漼，司马漼是琅邪王司马伷的儿子，即宣帝司马懿的孙子，也是日后东晋元帝司马睿的亲叔父。两人率领营兵七百余人从宫城南掖门杀进来，殿内三部司马在宫内接应。

王舆亲自领兵冲向中书省。孙秀紧闭大门，王舆指挥兵卒登上墙头放箭烧屋，孙秀等人无路可逃，只好冒险向外冲。孙秀、士猗、许超三人被王舆麾下将军赵泉当场斩首，孙会逃得快，一直逃到右卫营才被追上，交付给廷尉，也是斩首。

王舆等进军殿内，将赵王心腹前将军谢惔、黄门令骆休、司马督、王潜等人，统统在殿中就地斩首；与孙秀合族的孙弼在殿中宣化闼被三部司马逮到，就地斩首。

王舆在宫城内见人就杀，除了姓司马的，赵王心腹全部身首异处。王舆派兵卒持大戟围守各省各阁，控制赵王父子。随后他屯兵云龙门下，召集洛阳"八坐"以上亲贵入宫议事。

当时的皇宫大殿就是个屠宰场，遍地血泊尸首。亲贵们入宫之后无处下脚，只能坐在殿东阶梯前的大树下。赵王黯然下诏退位："吾为孙秀等所误，以怒三王。今已诛秀，其迎太上复位，吾归老于农亩。"

随后，王舆派人持驺虞幡出宫城，几万兵卒一起卸甲解严，洛阳一下子成为不设防的城市。因为害怕成都王的军队入城屠戮，整个洛阳陷入恐慌，官员、百姓都在街头惊惶奔走，没人敢待在家中等死。

黄门郎将赵王父子从华林园东门送出宫城，送回汶阳里赵王宅第。王舆领着几千殿中甲士到金墉城，迎回做了太上皇的司马衷。金墉城本在宫城北部，王舆簇拥着司马衷有意绕宫城一圈，从正南方向的端门入宫，沿途百姓山呼万岁，响彻云霄。

睽违三个月，司马衷重新上朝与百官见面。群臣伏地叩首向惠帝请罪，惠帝说道："非诸等之过也！"随后惠帝颁布了复位后的第一道诏书，就是把赵王父子执送金墉城。

永康二年四月癸亥，即惠帝反正的两天之后，惠帝下诏褒赏齐王、成都王、河间王以及广陵公司马漼、左卫将军王舆的拨乱反正之功，分别派遣使者慰劳三王的军队。为示普天同庆，惠帝还大赦天下，赐天下孤寡者谷五斛，大酺五日，改元为"永宁"。

永宁元年四月丁卯，即惠帝改元后的第四天，成都王的二十万大军开进洛阳。

这时梁王司马肜领衔上表："赵王伦父子凶逆，宜伏诛。"百官附和其后，皆奏请诛杀赵王。于是惠帝派尚书袁敞持节到金墉城，赐赵王司马伦金屑苦酒。据说赵王临死，自觉无颜去地下见父兄，于是以巾覆面，不停地说："孙秀误我！孙秀误我！"

赵王的四个儿子司马荂、司马馥、司马虔、司马诩都交付廷尉，在狱中杖毙。赵王做了一次皇帝的南柯梦，结局是阖门横死。

所有仕宦于赵王伪朝的官员被悉数罢免，洛阳朝堂因此大换血，据说尚书台、御史台、谒者台、门下省、中书省、秘书省这几个枢纽部门只留下一些府卫，其余统统斥免。

又过了两天，四月己巳，河间王的勤王军队也姗姗来迟，开进洛阳。

成都王又派遣赵骧、石超领军赴阳翟相助齐王，张泓等被两面夹攻，只好投降。张泓、张衡、闾和、孙髦、高越等赵王将领被押解回洛阳，在东市斩首；当初杀害淮南王的凶手伏胤也在东市被斩首；另一个将领蔡璜回到洛阳之后自杀身亡。

清算还在继续。

五月，襄阳太守宗岱将附逆的孙旂夷三族，永饶冶县令空桐机将孟观夷三族，全都传首洛阳，与张泓等人的头颅一起挂在洛阳东市示众。

在洛阳，附逆的宗室成员很多，如东武公司马澹，又如竟陵王司马楸，再如义阳王司马威等。晋朝廷对于宗室一向是优容宽大的，因此东武公、竟陵王仅被免官。本来义阳王司马威也可以逃脱一死，只怪他当初太嚣张，被司马衷记了仇。惠帝开金口说："阿皮捩吾指，夺吾玺绶，不可不杀。""阿皮"是司马威的小名，司马威因此也被拖到洛阳东市，一刀了事。

五月，惠帝策立愍怀太子劫后仅存的儿子襄阳王司马尚为皇太孙。不久之后，大赦天下，受淮南王牵连被贬的司马晏也重新被封为吴王。至此，一场谋朝篡位的闹剧以赵王的彻底失败而告终。

赵王篡位是"八王之乱"的一个分水岭。

如果没有赵王篡位，中国历史上根本不会留下"八王之乱"这个名词。发生在西晋惠帝朝的系列政变，会作为寻常宫廷斗争载入史册，篇幅不会超过西汉初年的吕氏之乱，也不会超过东汉的外戚窦氏、梁氏之乱。这种程度的阴谋，晋朝之前有，晋朝之后依然不绝于史书。

但是赵王一篡位，就如炸弹被触发了引信，将原本止步于京城范围内的政变扩散为全国范围的战乱。赵王从篡位到被杀，共计六十多天，精锐的洛阳禁军损失殆尽，战火波及冀、并、兖、豫、司、荆、扬等七州，近十万人丧生于战场，破坏程度与西汉"七国之乱"旗鼓相当。

"七国之乱"是汉景帝为了巩固君权、制衡尾大不掉的诸侯国而激发的叛乱。虽然伤筋动骨，但驱散了王朝的分裂阴霾，百姓得以休养生息，政府得以积蓄财力，这是后来汉武帝北定匈奴、开疆拓土的前提。赵王篡位则正好相反，它是君权破产的标志，也是国家分裂的开始。"七国之乱"中的十万尸骨奠定了汉武帝"筑城朔方，封狼居胥"的根基，而晋惠帝永康二年十万将士的鲜血却润滑了乱世的大门，真正兵连祸结的时代这才刚刚开始。

赵王篡位失败，惠帝在皇家监狱金墉城住了三个月后，又重新被迎回了皇宫。表面上来看，惠帝笑到了最后，实际上他是最大的失败者。从被关入金墉城的那一刻起，皇帝就已经死了，在天下人的眼里，坐在御座上的不再是受天明命的圣天子，而只是一个自顾不暇的可怜虫，不仅保护不了外公、母亲、爱子、妻子，连他自己都保护不了。

君主的权威扫地无遗，朝廷的威严扫地无遗，地方军阀的心思就开始活络。按照晋律，各都督的权力是受中央严格控制的，征兵、发兵，都需要皇帝的诏令才可以实施。在君权巩固的时候，各都督都规规矩矩的，即使中枢政变频繁，执政大臣走马灯一样地换，地方都督手握重兵，也不敢干涉中央。但赵王一篡位，坏事了，都督们以勤王为名，联合起来试探中央的实力。

他们成功了，他们的盟主齐王一跃成为新的执政者。但这个执政者，已不是中枢权威的代表，而是地方都督用军队打出来的。尝到甜头的地方都督难免会这样想："既然齐王打进洛阳就能成为执政者，那么我为什么不可以？"

实权人物动了这个贼心，"八王之乱"就彻底变成了弱肉强食的游戏，西晋王朝也开始加速崩溃。此后，河间王、成都王、王浚等人动辄攻打洛阳，动辄劫持皇帝。皇帝沦为玩偶，诏书如同废纸。

而在这些王侯看不到的地方，蛰伏已久的各个异族也开始行动了。

第八章　齐王

一、三王并立

永宁元年（301）六月乙卯，齐王的军队鼓噪而入洛阳。此时的齐王军已与新野公的荆州军会合，甲士多达数十万，旌旗如林，绵延几十里。

新野公司马歆披挂甲胄，在最前列执戈开道。新野公虽是公爵，但所受的礼遇与县王相同，仅仅比齐王低一个等级，而且他又是齐王的族叔，之所以降尊纡贵给齐王开道，是在给齐王造势。《诗经》所谓"伯也执殳，为王前驱"，新野公通过这一举动暗示成都王等人：齐王是大家的领袖。

成都王、河间王全都亲自出马，去迎接齐王入京，惠帝也派出使者慰劳齐王。为了炫耀军威，齐王直接将军队开进了洛阳（这应该是很无礼的行为，不过当时成都王、河间王都是这么做的），并且在宫城外通章署前的御道上进行了一次小规模阅兵仪式。这次阅兵把全洛阳的百姓都惊动了，史书上说"旌旗器械之盛，震于京都"。

当时大局已定，惠帝复位，赵王已在两个月前被毒死在金墉城。勤王既已成功，为勤王而招募起来的军队就该解散。而齐王如此声势浩大，用意显而易见，就是要争那执政的地位。

成都王与河间王也是这般心思。成都王的十几万大军一直驻扎在京城；河间王在勤王过程中未发一兵一卒，没有立下任何功劳，事后却亲自带领关中大军，冲到洛阳去捡现成便宜。

洛阳城里聚集了天下半数以上的军队，表面上是波澜不惊，实则暗流涌动："齐、成都、河间三府，各置掾属四十人，武号森列，文官备员而已，识者知兵之未戢也。"

这场博弈在十四天后有了结果。

永宁元年六月甲戌，惠帝对各位勤王的王爷进行褒奖，任命如下：

齐王司马冏为大司马，加九锡，备物典策，如宣、景、文、武辅魏故事，辅佐皇帝处理朝政。

成都王司马颖为大将军，都督中外诸军事，假黄钺，录尚书事，加九锡，入朝不趋，剑履上朝。

河间王司马颙为侍中，太尉，加三赐之礼。

常山王司马乂为抚军大将军，领左军。

广陵公司马漼晋爵为广陵王，领尚书，加侍中。

新野公司马歆晋爵为新野王，都督荆州诸军事，加镇南大将军。

五天之后，惠帝又封梁王司马肜为太宰，领司徒。不过梁王已无力参与朝政，十个月之后他就病死了。

这场博弈的大赢家是齐王，他如愿以偿成为新执政，"如宣、景、文、武辅魏故事"。

成都王的收获次于齐王。表面上看，他得到了兵权，"假黄钺""都督中外诸军事"，但是这个兵权徒有虚名，因为从法理上讲，有权动用天下兵马的只有皇帝一人，而皇帝的控制权在齐王手里，成都王这"都督中外诸军事"有名无实。

而且当时不比往日，实际上已经没有人能够随心所欲地支配天下兵马，即使成都王控制了皇帝，他也只能支配自己势力范围内的冀州兵与兖州兵。北部的幽州兵，南部的豫州兵、荆州兵，西部的关中兵全都各为其主，绝对不会听从成都王号令。同理，齐王、河间王等人也都没有能力号令天下，在皇帝失去威信之后，诸侯割据的局面已经隐然呈现。

成都王的所得与他的身份和贡献是不相匹配的。论亲疏，他是武帝的儿子，惠帝的亲弟弟；论功勋，他的军队击溃了赵王的主力，率先进入洛阳。相比之下，除了首倡大义，齐王在各方面都要逊成都王一筹，齐王之所以能够得志，是成都王谦让的结果。

齐王对此心知肚明，于是他投桃报李，给成都王"录尚书事"，魏晋以来朝政大权逐渐由三公九卿转移至尚书省、中书省，"录尚书事"即意味着有权参政议政，齐王此举实质是在邀请成都王共同辅政。

但是此时的成都王并未对权力表示出很强的欲望，无欲则刚，成都王对于此次权力划分并没有显示出不满。

感到不满的是河间王，他在这次博弈中可谓惨败。论收益，河间王甚至不如常山王、广陵公和新野公，后三者加官晋爵，加的都是掌握实权的官衔，晋的都是实实在在的爵位。河间王千里奔赴，却仅仅得到一些虚职："侍中"这个职位表示河间王以后有直达禁宫向惠帝奏事的权力，而"太尉"只是一个虚衔三公，并没有指挥兵马的权力。

河间王的失败是齐王有意压制的结果。齐王痛恨河间王当时的骑墙行为，更加痛恨河间王事后凑过来捡漏，所以将他排除在参政议政的门墙之外。

河间王固然贪心不足，齐王也未免有些意气用事，二王因此结下仇怨，导致日后的反目。

此番博弈也可以看出皇权的衰弱。赏与罚是皇帝驾驭臣子的两大利器，此时利器已经失效。

如果赏罚分明，河间王不仅无功，反而还应当受罚，结果他却升任三公；无独有偶，幽州的王浚拥兵自重、首鼠两端，惠帝不仅没有降罪，反而给王浚官升一级，由宁朔将军升任安北将军。

当罚不罚，当赏则在滥赏。在平时，封三公是极其隆重的朝廷大事，皇帝要为此祷告天地，到太庙向祖宗备案；而加三赐之礼、加九锡之礼更是几百年才碰上一次的大事。如今统统都变得很廉价，惠帝一口气封了三个三公，给两个大臣加九锡，另一个加三赐。

显而易见，这此任命并不符合惠帝的利益，只符合权臣们的利益，这次权力划分的依据不是功劳的大小，而是拳头的软硬、武力的强弱。

二、危机的解除

永宁元年六月的洛阳，旌旗林立，经常有惹是生非的武卒横行街头滋事扰民。

齐、成都、河间三王鼎立，各自开府办公，他们的衙门通行军中号令，实权掌握在军人手中，文职官员只是凑凑人数而已。惠帝与晋朝廷完全成了摆设。

这样的和平显然是极为脆弱的。没过几天，一场危机就降临了。

惠帝反正之后，觉得有必要向先帝祖宗报一下平安，于是组织了一次拜谒皇陵的活动，所有面和心不和的诸侯王全都参加。刚刚由新野公荣升新野王的司马歆与齐王同车前往，而与成都王同车的，是他的哥哥常山王司马乂。

谒陵途中，新野王悄悄对齐王说："成都王至亲，同建大勋，今宜留之与辅政；若不能尔，当夺其兵权。"

新野王这两句话表达的是同一个意思，就是劝齐王夺走成都王的兵权，所谓"今宜留之与辅政"的意思，就是把成都王留在洛阳，不让他回邺城。邺城是成都王的根基所在，成都王麾下的军队都来自兖、冀两州，失去对邺城的控制，就意味着失去兵权，失去兵权就意味着失去参与政治角逐的资本，沦为齐王的附庸。

新野王坦露了很大一部分人的心声，卧榻之旁岂容他人鼾睡？他们希望齐王能够踢开成都王，独擅朝政，他们也好附骥尾，跟着鸡犬升天。

但新野王这是在冒险，齐王要是听从了这个馊主意，最后的结果就是与成都王喋血京城。

与此同时，在离齐王等人不远的另一辆车上，常山王也在怂恿成都王对齐王下手。常山王说："天下者，先帝之业，王宜维正之。"

常山王的身份与新野王不同，新野王是武帝的堂弟，是宗室疏族，所以身为长辈，却对齐王保持着谦逊的姿态。常山王则直接抬出父亲的名号，要求成都王向齐王收回旁落的大权。

当时，常山王司马乂二十五岁，成都王司马颖二十四岁。常山王的母亲是武帝的审美人，成都王的母亲是武帝的程才人，兄弟俩打小没什么交情，成年之后又分居两地，十多年才见一次面，更谈不上什么情谊。常山王以兄长身份要求弟弟维护家族利益，看似无可厚非，实则冠冕的言语掩盖不住勃勃私心。

常山王司马乂是"八王"之中势力最为弱小的一位，与成都王相比，司马乂可谓命运多舛。当年成都王还在皇宫中过着无忧无虑的皇子生涯，司马乂已经披上戎装，成为守护京畿重地的步兵校尉，永平元年他跟随楚王司马玮参与了诛杀杨骏、讨伐汝南王的两次政变，原以为这是谋取大权的良机，没想到竟是一个陷阱。最终司马玮堂堂皇胄，在众目睽睽之下被斩掉首级，以耻辱的方式终结了生命。当时驺虞幡一出，司马乂就明白大势已去，他扔掉手中的弓箭，眼看着兄长被擒被杀，无计可施，唯有恸哭。

随后，司马乂被免去一切官职，封地从十个郡骤减到几个县，地点也从长江中游的长沙迁到北方靠近鲜卑、境内有匈奴杂居的冀州常山。他被逐出洛阳，在内史程恢的监督之下被软禁在常山，一住就是十年。

这十年里洛阳中枢发生了许多惊心动魄的大事。司马乂看到侄子司马遹、嫂子贾南风、兄长司马允先后人头落地，也看到了叔祖司马伦自取灭亡，他更看到了弟弟成都王司马颖风生水起。

十年之前，司马颖还只是不谙世事的孩子，十年之后，他已成为雄踞一方的霸主。司马乂反观自己，无权无势无兵，这十年来自己错过的东西太多了，他要弥补回来。所以司马乂抓住机会，在第一时间响应勤王，紧跟成都王的脚步，回到魂牵梦萦的洛阳。

惠帝封赏功臣，司马乂被任命为抚军大将军，领左军。司马乂明白，以自己目前的实力，只能得到这么多。但是这不能使他满足，因此他使劲去撺掇成都王向齐王夺权。

所谓的"先帝之业"，言下之意就是这个天下应当由我们兄弟掌握，而到此时，武帝二十多个儿子死得仅存五人：惠帝司马衷、常山王司马乂、成都王成马颖、吴王司马晏、豫章王司马炽。惠帝与吴王都是劣等不堪的人物，豫章王则一直在闭门读书，韬光养晦。常山王的用意十分明显，就是想借助成都王的手，替自己从齐王怀里夺权。如今是齐王执政，成都王相辅；如果赶走了齐王，就成为成都王执政，常山王相辅。

常山王在怂恿成都王的时候，或许是他天生嗓门大，更有可能的是他居心不良，存心制造矛盾，使这原本应该十分机密的交谈竟然让在场许多人都听到了。

大乱之后，人心当然是期盼和平的，所以"闻其言者莫不忧惧"。

成都王据说"形美而神昏，不知书"（这话十分可疑，《晋书》下文里说成都王临死，问狱卒，五十可知天命？若真不知书，何以有此一问？怀疑又是后人妄污。），他的决策常常会受帐下谋士的左右。

当时成都王最信任的谋士是范阳人卢志，卢志担心成都王犯糊涂，忙不迭赶来劝谏。

卢志说："齐王众号百万，与张泓等相持不能决，大王遂得济河，此之大勋，莫之与比，而齐王今当与大王共辅朝政。志闻两雄不俱处，功名不并立，今宜因太妃微疾，求还定省，推崇齐王，徐结四海之心，此计之上也。"

成都王想了一下，经常山王这么一闹，二王肯定无法共存了，要么刀兵相见，要么退避三舍，没有第三条路可走。而要开打的话，齐王的军队比自己多，胜算不大，况且自己确实也没有很大的权力欲望。

成都王于是决定回邺城。

主意既定，成都王就果断行事。谒陵归来，惠帝在宫中东堂大殿召见成都王，成都王对皇帝哥哥推辞功劳，谢绝一功封赏与官职，说拨乱反正"此大司马冏之勋，臣无豫焉"。

当时洛阳城内虽有成都王府邸，但出于安全上的考虑，成都王平时都居住在军营里。他的军队驻扎在太学院，觐见完毕，成都王径直出宫，到太庙向列祖列宗道声别，不回军营，从东阳门出洛阳城，直接上道奔赴邺城。

途中，成都王给齐王留了封信，表明去意。

成都王的信柬被送到大司马府，齐王大吃一惊。当时他也正在天人交战，彷徨于战争与和平之间。在阴谋诡计中浸淫已久的人乍见真诚，都会觉得难以置信，齐王冷静下来，立即跨马出城去送别成都王。

齐王追上成都王是在洛城东北的七里涧，这是西晋时期，离京之人与送别者话别之处（城西是夕阳亭）。齐王极力挽留，成都王则绝口不提时事，只陈说忧心母亲的健康，要回邺城供养高堂。兄弟二人依依不舍，最后洒泪而别。

一场危机就此消弭，这一幕是"八王之乱"中唯一令人感到温馨的场景。据说当时有不少百姓在场，这个场景使世人依稀产生了幻想，也许，这次天下真的要太平了。

然而很快这个幻想就破灭了，不久之后，人们就将看到成都王的军队再次杀向洛阳，齐王则身首异处，暴尸于城门之外。那个时候回首此时之情景，让人只能空叹世事之无常、人心之难测。

成都王虽走，但齐王感激于心。他派遣驸马王粹追到邺城，再次宣诏任命成都王为"大将军，都督中外诸军事，假黄钺，录尚书事，加九锡，入朝不趋，剑履上朝"，给成都王加九锡。

成都王接受了官职任命，推辞加九锡，态度很坚决。但齐王态度更坚决，他再次派出使者，一定要成都王接受九锡，同时再次邀请成都王到洛阳，共同辅政。这次邀请就带有表演性质了，齐王应该知道，成都王既然回到邺城，就不可能二次赴洛。

果然，成都王还是不受九锡，并且再次表示要留在邺城奉养母亲，谢绝了齐王的好意。成都王的说辞一半是借口，一半也是实情，程太妃恋栈邺城，不愿意去洛阳，而成都王是个大孝子。

齐王见成都王始终坚持，于是作罢。

成都王舍弃了权势，却获得了清誉。史书上说"由是士民之誉皆归颖"，成都王趁热打铁，给自己麾下邀功请赏，追随他的卢志、和演、董洪、王彦、赵骧、石超等人都被封为公爵或侯爵；成都王又表请朝廷开官仓，赈济因战火侵扰而陷入困顿的阳翟百姓；成都王还以成都国国王的名义，殓葬在黄桥一役中阵亡的将士，刊石立碑，嘉奖死者功绩，仁心推及敌人，赵王那方的阵亡将士也被成都王一并掩埋。因此"获四海之誉，天下归心"。

三、东莱王事件

成都王一走，河间王孤掌难鸣，只好怀着对齐王的不满退回关中；常山王势单力薄，也只好表示臣服。危机解除了，洛阳完全落入了齐王的手中，齐王抖擞精神，开始应付朝政。

执政之初，齐王还是很受人期待的。比如那个精神状况不太稳定的平原王司马干就对齐王寄予厚望。齐王刚入洛阳时，宗室、朝臣纷纷准备牛酒犒劳齐王，司马干也在其中。不过老王爷行事异于常人，他没备牛酒，怀里揣着一串铜钱，对齐王说："赵王逆乱，汝能义举，是汝之功，今以百钱贺汝。虽然，大势难居，不可不慎。"

过了几天，老王爷再次拄着拐杖找到齐王。自己坐着，让齐王站在一边，教训他："汝勿效白女儿！"——"白女儿"是"柏女儿"的误写，是指赵王司马伦。司马干与司马师、司马昭是一母同胞的兄弟，他们的母亲是司马懿的原配张氏，张氏年老色衰后失宠，司马懿说她"老物可憎""老物不足惜"，气得张氏寻死觅活。那时受宠的是柏夫人，赵王司马伦就是柏夫人的儿子。司马干母子嫉恨赵王母子，因此称赵王为"柏女儿"以示疏离与轻蔑——司马干专程跑来，目的就是告诫齐王低调收敛，别学赵王玩火自焚。后来齐王还是令人失望地身败名裂，死了，司马干哭得最伤心，他说："宗室日衰，唯此儿最可，而复害之，从今殆矣！"

齐王首先做的是笼络宗室。惠帝朝的前十年，齐王一直在洛阳，他冷眼旁观了"八王之乱"的前半截，明白所有是非曲直。当年楚王和淮南王的冤死令世人惋惜，为了顺应民心，也是为了取得常山王与成都王的好感，齐王给楚王与淮南王平反。

楚王司马玮被追赠为骠骑将军，楚王的儿子司马范被封为襄阳王，官任散骑常侍。司马范很有气节，十年之后的永嘉五年（311），司马范与王衍等人一起被石勒俘虏，王衍对石勒奴颜婢膝，甚至向石勒劝进称帝，其余人等也纷纷向石勒乞求饶命，唯有司马范神情俨然，呵斥同僚："今日之事，何复纷纭！"最后从容赴死。

淮南王司马允被追赠为司徒，按郡王的礼节改葬，淮南王的三个儿子与父亲一起死于洛阳街头，于是齐王将自己的儿子司马超过继给淮南王，延续淮南王香火。司马超后来也在永嘉五年与司马范一同被俘，一同遇害。

既然楚王都平反了，那么对于常山王司马乂的处罚就变得没有道理，于是司马乂重新成为长沙郡王，升任骠骑将军，开府；由于同样的理由，在外流放了十多年的前东安王司马繇也恢复了王位，从带方郡那个苦寒之地回到洛阳，被任命为尚书左仆射。

东安王司马繇回来了，他的仇家、也是他的亲兄弟东武公司马澹就倒霉了，司马澹此前依附贾氏，然后又依附赵王，现在终于被清算。不过清算的方式比较特别，由司马澹的母亲诸葛太妃出面告他不孝，然后以不孝的罪名将其与妻子一起流放辽东。

齐王笼络宗室的效果并不明显，长沙王等人并没有改变态度。执政仅仅一个月，齐王就遭遇政变，政变的发起者还是齐王的亲哥哥东莱王司马蕤。

齐王司马冏是老齐王司马攸的次子。司马攸有四个儿子，依次是司马蕤、司马冏、司马赞、司马寔，其中司马赞六岁早夭，活到成年的有三子。司马蕤作为长子，却没有继承齐王王位，这里面有一段故事：

司马蕤很小的时候，就被过继给早夭的叔父辽东王司马定国（司马攸四个儿子，除了司马冏，其余三子全都过继他人。长子司马蕤过继给辽东王司马定国，三子司马赞过继给广汉王司马广德，后来司马赞也夭折了，就由幼子司马寔代替司马赞过继）。父亲司马攸被武帝逼死的时候年仅三十六岁，死亡来得太快，令司马攸措手不及，他生前没来得及策立嗣子，所以在他暴毙之后，一时竟无人继承齐国王位。按理，司马蕤作为长子，本该继承王位，但他已然过继为辽东王。司马攸诸子中，只有司马冏没有过继给他人，但却是次子。

不过，当时司马冏兄弟还顾不上讨论谁来继承齐王王位，他们的性命都危在旦夕。

对于弟弟的英年早逝，武帝的心情一半是愧疚，但更多的是松了一口气。为了掩饰兄弟阋墙的事实，武帝两次亲自到司马攸灵前吊唁，哭得哀恸无比。这幕亲情表演也许能骗倒一些不知内情的臣僚，但是绝对骗不了侄子司马冏和他的兄弟们。

对此，武帝心知肚明。

所以当时司马冏兄弟三人的处境就十分凶险，倘若武帝认为兄弟三人内心潜伏着怨恨，说不定就会斩草除根。太子的低劣使得武帝的心理脆弱无比，他既然忍心逼死胞弟，就不会对侄子们心慈手软。诚然，武帝内心是怀有愧疚的，但是伴君如伴虎，皇帝的恩宠总是潜伏着杀机，皇帝的愧疚也不是每个人都有福消受的。

为保住性命，司马冏兄弟必须解开武帝这个心结。但这谈何容易？皇帝原本就圣心难测，更何况武帝极好名誉，司马攸之死引起朝野上下流言纷飞，成为武帝内心不可触及的隐痛。如果司马冏兄弟不知好歹，贸然向皇帝表示忠心、表示宽恕，只会加速灾祸的降临——皇帝可不需要任何人的宽恕，他如果欠了人情，能还的肯定还，不能还的只有杀掉了事。

司马蕤、司马寔显然已在听天由命，他俩脸如白纸，吓出满身冷汗，不敢支吾半句。在这生死关口，司马冏突然在父亲灵前号啕大哭，请求皇帝替先父报仇！

武帝吓了一跳，什么意思！大庭广众之下向我兴师问罪？于是他充满杀气地问司马冏，何仇之有？

司马冏咬牙切齿地说，当初先父患病，陛下派遣太医诊治，没想到那些太医心怀叵测，离间骨肉，竟然向陛下诬蔑先父无病。请陛下治太医欺君之罪。

按这个说法，害死司马攸的是那些欺君罔上的太医，皇帝也是被蒙蔽的。司马冏很巧妙地向皇帝表明，他们兄弟是非分明，绝对不会误会，也绝对没有怨恨皇帝伯父。

果然，这套说辞让武帝龙颜大悦。武帝当即伸张迟来的正义，将那几个太医砍掉了脑袋。武帝又听说齐王嗣位空缺，于是下旨由司马冏接替父亲，成为新一任齐王。

一场风波过后是皆大欢喜。

司马蕤与司马冏的关系并不好。司马蕤据说是个粗人，嗜酒，经常喝醉了撒酒疯，有意挑衅污辱司马冏。少年时期的司马冏几乎就是父亲的翻版，史书上说他"少称仁惠，好振施，有父风"，当时司马冏表现得极有风度，他处处忍让，任由司马颖无理取闹。有人问他为什么这么窝囊，他总是打个哈哈说，司马颖是兄长，弟弟让着兄长那是应该的。此事被传为美谈，司马颖污辱弟弟的目的没达到，反而成全了弟弟的美誉。

那么，司马冏是否真的顾及亲情，尊重兄长呢？

显然不是。在他出镇许昌的时候，哥哥司马颖与弟弟司马寔都在洛阳。按照晋朝的惯例，出镇地方军事的官员都要派遣至亲作为人质留在洛阳，司马颖、司马寔其实就相当于司马冏的人质，司马冏在许昌起兵的时候可没有把兄弟俩的死活放在心上，若不是机缘巧合，兄弟俩肯定已经横尸于洛阳东市。

赵王死后，司马颖、司马寔两人恢复了自由，齐王进京的时候，司马颖到城外去迎接弟弟。齐王既然已经得志，就无须再掩饰对兄长的厌恶，当时赶去拜谒齐王的达官贵人络绎不绝，齐王很解气地把哥哥晒在门外，说现在没空儿接见，等着吧！

粗人司马颖吃了闭门羹，气愤难平，说："吾坐尔殆死，曾无友于之情！"那意思是说，我差点被你连累死，现在却给我摆谱，一点兄弟情谊也没有！

齐王执政，给东莱王加官大将军，兼后军将军、侍中、特进，食邑也增加至二万户。不过东莱王不满足，他向齐王要求开府，被齐王拒绝。齐王说，武帝的两个儿子吴王和豫章王都还没有开府，你先等等再说。

东莱王因此很不满。永宁元年七月，东莱王司马颖与禁军左卫将军王舆密谋政变，废黜齐王。这已经是王舆第三次在"八王之乱"中出场，回顾一下他历次出场的情景，就知道他是反复无常的投机者。

王舆第一次出场是在淮南王事件里，当时淮南王试图控制皇帝，王舆时任尚书左丞，他紧闭宫城掖门阻止淮南王入宫，结果淮南王战死街头，王舆被赵王任命为左卫将军，统领殿内左卫禁军。第二次出场是在成都王兵临城下的时候。王舆与广陵公司马漼倒戈一击，杀孙秀、擒赵王，迎成都王入城。

按说王舆是立有大功的，但是齐王嫌忌他曾为虎作伥，于是不升不降，王舆依然只是左卫将军。王舆对此当然是很不满的，不久齐王又给淮南王平反，王舆在不满之中又增加了不安。这时他获知东莱王也对齐王有怨气，两人因此一拍即合。

按计划，政变的过程是先由东莱王向惠帝上书检举齐王专权，再由王舆发动兵变。但王舆还没来得及行动，齐王就已得到风声，将王舆抓捕，夷三族。东莱王一下子慌了手脚，王舆被捕的当晚，他只想着逃跑，穿着便服与几个奴仆在洛阳城里四处躲藏，结果发现根本走投无路，只好回到府邸等候处分。

东莱王被免为庶人，不久之后被封为上庸县王，然后又贬为微阳侯。这种贬封实际是变相流放，上庸内史陈钟想奉承齐王，就把东莱王给暗杀了。可惜齐王并不领情，诛杀陈钟，恢复东莱王的封地，以东莱王的礼节下葬。

东莱王事件进一步损害了齐王的声誉，也挫伤了齐王对亲情的信心。

豫州是齐王的根据地，齐王在洛阳执政，原本任命北海王司马寔为安南将军，假节，都督豫州诸军事，代替齐王镇许昌。东莱王事件之后，齐王对这个弟弟也不敢信任了，司马寔于是被留在洛阳，担任侍中、上军将军。时任尚书的范阳王司马虓接替司马寔出任安南将军，持节，都督豫州诸军事，镇许昌。

范阳王是司马懿的弟弟司马馗的孙子，当时三十一岁，此前一直以风流名士的面目示人，史书上说他"少好学驰誉，研考经记，清辩能言论"。齐王派范阳王出镇许昌，也许就是看重他是一个不通世情的名士，便于控制。但是齐王低估了这位族叔，范阳王也是一个枭雄，他是"八王之乱"后期的风云人物，出镇许昌就是他参与政治角逐的起点。

齐王正在失去豫州，失去根基，成为无源之水。

四、赏与不赏

齐王马上就遇到难题，洛阳没有粮食了。

洛阳本地的产粮能力十分有限，京畿重地，寸土寸金，早已被王公贵戚瓜分干净。洛阳的粮食主要靠各地方输送，上东门内有京师庾仓，用来积储来自全国各地的粮食。

魏晋时期向洛阳输送粮食的产粮重地主要是淮南、淮北两地的军屯，还有豫州许昌的屯田。除此之外，关中、蜀中原本也是产粮重地，但两地是多战之地，之前有魏、蜀两国重兵对峙，之后又是叛乱迭起，粮食都在当地消耗。到元康年间情况更糟糕，兵祸与天灾使关中变成人间地狱，蜀中发生了叛乱，不仅难以自给自足，反而要求朝廷给予接济。

所以洛阳只能从豫、扬两州取得粮饷。赵王篡位之后，洛阳被包围，成为孤城，豫州、扬州纷纷起兵，运粮的漕运被切断，双方交战两个月期间，整个洛阳的人都在消耗庾仓的存粮。

赵王覆灭，三王带来几十万军队，洛阳的人口一下子翻了一倍，这新增的几十万人可都是吃粮饷的青壮士兵。三王在朝中角逐，军队久屯不散，于是就产生了一个合乎逻辑的结果：洛阳的粮食被吃光了。

齐王是王子出身，想必此前从来没有为吃饭的事情操心过，现在一下子必须解决几十万人的吃饭问题。怎么办呢？齐王找到当时的度支尚书想办法。度支尚书相当于现代的财政部长，掌管全国物资的收支，他辖下专管仓库的尚书仓部有一个叫陈敏的仓部令史，提议说："南方米谷皆积数十年，时将欲腐败，而不漕运以济中州，非所以救患周急也。"

这是一个好主意，朝廷马上任命陈敏为合肥度支，去恢复漕运，不久之后陈敏又改任广陵度支，将江南粮仓里积储了几十年的粮食源源不断地运往洛阳。

陈敏解了朝廷的燃眉之急，但他并没有以功臣的身份留名青史。古代漕运有专门护运的军队，以应对各种突发情况，这部分军队被称为漕运兵。江南水道纵横交错，为了快速打通最便捷的水道，朝廷让陈敏统领大量漕运兵，六年之后，陈敏凭借手中的兵权发动叛乱，试图割据江南。当然，他没有成功。

对于粮食危机，成都王也是有责任的。成都王带入洛阳的军队有二十万之多，但他一走了之的时候，并没有把军队带走。

这二十万军队是从各地召募来的，他们响应成都王的表面理由当然都是忠君爱国，内心的真实动机却很可疑，忠君爱国之余，兼顾政治投机。这些人来到洛阳，不仅带着武器，还带着欲望与野心，赵王既倒，成都王就应该论功行赏，满足这些追随者的期望。这将是一个庞大的善后工程，要满足如此数目众多的欲望，成都王必须进行规模空前的大封赏。这个行为将比当年杨骏、汝南王更加愚蠢。因为当年杨骏、汝南王笼络的是洛阳京官与禁军，这是一种恩赐，受益者是权力中枢的一部分，可以对执政者有所裨益，如今则不然，恩赐变成了一种负债，受赏之人拿得心安理得，不会因此而心怀感激。

而且这些伸手讨赏的地方豪强，在平时都是执政者需要防备、打压的对象，封赏他们是在饮鸩止渴。暴露朝廷中枢的虚弱，只会滋长更多人的非分之想，他们会盼望国家多难，好获得更多立功讨赏的机会。爵禄是天下之公器，每滥赏一次都会贬值一次，惠帝朝已经贬值过三次了，这次如果再贬值，那晋朝真的要遍地公侯了。

所以，赏，政治不正确；不赏，形势容不得。这是一个两难的境地。

形成这个两难境地另一个重要原因，就是成都王等人的地位已经改变。在进洛阳之前，他们是地方势力簇拥而起的造反派，他们的起兵是非法的矫诏行为，赵王篡位掩盖了这一点。进入洛阳之后，他们就成为当权派，屁股决定脑袋，当然不想助长地方势力的气焰。

成都王的最后做法是一走了之，他只为卢志、赵骧、石超等心腹讨赏，还为一些有利用价值的地方官员，如王彦、李毅等人讨赏，别的杂牌军他就撂挑子甩手不管了。

如前文所述，齐王为了抢执政地位，招募来的军队比成都王更多，所以他面临的困难比成都王更加严重。成都王一走，作为执政者，齐王必须将成都王撂下的担子给承担起来。这真是作茧自缚。

数十万地方军队因此滞留洛阳，吃光粮食事小，影响人心事大。齐王最后的决定是不赏，不赏的原因，有以下三个：

原因之一，齐王不像杨骏、汝南王等人，靠使诈、裙带关系获得权力，他刚刚立下不世功勋，威望正高。

原因之二，齐王让惠帝朝前期的一系列名臣出任要职，如乐广、刘暾、高光等人，他们已经无法再装清高，为了撇清与赵王的关系，表示自己是忠臣，他们只有积极地配合新执政。

齐王还请出了被赵王废黜，又在勤王过程中立下汗马功劳的琅邪王氏，由王戎出任尚书令、王衍出任中书令，王衍的族叔王彦被封为公爵，族弟王敦出任青州刺史。琅邪王氏的政治投机得到了丰厚回报，不仅收回失地尚书台，还首次占领了中书省。随着河东裴氏、太原王氏等豪门大族在历次政治斗争中失势，琅邪王氏俨然成为西晋第一高门。

原因之三，齐王有一批对自己忠心耿耿的下属，朝廷真正的权力中枢实际是齐王的大司马府，实权都操控在齐王以及他的军政府手中，朝堂只是一个摆设，所以无须献媚朝臣。齐王认为自己有能力握住权力，这是他选择"不赏"最重要的原因。

但实际上，齐王高估了自己。

非议很快就起来了。因为齐王也无法做到完全不赏，与成都王一样，齐王需要保持下属的忠诚，所以他只给自己亲信加官晋爵。齐王给前豫州刺史何勖加官车骑将军，然后让何勖领中领军掌管禁军，齐王又封心腹葛旟、路秀、卫毅、刘真、韩泰为公爵，号曰"五公"。于是物议沸腾，许多人指责齐王"选举不均，惟宠亲昵"。

大文豪陆机写了一篇《豪士赋》，在当时流传颇广，并且留存至今。在文中，陆机拐弯抹角地讥讽齐王欺世盗名，说他不过是运气好而已。就像树叶本来就已经根基松动，恰巧吹过一阵风，落下树来，从表面上看树叶是风吹落的，实则"欲陨之叶无所假烈风"，凑巧而已。齐王就是那凑巧的风，"微一时之功而居伊、周之位"，却又没有自知之明，骄横妄为，不知谦损，终有一天要倒大霉的。

陆机这人文章虽然写得好，人品其实很一般。他与弟弟陆云早年名列贾谧"二十四友"，后来贾谧垮台，他们兄弟改投赵王，不仅没受贾谧牵连，反而还被封关内侯。赵王篡位，陆机担任伪朝中书郎。中书省是负责起草诏书的地方，惠帝禅让诏书也出自中书省，所以齐王将中书省的官员一网打尽，中书监傅祗，右丞周导、王尊，中书郎陆机、杜育一干人等，统统被收押，交付廷尉治罪。陆机吃亏在于名气太大，齐王怀疑那份诏书就是他起草的，要杀他以谢天下，幸亏有吴王和成都王两位王爷替他求情（吴王是陆机的故主，陆机、陆云兄弟就是通过做吴王属官出仕的），另外齐王也查清了禅让诏书出自孙秀与义阳王司马威之手（《晋书》如是说，但很可能是笔查不清的糊涂账，所以推诿给孙秀、司马威，反正两人已死，死无对证，此事也就不了了之），陆机才逃过一劫，改为免死徙边，没几天遇到大赦，免罪。

有过这么一段过节，陆机再写这篇文章，已很难分辨是出于公心，还是私怨。当时他已投在成都王门下，无惧于齐王。以陆机的文名，这篇文章无疑会引导舆论的方向。

但是说齐王无辜，也不是实情，他确实跋扈专权。

齐王的办公地点是以其父司马攸的故居为中心重新扩建的，扩建时大兴土木，拆毁北边的五谷市、南边的诸部公署，被破坏的建筑好几百座，建出来的大司马府规模与皇宫差不多。又凿开宫城千秋门的城墙，使大司马府与内廷相连，将内廷中的宫悬等物移到大司马府后院。平时，齐王就在大司马府里处理政务，诸臣议事必须到大司马府请示意见，并且见面时要向齐王行跪拜大礼，齐王坐着接受百官跪拜，他的指令即是敕令，完全是一副皇帝的做派。

有一个叫桓豹的殿中御史挑战了齐王的权威，直接向惠帝奏事，齐王竟然派人将他活活打死。此事的影响十分恶劣，史书上说"于是朝廷侧目，海内失望矣"。

齐王的威信快速流失，朝野上下的非议与日俱增。齐王背上一系列罪名：骄奢、僭礼、专权、任用奸佞……

屋漏偏逢连夜雨，不久之后，齐王与成都王的关系也破裂了。

五、皇嗣问题

永宁二年（302）三月癸卯，皇太孙司马尚夭折了。

晋朝医疗水平低下，儿童夭折是比较常见的事，连皇室也不能幸免。当年文帝司马昭有七个儿子，夭折掉三个，武帝有二十多个儿子，夭折近一半。不幸的是司马尚身份特殊，他是愍怀太子硕果仅存的儿子，也是惠帝最后一个孙子，司马尚一死，谁来继承皇位呢？

随着司马尚的死亡，纠缠惠帝朝十年之久的皇嗣问题重新浮出水面。

当时武帝还剩五个儿子，按长幼次序，分别是惠帝司马衷、长沙王司马乂、成都王司马颖、吴王司马晏、豫章王司马炽。而且武帝的儿子中，除了惠帝、淮南王的子嗣在政治冲突中死亡，豫章王年纪尚幼没有生子，其他皇子都有子嗣。

所以齐王自己做皇帝的机会微乎其微，他要做的，是从武帝的子孙中选出一个来，立为储君。

这本是齐王投桃报李的好机会，他完全可以立成都王为皇太弟。当时成都王的声誉正处于顶峰，立为嗣君，可以说是众望所归。如果齐王促成其美，那么，齐王与成都王将结成牢固联盟，无人能够撼动。最关键的，成都王手握重兵，强大的军队加上美好的声誉，可以重新树立中枢的威严，让天下人觉得，虽然现任皇帝靠不住，但是下一任皇帝还是很靠谱的。有了这分信心，动荡的政局才有希望安定下来。

总而言之，立成都王为嗣，于国家、于齐王、于成都王，都是件好事。

然而齐王恋权。如果成都王被立为皇太弟，他就会理所当然地参与朝政，甚至成为执政者。齐王独断专行惯了，舍不得分权。

同样的道理，齐王也不可能选择长沙王、吴王、豫章王，于是他从武帝的孙子中挑选皇嗣，最后选中了年仅八岁的清河王司马覃。司马覃是第二任清河王，他的父亲司马遐已经在两年前病死了，所以司马覃对齐王不构成任何威胁。

齐王拿定主意之后，才到邺城咨询成都王的意见，这种事成都王无法毛遂自荐，尽管不情愿，也只有吃哑巴亏，表示赞成。

于是永宁二年八月癸卯，惠帝下诏册立侄子司马覃为皇太子，天下大酺五日，同时又给齐王升官为太师，东海王升官为司空。

齐王这是把成都王彻底得罪了。在成都王眼里，齐王这是以怨报德，自己做出如此重大的让步，最终却一无所获。这种心理上的失衡，让成都王转变了对权力的态度。

而齐王得罪的不仅仅是成都王，还有长沙王，甚至得罪得更深。论长幼，长沙王是成都王的兄长，更有资格被立为皇太弟。不过，长沙王知道自己不可能成为皇太弟，他恨齐王另有理由。

司马覃并不是武帝的长孙，在司马覃之前的还有楚王的儿子司马范。齐王认为司马覃是清河王正妃周氏所生的嫡子，也就是武帝的嫡长孙，所以他舍弃了司马范，但这只是一个借口，真正原因是司马范不好控制。长沙王是楚王胞弟，司马范如果被立为皇太子，他必定亲近长沙王而疏远齐王。

齐王确实心机深沉，可惜这心机加速了他的死亡。

当时有许多人已经预料到齐王难有善终。

担任齐王主簿的顾荣与东曹掾的张翰就很担心自己会给齐王陪葬，两人于是终日酣饮，不务政事。顾、张都是旅宦洛阳的江南吴人，结果仕途险象环生。张翰因此感到厌倦，他原是豁达之人，被人比作名士阮籍，被称为"江东步兵①"。不久秋风萧瑟洛阳渐寒，张翰想起南方温暖的家乡，想起江南的菰菜、莼羹、鲈鱼脍等美味，张翰于是长叹说："人生贵在惬意自得，何必要为功名爵位这些身外之物羁宦数千里呢！"

张翰决定抛弃官职返回江南，临行前邀顾荣同行，顾荣苦笑不已，张翰明白他的意思，说："天下纷纷，祸难未已，像你这样享誉四海的名士，会被盛名所累，难以脱身世外。我本是志在山林的闲云野鹤，没有声望，所以来去自由。我先回江南了，你要谨言慎行，以防卷入灾祸，要给自己留有后路。"言罢，两人挥泪作别。

顾荣此后整天沉醉，他的内心苦闷不已，写信给朋友说："我作为齐王主簿，常常担心会有无妄之灾，每每见到刀与绳，就有自杀的冲动，这种惶恐是你们无法想象的。"

---

① 阮籍曾担任步兵校尉，世人因此称之为"阮步兵"。

后来齐王看顾荣实在是不称职，但他是江南名士享誉天下，不好责罚，于是将他转调闲职做中书侍郎。这正中顾荣下怀，顾荣做中书侍郎之后就不再滥饮，于是就有人很奇怪，问他："为何前醉而后醒呀？"顾荣担心消息走漏齐王怪罪，只好继续假装酒鬼。

对比顾荣的明哲保身，另一名来自江南的齐王僚属则要尽职得多，这个人是就任于大司马贼曹属（一个负责治安的机构）的孙惠，来自吴地富阳。

孙惠替齐王分析形势，他说，自从惠帝即位，十一年来"人不见德，惟戮是闻"，"历观前代，国家之祸，至亲之乱，未有今日之甚者也"。对此人人都是有责任的，而执政者必须做出表率，长沙王、成都王都是"鲁、卫之密，国之亲亲"①，他俩"计功受赏，尚不自先"，齐王却独揽朝政，这种行为就是"弃五岳之安，居累卵之危"，不仅有损声威，而且还会引来灾祸。

所以，孙惠劝齐王将政权移交给长沙王与成都王，解职归藩，这样才可以避开祸难，并且能够获得清誉。

孙惠是在白费口舌，史书上说"冏不纳，亦不加罪"，冷处理了。三谏不从为逐客，孙惠于是辞官避祸，逃回家乡江南富阳去了。

孙惠的不辞而别并没有引起齐王的警觉，据说当时齐王

---

① 这是套用西周初的典故，当年周武王分封诸侯，鲁国国君姬旦、卫国国君姬封都是武王的弟弟。

依然大宴小宴不断，莺歌燕舞，心情十分闲适。

于是侍中嵇绍屡次劝诫齐王居安思危，但是齐王根本听不进去。

齐王经常在宴会间处理朝政，曾经有一次嵇绍找齐王议事，结果正遇齐王与他的宠臣董艾、葛旟等人摆宴作乐。

看到这情景，嵇绍当然是十分不满，偏偏董艾不识趣，他对齐王说："嵇侍中善于丝竹，大王命令他弹一曲，给我们助助兴吧。"嵇氏鼓琴是天下一绝，当年嵇康在刑场顾日影而弹《广陵散》，成为千古绝唱，作为嵇康之子，嵇绍的琴艺也是独步海内。于是左右拿来琴，齐王请嵇绍施技一饱耳福。

嵇绍原是豁达好相处之人，《晋书》上说他"诞于行己，不饰小节"，偏偏这时他端起架子，拒绝了。齐王不高兴，对嵇绍说："今天把酒言欢，你何必吝此小技，要扫大家兴呢？"

嵇绍本意是就想教训齐王，他接着话柄说："殿下匡复社稷，就应当率先遵从朝廷法度，为世人树立楷模。嵇绍忝任侍中，此时头戴貂蝉冠，身穿朝服，手持玉版立于殿中，是在以朝臣的身份与殿下商议政事，岂能操执丝竹，做伶人之事呢！如果我是微服而来，出席私宴，殿下的命令我肯定不会推辞，但是此刻，恕难从命。"

《晋书》上说齐王闻言"大惭"，但齐王的惭愧并没能够持续多久，也没有转化为行动。舆论对齐王越来越不利，越来越多的人看出齐王身处险境。有个叫郑方的百姓，专程从家乡步行赶到洛阳，给齐王进谏。

郑方替齐王总结了五大过失：一是安不虑危，耽于酒色，燕乐过度；二是没有弥合宗室之间的仇隙，反加剧裂痕；三是如今蜀中叛乱，北方边境不宁，齐王没有及时处理；四是赵王篡位之时，齐王招集天下共讨逆臣，战乱导致民不聊生，齐王却没有赈济灾民；五是齐王当初与追随者歃血而盟，本该赏不逾时，如今却食言，迟迟不兑现。

这五条说得都对，进谏还是没有效果。齐王对郑方说："倘若没有你的直言，我无处听闻自己的过失。"这不过是政客们娴熟的表演，摆出虚怀若谷的姿态罢了。

郑方只是远离洛阳的一介草民，连他都能看透的时局之弊，洛阳的那些公卿没有理由不清楚，他们只是袖手旁观而已。

越来越多的谏言使齐王对前途感到迷茫。《晋书·良吏传》里记载了齐王曾经就何去何从的问题询问过曹摅，曹摅是当时有名的长者，当时担任齐王的记室督。

齐王问："当初天子被贼臣所逼迫挟持，天下没人奋起，是我率领义军兴复了王室。如今我入朝辅政，试图匡振这艰难的时局，却有人劝我弃政归藩。你看我该怎么办？"

曹摅先是恭维一番齐王的功勋，说什么"荡平国贼，匡复帝祚，古今人臣之功未有如大王之盛也"，然后他来一转折，说"然道罔隆而不杀，物无盛而不衰，非唯人事，抑亦天理"。

转了一圈之后，曹摅劝齐王放弃权势，解职归藩。他说"请大王居于高处的时候警惕从高处摔落的危险，在盈满的时候要考虑到盈满则亏的道理。请大王大公无私摒弃权欲，替朝廷精选百官，举贤进善，使每个岗位都由有才能的人充任，然后秣马脂车，解职归藩。这样就可以消弭流言，上下同庆，我等也会替大王感到庆幸啊。"

曹摅的话说得十分明白，但是齐王到底舍不得到手的权势，况且，即使放弃一切退还齐国也不一定就能免祸，齐王最终没有采纳。

除了继续专权与弃位归藩，齐王似乎还有第三条路可走。齐王的主簿王豹就建议说，如果舍不得放权，那就适当分权。

王豹写密信给齐王，说自从元康年间以来，处于宰辅位置的人无一善终，齐王一定要吸取教训，避免重蹈覆辙。如今河间王、成都王、新野王各自割据一方，齐王这个执政有名无实。并且齐王立下盖世功勋，功高难赏，进（篡位？）则加速灾祸的隆临，退则恐怕日后会遭清算，想要求得平安看来是很难。

那怎么办呢？

王豹说，当年周武王以"陕地"为界，将天下一分为二，自陕以东由周公主持，自陕以西由召公主持。今天也可以仿效周法，以黄河为界，封成都王为北州伯，统领黄河以北的王侯；齐王为南州伯，统领黄河以南的王侯。二王共同辅佐皇帝，选立百官，每年按时向皇帝进贡朝觐。如此既可以保证齐王的富贵，又可以保全江山社稷，一举两得。

王豹其心可诛，他在唆使齐王将好不容易才得以统一的天下硬生生劈成两半。这是一个愚蠢至极的提议，因为今昔不比往日，周朝那种局面不可能复制到一千年后的晋朝，国家陷入分裂之后，唯一可能的结局就是内战。

王豹其实是个不计后果的政治投机分子，在利用齐王困境进行投机，后来投机失败被杀，死后却被载入《晋书·忠义传》，这真是咄咄怪事。

王豹劝齐王一定要考虑他的计策，他把齐王比作汉高祖刘邦，把自己比作献巧计定国策的娄敬、张良。当年娄敬与张良劝刘邦定都关内，一言兴邦，王豹也替齐王选好将来的新都城，他说宛城不错，"许可都也"。

王豹的信递交齐王，一直没有回应。十二天之后，心急火燎的王豹再次提笔写信，催促齐王早拿主意。这次齐王有了回复，齐王说："你的两次奏事，意思我都知道了，容我再想想。"

齐王将王豹的信放在书案上，长沙王找齐王议事，恰巧看到了。长沙王读完信之后大怒，对齐王说："小子离间骨肉，何不拉到铜驼街打杀！"

长沙王的愤怒可以理解，如果天下被成都王与齐王两人瓜分干净了，那他该何去何从呢？

齐王也觉得王豹的计策太过突兀，投机味道太浓，实施起来难度太大。既然事情败露，长沙王又如此表态，齐王于是检举王豹"不忠不顺不义，辄敕都街考竟，以明邪正"。

可怜王豹投机未成赔上性命，他被拖到宫城前的铜驼街御道上乱棍打死。据说王豹临死前学习了一下伍子胥，留下遗言："悬吾头大司马门，见兵之攻齐也。"

这句狠话很快就会兑现，王豹死后没多久，齐王也跟着踏上了黄泉路。

六、鼙鼓动地

永宁二年（302）整个下半年，洛阳也好、地方也好，过得都不平静。

七月秋汛，兖、豫、徐、冀四州发大水，冬十月，又发生了地震。当时的人们认为，天灾频频是惠帝失权齐王专政，阴气太盛的缘故。这种见解虽然荒诞不经，但是反映出了人心所向，齐王的支持率，确实已经很差劲了。

到了十二月，也许是想鼓舞一下士气，挽回一点人心，齐王下令要在洛阳搞一次阅兵。

齐王没有想到，这一道命令竟然成为压垮他的最后一根稻草。阅兵的命令一下达，翊军校尉李含就从洛阳逃跑了。

李含这个名字在前文出现过，他是河间王的心腹。

李含，秦州陇西郡狄道人，侨居雍州始平郡。此人很有才干，年轻时同时被陇西、始平两郡推举为孝廉。

李含出身不高，是个寒门子弟，但是有张华的例子在先，说明寒门子弟未必就没有飞黄腾达的可能，所以对于那些有潜力、有才能的寒门子弟，高门大户也会着意笼络的，于是就有雍州望族子弟皇甫商向李含抛来媚眼。

安定郡皇甫氏是关中有名的簪缨世家，其祖先皇甫棱是东汉中期的度辽将军，其后皇甫氏世代为武将，负责西陲军事，《后汉书》替这个家族的皇甫规、皇甫嵩立传，其中皇甫嵩官至太尉，位列三公。从东汉末年开始，皇甫氏开始由武将向文儒转型，累世二千石，到了晋朝，该家族出了著名文学家、医学家皇甫谧。皇甫谧在魏晋之交名满天下，晋武帝多次征辟他做官，都被他推辞掉。当年左思还没有成名，写完了《三都赋》却得不到世人的赞赏，皇甫谧于是替他作了一篇序，左思立刻声名鹊起，不久就洛阳纸贵了。

豪族子弟有意来结交自己，按说这是一件好事。但是不知道是因为皇甫商年少狂傲，还是李含这人性格乖戾，反正两人没结下交情却结下了怨，史书上说李含"距而不纳，商恨焉"。自尊心受损的皇甫商展开报复，他动用自己的影响力来毁损李含的仕途，李含因此被任命为最低等的小吏门亭长。

这一来一往，两人就结下了死仇。当时没人能够料到，他们这场私人恩怨将在二十年后把全天下人拖向深渊。

由于受豪族打压，李含此后几十年浮浮沉沉仕途跌宕。他当过刺史别驾，逐步升迁到秦国郎中令、始平郡中正，但是李含似乎总是处理不好与家乡人的关系，他又得罪了尚书赵浚。天水赵氏也是名门望族，既是杨太后的亲戚，又是贾皇后的亲信，手眼通天。赵浚也参与到打压李含的行列中来，李含被害得不仅丢了官，在人物定品的时候，被从二品贬为五品，政治生命几乎就此终结。

李含被闲置了一年多，又被重新起用，做了几任县令。元康九年，河间王出任征西将军，镇关中，听说李含的大名，征辟他为征西司马，不久觉得这人确实不错，又转为更贴心的征西将军长史。河间王对李含言听计从，当初讨伐赵王时腰斩夏侯奭、执送齐王使者、派遣军队去援助赵王等，都是李含的主意。

李含抱定河间王这棵大树，再也没有豪门大族能够任意欺负他了。三十年河东，三十年河西，当年打压过李含的皇甫商与赵浚却都落魄了。

赵浚因为依附贾氏被赵王杀死，皇甫商则依附赵王，被任命为梁州刺史，但是赵王一死皇甫商就被解职。狼狈沮丧的皇甫商到长安求见河间王，大概是想请河间王帮他东山再起。

皇甫商虽然失势，但是皇甫家族依然强盛，皇甫商的哥哥皇甫重当时就正担任秦州刺史。河间王不想轻易得罪在关中盘根错节数百年的皇甫氏，所以对皇甫商十分客气，接待热情周到。于是李含不乐意了，他对河间王说："皇甫商是司马伦的亲信，畏罪遁逃到长安，大王应该避嫌，不要与他频繁相见。"

这话传到皇甫商耳朵里，新仇加旧恨，积怨更加深了。皇甫商在长安待了几天，然后启程到洛阳认罪，河间王给他置酒饯行，席间李含又与皇甫商发生了正面冲突，虽经河间王调解，两人还是不欢而散。

皇甫商到洛阳后并没有受到惩处，齐王任命他为参军。不久，也许是为了变相拔去河间王的爪牙，或者是想向河间王表示善意，齐王任命李含为禁军翊军校尉。这个要职此前一直由宗室或者豪门子弟担任，齐王自己也曾担任翊军校尉，对于一个寒门子弟来讲，李含已经达到了顶峰，要知道豫章王司马炽（即后来的晋怀帝），在当时也不过是射声校尉，与李含平级。

但是这样一来，李含就必须离开河间王到洛阳去，那可是河间王仇人齐王的天下。

到了洛阳之后，李含发现情况不妙，当时他所怨恨的与怨恨他的人竟然全都扎堆在洛阳，而且这些冤家全都在齐王帐下任职：皇甫商是齐王参军；赵浚虽然死了，但是他的儿子赵骧正担任齐王右司马；还有夏侯奭的兄长也在齐王府中，整天向齐王喊冤叫屈，要替弟弟报仇。

所以李含在洛阳终日惶恐不安，成为惊弓之鸟。齐王下令阅兵，李含以为这是为他而设的陷阱，因为翊军校尉必须出席阅兵仪式，到时候赵骧等人就会在阅兵场上将他擒获，杀掉。

李含越想越怕，最后单骑出逃，仓皇跑回长安去了。

李含挟恨出逃，在向西策马狂奔的同时，他思绪翻滚，酝酿着复仇。等到李含抵达长安，在河间王府邸前翻身下马的时候，一个庞大而完整的复仇计划已经形成。

李含想杀皇甫商、想杀赵骧，但他知道仅凭一己之力根本无法实现这个目标，唯有借助河间王的力量。但是如果无利可图，河间王不可能只为区区李含而得罪安定皇甫氏、天水赵氏两家关中望族。想要说动河间王，必须给予他足够大的诱惑。

什么是河间王梦寐以求但却始终没有得到的？答案路人皆知，权力而已。那么是谁阻碍了河间王的权力之路？齐王。齐王是皇甫商、赵骧的靠山，只要齐王垮了，这两人就是李含案上的鱼肉。

因此，李含想鼓动河间王推翻齐王，既可以泄私愤，又可以成就河间王，同时还间接成就了自己：想想孙秀的例子吧，只要河间王当权，自己离呼风唤雨的日子也就不远了。一举三得，何乐而不为呢？

至于此举会引发战争，会使生灵涂炭，甚至可能葬送整个西晋王朝，那就不在李含的考虑范围之内了。所谓小人者，就是那种为了得到一枚钉子，不惜拆毁整座房屋的人。

李含年轻时颇有清誉，武帝朝的名臣郭奕、张华、傅咸、卫瓘等人都曾对他青眼有加，卫瓘甚至曾经说"李世容（李含字世容）当为晋匪躬之臣"。卫瓘等人一向知人善任，但这一回他们彻底看走眼了。

李含抵达长安已是深夜，他马上求见河间王。门阍说河间王已经安寝，李含口气强硬，谎称带着惠帝的密诏，非见河间王不可。被吓醒的河间王立即召见了李含。两人一见面，李含就怂恿河间王出兵推翻齐王。

河间王上次去洛阳争权，铩羽而归，李含知道河间王对齐王恨之入骨，只是忌惮齐王的强大而不敢轻举妄动。

李含对河间王说，现在的齐王与一年前相比，已经面目全非。一年前的齐王是举国敬仰的英雄，上有惠帝支持，下有强兵数十万，成都王、新野王都承认他为盟主，光芒万丈不可仰视，彼时的河间王当然难以匹敌；但是一年下来，齐王把自己搞得声名狼藉，惠帝嫌他跋扈，朝臣怀疑他有逆心，手下军队人心离散，成都王、长沙王也与他龃龉不断。同时，齐王执政业绩乏善可陈，纷乱的天下并没有得到任何改观，蜀中越来越乱，灾民、流民越来越多，百姓怨声载道、哭声遍地——局势如此败坏不能全怪齐王，举朝上下都有责任，但是执政的位置万恶所归，天下人要找对象咒骂泄愤，执政者当然是首选。

李含说，如今的齐王众叛亲离，就如朝露秋蝉，命不长久了。

看到河间王的信心似乎依然不足。李含继续说，惠帝反正，虽然是齐王首先倡议起兵，但是真正攻克洛阳立下大功是成都王，成都王功成身退，齐王却窃取了大权，天下人对此颇有非议。河间王可以联合成都王共同进退，这是顺应民心，必定有征无战。

如果真能联合成都王，消灭齐王自然不成问题，可是洛阳还有一个长沙王，他与成都王是至亲骨肉，齐王垮台之后，他们兄弟必定联手执政。如此一来，河间王岂不是替长沙王作嫁衣！

李含心思缜密，早料到了这一种可能。他说，长沙王与齐王之间早已相互提防，河间王不妨借刀杀人，传檄洛阳，令长沙王讨伐齐王，到时候齐王必定先发制人，长沙王势单力薄，必定落于下风。等齐王杀了长沙王，河间王与成都王就可以宣称为长沙王报仇，大军压境，逼齐王让位。如此一石二鸟，同时铲除齐王、长沙王，岂不快哉！

河间王原本就有野心，经李含一鼓动，那野心就止不住地膨胀起来。于是永宁二年十二月丁卯，河间王发难，上表揭发齐王"斥罪忠良，伺窥神器"，他谎称李含奉有惠帝密诏，所以自己"今辄勒兵，精卒十万，与州征并协忠义，共会洛阳"。

同时，河间王不忘给长沙王挖坑，不忘向成都王献殷勤，他说："骠骑将军长沙王乂，同奋忠诚，废囧还第。有不顺命，军法从事。成都王颖明德茂亲，功高勋重，往岁去就，允合众望，宜为宰辅，代囧阿衡之任。"

翻译一下，即是说："骠骑将军长沙王乂，将与臣一同奋举忠诚，废黜齐王使其还府第，如果齐王不顺命，请长沙王将其按军法处置诛杀。成都王司马颖品德贤明，是皇帝至亲，功高勋重，去年功成身退，深得民心，他适宜成为宰辅，取代齐王担任'阿衡'之职。"

河间王下令振武将军张方领兵两万，作为前锋部队向洛阳挺进；任命李含为都督，统领张方部与后继部队，出关讨伐齐王。同时，他派出使者去邀请成都王。

使者很快抵达邺城。如何回应河间王？邺城内部产生两种截然相对的意见。

卢志劝成都王置身事外，静观其变。但是此时卢志对成都王的影响力已经远不如一年之前，最新得宠的是陆机、陆云兄弟，二陆差点命丧齐王刀下，当然乐得看齐王垮台，他俩都劝成都王响应河间王。

成都王其实也颇为心动，因为使者带来了河间王的许诺：事成之后，拥立他为皇太弟。

自从侄子清河王司马覃被立为皇太子，成都王一直颇有怨恨，如今河间王满足了他内心无法言说的愿望，同时还可以向齐王快意恩仇，岂不快哉！

就在此时，洛阳亲河间王的侍中冯荪、中书令卞粹也来到邺城替河间王做说客。于是成都王的决心更加坚定，他再次下令招募军队，任命陆云为前锋都督，只等军队集结完毕，就进发洛阳。

但是卢志等人依然表示反对，母亲程太妃还有成都王嬖爱的宦官孟玖等人也一直撒娇吵闹不愿意离开邺城。成都王踌躇良久，谋而不决，招募来的军队始终等不到军令，军心就些浮动，有些人惦记着快过年了，干脆就回家去了，临走他们在邺城城门上留言："大事解散蚕欲遽。请且归，赴时务。昔以义来，今以义去。若复有急更相语。"由这些充满江湖气概的话语可知，当时成都王确实还深得人心。

成都王始终犹豫未定，直到十二月底齐王兵败身死，他都没拿定主意。

七、逃生的名士

河间王的檄文送至洛阳，齐王大为震惊，他召集百官商议对策，满腹委屈地替自己辩解："当初孙秀作乱，逼迫帝王，使社稷倾覆，群臣无人能够抵御此难。孤王纠合义军，扫除元凶，臣子之节，昭然天下。今日河间、成都二王听信谗言，擅自兴兵，将不利于孤王，请各位代为斡旋，以消弭矛盾。"

朝臣们却都缄默不语，他们的心理可想而知：二王兴师问罪的对象是你齐王司马冏，与我何干？这一年来都是齐王府的人在操纵朝政，我又未曾参与，即使将来清算，也祸不及身。如今这种生死关头，还是谨言慎行，不要招来无妄之灾为妙。

既然都不作声，那齐王只好点名了，他对官任司徒兼尚书令的王戎说："请您老替我出出主意。"

王戎苦笑，心想如今大难临头了，你从谏如流又有什么用？王戎说："殿下首举义兵，匡定拨乱反正的大业，这等功勋是本朝前所未有的。但是事后殿下论功报赏有失公允，使朝野失望，人怀贰志。二王带甲百万，直指洛阳，其势锐不可当，而今之计，请殿下弃权让政，以王就第，可以不失王爵，这是求安的唯一计策了。"

王戎为人一向乖巧，他做官也是"与时舒卷，无蹇谔之节"。这次连他都说出如此逆耳的话，说明局势确实已经到了无法挽回的地步，连敷衍回旋的余地都没有，唯有劝齐王正视现实，让政保命。

这不只是王戎一人的看法，也是在场大多数朝臣的看法。另一个朝臣领袖，以司空兼任中书监的东海王司马越也附和王戎，劝齐王让政。

齐王闻言犹豫不决。一旁的从事中郎葛旟见齐王有所动摇，大声呵斥王戎："赵庶人听任孙秀胡作非为，移天换日篡位自立，当时群臣畏葸不前，无人恪守臣节，倡议反正。是我家主公亲冒矢石，率领义军冲锋陷阵，才恢复社稷，才有诸公今日的苟安。

"事后计功封赏确有不周到之外，但这是因为'三台纳言'这些部门失职，他们不恤王事，拖延封赏，责任并不在大司马府。如今二王听信谗言，矫诏兴兵，诸公应当上下同心，讨伐这两个逆臣，王戎你却劝我家主公束手就缚，弃权就第。自汉、魏以来，执政者弃权就第之后，无不被夷家灭族。王戎居心何在？议者可斩！"

按葛旟这意思，齐王没有错，有错的是"三台纳言"。所谓"三台"是汉代的划分，指尚书台、御史台、谒者台，"三台"以尚书台为首，王戎时任尚书令，葛旟是在反咬王戎玩忽失职，没有将功臣名单及时奏报，所以，责任不在齐王大司马府，而在尚书台。

葛旟这话，与其说是想保卫齐王，毋宁说是想自保。

西晋对于宗室一向纵容袒护。武帝朝宗室诸王屡屡犯法，最终都是从轻发落，到了惠帝朝骨肉相残，众多宗室成员死于非命，不过细数之下，汝南王、楚王、愍怀太子、淮南王都直接死于拼刺刀的时刻，当时生死一瞬，没有办法手下留情。但是只要有回旋的余地，事后清算，一般最多是流放，置于死地的只有义阳王司马威、赵王司马伦父子，义阳王是自己作死，赵王则是罪无可赦，即便如此，赵王也是鸩死，保留了全尸。

齐王是宗室近亲，一年之前又刚立下拨乱反正的大功勋，这一年来虽然不尽如人意，毕竟没犯下不可饶恕的大罪过。如果他听从王戎，逊职让政，返回齐国等候处分，从此权势是肯定不可再得，有可能封邑、爵位也会被褫夺（就像当初司马乂由长沙郡王被贬为常山县王一样），但是，性命大可得到保全。

这个猜测可以从以下三件事得到印证：一、河间王想杀齐王却找不到充分的理由，必须先诱使齐王去杀长沙王，可知齐王声威犹有残存；二、数日后齐王兵败被擒，"帝恻然，欲活之"，长沙王"叱左右促牵出""遂斩于阊阖门外"。可知若非长沙王心狠，齐王完全可以免死；三、齐王死后第二年（304），河间王执政，马上给齐王恢复名誉，封齐王的儿子为王。此后，东海王执政之初（光熙元年即公元306）、晋怀帝永嘉年间、东晋孝武帝太元年间，朝廷多次追封齐王官职，嘉奖其勤励王事。由此可知，齐王功过自有公论，罪不至死。因此，对于齐王而言，解甲归藩其实是明智之举。

但是，对于葛旟等人而言，齐王归藩就意味着死亡。齐王一归藩，他们唯有束手就擒，新的执政者必定会剪除齐王羽翼，如果齐王被诛，他们自然跟着陪葬，如果齐王被赦免，那么齐王执政期间犯下的过错必须有人承担，他们就是最好的替罪羊。

横竖都是死，不如挟持齐王负隅顽抗，兴许会有奇迹发生。葛旟所谓"汉、魏以来，王侯就第宁有得保妻子者乎"，不是在斥责群臣，而是在恫吓齐王。

齐王召集群臣，用意本是群策群力，共渡难关，葛旟如此杀气腾腾，甚至说"议者可斩"，那就根本不是问策求计的态度，于是"百官震悚，无不失色"。

王戎尤其感到惊恐，他圆滑世故几十年，难得忠直了一回，又惹来杀身之祸。

好在王戎机敏过人，"王戎夙慧"的名声早在童稚时期就已传遍洛阳，"道旁李苦"这个成语就是他七岁时贡献给后世的，一甲子过去了，此时王戎已近古稀之龄，可谓老而弥坚，人人皆知"王濬冲（王戎字濬冲）谲诈多端"。

王戎立即痛苦地捂住腹部，皱着眉头对齐王说抱歉，内急，要上茅厕。

人有三急在所难免，尚书令、安丰侯王戎大人要求上茅厕，大司马、齐王大人明知是个借口也无可奈何，当然只能放行。

王戎快步奔赴茅厕。晋代当然不可能有洁厕设备，达官贵人家的茅厕也不过就是装潢华美的粪坑，王戎进去之后四顾无人，捏起鼻子往粪坑里一跳，然后高声呼救。等齐王等人闻声赶来，派人将这个老头打捞出来，王戎已经污秽满身，臭不可闻。

齐王惊问发生了何事。王戎做出神情恍惚的样子，用残存的一点神志告诉齐王，在来齐王府之前，他刚服用了五石散，现在药性发作了。

"五石散"据说是由东汉末年的医圣张仲景发明的，起先，只是一种治疗伤寒的成药，到了曹魏正始年间，大名士何晏改良了五石散的配方，大力推崇，说什么"服五石散，非唯治病，亦觉神明开朗"。何晏是魏武帝的养子兼女婿，又是当时的清谈领袖，他开了风气之先，当时的贵族子弟、风流名士争相效仿，很快风靡，几乎所有标榜风流的名士都曾服用，"竹林七贤"之一的王戎就是有着几十年吸毒史的资深吸毒者，这事人所共知。

与所有毒品一样，五石散在致使人体精神恍惚，获得虚幻快感的同时，也严重地戕害人体。吃五石散被称为"服散"，服散之后会全身发热，必须不停行走将热量挥发干净，这称为"行散"，服散之人必须小心行散，如果行散不得法，就会性命不保。服散之人平时也必须调理药性，要做到"寒衣、寒饮、寒食、寒卧，极寒益善"，即一定得穿单薄的衣服，吃冷的食物，洗凉水澡，总之越凉越好，因此五石散也被称为"寒食散"。在饮食上唯一的例外是饮酒，必须饮热酒，如果不小心误食了冷酒，也会性命不保。

如王戎所言，他服散不久就被招来齐王府议事，还没来得及行散，眼下药性又发作，致使恍惚失神，坠落粪坑。既然是药性发作，那么刚才在大堂所言只是臆语，当不得真了。

齐王气结无语，他当然知道王戎是在演戏，此计虽然污秽，却十分有效，齐王无法揭穿王戎未曾服散，而王戎满身沾着粪便，显然已经无法留在这里议政。

于是齐王带着厌恶的神色，让王戎回府去换衣服，顺便行散调理药性，保命要紧。

王戎的脱身计策大获成功，凭着一身秽物离开了杀机四伏的齐王府。

王戎平时喜欢骑着小马，从便门溜出府邸独自出游，路人都不知道这个老头竟然就是当朝宰相。朝中不少人知道他有这个癖好，按朝廷制度，路遇三公必须行礼，所以官员们在街头远远望见司徒大人微服出游，纷纷绕道回避。

不知道这一天，王戎是否与往常一样独来独往，设想这个须发皆白的七旬老人，孤身踯躅于洛阳街头，全身污秽淋漓，所过之处人皆掩鼻退避，倘若不幸路遇熟人，这等场景情何以堪?

或者，这一天王戎严格遵照了三公的规格出行，头戴高七寸长八寸的进贤冠，身穿华美的皂色朝服，坐着乘舆，卤簿在前护卫在后，所到之处事先清道，庶人回避，威风至极。夹道百姓既惊恐又艳羡，偷偷观望，却发现德高望重的司徒大人全身屎尿横流，此景想来也是人间喜剧。

这个场景极富象征意义，因为王戎有着多重身份，他是两晋第一高门琅邪王氏的领袖人物，他是西晋社会最有钱的富人，却又是西晋社会最有名的吝啬鬼，他是惠帝朝的品衔最高的官僚，却又是惠帝朝人所共知的老滑头。西晋这个短命王朝的种种特征，比如门阀政治，比如统治阶层的极度吝啬虚伪，比如政府官员的苟且失职，都可以在王戎身上找到印证。

而王戎最能体现时代特征的则是他的名士身份，西晋名士纵横，举朝公卿都是清谈误国的好手，王戎是竹林名士中唯一活到惠帝朝的人，是资格最老、声名最高的名士领袖。

可以说，王戎带有西晋这个堕落王朝的一切特征。王戎往粪坑里这么一跳，沾上污秽的不仅是他个人，还有整个时代。

《晋书》称王戎晚年"在危难之间，亲接锋刃，谈笑自若，未尝有惧容。时召亲宾，欢娱永日"，仿佛此人明豁通达，从容面对生死。那么，既然"未尝有惧容"，又何必自投污秽，与虫蛆为伍呢?

《晋书》还说王戎晚年，曾坐车途经当年"竹林七贤"时常聚饮的"黄公酒垆",王戎对同车人说:"吾昔与嵇叔夜、阮嗣宗酣畅于此,竹林之游亦预其末。自嵇、阮云亡,吾便为时之所羁绁。今日视之虽近,邈若山河!"

阮、嵇已死几十年,还被王戎拿来嚼舌根。很难想象,阮籍、嵇康会去跳粪坑。

王戎休矣!阮、嵇与你不是一路人。

八、激战洛阳

葛旟这么一呵斥,王戎再这么毅然决然地一跳,齐王借助朝臣斡旋困境的企图就彻底破灭了,百官纷纷告辞,各自逃生保命去了。齐王只剩一条路可走,以武力对抗。

但是齐王无兵可使,除从豫州带来的少量旧部外,洛阳城内的其他军队都不可信任。洛阳之外那些昔日的盟友,豫州的范阳王与荆州的新野王,则都摆出作壁上观的姿态。齐王其实已是坐守孤城,张方军队抵达洛阳之日,就是齐王授首之时。

除了外患,洛阳城里还有长沙王这个内忧。攘外必先安内,齐王急忙派遣心腹董艾去抓捕长沙王。

董艾领兵直奔骠骑将军府,结果扑了个空。原来长沙王得知关中兵起,料到齐王必定发难,到时候洛阳虽大却无藏身之处,索性先发制人。董艾刚刚上路,长沙王已经率领亲随一百余人飞奔出府,驾车径赴宫城,途中长沙王嫌马车太慢,挥剑斩断车上的帷幔,以减轻负担。等董艾杀到骠骑将军府,长沙王已经冲入宫城,紧闭大小宫门,据城而守。

长沙王原本处于绝对弱势，可是正确的战略、果断的行动使局势逆转。宫城是洛阳乃至全国的政治中心，结构坚固，易守难攻。而且宫城里面有皇帝，控制了皇帝，挟天子以令诸侯，此后长沙王攻击齐王那就是"讨逆"，齐王攻击长沙王就变成了"谋反"，齐王的士兵也跟着成为"附逆"，政治上的主动可以大大提高长沙王一方的士气，同时瓦解齐王一方的斗志。更妙的是，宫城内有殿中禁军，这部分军队堪称天下最精锐之劲旅，长沙王有机会说服他们为其所用。

　　晋代洛阳城大致呈南北放置的长方形，地势是西高东低、北高南低，宫城在城内中部偏西北。

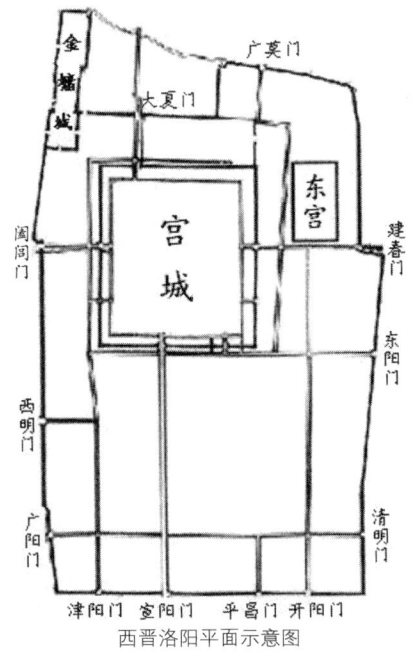

西晋洛阳平面示意图

　　有一道宽达五十一米的御道东西贯穿宫城。洛阳东西两面城墙各有三道城门，此御道连接其中东西两座城门，西曰阊阖门，东曰建春门，建春门也称上东门，阮籍《咏怀》诗中说的"步出上东门"，就是指这道门。此御道旁种满了榆槐树，两侧是朝廷的官署，太仆寺、武库署、太仓署、河南尹官署等都在此处，此外，众多王公贵戚的宅邸也在御道旁。（此御道并非著名的铜驼街，铜驼街是南北走向，连接从宣阳门到宫城南大门的区域。）

　　齐王的大司马府也在此御道旁，在宫城以西、阊阖门以东，二王交战的战场就顺着此御道东西走向展开。

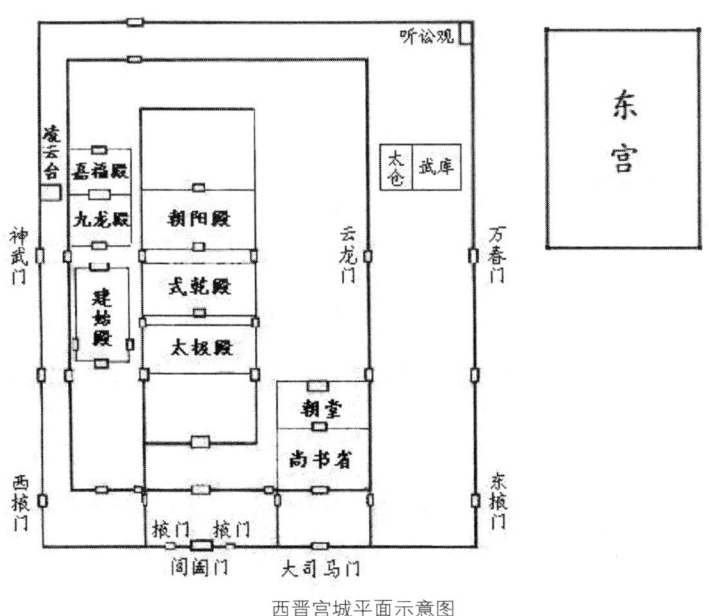

西晋宫城平面示意图

交战的第一阶段冲突并不激烈，董艾抓捕长沙王未果，回到大司马府前，屯兵宫城之西准备强攻；与此同时，长沙王正在宫中竭尽全力收罗禁军，准备带着惠帝出宫进攻大司马府。此刻长沙王军心未稳处于守势，为了延缓对方的攻势，长沙王派遣部将宋洪射火箭焚烧大司马府，而董艾则派人焚烧宫城西部一些楼观和宫城的西大门——千秋门（也称神武门）。尽管失了先机，齐王仍想夺回政治上的主动权，为了监视惠帝，齐王在宫中安插了不少眼线，如今派上了用场。齐王派人潜入宫城联系黄门令王湖，让他将宫中全部驺虞幡都偷出来。齐王打算用驺虞幡对付长沙王，齐王部下举着驺虞幡绕宫城高喊："长沙王矫诏！"

当年楚王就死在这驺虞幡之下，长沙王自然不会重蹈覆辙。驺虞幡只是惠帝的信物，如今惠帝本人都在长沙王控制之下，驺虞幡就成为一个没用的道具。长沙王让惠帝下旨，对外宣告："大司马谋反，助者诛五族。"

黄昏时分，交战进入第二阶段，齐王发起进攻，血战开始了。《晋书》上说"是夕，城内大战，飞矢雨集，火光属天"，主战场就是皇宫内院。此时千秋门已经烧毁，大门两旁的楼阁火焰正炽，千秋门之后是皇家园林西游园，著名的凌云台就在这个园内，此时园中的亭台楼榭都有伏兵，宫城内诸殿、诸楼阁上也都布满强弓劲弩。

齐王的军队从缺口处潮水般涌进宫城，顿时箭矢如雨，从四面八方射来，齐王的军队予以还击，持弩仰射，并且杀入西游园与伏兵短兵相接。双方死伤都很惨重，尸体相枕，一片狼藉，论人数目前还是齐王一方占优势，但是长沙王将惠帝的乘舆摆在内城南部的南止车门，令齐王投鼠忌器。

在黑暗与混乱之中，战况陷入僵局，对于齐王来讲，这是一个不幸的消息，他原以为长沙王只是疥癣之疾，没想到竟成了心腹大患，真正的敌手河间王、成都王尚未交锋，自己已然损兵折将。齐王下令加强攻势，箭雨比之前更加猛烈了，连惠帝也不再被顾惜，不时有冷箭飞到御前，射死射伤众多朝臣，惠帝奇迹般的毫发无伤。

长沙王被迫后退，从宫城西部撤到东部，惠帝也撤至东边的宫城上东门（是宫城上东门，并非洛阳城上东门）。此时已是半夜，战场火光冲天，照亮半个洛阳城，越来越多的朝臣赶来护驾。既然是护驾，那肯定是要簇拥到惠帝周围，因此他们纷纷投向长沙王这一方，长沙王声势复振，由守转攻，从东往西，逐渐又将齐王逼出宫城。

如此往来拉锯，战斗持续了三日。在强大的压力之下，齐王一方从内部崩溃了，齐王长史赵渊临阵倒戈，他斩杀了中领军何勖，生擒齐王向长沙王投诚。是役禁军死伤过万，此外还有不少朝臣死于乱兵之中，或者葬身于火海之内，侍中嵇绍就差点被冷箭射死。

长沙王以寡敌众，凭谋略取胜，可见是良将之才，如果早生十年，肯定是安远绥边的一员大将。长沙王没能有机会在沙场扬名立功，却在京都同室操戈，可谓天不佑人，天不佑晋。

齐王被押至殿前，惠帝虽然智力有缺陷，却还记得齐王是当初将他解救出金墉城的功臣，他想赦免齐王死罪，但长沙王不依。

长沙王侥幸得胜，没有自信，他在洛阳根基薄弱，留着齐王就好比打蛇不死，是个严重的隐患，所以他不顾皇帝意见，呵斥左右快将齐王拉出去斩首。齐王再三回首望着惠帝，惠帝却始终没有再说话，齐王于是被斩首于阊阖门外。

长沙王将齐王首级传阅六军，所有齐王党羽都被夷三族，被处死的人超过两千。齐王的弟弟北海王司马寔、儿子淮陵王司马超、乐安王司马冰、济阳王司马英都被押入金墉城，齐国王位由东莱王司马蕤的儿子司马炤继承。齐王的尸体被遗弃在宫城以西的西明亭，三天都没有人收殓，最后齐王故吏荀闿、李述、嵇含冒险替他殡葬。

齐王从执政大臣到阶下囚，再到一具死尸，其中只间隔三天。此时永宁二年（302）只剩下十几天了，但是长沙王需要宣告胜利，于是就在齐王被斩的当天，惠帝下诏大赦天下，改永宁二年为太安元年。

年号一改，齐王执政的痕迹就彻底清除了。

齐王被诛，朝廷改元、大赦的消息，通过像血管一样遍布全国的驿道，飞快传遍大江南北。局势发展如此兔起鹘落，出乎所有人的意料，其中最惊讶应该就是李含。

长安离洛阳并不算远，但是为了给齐王留出足够的时间来杀死长沙王，也为了等成都王出兵，双管齐下夹击洛阳。李含特意缓慢行军，一天才走二三十里，前锋张方出关之后也止步于司州弘农郡。

齐王死讯传来，李含甚至还没有出雍州地界，只到达了长安以东几十里处的阴盘；而张方则屯兵洛阳以东一百二十里处的新安，五百年前，项羽在此处坑杀过二十万秦国降卒。

齐王的死使李含措手不及，河间王以讨伐齐王为出兵的借口，齐王一死，就变得师出无名。李含只好下令班师，撤回长安，一番辛苦最后竟是替长沙王做了嫁衣，李含与河间王心中懊恼不已。

齐王死讯传到邺城，成都王也后悔坐失了良机。如今除狼得虎，洛阳落入长沙王手中，自己依然一无所得。

两大强藩全都心怀不满，那么新得志的长沙王自然就很危险了。

第九章　长沙王

一、天下未乱蜀先乱

长沙王的胜利来得太突然，估计他自己也有点蒙。

不过长沙王是有自知之明的，当初齐王有几十万军队作为后盾，他没有。齐王有豫州、荆州两大军事重镇引为奥援，他也没有。这骤然得到的权势就像无源之水，很容易干涸掉，长沙王必须谨慎低调。

齐王执政期间，长沙王被明升暗降，由抚军大将军兼领左军将军，升迁至骠骑将军、开府仪同三司，官秩越来越高的同时，手中的实权却越来越少。齐王既死，长沙王并没有趁机给自己加官晋爵，依然只是骠骑将军。骠骑将军是二品官，加上开府仪同三司也只是从一品，比起成都王的大将军、河间王的太尉要低上半品。很明显，长沙王刻意保持这点差距，以表示自己的谦逊，不敢与二王并列。

两晋的权力部门是尚书台与中书省，以往历届执政为了便于操纵政事，都给自己"录尚书事"。"录"是总领的意思，录了尚书事，就可以名正言顺地插手政事处理与人事任免。比如，杨骏先是"录尚书事"，后来觉得不满足就又"录朝政，百官总己"；汝南王也是"录尚书事"；赵王未得志前求"录尚书事"，被拒绝之后才怀恨发动兵变。

从赵王开始，执政者野心膨胀，区区"录尚书事"已经无法满足，他们渴望更大权限。于是赵王篡位之前担任"相国""依宣文辅魏故事"，集军政大权于一身，就像当年司马懿、司马昭父子操纵曹魏小皇帝一样控制晋惠帝；齐王在专权方面也不遑多让，"拜大司马，加九锡之命""如宣、景、文、武辅魏故事"。

长沙王则刻意保持低姿态，他仅仅保留军职，没有"录尚书事"，这是表示没有将自己定位为执政者。

仅仅态度恭谨是不够的，长沙王知道自己还得找人抱团。长沙王选择了成都王，他觉得自己毕竟与成都王是亲兄弟呀。

他向成都王表示臣服，朝中政务事无大小，长沙王都会派人赶赴邺城请示，然后才实行。

但是这是以牺牲行政效率为代价的，政出多门的后果，就是朝政更加混乱低效，用《晋书》中的原话就是"百政弛废"，胜过齐王当政时期。

而局势正进一步崩坏，蜀中、江南相继爆发了叛乱。

蜀中叛乱，是元康年间关中叛乱引起的并发症。

元康初年，以武威太守兼任护东羌校尉的奉高侯马隆病死在任上。马隆是个传奇人物，武帝朝秦、凉两州的鲜卑人匈奴人、羌人、氐人叛乱迭起，十多年无法平息，马隆自动请缨，提三千士卒孤军深入，迅速平定叛乱。此后马隆镇守关中十余年，关中也因此平静了十余年。

但马隆一死，这个平静就无法持续了。当时镇守关中的是赵王司马伦，他与他的幕僚孙秀成事不足，败事有余。于是关中叛乱又起，元康四年（294）五月，匈奴人郝散在并州造反，攻打并州上党郡，失败之后逃往关中。八月，郝散在雍州北部的冯翊郡被包围，投降被诛。

两年之后，元康六年（296）五月，郝散的弟弟郝度元在雍州冯翊郡及其毗邻的北地郡再次举起反旗，与他同时起兵的还有北地郡的马兰羌、卢水胡两个外族。他们攻陷北地郡，杀死北地太守张损，屡次打败冯翊太守欧阳建。随后，率兵从长安赶来镇压的雍州刺史解系也吃了大败仗。

官军的接连败北，助长了反叛者的气焰，也催生了新的反叛野心。于是雍、秦两州的羌人、氐人一时俱反，推举氐人齐万年为首领。齐万年则因利就势，建国号，称皇帝。战火蔓延整个关中，呈燎原的态势。

由于兵祸，元康六年秋季，关中发生了大范围的饥馑，同时还爆发了瘟疫。到了第二年，元康七年（297），雍州（从元康三年起到元康七年，雍州的版图包括了雍、秦两个州）再次暴发瘟疫。祸不单行，这一年关中夏、秋两季滴雨未下，到了深秋气温陡降，突如其来的严霜又冻杀了大旱之下劫后余生的一点庄稼。

于是元康七年的饥馑来势更加凶猛，波及范围更广。当时长安以西赤地千里，到处都是饿殍，谷价涨到每斗万钱的天价，百姓买不起粮食，人相食。而朝廷赈济无方，当灾情上报洛阳的时候，惠帝竟好奇地问："百姓不食粥，何不食肉糜？"

大量关中百姓在家乡无法生存，沦为难民。他们逃难的方向主要是向南，逃入梁州汉中郡，那里有富饶的汉中平原，可以乞食；少部分流民向西逃入凉州。

汉中郡虽然富饶，但是地狭人稠，流民们都知道区区汉中养不活他们，于是把目光投向了号称"天府之国"的蜀中。朝廷起初打算封锁剑门关，阻止流民入蜀，但是这一政策执行得并不坚决，在受命去汉中处理赈灾事宜的侍御史李苾上书替流民求情之后，朝廷就对流民入蜀睁一只眼闭一只眼了。

于是数十万关中流民拥入蜀中，一住就是好几年。

元康八年（298）年底，贾皇后终于意识到仅凭关中地方军与赵王、梁王那些皇亲贵戚是不可能平定关中的，于是派出积弩将军孟观，率领洛阳禁军去关中戡乱。

次年（299）春，孟观在雍州扶风国的中亭川与氐族叛军发生遭遇战，此役生擒齐万年，长达三年的叛乱就此平息。随后朝廷改派河间王司马颙出镇关中。

关中虽然恢复了平静，但是关中流民心有余悸，同时贪恋蜀中的安逸，不愿意返乡。而当时洛阳政局动荡，贾皇后正步步紧逼要置太子司马遹于死地，无暇顾及那被大江群山阻隔的、蛮夷充斥的西南边陲。于是遣返流民的最佳时机就被错失了，数十万流民继续在蜀中乞食，与蜀中原住民摩擦不断，积怨越来越深。

又过了一年，到了永康元年（300），洛阳政坛大地震，先是贾皇后杀愍怀太子，然后是赵王兵变杀贾皇后，大肆清洗朝堂。贾皇后的姻亲、时任益州刺史的赵廞这时接到调令，要他回洛阳任职，赵廞怀疑这是请君入瓮的陷阱，因惧生变，决定造反。他杀死了继任益州刺史耿腾与西夷校尉陈总，打算学习刘备割据蜀中。

赵廞叛变发生在永康元年（300）年末，当时赵王正在洛阳忙着篡位，他匆匆任命梁州刺史罗尚为益州刺史，入蜀平叛，然后就无暇多顾了。

罗尚领着一支七千人的军队穿越剑门关，他抵达成都时已是永宁元年（301）三月。不过他没来得及立功，这时赵廞已经死了，杀死赵廞的是关中流民领袖李特、李流兄弟。

李氏兄弟原本是赵廞的部下，赵廞能够反叛成功，依仗的就是李氏兄弟的关中流民军。李氏兄弟有五人，老大李辅、老二李特、老三李庠、老四李流、老五李骧，其中以老三李庠出力最多，杀耿腾、杀陈总都由他亲自操刀。没想到赵廞还没过河就想着拆桥，他忌惮李庠功高难赏，将其诱杀。李庠一死，赵廞就与关中流民反目成仇，李特领着流民军攻入成都城，赵廞仓皇出逃，半路被家仆出卖、杀死。

李特向罗尚投诚。罗尚见流民军人多，留在蜀中必有后患，于是督促流民返乡，双方经过一番讨价还价，最后约定宽限半年，等秋季谷熟，流民有了资粮之后再启程。

当时中原已经爆发内战。赵王在永宁元年年初篡了位，齐王、成都王发兵勤王，死亡十万，伤者倍之。关中流民看到外面那么乱，都不愿意返乡。一转眼到了七月，罗尚频频催促流民启程，流民以秋汛方盛、秋粮未收为理由，请求延期到冬季，但是罗尚不接受。双方谈判未果，猜忌越来越深。此时广汉郡 ① 太守辛冉等人眼红流民的财物，企图杀流民冒功，同时劫掠流民的财产，他与梓潼郡 ② 太守张演在境内大设关卡，勒索过往流民。

广汉、梓潼两郡是蜀中的北方门户，著名的剑门关即在梓潼郡境内，剑门关一封锁，数十万关中流民就被困于蜀中，瓮中捉鳖。流民们十分恐慌，纷纷投靠李特兄弟寻求庇护。

李特又派人向辛冉请求延期，辛冉不答应，他使人到处张贴悬赏告示，求购李特兄弟的首级。李特兄弟偷偷将告示改成求购关中流民大小首领的首级，以激起流民同仇敌忾之心。

到了永宁元年十月，按捺不住的辛冉不经罗尚同意，派兵偷袭李特所在的绵竹大营，大败而归，战争终于不可避免地打响了。

这一打旷日持久，从永宁元年（301）十月打到太安二年（303）年初，罗尚节节败退，丢掉了梁州、益州大部分的土地。他向洛阳告急，当时是齐王执政，齐王与河间王不和，而蜀中毗邻关中，所以齐王视之为河间王的地盘，任其自生自灭。而河间王一方，则一心想要与齐王争雄，到洛阳做执政者，所以只派了偏师进蜀戡乱，大败而归。

太安二年（303）正月，李特偷偷渡过郫水，绕过罗尚的

---

① 广汉郡，隶属梁州。
② 梓潼郡，隶属梁州。

一系列防线，出其不意地出现在成都城外。

成都自古都是蜀中的政治、经济中心，它由太城与少城两个部分组成。当时罗尚在太城，蜀郡太守徐俭在少城。徐俭一看流民军从天而降，吓破了胆，献出少城。幸亏太城城防坚固，李特一时攻不下来。

成都岌岌可危了。如果成都陷落，那蜀中败局就不可挽回了，可是罗尚回天乏术，他所能做的就是再一次向洛阳告急。此时长沙王刚刚获得权力。

这一次，洛阳那边有了回应。

长沙王能力有限，他无法像当年贾皇后平定关中叛乱那样，直接派出禁军，只能使用地方军队的力量。

蜀中的北边接壤汉中、关中，东边接壤荆州，关中的河间王，长沙王指使不动，也得罪不起，长沙王于是借助荆州都督新野王司马歆的力量。新野王是怯懦平庸之辈，这个柿子，长沙王捏得起。

于是太安二年初，惠帝下诏，派遣荆州刺史宗岱、建平太守孙阜帅水军三万，去蜀中戡乱。

宗岱领军从长江逆流而上，进入西汉水（即今天的嘉陵江），然后溯流而上，直入蜀中腹地。长江上游的水道充满激流险滩，原本奇险无比，但是因为战火尚未蔓延到此，反而成为进出蜀中最便捷安全的通道。

宗岱水师未至，但消息已经传遍成都内外。山雨欲来，叛军内部分裂，许多投降李特的蜀人又重新倒向了官军，罗尚趁机发起进攻，斩杀李特及其长兄李辅，几乎将叛军逼上绝路。

太安二年三月，罗尚再次大破流民军，杀死李特的长子李荡。李特的四弟李流接任流民军领袖，几乎绝望地要向宋岱投降。若非后来宋岱在前线染病暴毙，蜀中稳定指日可待。

捷报传到洛阳，长沙王很高兴，于是就让惠帝又下了一道诏书趁热打铁。这道诏书的内容是向荆、江、扬诸州招募义勇，作为后继部队进蜀助剿。这道诏书是壬午日签发的，因此史称"壬午诏书"，谁曾想，就是这道诏书惹下滔天大祸。

二、祸起荆扬

"楚风彪悍"是史上有名的，三国乱世中，长江中下游是多战之地，民风勇武好斗。西晋统一南北，此地归附最晚，人心思故，易动难安。当时孙吴故土流传着这样的童谣："局缩肉，数横目，中国当败，吴当复""宫门柱，且当朽；吴当复，在三十年后"，或者"鸡鸣不拊翼，吴复不用力"。

吴人不止一次将复辟付诸行动。武帝太康三年九月，"吴故将莞恭、帛奉举兵反，攻害建邺令，遂围扬州"。太康八年"冬十月，南康平固县吏李丰反，聚众攻郡县，自号将军。十一月，海安令萧辅聚众反。十二月，吴兴人蒋迪聚党反，围阳羡县"。

因此，晋武帝特地在长江中游、下游设立两大军事重镇，派出楚王、淮南王两个皇子镇守。后来楚王、淮南王被调离，但两镇的军事部署没有改变，震慑着江南。

随着时间的消逝，对于故主的依恋与追思也越来越淡，但是不安定因素依然存在，新的谶言又产生了，这一次有人预测："当有帝王，兴于江左。"

此地本该是镇之以静的，但长沙王也是没有办法。"壬午诏书"一下，新野王与都督扬州诸军事的刘准不敢违抗，动员全境响应。然而，没有人愿意背井离乡，跑到遥远并且陌生的益州去送死，义勇根本招募不起来。

这种反抗早在预料之中，"壬午诏书"责令各郡太守强行拉壮丁，督促士卒尽快上路，凡在辖境内逗留超过五日，二千石以下官员就地免职。各地太守、县令为了保住官衔，都亲自出马拉壮丁，然后像押送囚犯一样将他们驱逐出境。那些被强行征募的士卒半路上纷纷逃亡，绝大部分落草为寇，许多百姓为了逃避戍役，也纷纷逃亡，其中相当一部分也被迫"屯聚而为劫掠"，成为盗贼。于是荆、扬两州秩序大坏，百姓怨声载道，叛乱一触即发。

最后叛乱的火苗是在荆州江夏郡蹿起来的，点火的人名叫张昌。

张昌取了汉人的姓名，其实是个汉化很深的蛮人。"蛮"是古代中原人对南方诸族带有鄙视的统称，中原人自认是礼仪之邦，看不起异族人，所谓"北狄、南蛮、西戎、东夷"都是这个意思。张昌具体是哪族人，如今已经无法考证了。

张昌是荆州义阳郡人，曾在义阳郡平氏县做过县吏。虽然身份低微，他却是陈胜、吴广一类人，武力过人，好论攻战，因此时常被同僚取笑，不知道他是否也曾暗叹："燕雀安知鸿鹄之志哉！"

张昌曾找人占卜，卜者骗钱心切，说他将来大富大贵。张昌沾沾自喜，以为民谣中所谓"当有帝王，兴于江左"指的就是自己，于是一心盼望乱世。

盼啊，盼啊，蜀中果然打起仗，乱起来了，张昌离开家乡跑到荆州江夏郡，也不知道他从哪里偷来一些旌旗伞盖等军中仪仗，谎称受朝廷之命招募军队，去蜀中为国效力。

此时张昌是想通过立军功来飞黄腾达，但是这个计划没有奏效，原因很简单，谁会放着太平日子不好好过，跟着你一个来历不明的家伙去远方打仗呢？张昌折腾了许久，聚集了千把人，却都是走投无路想讨口饭吃的流民，成不了气候。

荆州的形势正渐渐向有利于张昌的方向变化。荆州境内原本就有不少流民，主要是元康年间从关中逃往汉中，又从汉中顺着汉江逃到荆州的关中六郡百姓。巴蜀叛乱发生后，又有许多蜀中、汉中百姓顺着长江、汉江逃到了荆州。"壬午诏书"一颁布，各郡逃兵、逃避戍役的百姓在境内乱窜，人员情况更加复杂。流民在历朝历代都是安定社会的终结者，他们一无所有，随时挣扎在死亡线上，为了求生存，他们是什么事都干得出来的。

而新野王"为政苛严，蛮夷并怨"，所以荆州的民族矛盾也很深重。荆州的蛮夷是不好惹的，三国时期孙吴政权前后派出几十万大军，花了数十年的时间，才勉强将他们制服。荆州不稳定的局势严重拖了孙吴向北方发展的后腿，《三国志》里有这么一句话："山越好为叛乱，难安易动，是以孙权不遑外御，卑词魏氏。"意思就是说荆州蛮夷不断地叛乱使孙权应对不暇，所以才会放下身段，对曹魏称臣。

诸多不稳定因素混合到一起,荆州已是危如累卵,偏偏这时候,荆州刺史宗岱又领着三万精兵到蜀中去了。

然后,上天降下了压垮荆州的最后一根稻草。太安二年春,江夏郡的春粮获得大丰收,往年粮食丰收是大好事,但是当年,丰足的粮食却把方圆数百里饥饿的流民都引来了。张昌看到那么多饥肠辘辘的、一无所有的、对人生失去希望的、对朝廷满怀怨恨的流民,他忽然意识到,与其做官兵,还不如造反来得有前途。

张昌于是在江夏郡安陆县附近的石岩山下招募饥民。当时有个谶言"老君当治,李弘应出",在道教徒中广为流传,据说这"李弘"就是太上老君的化名。张昌不敢冒充太上老君,于是改名为李辰,是太上老君的弟子降临。前来投奔他的流民日以千计。

安陆是江夏太守的治所,离石岩山仅仅八十里,而一直等到张昌粗具规模的时候,江夏太守弓钦才如梦初醒,派兵前去镇压,可惜养痈成患为时已晚,官兵大败而归。又过了一阵,张昌觉得羽翼已经丰满,就率众进攻安陆,弓钦抵挡不住,弃郡逃到毗邻的武昌郡去了。

江夏失陷,新野王有守土之责,当然不能置之不理,他派骑督靳满前去镇压,官兵再次铩羽而归,丢下不少刀枪剑戟,装备了张昌的军队。

张昌连破郡兵、州兵,又占据了江夏府库,威震荆楚。但他的野心并不止于此,王侯将相宁有种乎?张昌于是制造舆论,派人四处宣扬"当有圣人出为民主"。言下之意就是新的真命天子降临了，该改朝换代了。

当时朝廷威信扫地，遍地硝烟，流民们自然是怨气冲天，普通百姓也感到惶恐而迷茫，不知道明天又会有什么遭遇，这种谶言是很有诱惑力的。

等谶言扩散到一定程度，这个传说中的"圣人"竟然还真的出现了，而且十分凑巧，"圣人"在第一时间被张昌发现了。张昌搞了一个盛大的仪式，将"圣人"迎到了安陆。

两人一见面，"圣人"果然长得仙风道骨，而且张昌发现，"圣人"不仅有神仙气，还有帝王之相。一问"圣人"家世，不得了，果然是高贵的皇室后胤，该"圣人"姓刘名尼，是汉高祖的某某代玄孙。曹魏篡了刘汉的天下，司马氏又篡了曹魏的天下，世道轮回，这位刘圣人奉天承运，前来恢复大汉王朝。

随着"圣人"的到来，安陆发生了许多怪异现象。在"圣人"居住和活动的地方，总有珠袍啊、玉玺啊、铁券啊、金鼓啊，这一类皇帝才能拥有的事物，主动地跑到"圣人"身边。还有一天，"圣人"的居所突然百鸟云集，群鸟黑压压从四面八方飞来，栖止于庭院，据说当时庭院中还栖息了一只硕大无比、五彩斑斓的怪鸟，此怪鸟就是传说中的凤凰。

这分明就是天降祥瑞，示意天命所归啊。于是张昌顺天应人，在石岩山修筑宫殿，拥立刘尼为天子，国号当然是汉，一切礼仪制度都效仿汉朝，年号定为"神凤"。张昌担任相国，他的哥哥张味担任车骑将军，弟弟张放担任广武将军，兄弟三人掌握军政大权。张昌又征召荆州缙绅担任新朝的文武官职，有不识抬举拒绝的，诛杀全族。

事实上，这些神迹都是伪造的，那只凤凰先由竹子编成骨架，套上五彩外衣，身旁再洒上无数肉丁，于是就导演出一个"百鸟朝凤"的祥瑞。"圣人"也是假的，那个"刘尼"根本不姓刘，他真名丘沈，原本只是江夏郡山都县的一个小吏。

拥立了皇帝，组建了政府，张昌就不再是普通的流寇。他的影响力迅速扩散，向西覆盖汉江流域，向东直至长江下游，涉及豫、扬、江、徐四州（惠帝元康元年，从荆州、扬州划出十个郡，另立江州）。张昌散布谣言，说："江淮已南都试图反逆，如今官兵大起，要杀光江淮以南的百姓。"谣言快速传开，整个南中国人心惶惶，许多人也跟着揭竿而起，旬月之间，张昌新收附的士卒就过三万人。可能是受荆楚地区的某种巫风影响，张昌军队的士兵都戴着火红的帽子，剪下马尾巴粘在脸上做髯须。

流民叛乱如火如荼，而新野王却始终龟缩在樊城，除了向洛阳报急，毫无作为。长沙王焦头烂额，没有能力提供帮助，他对新野王的回应是：下诏命令监军华宏出击戡乱。实际就是希望荆州军队自行解决问题。

可惜华宏又吃了败仗，他在江夏郡北部的障山被张昌击溃，狼狈逃回樊城。新野王吓破了胆，再次向洛阳求救，他说："妖贼张昌、刘尼妄称神圣，手下兵卒数以万计，个个绛头毛面犹如鬼魅，其锋锐不可当。请陛下快速调集诸军，支援荆州。"

新野王望穿秋水，结果援军未到，张昌先到，当即惶恐得不知如何是好。从事中郎孙洵劝新野王主动出击，但是嬖幸王绥知道新野王胆怯，所以拣新野王喜欢听的话说，王绥说："张昌不过是小小流寇，派一些偏将裨将就足以将他制服，何须主公违诏抗命，亲冒矢石呀？"

新野王最终还是没有出击，一直等到张昌兵临城下，再也躲不下去了，这才出城对战，但此时军心涣散，刚一交锋马上溃不成军。

太安二年（303）五月，樊城失守，新野王司马歆死于乱军之中。

长沙王接到新野王的求救，意识到问题严重，可恨洛阳兵力早已捉襟见肘，只好再次借力打力。长沙王让惠帝发出四道诏令：

第一道诏令，是命令前将军赵骧带领八千禁军南下。

第二道诏令，是命令河间王派出雍州州兵一万、西府兵五千，由雍州刺史刘沈率领，出蓝田关南下戡乱。没想到河间王不奉诏，留兵不发。刘沈看不惯河间王拥兵自重，自己领着一万州兵打算出关，结果刚到蓝田就被河间王截住，夺了兵权。

第三道诏令，是任命屯骑校尉刘乔为威远将军、豫州刺史，发豫州兵西进。刘乔是汉景帝之子刘发的子孙，名副其实的汉室后裔，他年轻时参加过渡江平吴之战，是武帝、惠帝两朝老臣，颇有声望。豫州都督是范阳王，长沙王这道诏书实际是向范阳王借兵助剿。一来当时张昌已对豫州构成极大威胁，二来范阳王不敢像河间王那般跋扈，刘乔得以顺利接任刺史，并且顺利出兵，为平定荆州立下大功。不过范阳王心里是不痛快的，日后范阳王、刘乔二人反目，根源就在此时。

当时宗岱已经在蜀中染病暴毙，荆州刺史之位空缺，第四道诏令的内容是将宁朔将军刘弘从北方调往荆州，担任南蛮校尉、荆州刺史，随赵骧一共南下。

刘弘是三国时期曹魏名臣刘馥的孙子。刘弘"有干略政事之才"，幼年与晋武帝同居洛阳永安里，既是童年玩伴又是同窗好友。刘弘此前数十年始终与行伍相伴，他年轻时曾是镇南大将军羊祜的参军，羊祜对他青眼有加，认为他终有一日能接任自己的官位，后来刘弘又担任宁朔将军，假节监幽州诸军事，领乌丸校尉，"甚有威惠"，把北方边境治理得"寇盗屏迹"，"为幽朔所称"，刘弘也因此被封为公爵。

此时刘弘已经是六十七岁的老人，新野王的死讯传到洛阳，惠帝下诏，让刘弘接任镇南大将军，都督荆州诸军事。羊祜当年的预言实现了。

樊城、襄阳与宛城是荆州三大军事重镇，樊城是镇南大将军新野王司马歆的治所，襄阳是荆州刺史的治所，宛城是南阳太守刘彬与平南将军羊伊的治所。

新野王既死，张昌占领樊城，此时新任刺史刘弘尚未到任，襄阳不足为虑，因此张昌合并诸军，亲自进攻宛城，同时他派出两支偏师，一支进攻豫州，另一支顺长江东下，进攻江、扬两州。

官军快速补防。刘弘任命南蛮长史陶侃为大都护、参军蒯恒为义军督护、牙门将皮初为都战帅，日夜兼程去增援襄阳；刘弘自己则与赵骧一起，率领八千禁军去解宛城之围。刘乔则屯兵豫州汝南，阻击进入豫州的叛军。

双方交战，官军落于下风。宛城方面，张昌倾巢而来，官军力小难济，宛城失守，南阳太守刘彬与平南将军羊伊阵亡，刘弘不得不撤出荆州，屯守豫州汝南郡梁县。汝南方面，刘乔击退了来犯的叛军，但是叛军绕道而行，进攻豫州弋阳郡，将那里围了个水泄不通。

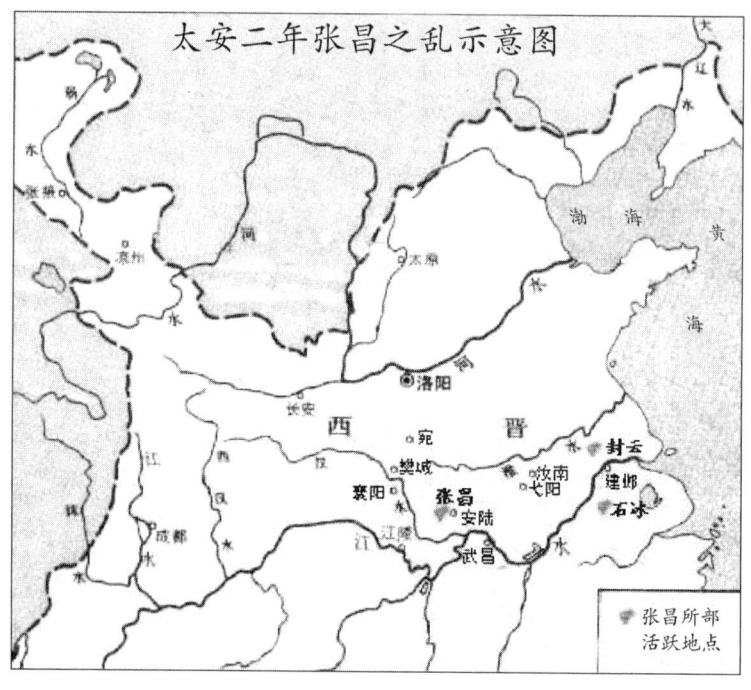

与此同时，另一路叛军偏师由石冰带领，攻破扬州，占

领建邺（今江苏南京），扬州刺史陈徽战败逃亡；石冰的部将也攻破江州，杀死武陵太守贾隆、零陵太守孔纮、豫章内史阎济、武昌太守刘根。此时江淮震恐，人无固志，徐州临淮人封云在阜陵揭竿而起响应石冰，攻陷徐州诸城。

至此，张昌占据了大半个南中国，势力波及荆、江、扬、豫、徐五州，疆域之广与日后的东晋相当，气焰之盛不亚于日后的刘渊、石勒。

但是在不断攻城略地的同时，张昌也渐渐显露疲态。张昌毕竟不是安邦定国的枭雄，缺乏深谋远略，他始终没有建立稳固的后方，一直停留在流寇的层次，呼啸而来饱食一顿抢掠一空，然后又呼啸而去，所过之处全部残破不堪。

张昌的军队也依然是乌合之众，全凭数量取胜，当时流民趋之若鹜，每天都有成百上千人前来投奔，张昌的军队每到一处就制造出一块灾区，新的饥民走投无路，也只有加入叛军。张昌攻陷的城池越多，战线拉得越长，他的军队就越膨胀，军需补给就越紧张。

张昌另有一个致命的弱点，近乎陈胜的翻版，当年陈胜派出去的将领最终都拥兵自立，张昌也是如此。攻陷江、扬两州的石冰，张昌已经管控不到，至于在徐州起兵的封云，当然更不可能听从张昌号令。对于已占领的区域，张昌也没有着力安抚，他任命部下担任地方官吏，那些人都是盗贼出身，一到任就横征暴敛，"当有圣人出"的谎言不攻自破，民心快速流失。

张昌的败亡，比他的崛起来得更快。

就在张昌攻占宛城的同时，刘弘派出的陶侃、皮初等部已经迅速进驻襄阳，巩固城防。张昌回师围攻襄阳，久攻不下。襄阳这边僵持着，豫州那边刘乔已经击溃叛军，反守为攻，直接进攻张昌老巢江夏郡。张昌得知后院起火，连忙撤军回防，陶侃、皮初趁机出城，追着张昌打。

随后的半个月对于张昌而言就是噩梦，逢打必输。江夏郡很快被攻破，前两个月轻易得来的诸郡国，在刘弘、陶侃、刘乔三路官军紧逼之下，更加迅速地回到朝廷手中，张昌就如游魂一般，在三军的间隙之间游走躲藏。

太安二年七月，陶侃在竟陵郡彻底击溃叛军主力，迫使张昌龟缩在下儁山做山大王。此时距离张昌最终被擒杀还有一年时间，但是荆州大局已定。

徐、扬两州平定叛乱，要比荆州晚半年，这与朝廷的重视程度有关。

徐、扬偏处于中原东南隅，与洛阳隔着豫、荆诸州，战火一时蔓延不到。出兵荆州已是长沙王能力的极限，他无法另派一支军队去远征江南，而且在荆州平定之后，长沙王随即陷入了内战，自身都难以保全，当然更无暇顾及遥远的徐、扬二州。因此朝廷对于徐、扬动乱的态度可归结为四个字：自求多福。

当时都督徐州诸军事的是竟陵王司马楙，都督扬州诸军事的是刘准，两人都是无能之辈，面对叛乱丛生的辖区束手无策。幸好江南自有一股强大的力量，可以左右局势，这股力量就是江南的士族。

要在江南立足，没有江南士族的支持，那是不可能的。孙吴立国，与吴郡四姓、会稽四族的拥护是分不开的。日后东晋政权为了在江南站稳脚跟，也花了大力气去笼络江南士族，王导甚至专门学习了吴侬软语去讨好江南人，还试图与吴郡陆氏联姻，结果碰了一鼻子灰。

江南士族对于西晋朝廷，是怀着敌意的。这主要是因为太康元年，北方战胜南方，西晋军队消灭孙吴政权，让他们做了亡国之人。统一之后，中原士族以胜利者自居，视江南士族为亡国之余，颇多轻视。以中原人为主导的西晋朝廷对于江南士族也是防范多于笼络，荆、扬两州驻有重军的目的就是震慑江南士族，提醒他们不要轻举妄动。江南人称北方人为"伧鬼"，被迫臣服于"伧鬼"，江南士族始终心有不甘。几十年来江南始终有自立政权，与洛阳分庭抗礼的企图，相关的努力直到东晋建立之后还没有完全停止，《晋书·元帝纪》中记载元帝大兴元年（318）十一月"故归命侯孙皓子璠谋反，伏诛"。

不过，对于石冰叛乱，西晋朝廷与江南士族却保持了一致的立场。江南士族固然不愿意臣服于北方"伧鬼"，但是他们也不能容忍石冰成为江南的主人。况且石冰根本不能成大器，无法带来安宁与秩序，只会使江南生灵涂炭。

于是就有义兴周氏、吴郡顾氏、会稽贺氏等江南望族，率领着家兵部曲，自发抵抗石冰。

这次抵抗运动的主谋是义兴人周玘，周玘的父亲就是史上有名的回头浪子周处，周处后来在关中征讨齐万年的时候战死沙场，是西晋的忠臣。据说周玘"强毅沉断有父风"，此前他"闭门洁己，不妄交游"，一直在家乡隐居，后来被推举为秀才，授予议郎职位。

石冰占领扬州，周玘秘密接洽前南平内史王矩，共同推举吴兴太守顾秘都督扬州九郡军事。太安二年十二月，周玘起兵斩杀石冰所任命的吴兴太守，石冰派军队来攻，反被周玘击溃。于是，会稽贺循、广陵华潭、丹阳葛洪、甘卓等江东士人纷纷效仿，驱逐石冰的官吏。

周玘在两晋之交有"三定江南"的功勋，平定石冰叛乱是"一定江南"，后来"二定江南"是平定陈敏叛乱，"三定江南"是平定钱璯叛乱。家族势力庞大，以至于后来晋元帝明知他想谋反，也不得不假辞色。周玘和他的兄弟周札、儿子周勰是东晋初年政坛的风云人物，这是后话，此处不禀。

江南士族在长江南岸驱逐叛军，西晋官军也在长江北岸展开反击。当时石冰亲自领兵攻打寿春，寿春是扬州都督刘准的治所，广陵度支陈敏主动请缨，对刘准说："这些叛军本是逃避戍役的百姓，被逼成贼。他们只是易于击溃的乌合之众，我率领漕运兵出击，再请明公给予支援，必能破贼。"

刘准一听很高兴，于是给陈敏增加兵马。石冰的军队果然只是乌合之众，人数虽多，却没有战斗力。陈敏连胜数十次仗，石冰从寿春前线往回逃，陈敏一路追着他打。

第二年（304）三月，陈敏攻克建邺，将石冰驱逐出扬州。石冰走投无路，到徐州投奔封云，陈敏又追到徐州。最后叛军内部发生分裂，封云的部将张统斩杀封云，向陈敏投降。

徐、扬两州叛乱被平定了，只是那时的中原又已经是乱得不可开交。平定石冰之乱的功臣陈敏通过此次叛乱，看穿了朝廷的虚弱本质，滋生了野心。陈敏得到部分江南士族的鼓励，短暂地占据了江南，但是很快，他就被另一部分江南士族抛弃，兵败身亡。随后，江南派来了琅琊王司马睿，揭开东晋历史的序幕。

张昌叛乱是西晋后期唯一被朝廷镇压的大规模变乱。论参与人数、论破坏程度、论影响范围，这次叛乱都远远超过此前的关中叛乱、蜀中叛乱。这次叛乱能够被迅速平定，得归功于长沙王的知人善用。

此事有力证明，西晋表面上亡于外患，实则亡于内乱。"五胡"在起始阶段都只是乌合之众，只要中央调度、地方协同，戡乱平叛都非难事。"五胡"之所以成燎原之势，并非汉人力不如人，而是汉人忙于内斗，中央政令不行，各地军阀拥兵自重，盼着中枢死，盼着邻居死，最终被各个击破。

在长沙王执政时期，晋室山河虽然日渐支离破碎，希望还是一息尚存。如果在蜀中叛乱刚刚起来的时候，河间王能够收敛贪欲，派兵助剿，则蜀中指日可定；而蜀中平定，那么荆州、江南的民变就不可能发生；如果成都王、长沙王能够兄弟同心，则黄河下游诸州就可免于战火，匈奴人刘渊、羯人石勒就无机可乘。成都王与长沙王以至亲的身份夹辅皇室，实现晋室中兴也不是没有可能。

但这只能是假设，因为河间王与成都王的军队，又来进攻洛阳了。

三、李含之死

还是因为李含。

上回李含领着关中军队无功而返，自然很不甘心，不久洛阳传来消息，仇人皇甫商不仅没被清算，反而得到重用，成为长沙王的参军。费尽心机，到头来枉作小人，替仇人作嫁衣，李含气得差点发疯。

长沙王重用皇甫商是合乎逻辑的。皇甫世家在关中盘根错节，皇甫商的兄长皇甫重担任秦州刺史，这些都是用来牵制河间王的重要砝码。

李含也认识到这一点，于是他计划先铲除皇甫重。李含对河间王说："皇甫商被司马乂所信任，皇甫重终归不为我用，这是一大隐患，必须除去。"为此，李含建议河间王奏请朝廷，将皇甫重调离秦州，到洛阳做京官，皇甫重进京赴任，途中必经长安，河间王只须守株待兔就可以将其擒获。

这个计划很周全，无奈皇甫重在朝中也有耳目，河间王的奏章刚到，随即就有人日夜兼程赶赴秦州通风报信。

皇甫重也不是良善之辈，岂会忍气吞声？他的反应迅速并且剧烈。不久，洛阳尚书台收到了来自秦州的露檄①，内容是检举关中都督河间王司马颙任用李含这种奸佞，将要在关中作乱，秦州刺史皇甫重洞察其奸情，将率领秦州六郡将士为国除害，铲除李含。

---

① 露檄就是古代用于征战的公告。

擅动兵马形同谋反，当然不可能得到朝廷赞许。但是秦州山高皇帝远，皇甫重一意孤行，长沙王鞭长莫及。长沙王让惠帝派出专使，到关中劝皇甫重罢兵，以求息事宁人。

等使者带着诏书、节杖，风尘仆仆抵达秦州，为时已晚，双方军队酣战正欢。原来秦州六郡内部也有矛盾，秦州刺史辖下的陇西太守韩稚与皇甫重一向不和，河间王乘虚而入，下令韩稚联合金城太守游楷进攻皇甫重。游楷出身金城游氏，与金城麹氏是当地两大豪强大户，家族势力庞大，秦、凉两州有一首民谣形容这两户的富足强盛："麹与游，牛羊不数头。南开朱门，北望青楼。"

这一仗表面上是河间王在利用关西诸豪强之间的矛盾来对付皇甫重，实质是这些有野心的地方豪强眼看乱世将起，想浑水摸鱼，趁机扩充势力范围。这一仗从太安二年（303）春季一直打到永兴二年（305）夏季，以皇甫重兵败被杀告终。那时李含、皇甫商已经死去，长沙王也已经死去，河间王也离死不远。在此役中获胜的韩稚、游楷也没有得到他们想要的权势，数年之后，秦州就落入匈奴人之手。同族相残，异族得利。

使者劝和未果，灰溜溜回到洛阳。地方势力如此跋扈，视中央权威如无物，长沙王又气又无奈。生完了闷气，长沙王觉得李含这人留在关中实在是个祸害，就让惠帝任命他为河南尹，调到洛阳任职。

河南尹负责京畿治安，是握有少数兵权的重要职务，长沙王此举也含有笼络的意思。谁承想李含这人实在鬼蜮难测，他是带着阴谋而来的。到洛阳后，李含多方积极走动，主要做两件事，一件是继续说服长沙王召回皇甫重，另一件说起来惊心动魄，李含要谋杀长沙王。

李含一到洛阳，皇甫商就密切注意着他的行踪，很快皇甫商就发现了李含的秘密。有一天，河间王的党羽之一、侍中冯荪又来游说长沙王召还皇甫重，等冯荪走后，皇甫商向长沙王报告了李含的可疑行迹和阴谋，接着他对长沙王说："河间王的全部奏折都是李含的主意，不及早除去此人，祸乱将至。此前河间王的借刀杀人之计，也是李含提议的阴谋。"

当初河间王借刀杀人的痕迹如此明显，长沙王佯装不知，是顾全大局，但忍辱负重的后果，竟然是变本加厉的谋害。是可忍，孰不可忍？长沙王新仇旧恨一起算，在洛阳肃清河间王党羽。

清肃的结果是李含、冯荪，还有中书令卞粹，被斩首于洛阳东市。河间王另外两个党羽，诸葛玫与牵秀逃得快，幸免一死，当时通往关中的道路已经被封锁，两人转而向东北的邺城逃窜，到了邺城后诸葛玫散布谣言，极力怂恿成都王向洛阳进军。

李含一死，长沙王就与河间王彻底撕破脸，河间王想派兵到洛阳来取长沙王性命，但他不敢单独行事，于是派出使者去联络成都王。

这时是太安二年（303）七月，长沙王执政的第八个月。

河间王赶上了好时机，当时成都王刚刚在荆州碰了个钉子，正憋着一肚子火要发泄。

事情得从新野王司马歆说起。新野王是扶风王司马骏的儿子，赵王的亲侄子，赵王篡位，派新野王镇守荆州，实际上他的才干不足以胜任这个要职，史书上说他"谨身履道""以孝闻"，是个优柔寡断的庸才。这种人在太平岁月可以滥竽充数，一逢乱世就捉襟见肘了。

齐王起兵，新野王作为马前卒，与齐王一同挺进洛阳。齐王投桃报李，给新野王加官晋爵，进一步巩固他在荆州的地位。后来"（齐王）阃败，（新野王）歆惧，自结于成都王颖"。长沙王对此十分不满，但也无可奈何。

不过成都王对这位暗送秋波的族叔显然兴趣不大。太安二年（303）五月，张昌叛乱爆发，新野王困守樊城，屡屡向洛阳求救。前面说过，长沙王事事向成都王请示，新野王向洛阳求救，就是在向邺城求救。长沙王派赵骧带着八千禁军南下荆州，然而成都王没派一兵一卒。最终新野王城破被杀。

成都王感兴趣的是荆州这个地盘。太安二年七月，新野王死去一个多月后，成都王突然表示要出兵荆州，平定叛乱。此时最艰难的时刻已经度过，张昌被刘弘、刘乔打败，在不停地撤退。

长沙王当然知道成都王是去抢地盘的，但是他找不到理由阻止。

于公于私，成都王都应该出现在长江中游的战场上。于公，成都王是"大将军"，都督着"中外诸军事"，戡乱平叛是他不容推卸的职责。于私，荆州有成都王的封邑。成都王的封邑原本在蜀中成都郡，蜀乱之后成都国沦陷，惠帝在荆州南郡割出华容、州陵、监利三县，又另立丰都县，合并四县设立新的成都国，以华容县为都。（荆州长沙郡也有长沙王的封邑，张昌一造反，把这两个王的地盘都抢了。）

匹夫无罪，怀璧其罪。新野王以庸人之资坐镇人杰地灵的荆楚宝地，暗中觊觎的人不知凡几，平时没有借口，新野王一死，这些觊觎者就都杀了出来。成都王还不是最先下手的，范阳王司马虓更在他之前。

早在刘弘初战失利，退守豫州梁县的时候，范阳王就派长水校尉张奕去代理荆州军政。后来刘弘赶跑张昌，张奕不仅不退出荆州，反而企图攻击刘弘。

刘弘怒了，他是惠帝任命的镇南大将军，都督荆州诸军事，刘弘本人也是宣城郡公，爵位仅比范阳王低一级。加上刘弘刚打了胜仗，士气高涨，于是围住一阵猛攻，擒住张奕咔嚓一刀砍死。

杀了人，刘弘余怒未消，当即一纸奏章送到洛阳，把事情经过呈报惠帝，表面进行自我批评，为宛城败兵与擅杀张奕请罪，实际软中带硬，把范阳王狠狠告了一状。

这种情况当然是范阳王理亏，但是长沙王拿范阳王没奈何，只能做和事佬。于是惠帝宽慰刘弘，意思是说宛城战败那不怪你，要怪就怪赵骧，张奕之死是他咎由自取，希望将军你不要被此事影响心情，在荆州好好干，云云。

刘弘赶跑了范阳王，又来了地位更加显赫的成都王。成都王这次是有备而来，他任命陆云为大都督、前锋将军，使持节督荆州军事，四十年前，陆云的父亲陆抗曾领着孙吴的军队屯守荆州，威名远播，为荆州士民所敬服，陆云年轻时也曾在荆州统领过孙吴军队，成都王这个任命显然是经过深谋远虑的。

然而成都王漏了考虑刘弘。成都王的军队还在途中，刘弘派人前来通知，荆州大局已定，贵军请打道回府吧。

师出无功，心何以甘？就在这时，太安二年八月，成都王遇到了河间王派来的使者。

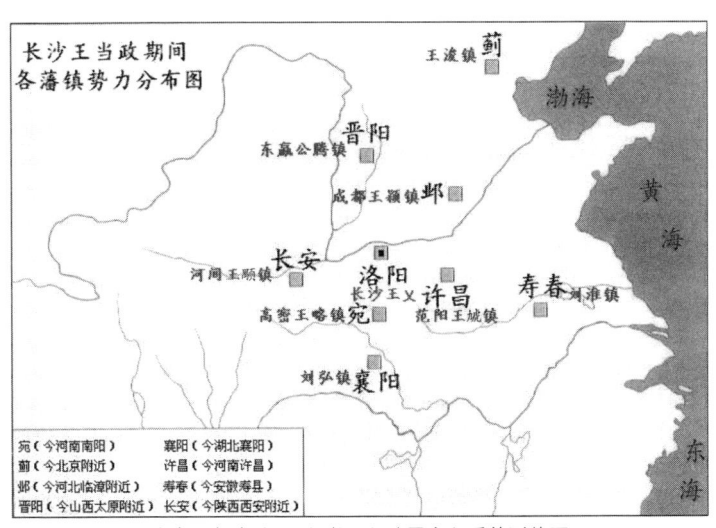

太安二年末（303）张昌之乱平定之后的形势图

四、煮豆燃萁

河间王再次邀请成都王夹攻洛阳，鉴于上次成都王犹豫得太久，此次河间王下足了砝码。河间王许诺：消灭了长沙王，将会废黜惠帝，拥立成都王为皇帝，自己担任宰相。

这个诱惑太大了，成都王无法抗拒。

参军邵续劝成都王顾及兄弟之情，邵续说："兄弟如左右手，如今天下不太平，殿下匡扶晋室，必定要与那些乱臣贼子为敌，怎么可以自断一臂？我实在想不明白。"

但是当时成都王对长沙王已经满怀疑虑，此中的关键人物就是前几个月从洛阳逃出来的诸葛玫。《晋书·应詹传》里说："骠骑从事中郎诸葛玫委长沙王乂奔邺，盛称乂之非。玫浮躁有才辩，临漳①人士无不诣之。"诸葛玫是武帝诸葛夫人的兄长，他的妻弟周穆就是当时太子司马覃的舅舅，诸葛玫与周穆后来在晋怀帝年间试图拥立司马覃，被东海王斩首。

诸葛玫在邺城攻讦长沙王，想来只有拿皇嗣问题做文章，说长沙王想篡位——诸葛玫的行为被应詹所不齿，应詹叹息说："古人乐毅说'君子交绝不出恶声'，诸葛玫行事与乐毅背道而驰啊。"

诸葛玫成功制造了舆论，当时成都王身边得宠的牵秀、王粹、陆机、陆云等人，要么与长沙王结有宿怨，要么是渴望攀龙附凤、飞黄腾达。他们都赞同成都王响应河间王。

成都王最终决定，要对长沙王下手。

一开始，成都王试图以最小的代价达到目的。他派了个刺客到洛阳去，结果很不巧，刺客正要动手的时候被长沙王的左常侍，一个叫王矩的家伙给撞见了。王矩一看这个陌生人形迹可疑，一盘问前言不搭后语，一搜身，好嘛，怀里还揣着凶器。

---

① 临漳即邺城，后来由于晋愍帝名司马邺，晋朝为了避讳，将邺城改名为临漳。

审讯一结束，刺客就被处死了。刺客这一死，长沙王与成都王就彻底撕破了脸皮。

"八王之乱"中最名副其实的兄弟阋墙就此拉开了帷幕。

太安二年（303）八月，河间王、成都王联合要求清君侧。二王抓不到长沙王的把柄，于是翻陈年旧账，指向皇甫商与羊皇后的父亲羊玄之。二王说，皇甫商与羊玄之是附逆赵王的佞臣，罪大恶极，长沙王不仅不将其治罪，竟然还委以重任。三人沆瀣一气，专擅朝政，杀害李含这种忠良，二王忍无可忍，因此要来洛阳诛杀这两个佞臣，长沙王忠奸不分，请引咎让政，等候处分。

檄文递了上去，长沙王当然不会退让，不过他给成都王留了余地，只声讨河间王。惠帝下诏说，河间王胆大妄为，竟敢擅自举兵犯阙，朕要御驾亲征，诛杀这个奸逆。朕任命长沙王为太尉，都督中外诸军事，抵御外敌。

二王这次起兵，声势浩荡。河间王以老臣索靖为游击将军、监洛城诸军事，统领雍、秦、凉三州兵马，又以张方为前锋，领兵七万。成都王任命陆机为前将军、前锋都督，统领北中郎将王粹、冠军将军牵秀、中护军石超等部，军队多达二十万，屯集在朝歌。成都王的军队旌旗相连，从朝歌连绵到黄河边，军鼓声传出数百里远。据说自魏晋以来，从来没有一支军队能达到如此声势。

豫州的范阳王此时也附和二王，征讨长沙王。所以当时的形势是一边倒，洛阳被西北、东北、东南三个方向的数十万军队围攻，可谓杀鸡动用牛刀，长沙王的覆灭是必然之势，许多人预测此役有征无战。

然而出乎所有人意料，长沙王竟然扼守孤城半年之久。

强敌将至，长沙王赶紧做战争动员。长沙王"身长七尺五寸，开朗果断，才力绝人，虚心下士，甚有名誉"，经过半年的努力经营，他在洛阳已经深得人心。

在消灭齐王那一役里，长沙王尝到了带着惠帝打仗的好处。惠帝是长沙王最有力的皇牌，因此他到哪儿都带着惠帝。八月乙丑，惠帝将要出城到洛阳以西的十三里桥督战。大驾驻停城东，满朝文武、洛阳六军都在场，长沙王向禁军征询意见："今日西讨，欲谁为都督乎？"

六军将士众口一心："愿为嵇侍中勠力前驱，死犹生也。"

既然众望所归，嵇绍当即被任命为平西将军，使持节都督洛阳诸军。随后，惠帝大驾出城，长沙王派出左将军皇甫商领左军一万人先行，去拦截张方。皇甫商顺着洛水向西，进入弘农郡，在宜阳设防。

此后半个月，长沙王带着惠帝奔走于洛阳城外各个军事据点。四天之后的八月己巳，惠帝回到城北宣武场；又过了一天，八月庚午，惠帝到了城东石楼；又过了七天，九月丁丑，惠帝视察黄河上的河桥防御工事；又过了七天，九月甲申，惠帝驻留在城北邙山的军营之中。

此时西线战火已经点燃，张方与皇甫商在宜阳交战，甲申之前两天，九月壬午，皇甫商大败，逃回洛阳，张方乘胜长驱直入，逼近洛阳。

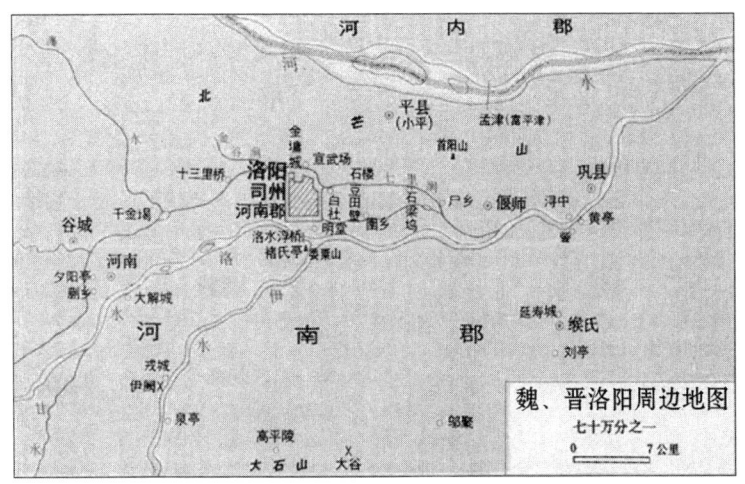

西线告急的时候，成都王的军队也逼近城东，冲在最
前面的是冠军将军牟秀。甲申之后三日，九月丁亥，惠帝
抵达城东数十里外的偃师邀击成都王，未遇敌军；四天后的
九月辛卯，惠帝后撤至洛阳东效的豆田壁，这时长沙王听
闻牟秀军在东南方向，于是又向东南搜索邀击。九天之后，
九月丙申，两军在洛阳东南数十里的缑氏遭遇，牟秀被击
败，撤退。

成都王势大，牟秀退了，马上又有石超领着生力军补了
上来，牟秀收拾残兵，跟在石超身后。

长沙王在东线与牟秀、石超周旋，西线的张方趁机杀进
洛阳。可怜的羊玄之被吓得一病不起，没几天就死了。洛阳
城内，长沙王的拥护者与张方展开巷战，城中朝臣不论文职
武职全部投入战斗，三省尚书白天打仗，晚上抽空办公，两
不误。洛阳东南方的清明、开阳两道城门被焚毁，双方死亡

过万。

得知张方入城，长沙王急忙回师救援。此时已是十月，十月壬寅（丙申日后六天），惠帝离开猴氏回宫，石超紧逼在后追赶，撵着撵着，石超还抽空放把火将猴氏行台烧个精光，这一次惠帝走得狼狈，有许多御用物品没来得及带走，都被付之一炬了。

回到洛阳，长沙王带着惠帝亲临前线，冲在最前头的关中士兵远远望见皇帝乘舆，都不敢攻击，纷纷后撤，长沙王趁机冲锋，关中军当即崩溃，张方无法阻止这退潮一般的溃败，只好丢下五千多具尸体，撤到洛阳城外。主帅索靖阵亡，时年六十五岁。索靖以书法留名后世，他早年与卫瓘同在尚书台，都以善草书知名，世人称之"一台二妙"，结果"二妙"殊途同归，都殒命在这"八王之乱"中。

西线的危机解除，但长沙王还没来得及松口气，东线的石超、牵秀又杀到家门口了。石超到了洛阳东郊就与陆机会师去了，牵秀则憋着一口气，追到洛阳城东中门东阳门外，赶上范阳王也在那里趁火打劫，于是两军合兵攻打东阳门。

十月丁未（壬寅日后五天），长沙王与牵秀、范阳王大战东阳门，牵秀、范阳王再度吃了败仗，退出城外。

二十万大军竟然频遭败绩，成都王有点坐不住了，他派出将军马咸作为援军去帮助陆机，马咸是名将马隆的儿子，可惜他在史籍中唯一的露面竟然是在打内战。第二天，十月戊申，陆机集中力量攻打洛阳东北部的建春门。

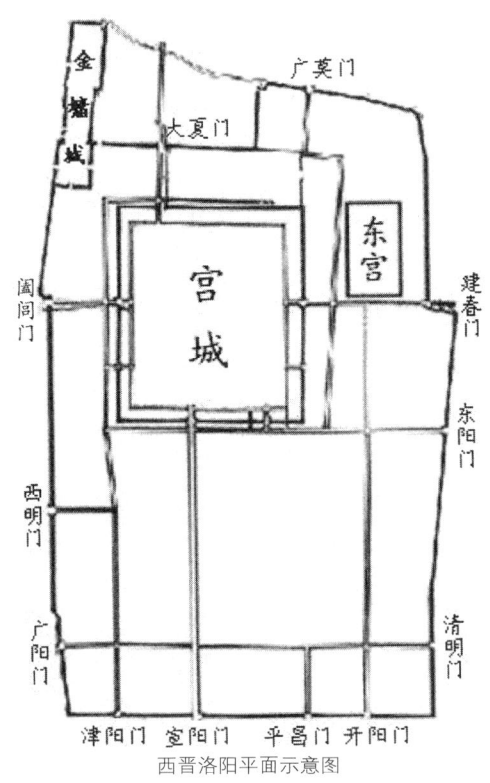

西晋洛阳平面示意图

此役可以算是决战，双方都孤注一掷，建春门内是宽阔平整的御道，这给骑兵冲锋提供了有利地形。长沙王的司马王瑚带领数千骑兵做敢死队，王瑚在每一匹马身上都系上长戟，数马并行，冲突成都王军。成都王军的先锋就是马咸，马咸没料到巷战竟然还有这种打法，首当其冲，阵形一下子被冲散，于是兵败如山倒，马咸本人被王瑚擒获，斩首。

前军大败解体，溃兵如山洪一般冲击着后面的军队。当时陆机领着主力驻扎在新建的河桥之畔，溃兵山崩地坼一般袭来，陆机麾下军队转眼之间土崩瓦解。长沙王军在后面呐喊追击，成都王的士兵在前面慌不择路地逃，一口气逃出数十里，溃兵被七里涧挡住了去路，情急慌乱之下，溃兵跳入七里涧的滚滚激流，心存侥幸能够游到对岸。结果很多人淹死在水中，据说当日死者相积，涧水为之不流。

此役成都王大伤元气，损失大将十六人，兵卒数万。速战速决的设想破灭了，成都王被迫在朝歌休整军队，等待机会。

五、华亭鹤唳讵可闻

河桥一役大败，作为主帅，陆机的死期就到了。

这原是一场实力悬殊的战争，人人都认为胜利唾手可得，甚至可能有征无战。结果他们都错了，二十万大军有一半沉到水底喂了鱼虾，有十六名将军被长沙王砍下首级，悬挂在铜驼街上耀武扬威。

如此惨败，肯定得有人负责，不杀主帅，何以谢天下？

陆机对自己的命运无疑也有预感。据说前天夜里，他做了一个怪梦，梦见座车周围萦绕着黑色的帷幔，层层叠叠，密不透风，就像灵车一样，非常不祥。梦中的陆机在帷幔间穿行，试图走出包围，可是那不祥的黑色似乎没有尽头。

陆机被噩梦惊醒，天明时分，牵秀带兵包围了他的营帐。陆机是聪明人，当然知道这是怎么回事，他解下战甲头盔，换上宽松的布袍，头上戴起丝帛制成的白色便帽，这身打扮是晋朝人出席丧礼时的常见装束，陆机知道必死，算是预先替自己吊唁。

陆机出营与牵秀相见，神色平静自若，他对牵秀说："吴国倾覆之后，我兄弟蒙受国家隆恩，效力于朝廷。成都王委以此项重任时，我曾多次推辞未果，最终导致今天之难。也许这就是天意吧。"

陆机请牵秀稍等片刻，他有一些遗言要留给成都王。左右拿来纸笔，这是此生最后一篇文章了，陆机心底的悲凄难以抑制，史书上说这封信"词甚凄恻"。

写完信，陆机掷笔叹息，追思千里之外的家乡，从容就戮，时年四十三岁。他的遗言"华亭鹤唳，岂可复闻乎"流传了下来，成为后人提醒自己仕途凶险、知足不辱的警句。

陆机看似因为战败而死，实际上死亡的陷阱早在身边埋下，这次战败仅仅是将陷阱的盖子掀开，使他掉落而已。最早的杀机也许在十五年前，陆机刚来洛阳的时候就已潜伏了下来。

从东汉末年起，一百年间，以江淮为前线，南人与北人互为仇敌，积攒了足够多的仇恨，南人称北人为"伧鬼"，北人称南人为"貉子"，即使不带贬义的称谓也带上政治色彩，南人被称为"吴人"。

最终，北人攻克江南，覆灭孙吴政权。获胜的北人丝毫不掩饰自己的得意嘴脸，早在获胜之初，西晋安东将军王浑在建邺孙皓的皇宫里设宴，席间王浑就忍不住要往吴人伤口上撒盐，他对与席的吴人说："诸位亡了国，此刻心中是不是很悲痛啊？"

吴人虽然国破，傲气犹存，当即就有吴人周处回敬王浑："汉末分崩，三国鼎立，曹魏灭亡在先、孙吴灭亡于后，有亡国之痛的，难道仅仅是我们吴人吗？"王浑自讨没趣。

但是吴人也只能在口舌上挽回一点自尊了，在北人主导的政权里，他们无法摆脱亡国奴的标签。许多江南士人不想看"伧人"的脸色，选择远离政治，隐居在风景秀丽的家乡做富家翁。

陆机是陆逊的孙儿、陆抗的第四个儿子。孙吴亡国时陆抗已经病死，陆机与四个兄弟分领父亲的营兵驻守荆州，在亡国之役中，陆机的两个哥哥陆晏与陆景死于战场，因此西晋王朝与陆机不仅有国恨，还有家仇。那一年陆机刚刚二十岁，此后十年他一直与弟弟陆云隐居于吴郡故乡，著书立言，声名鹊起于江南。

倘若陆机一直这么隐居下去，人生将毫无污点，他大可悠然自在地度过一生，不会招惹那么多屈辱与非议。不过对于陆机而言，隐居这个人生选项，他不愿选，也不能选。

说不愿，是因为陆机并非甘于籍籍无名之人，所谓"贤之立身，以功名为本；士之居世，以富贵为先"，古时文人读书与武夫打仗，都以功名利禄为目的，手段不同而已，陆机少年成名，被誉为王佐之才，当时又年近而立，正是建功立业的时候，怎会甘心埋没于偏远海隅？

说不能，则有两方面压力。一方面压力来自洛阳，平定孙吴之后，吴人的反抗此起彼伏，昔日的孙吴臣子也大多隐居不出，不愿与新朝合作。武帝认为这是一个隐患，于是听从了淮南相刘颂的建议，着意招揽吴人，"随才授任，文武并叙"。太康九年（289），武帝再次诏令"内外群官举清能，拔寒素"，表现出一种求才若渴的姿态。陆机、陆云作为江南士人翘楚，自然在征召之列。

另一方面的压力来自家族。陆氏是吴郡四姓之一，百年来声势显赫，人物鼎盛，父祖陆抗、陆逊更是孙吴政权的柱石，江南曾流传谚语说"陆抗存则吴存，抗亡则吴亡"。东吴末年，有一天，吴主孙皓心血来潮，问陆抗的堂兄丞相陆凯："卿一宗在朝有几人？"陆凯回答说："二相、五侯，将军十余人。"孙皓因此赞叹说："盛哉！"

如此盛况已是明日黄花，没过几年，吴郡陆氏就随着孙吴的垮台跌到了谷底，但是陆氏子孙并没有忘记这曾经的辉煌，先人的显赫功业成为他们追思寄怀与激励自己的最好素材，其中陆机、陆云二人用力最深。《晋书·陆机传》中全文记载了《辩亡论》上篇，陆机写作此文的目的就是"论（孙）权所以得，（孙）皓所以亡，又欲述其祖父功业"，此外陆机还写了一系列赞颂父祖功绩的文章，流传下来的有《思亲赋》《述先赋》《祖德赋》等，这方面陆云也不遑多让，他也留下了《吴故丞相陆公诔》《祖考颂》等文章于世。

因此可以想象，陆机、陆云兄弟一直被族人、被世人寄予重振家声，甚至重振江南士气的厚望，而两人也自觉地承担起这沉重的期望。二陆一生汲汲于名利，甚至有时候显得不择手段，其根源就在于他们肩负的担子实在太过沉重，而命运对待他俩也确实不太友好。

于是，蛰伏了十年之后，陆机还是重新出仕，求宦于昔日的仇敌司马氏，他人生的悲剧也从这里拉开帷幕。

二陆入洛是在太康十年（290），同行的还有同郡的顾荣，他们三人被为"江南三俊"。当时陆机的心情是复杂不安的，在途中他写了几首诗，其中之一是这样的："总辔登长路，鸣咽辞密亲。借问子何之，世网婴我身。永叹遵北渚，遗思结南津。行行遂已远，野途旷无人。山泽纷纡余，林薄杳阡眠。虎啸深谷底，鸡鸣高树巅。哀风中夜流，孤兽更我前。悲情触物感，沉思郁缠绵。伫立望故乡，顾影凄自怜。"（《赴洛道中作》其一）

读一下这首诗，凄惨彷徨，哪像是出去做官，分明就是去流放。

二陆到了洛阳，首先拜访了张华。张华是众所周知的忠厚长者，古道热肠，史书上形容他"性好人物，诱进不倦，至于穷贱侯门之士有一介之善者，便咨嗟称咏，为之延誉"。

晋初受过张华恩惠的人不少，被记入《晋书·文苑传》的左思、成公绥都曾得到张华的提携，许多远道而来的江南名士如薛兼、褚陶等人，也都受到张华的款待和提携。

张华也没有让二陆失望，老人家说："伐吴之役，利获二俊。"这是莫大的鼓励，把初来乍到的兄弟俩感动坏了，后来张华惨死，二陆都写诔文悼念，还做了一篇《咏德赋》歌颂张华的德行。

张华列了一份名单，让二陆按图索骥，逐个去拜访。陆机、陆云很快就领教了北人的傲慢与故意而为之的侮辱，全洛阳的好人大概只有张华一个。

陆机去拜访王济，当时名士间拜访的标准模式就是清谈，天花乱坠，逞机锋争口舌之利。此前陆云有一次成功的经历，他与颍川荀氏的荀隐在张华府上初遇，张华提议说："今日相遇，可勿为常谈。"陆云举手行个礼，自我介绍说："云间陆士龙"（陆云字士龙），荀隐回答："日下荀鸣鹤"（荀隐字鸣鹤）。陆云一听对方自称鸟类，于是戏谑："既开青云睹白雉，何不张尔弓，挟尔矢？"荀隐当然也不甘示弱，回敬说："本谓是云龙骙骙，乃是山鹿野麋。兽微弩强，是以发迟。"言下之意你自称云龙，凡兽而已。

陆机显然没有陆云那么幸运，王济是王浑之子，孙吴就是在他家族打击下覆灭的。在王济眼里，陆机不过是个亡国降虏而已。

王济端出几斛羊酪，羊酪原本是胡人的食物，魏晋时期已在北方普及，但还没有传到江南去。王济问陆机："你们江南有这种好东西吗？"陆机好不失望，不过他很有涵养，趁机赞美一下家乡，说："我家乡的千里湖里生产一种莼菜，用来做羹味道鲜美，不必加盐豉等调味品，就已经是人间美味。"两人讨论了一番南北菜肴，陆机失望而返。

不久，陆机与陆云去拜访名士刘宝，又碰了壁，刘宝把陆氏兄弟冷落在一旁，好久才憋出一句话："听说东吴有一种长柄葫芦，你们带种子来了吗？"令陆氏兄弟大失所望，后悔自讨没趣。

当时社会壁垒森严，以门阀评人高下。王济是太原王氏的后起之秀，又是皇帝的女婿，其为人又一向以狂傲著称，他的怠慢或许尚在预料之内。但刘宝出身低贱，做过渔夫、樵夫，还曾经沦落为奴隶，他的无礼可能就会让陆氏兄弟大感挫折，并且心生恨意了。

然而还有更加伤人的，一天陆氏兄弟出席某个宴会，范阳人卢志公然问陆机："陆逊、陆抗是君何物？"古代直呼对方父祖名讳是相当无礼的，何况是在大庭广众之下，用的还是"何物"这个词？陆机当场就怒了，他对卢志说："如君于卢毓、卢廷。"拂袖而去。

陆云比较善良，他对陆机说："卢志世居幽州范阳，离江南很远，也许他是真的不知道，何必要翻脸？"

陆机余怒未消："我父祖名播四海，宁有不知？鬼子敢尔！"（鬼者，伧鬼也。）

事实也确实如此，卢志很明显在消遣陆氏兄弟，满座北人都等着看笑话。

以上种种冒犯并非个例，而是针对所有出仕西晋的江南吴人。

如《晋书·华潭传》（《世说新语》中说是蔡洪）中说，吴人华潭在洛阳表现出众，引起某些人的嫉妒，于是有博士王济（此王济非彼王济）公然嘲讽华潭："朝廷招贤纳士，征召那些隐居于山林草莽间的贤才俊杰。你不过是个来自吴、楚之地的亡国之人，竟然也敢应征。你倒说说看，你有什么才能啊？"

华潭也是尖牙利齿之辈，他反击说："有个道理你不懂，好东西都产自边陲，中原从不出产好货色，所以明珠文贝出产于长江边上，夜光璞玉出产于荆山之下，以古人为例，则有周文王出生于东夷，大禹出生于西羌。至于你们洛阳人，你难道没有听说过这个历史典故？周武王消灭殷商之后，把那些顽劣不可教化的殷商遗民都迁居到了洛阳，你们这些人应该就是他们的后裔吧？"

不过吴人只能在口舌上挽回一点自尊，大势如此只能认命。时间久了，吴人也以此自我解嘲。有人问吴人袁甫："为什么寿阳以西总是干旱，而寿阳以东总是闹水灾呢？"

袁甫说："很简单。寿阳以东都是吴人，吴国原是鼎足强邦，一朝覆灭，吴人愤叹不已，积忧成阴，这阴气太重就聚积成雨，雨下久了就闹水灾；寿阳以西都是中原人，新近平定强盛的吴国，攫取了江南的宝物，心得意满，《公羊传》里说'鲁僖甚悦，故致旱京师'，因为同样的原因，所以寿阳以西总是干旱。"

袁甫此言当然是戏谑的玩笑话，但其心中的愤懑与无可奈何则一目了然。

在充满敌意的环境里，陆机、陆云如履薄冰。

他俩不可谓不用心，比如有人说陆机的口音楚味太重，甚至写文章韵脚都带有楚音，陆机就用心去学习洛阳官话。比如洛阳名士好清谈，不通玄学的陆云就偷偷地钻研《老子》，不过陆云又以迎合北人口味为耻，于是编出了一个夜遇王弼鬼魂，得其真传的鬼话来掩饰。二陆还加入了贾谧的"二十四友"，成为石崇金谷园吟诗唱和的常客。

虽然煞费苦心，二陆的羁宦生涯却依然十分坎坷。他们先投靠吴王司马晏，但吴王是个生活不能自理的残疾人，疑似也是痴呆，于是他们又转而投靠贾谧，贾谧死后，又投靠赵王司马伦。总之在不停地找靠山,一个倒了,赶紧又找下一个,显得饥不择食,惹来世人与后人无穷非议:"好游权门""以进趣获讥"。

然而二陆如此努力钻营,得到却是一次又一次的羞辱与打击。一转眼,十余年光阴蹉跎而过,不仅一事无成,陆机反而因为投靠赵王而引来了杀身之祸,幸亏有吴王与成都王的搭救,这才大难不死。

陆机刚刚逃脱牢狱之灾的时候,朋友顾荣与戴渊劝他返回江南。梁园虽好,终非故乡。

但是陆机留了下来,史书上说是因为"机负其才望,而志匡世难,故不从"。

这句话只说对了一半。

固然,二陆才高八斗,一向以国士自诩,如此铩羽而归,情何以堪?

可是试言之,即使二陆当时想急流勇退,他们能否如愿摆脱这个乱世的旋涡呢?只怕也不能够。以顾荣为例,此人劝陆机早还乡,自己却一直留在洛阳与当权者虚与委蛇。顾荣在洛阳忧谗畏讥,说自己"恒虑祸及,见刀与绳,每欲自杀,但人不知耳"。如此辛苦却不敢引退,好友张翰十分理解他的处境,说:"天下纷纷,祸难未已。夫有四海之名者,求退良难。"

顾荣尚且如此,何况名气远在顾荣之上的陆机、陆云呢?名满天下者,终究会被盛名所累,即使陆机、陆云回到江南,当权者一纸征诏令发来,到时候应征,则重入虎口;不应征,吴郡陆氏全族数百口都可能会受到连累。

所以当时二陆是进退维谷,论人生的失意时刻,此时的挫折感只怕更甚于二十年前故国灭亡的时候。

山重水复之时，突然柳暗花明。真正的贵人出现了，这个贵人就是成都王。

成都王将戴罪之身的陆机擢升为平原内史，又擢升陆云为清河内史。晋朝的内史是替诸侯王管理王国内政的官职，相当于郡太守，俸禄二千石，三品官秩。这种官职在陆机的父辈祖辈眼里，当然是不值一晒，可是今非昔比了，三品官秩已经足够让二陆感激。

不久，成都王任命二陆为参军，向他们咨询大政方针，言听计从。

再后来，成都王直接授予二陆戎马之职，在历次军事行动中委以重任：当初讨齐王，以陆云为前锋都督；讨张昌，以陆云使持节、大都督；这次讨长沙王，以陆机为后将军、河北大都督。

成都王的垂青简直就是雪中送炭，二陆当然积极回应。《晋书》上说："时成都王颖推功不居，劳谦下士。机既感全济之恩，又见朝廷屡有变难，谓颖必能康隆晋室，遂委身焉。"

"委身"是一个十分暧昧的词，当古人形容某个女子将自己托付于某个男子的时候，也会用这个词——委身。这个词十分生动地表明了陆机与成都王之间的依附关系，也道尽了所谓的"养士求贤"，与古代女子寻求男子庇护宠爱本质上无不同。古代女子无法自立，士人也一样，学得文武艺、货与帝王家，他们的才华、他们的理想，都必须寄生于权势，才能够生根发芽，有实现的可能。

但这是一种严重不对等的关系。"士为知己者死，女为悦己者容"，这种关系只约束了"士"与"女"一方，"知己者"与"悦己者"有着无尽的权力，却毫无义务可言。"士"与"女"的前途并非取决于自身的才华与美貌，而全在"知己者"与"悦己者"的爱憎一念之间。

平心而论，成都王对待二陆确实与其他权贵不同，此前贾谧、赵王等人视二陆为弄翰文人，倡优蓄之，但成都王是以国士待之。

士为知己者死，二陆唯有鞠躬尽瘁死而后已了。当时谁也没有料到，这一场宾主关系竟会以如此惨烈的方式收场。

二陆追随成都王去了邺城。邺城是北方名都，其规模与繁华可与洛阳相媲美，但是邺城依然是北方人的天下，那种充斥洛阳的敌意，这里也有。

不过没有人再敢明目张胆地嘲笑陆机、陆云，此时二陆是成都王的新宠，是邺城的新贵，一言决人生死，春风得意。然而，福兮祸之所倚，这威福背后，潜伏着更多的嫉妒、更深的敌意，还有更多蓄势待发的暗箭。

最嫉恨二陆的，无疑就是成都王以前的谋主，曾在洛阳与二陆结怨的卢志，他争宠失败，视二陆为眼中钉。

此外陆云还得罪了成都王嬖爱的宦官孟玖，孟玖恃宠而骄，总是干预政事。《晋书·陆云传》记载了这么一件事：孟玖想让他的父亲做邯郸令，左长史卢志等人知道小人难防，都表示同意，唯独到陆云那儿卡了壳，陆云说："邯郸县令历来都由公府掾属充任，怎能任用一个阉人的父亲？"孟玖因此对陆云恨之入骨。

历来内臣与外臣、宦官与士人之间的对抗，往往是以外臣、士人的惨败而收场。陆云不可能不知道秦末的赵高与李斯，也不可能不知道西汉的石显与萧望之，他敢于公然得罪孟玖，底气就在于陆云认定成都王不是那无知的秦二世，不是那愚蠢的汉元帝，也在于陆云认为自己对于成都王的影响力与重要性都超过孟玖。

但其实，这是可悲的错觉。

此次成都王进军洛阳，二陆获得的恩宠达到了顶峰。

人人皆知，这次出征不是普通的征讨，而是在改朝换代，为了能如愿坐上龙椅，成都王倾其所有，招募来二十万军队。然后，成都王任命陆机为大都督，将这支军队交给了他。

这即是说，成都王把自己的命运交给了陆机。

这也意味着，如果成都王如愿以偿，做了皇帝，陆机将是新朝第一功臣，一人之下万人之上，卢志等人都得看他的脸色。对于卢志来讲，是可忍孰不可忍？对于众多心高气傲的北方士人来讲，是可忍孰不可忍？

卢志是文士，上不了前线，所以即使嫉恨而死也无法影响战局，但是邺城宿将也对这个任命极为不满，这就很致命了。

当时邺城的知名将领有王粹、牵秀、石超等，全都出身名门，并且早已功成名就。在他们眼里，陆机只是一个敌国残余，雕虫琢句的无用之人，在邺城寄人篱下乞食而已。他们依附成都王都远远早于陆机，这次战功唾手可得，成都王都把它送给了陆机，如此后来居上，怎能让人心服？

　　同僚这种心理，陆机心知肚明，所以他找了许多理由请求辞去都督，比如说三世为将不祥，比如说羁宦他乡资历不够，等等，搞得成都王很不解。成都王心想，此役十拿九稳，多少人想当大都督，争这拥立的功勋而不得，我特意留给你陆机，你还推三阻四，是什么居心？莫非你向着长沙王？

　　一来二去，陆机发现成都王恼了，不敢再推辞。当时同在邺城的吴人孙惠不知内情，看到陆机要往火坑里跳，急忙赶来劝陆机把都督让给王粹。

　　孙惠的建议无疑是正确的，王粹才是都督的最佳人选。论官职，王粹是北中郎将，除了成都王，整个邺城就他官职最高；论出身，王粹的爷爷就是当年迫使"金陵王气黯然收""一片降幡出石头"的龙骧将军王濬（与陆机可算是冤家路窄）；论地位，王粹娶颍川公主，是惠帝的妹夫、成都王的姐夫。如果此人来督军，无人会有异议，奈何成都王就是认准了陆机。

　　对于陆机而言，这是一个两难的抉择：接受任命，那是凶多吉少，打败了必死无疑，打胜了将招来更多的敌意，也未必是福；但如果继续推辞，则意味着失宠，意味着政治生命的结束，意味着十几年的辛酸荣辱全部付诸东流，光耀门第从此成为妄想。

　　因此陆机对着孙惠苦笑，说不能再推辞了，否则成都王"将谓吾为首鼠避贼，适所以速祸也"。

　　陆机心中应该还有一番话，无法对孙惠言说，此次出征也是千载难逢的好机会，如果把握住了，不仅吴郡陆氏能实现复兴，他本人的功业也将超越父祖，流芳百世。

高风险，高收益。陆机决定咬牙赌一下，富贵险中求。

出征之时，成都王再次勉励陆机，并许下重诺："如果功成事定，当封将军为郡公，担任三公级别的官职。将军好好干，我不食言。"

但是陆机不敢太乐观，他说："当年齐桓公信任管仲，才得以成为春秋霸主；燕惠王猜忌乐毅，导致功败垂成。今日成败，关键不在于我，而在于殿下对我是否有足够的信任。"陆机这话分两层意思，一是自比管仲乐毅，表示要为成都王立功；二是担心领兵在外后院起火，卢志等人趁机诋毁自己，所以给成都王打预防针。

卢志一听陆机指桑骂槐，心里老大不痛快，一转身就对成都王说："陆机自比管、乐，却把殿下比作庸君暗主，像这种自视奇高、凌驾于君主之上的将领很难成功。"

《晋书》上说成都王听了卢志的话，"默然"。看来这位二十五岁的王对自己知人善任的信心并不是很足。

在内部钩心斗角，军心不稳的情况下，陆机指挥着二十万骄兵悍将启程了。

一离开成都王的视线，不安分、不服气的跋扈将军马上给陆机来了个下马威。孟玖的弟弟孟超当时在军中，麾下有一万多人，孟超部军纪涣散，还没交战却先扰民抢劫，陆机将为首几人捕获，准备军法处置。孟超竟然带着一百重装骑兵冲击主帅大营，将人劫走。临走，孟超还公然挑衅陆机："貉奴能作督不！"

主帅没有威信，肯定是无法带兵的，时任陆机司马的江南人孙拯劝陆机杀孟超以立威，但看着满屋子武将寻衅滋事的嘴脸，陆机犹豫很久，选择忍气吞声。

陆机这么一忍，就不仅威信全无，连颜面也扫地无余了。此后，各将领视帅令如废纸，自行其是，军中令出多门，混乱不堪。这样的军队人数再多也只是乌合之众而已，吃败仗完全在意料之中。

孟超的气焰更加嚣张，他在大庭广众间宣称："陆机将反。"他还写信给他哥哥孟玖，说陆机暗中与长沙王联络，首鼠两端，有意贻误战机。

收到这封来自前线的密报，孟玖赶紧添油加醋向成都王渲染，成都王则将信将疑。

如果陆机最终凯旋，所有谣言都不攻自破。可是河桥一役，陆机战败了。在成都王看来，战败是不可思议的，可是竟然发生了，那就得找出原因。即使找不出原因，也得编造一个理由，让战败变得合乎逻辑。

最简单直接的理由，就是主帅叛变。河桥一役中，孟超不服节度，轻兵冒进，结果战死。孟玖再次诋毁陆机怀有二心，并且杀人灭口。那些平时就嫉恨二陆的人纷纷落井下石，裨将王阐、郝昌、公师籓，冠军将军牵秀都指证陆机暗怀异心。

这么多人证，铁案如山，事情发展至此，陆机非死不可了。成都王勃然大怒，派牵秀去捕杀陆机，于是就有了开头的那一幕。

　　与陆机一同罹难的有孙拯，还有陆机的两个儿子陆蔚与陆夏。

　　但是卢志觉得还不够解恨，他提醒成都王除恶务尽。成都王于是下令将陆机"夷三族"，派人搜捕陆云以及陆机的另一个弟弟陆耽。

　　成都王的官属江统、蔡克、枣嵩等人都知道这是个冤案，连忙替陆云求情。他们说，陆机指挥不力导致败绩，应当受刑，但是通敌的罪名查无实据，"夷三族"的处罚太严苛了，万一杀错人，后悔也来不及，不如先将陆云等人收押，如果罪名查验属实，再杀也不迟。

　　参军王彰则劝成都王冷静思考，他说："今日之战，孰强孰弱显而易见，即使是庸人都知道长沙王必败，更何况陆机？陆机是吴人，而殿下对他过于宠信，北土旧将因嫉生恨，所以才陷害他通敌呀。"王彰就是当年推辞做杨骏司马的那个匈奴人，冤案的迹象是如此明显，连这个匈奴人都看出猫腻来了。

　　诸人讲的都有道理，但在这种场合是不讲道理的。卢志提醒成都王斩草要除根，他冷冷地说："当初赵王杀中护军赵浚，却赦免其子赵骧。赵骧于是投奔殿下反击赵王，这可是近在眼前的前车之鉴。"

　　蔡克一听这话，心知陆云很难幸免了，他在成都王座前不停叩头，直至头破血流，他说："孟玖一向嫉恨陆云，此事在座的各位都很清楚。陆云的罪行未经查实，如果贸然处死，必定会引来无穷非议，有损殿下的美誉。请殿下三思。"身后同僚数十人也一齐下跪，流泪固请。

但是眼泪救不了陆云的性命，一旁孟玖看到成都王犹豫，急忙扶成都王入内休息，丢下群僚直挺挺跪在空堂之上。

到内堂后，孟玖拿来一份供词，上面是孙拯的口供，内容是承认陆机与长沙王暗中勾结。成都王原本正在犹豫，看到供词之后坚定了杀心，当即下令将陆云、陆耽等人斩立决。成都王还夸孟玖做得好，他说："非卿之忠，不能穷此奸。"

成都王不知道，这份供词是伪造的。孙拯下狱后，孟玖示意孙拯作伪证诬陷陆机，遭到拒绝之后严刑拷打。但是直至两脚的肉都被打飞，露出白森森的踝骨，孙拯依然不肯就范。孟玖只好伪造一份供词去糊弄成都王。孙拯有两个门生叫费慈、宰意，四处奔走，替孙拯与陆机喊冤，也被孟玖偷偷处死。

陆云死时四十二岁，可怜他十几天前刚写完一篇《南征赋》，歌颂成都王"崇文德于缉熙，济武功而保定"，不料南征未遂，自己却受累身首异处。

门生故吏将陆云葬在清河国，修墓立碑，四时祠祭。

陆机兄弟的悲剧是整个江南士族悲剧的缩影，他们的失败并非仅是个人奋斗的失败，还标志着整个江南士族的失败。

伤心至极的孙惠写信给朋友说："不意三陆相携暗朝，一旦湮灭，道业沦丧，痛酷之深，荼毒难言。国丧俊望，悲岂一人！"

不久，孙惠不堪侵辱，杀了成都王的牙门将梁俊，遁逃回江南；洛阳的顾荣、华潭等人也心灰意冷，纷纷返回江南。

成都王在江南民心大失，日后东海王传檄讨伐成都王，其中一条罪名就是枉杀陆机、陆云。

后来成都王试图挽回人心。琅琊王氏的王澄当时担任成都王的从事中郎，他请求杀孟玖以谢天下，成都王于是诛孟玖，消息传出，人心大快，但是成都王受损的声誉已经无法挽回。

吴郡陆氏的复兴最终由陆机的族弟陆晔、陆玩来实现。

陆晔、陆玩是与陆机、陆云截然相反的人，他俩甘于平淡，孙吴亡国之后一直隐居江南，在西晋时期默默无闻。陆晔在东晋被封为江陵郡公，授以开府仪同三司的殊荣，成为晋明帝的顾命大臣，以七十四岁高龄寿终正寝；陆玩的官职比陆晔更加显赫，他被封为兴平伯爵，历任尚书左仆射、尚书令等要职，又继王导、郗鉴之后，成为东晋的第三任司空。陆玩六十四岁的时候寿终正寝，皇帝特许"给兵千人，守冢七十家"，可谓享尽哀荣。

陆晔、陆玩的才华、声誉都远在陆机、陆云之下，他们的处世态度也相差甚远，但是平庸淡泊的陆晔、陆玩却轻而易举地得到了陆机、陆云这两个天才豁出性命都没有获得的荣华富贵。这种愿望与结局的严重错位，只能让人感叹造化弄人，推给玄而又玄的"命运"了。

六、草木萌芽杀长沙

晋楚城濮之战是春秋时代的重大历史事件，晋文公通过此役确立了自己的霸主地位。奇怪的是，晋文公打了胜仗反而显出忧心忡忡的样子，直到几天后楚国传来消息：楚将子玉战败而归，被恼羞成怒的楚成王逼得自杀了。晋文公这才喜形于色，说："我击其外，楚诛其内，内外相应。"

如果长沙王当时从史籍上读到这个典故，他将露出会心一笑。河桥之战的胜利并不能打消他对东线战事的忧虑，成都王是倾巢而来，后劲十分雄厚，如果全军被激起同仇敌忾之心，长沙王万难抵挡二次进攻。但是陆机的死讯使长沙王放了心，斩杀主帅说明成都王的锐气已经严重受挫，而更可笑的是，杀陆机的理由竟然是通敌。

陆机有没有通敌，长沙王当然最清楚了，长沙王马上猜到成都王内部出现了严重分歧。此时正是媾和的绝好时机，他派中书令王衍、光禄勋石陋做和事佬，与成都王相约分陕而治。

长沙王智者千虑，但这回他却失算了。河间王许诺要拥立成都王为皇帝，直接御宇天下，相比之下，长沙王给出的砝码太轻了，不值得成都王背弃与河间王的盟约。

果然，王衍等人一脸失望地回到洛阳，成都王拒绝了缔和。长沙王无计可施，他给成都王写了一封信，提醒弟弟"谋逆作乱不是儿戏，令人身不由己，明明只想向前跨一尺，结果却会不由自主地奔跑一丈。班师回邺城去吧，恢复江山的安宁，不要令宗族蒙羞，这才是子孙之福。我顾念骨肉分裂之痛，所以写这封信给你，请三思。"

成都王则回信表示，"我麾下武士百万，良将锐猛，足以与六兄携手整顿海内。六兄如能听从太尉（指河间王），斩杀皇甫商，缴械退让，我马上班师回邺。览兄来信感慨不已，请深思进退。"

成都王如此态度，退兵讲和自然是不可能的了。不过成都王也只是嘴上逞强，直到长沙王死亡，他都没有能够再次发动进攻。

致命的威胁还是来自西线。

张方自从损失了五千士卒，就打消了速战速决的念头，他撤出洛阳，驻扎在城西的十三里桥西。十三里桥在駃水之上，毗邻洛水、谷水，向北走数里就是大名鼎鼎的金谷涧，向西南走数里就是千金堨。此处是洛阳城西的粮仓，张方占据此处，就截获了长沙王一半军粮；更要命的是，洛阳地势西高东低，全城饮用水由谷水注入千金堨，再由千金堨流入城内，最后排放到洛水。张方掘开千金堨，断了洛阳城的水源。

洛阳一下子陷入困顿，粮食告急，城内城外的水碓也全部干涸掉。水碓是古代用水利舂米的工具，水碓一干只能手动舂米，这需要大量人工，长沙王于是征发洛阳权贵家的奴婢舂米做军粮。长沙王又大量征兵，一品官员以下家庭、十三岁以上的男子都要应征，同时又有大量奴隶被赦免，招入军队，这些战斗力可疑的军队被称为"四部司马"。

在这种困境下，长沙王当然盼望速战速决。张方偏偏不来攻城，他知道此时长沙王的军队连战连捷，士气锐不可当，但是长沙王坐守孤城，力量消耗一分就少一分。张方的战略就是拖，耗你个满城饿殍，到那时洛阳城就不攻自破了。

张方既然不来，长沙王只好主动出城进攻，结果张方在十三里桥与洛阳之间一口气修筑了十几道壁垒。十一月辛巳，长沙王杀出城来，张方退守壁垒，长沙王攻坚不利，退回城内。

张方的战略无疑是十分正确的，长沙王日渐被逼到悬崖边缘，成都王估计也是知道长沙王的真实处境，所以才有恃无恐，坚决不讲和。

此时洛阳城内的士气依然很高涨，《晋书》上说"战久粮乏，城中大饥，虽曰疲弊，将士同心，皆愿效死"，不过大家心里都明白这已是强弩之末。后来的北伐名将祖逖，当时在长沙王幕府担任骠骑主簿，他对长沙王说："雍州刺史刘沈忠义果毅，治下雍州的兵力足以克制河间王，不如下一道诏书给刘沈令他发兵。河间王必定召还张方，这是围魏救赵的良策。"

刘沈出生于幽州蓟城的世家大族，素有才名，年轻时先在州郡任职，后来被卫瓘发现并器重，征辟为掾属，此后逐步升迁。齐王执政时期，刘沈曾出任齐王左长史，齐王死后，在洛阳担任侍中。太安二年初，蜀中叛乱爆发，长沙王觉得益州刺史罗尚戡乱不力，于是派刘沈去蜀中取代罗尚，统领益、梁两州军事。刘沈走的是陆路，打算借道关中，入汉中，然后经剑门关抵达蜀中，但是刚走到长安，刘沈就被河间王扣下了。

河间王对刘沈不放心。关中（雍州）、陇上（秦州）、汉中（梁州）、蜀中（益州）从战国开始就联为一体，唇齿相依。如果刘沈取得了梁州、益州，再与秦州皇甫重联合，河间王就会后院起火，所以要将刘沈扣在长安，防患于未然。

但是无缘无故扣人，也说不过去，河间王于是奏请惠帝，让刘沈担任雍州刺史，长沙王顺水推舟，准了。河间王自以为有恩于刘沈，实则刘沈并不领情，后来长沙王要平定张昌叛乱，让河间王出兵，河间王不理，刘沈自己率领军队出征，被河间王截在蓝田，夺了兵权——由此事可以看出刘沈并不服从河间王，只对朝廷唯命是从，因此他死后进了《晋书·忠义传》。

听了祖逖的建议，长沙王觉得可行，立刻给刘沈下诏书。同时，长沙王还秘密派出皇甫商，携带另一份诏书去秦州找皇甫重。诏书的内容是让皇甫重、游楷等人罢手言和，然后联合出兵，与刘沈东西相应夹攻河间王。

皇甫商秘密出城，向西日夜兼程。可惜天要亡长沙王，皇甫商混进关内，潜行穿越长安，刚想松口气，就遇上了他的从甥①。皇甫商平素为人肯定不好，据说这个从甥一向就很憎恶他，于是这个从甥向河间王告发，皇甫商被擒获，河间王将他拖到长安菜市斩首，算是替李含报仇。

皇甫商的离城、被擒、被杀，已是太安二年的年底。

一转眼又是新年到，洛阳的新年又一次笼罩在恐怖与鲜血之中。太安三年正月初八，丙午日，尚书令乐广在忧愤交加中病死，乐广的女儿嫁给了成都王，长沙王因此怀疑他通敌。乐广说："岂以五男易一女？"意思是说我的全家老小，包括五个儿子都在洛阳城内，通敌是夷三族的罪名，我岂会

---

① 即堂姊妹的儿子。

因为一个女儿而赔上五个儿子的性命？

不过这个说辞并没有打消长沙王的疑虑，乐广惊虑之中竟然生病不起，不久就去世了（按杜延业《晋春秋》的说法，乐广是自杀的）。但凡内战，都会有这种骨肉分离的悲剧。

这时洛阳城内的形势进一步恶化。城里的粮食消耗殆尽，米价飞涨至一石万钱的天价，普通百姓吃不上饭，街道出现饿殍。

饥饿也许是世上最厉害的武器，它就像一只无形的硕大毒虫附在人体上贪婪吸食精气，这不仅是肉体上的戕害，更是精神上的侵蚀摧残，任你是视断头如断发的英雄好汉，还是视贞节如性命的烈妇贞女，都很难熬住那如附骨之疽一样切切碎碎的痛苦。

洛阳城内外隔绝，既已断粮，又无破敌出城的希望，还没有友军支援，稍有理智的人都知道这是绝境。长沙王犹在做困兽之斗，但是自己是否值得跟着陪葬呢？

一些禁军将领意志崩溃了，他们决定背弃长沙王，就像他们以前背弃历届执政者一样。这些怀异心的将领主要是殿中禁军及三部司马，他们与左卫将军朱默密谋废黜长沙王，与张方媾和。

但是媾和也需要实力，朱默等人地位低下，无法与河间王平等对话。于是他们找到了东海王司马越，东海王官任司空，兼领中书监，当时洛阳城内除了惠帝与长沙王，就数他权力最大。恰好，东海王也在担心破城之后，玉石俱焚，当即与朱默等人一拍即合。

当时长沙王还在焦急等待关中方面的消息，根本没有料到会遭遇手下的背叛，他永远等不到刘沈起兵的好消息了。太安三年正月二十五日（癸亥日），殿中禁军劫持长沙王，软禁在宫中；东海王随即逼迫惠帝下诏免除长沙王的一切职务，囚禁于金墉城。

长沙王在囚所徒劳地上书："陛下笃睦于亲，委任臣处理朝政。臣小心忠孝，神祇所鉴。诸王听信谬言，率众责难于臣，各朝臣出于私心，将臣收捕关押。臣不惜一死，只是担心大晋衰微，陛下至亲死亡殆尽，陛下将会陷入孤危。如果臣的死可以使国家从此安宁，使司马家从此不再有纷争，那么臣将欣然就死，但是事实显而易见，臣的死只能令乱臣贼子感到快意，对陛下毫无益处。"

东海王派使者出城媾和。使者回城后宣扬说，上当了，张方的军队也是灰头土脸，离崩溃不远。

废黜长沙王只是部分禁军的意愿，另外部分禁军还在犹豫，有的则对长沙王誓死跟随。听到使者带回的消息，城内禁军后悔了，一些死忠分子就策划要劫狱，救出长沙王，跟张方死磕到底。

风声泄露到东海王耳朵里，东海王大为惊恐，他已经没有回头路可走，长沙王如果得救，那他就必死无疑。东海王打算处死长沙王，来个釜底抽薪，断了众人的念头。这做法很危险，万一众人在激愤之下不管不顾，那后果是灾难性的。黄门侍郎潘滔连忙制止，他说："千万不可，杀长沙王者，自有其人。"潘滔示意东海王借刀杀人，让张方去动手。

东海王于是密请张方派兵入城，同时告知长沙王的所在。正月丙寅，也就是长沙王被废的两天后，张方派亲信郅辅到金墉城，将长沙王转移到张方的军营中。

张方是贫贱出身的武夫，性格残暴，与董卓是同一类人，此前长沙王让他损兵折将，张方恨长沙王入骨，而且河间王、成都王还有东海王，都盼着长沙王死掉以绝后患，张方因此肆无忌惮。

当天夜里，张方将长沙王绑在木架上，用文火慢慢烤死。长沙王临死前的惨叫传出数里远，洛阳三军上下没有不哭的。

长沙王死时年仅二十八岁，他死于太安三年（304）正月二十七日，正是草木发芽破土的时节，这个死期正好符合流传于洛阳的一个民谣："草木萌芽杀长沙。"

长沙王是八王中第五个殒命的王爷，"八王之乱"又翻过了血腥的一页。

第十章　成都王

一、再入洛阳

太安三年（304）正月，成都王的军队第二次以胜利者的姿态开进洛阳城。此情此景初次上演是在赵王垮台的时候，那已是三年前的往事了。

这三年世事白云苍狗，昔日与成都王并肩作战的齐王、新野王孤坟野外，已化为一抔黄土；兄长长沙王，如今作为失败者陈尸城东，无人敢为其殡殓，最后有个不怕死的故掾刘佑豁出性命，单独推着丧车，步行替长沙王送葬。刘佑边走边哭，悲痛欲绝，哀感路人。

败寇成王。此刻，兄长的鲜血与刘佑的眼泪都无法在成都王的心中形成阴霾，三年前那个知足不辱、知止不殆的成都王已经死去，重新跨入洛阳的成都王是野心膨胀的征服者，他的目标是雄伟辉煌的宫城太极殿，是兄长司马衷的皇帝御座。

这是成都王的巅峰时期，一切似乎来得太早、太顺利。

这一年成都王二十六岁，这位皇子生命中的前二十一年在洛阳皇宫中优游度日，历练世事是从出镇邺城之后开始的，那短短五年也可以用一帆风顺来形容。他遇到过的最大挫折，就是不久前的河桥惨败，但是惨败马上就得到弥补，最终征服洛阳、耀武扬威的胜利者，还是成都王。

成都王春风得意马蹄疾，浑然不觉一路走来，脚下铺着累累白骨。那些白骨都不是陌生人：兄长秦王司马柬，死时三十岁；兄长楚王司马玮，死时二十一岁；兄长淮南王司马允，死时二十八岁；兄长长沙王司马乂，死时二十八岁；还有侄子愍怀太子司马遹，他与成都王同年，不过他已没有机会活到二十六岁了，司马遹入土三年，如今墓木已拱。

除了傻皇帝司马衷，武帝的嫡系子孙大多在鼎盛年华死于非命，已经所剩无几。作为幸存者，成都王显然没空去反思，也没有感到警醒，履尊称帝的欲望就是一枚致命的树叶，遮住了他的眼睛。成都王正在接近顶峰，但他并不知道顶峰处就是一个断崖，所谓盲人骑瞎马，夜半临深池，成都王肯定没有料到自己的生命竟会与长沙王同样短暂，止步于二十八个春秋。

因为踌躇满志，成都王没有察觉洛阳人的态度也与三年前迥异。三年前，义军进城，从金墉城里救出惠帝，洛阳百姓山呼万岁、响彻云霄，这种热烈感人的场景在三年后被凝重屏息的静默所替代，静默的背后是洛阳百姓深沉刻骨的仇恨。

播下这仇恨的是张方，但既然是盟友，成都王就少不得要替人受过。

张方此前与长沙王苦战，相持日久，损失惨重，军粮也已告罄。张方为人暴戾，在用惨无人道的方式杀死长沙王之后，继续迁怒于洛阳百姓，他放纵士兵杀人抢劫，掠夺财物。幸亏河间王即时传令张方班师，否则洛阳百姓的灾难会更加深重。

张方临走，还从洛阳宫中、诸公卿府中卷走奴隶、婢女一万余人，这一万余人只有部分活着抵达关中，因为军中缺粮，于是半路上宰杀活人，掺杂在马肉、牛肉之中作为食物。

此时正值"五胡乱华"的起始阶段。"五胡乱华"对于汉人而言是一段不堪回首的血泪史，后世都记得有个杀人不眨眼的羯族皇帝叫石虎，石虎有个残暴的太子叫石邃，以杀人吃人为乐。

但是细读史书，令人惊悚，原来晋末首开屠刀，杀戮同胞然后做成菜肴的，竟然是汉人军队，而且还是朝廷的正规军。（《资治通鉴·晋纪七》记载了劫掠、吃人；《晋书·惠帝纪》记载了劫掠、人相食；《晋书·张方传》记载了劫掠，没有提到吃人。综上可知关中军劫掠百姓、宰吃活人是个铁案。）

张方匆忙撤军是个意外，按原计划应河间王出关，与成都王会师洛阳。但是长沙王临死前的一个挣扎，不仅将计划搅乱，河间王甚至还险些遭遇不测。

这个挣扎就是去年年底惠帝下给雍州刺史刘沈的诏书，命令他起兵攻击河间王。刘沈奉诏传檄境内，试图集合雍州州兵以及七郡（七郡：京兆、冯翊、扶风、安定、北地、始平、新平）郡兵，不过七郡之中，东北部的冯翊郡太守张辅站在河间王一边，其余诸郡也大多狐疑旁观，出兵跟随刘沈的只有西北隅的安定、新平两郡，好在刘沈又集合了部分关中豪强的部曲，使总兵力达到一万余人。

刘沈以安定太守卫博、新平太守张光、安定功曹皇甫澹为先锋，从背后杀向长安。

当时河间王并不在长安，他带领着后继部队，驻扎在离潼关不远的郑县，正准备出关。听说后院起火，河间王连忙回师布防，他进驻长安东北的渭城，派遣虞夔率领步骑一万余人，迎击刘沈军。

虞夔与卫博等人在扶风国的好畤县发生遭遇战，虞夔大败而归。河间王惊恐之下放弃渭城，退守长安，同时召唤张方赶快回来救主。

刘沈占领渭城，又顺利渡过渭水，在渭水边构筑营垒，河间王数次进攻都无功而返。刘沈分兵五千给皇甫澹、卫博，命令二人进攻长安。那时刘沈军连胜之余，气势如虹，竟然轻易攻破城门，一直杀到河间王府邸前。长安守军被逼至死角后激起斗志，拼命反抗。双方激战于河间王府门外，僵持不下。

这时河间王的援军到了，冯翊太守张辅领着一支生力军从侧面袭来，河间王军看到对方是在孤军奋战，士气大盛。皇甫澹与卫博的军队被击溃，五千人星散城内被杀戮殆尽。卫博父子死于战场，皇甫澹被擒获，河间王试图将其收降，但皇甫澹是皇甫重的族人，当然不肯为河间王所用，最后也被杀死。

经此一役，刘沈大势已去，他退出长安，驻扎在此前设在渭水边的营垒中。此时张方率领归军已逼近长安，深夜突袭刘沈营垒。刘沈军已成惊弓之鸟，当即崩溃星散，刘沈领着麾下亲信百余人向西南方向逃窜，估计是想逃入汉中。去汉中必经陈仓，陈仓县令在境内严加防范，最终将刘沈擒获，送到长安邀功。

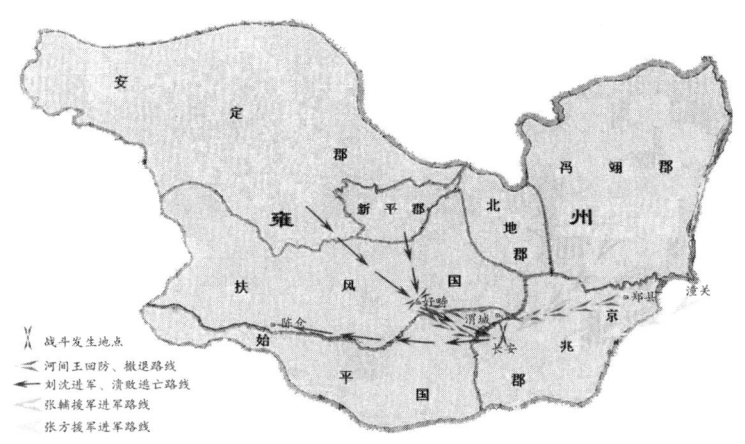

刘沈、河间王交战示意图

刘沈自知必死，十分坦然，他对河间王说："知己之惠轻，君臣之义重。不可违天子之诏，量强弱以苟全。投袂之日，期之必死，菹醢之戮，其甘如荠。"言下之意说我是奉诏来杀你，如今有心杀贼无力回天，要杀要剐悉听尊便。

河间王自谓对刘沈不薄，刘沈却几次三番与自己作对，十分恼火。河间王的暴戾不亚于张方，他下令先将刘沈鞭打个半死，然后拖到长安菜市腰斩示众（河间王似乎对腰斩情有独钟，当年对夏侯奭也是腰斩）。

新平太守张光也被河间王俘获，不过他的命运要好得多。张光是关中宿将，早在元康年间就先后在梁王、赵王的麾下用事，梁、赵二王屡战屡败，张光却能屡立战功，曾以百余人扼守孤营百余日，堪比东汉初年的名将耿恭。河间王自然听说过张光的威名，想收为己用，于是赦其不死，并且设宴款待，任命张光为右卫司马。张光败得不服气，他对河间王说："刘雍州不用鄙人计策，才令大王得有今日也。"

对于功臣张辅，河间王论功行赏，现任秦州刺史皇甫重死后，他奏请张辅为秦州刺史；此役金城太守游楷切断皇甫重与刘沈的联系，也有功劳，河间王表请其为梁州刺史。

河间王没有想到，他的回报反而断送了张辅的性命。当时蜀中绝大部分的领土已经落入流民军之手，梁州刺史的直接管辖区域仅剩下汉中郡，而且还暴露在流民军的攻势之下，因此游楷对梁州并不热衷，甚至都没有去汉中赴任。他试图割据陇上，于是与陇西太守韩稚联合起来驱逐张辅，将张辅斩杀于秦州遮多谷口。

河间王处理关中事务，出不来，成都王就成为洛阳的唯一掌权者。

他进城后的第一件事就是改元，太安三年正月，惠帝下诏改元为永安元年，大赦天下。这个年号又是一个谎言，此前惠帝已经用过"永平""永康""永宁"等年号，都是在祈祷和平安宁，结果统统战火纷飞。

不久，惠帝再次下诏，任命成都王为丞相，封邑增加二十郡；又任命东海王为尚书令，东海王害死了长沙王，心里有愧，同时又觉得洛阳实在凶险不宜久留，于是称病打算逊位，回东海国避祸，结果被驳回，被迫继续掌权。

此时的东海王，野心还没有彰显，对于权力的欲望也不显著，他是被动地被推上风口浪尖的。永安元年正月的东海王，做梦都不会想到自己将是这场内战的最终胜利者，他当时应该与大多数人一样，在迷茫与惶恐中度日，生怕哪天横祸飞来，死于非命。

成都王加官晋爵之后，决定返回邺城，临行前，他又做了一件令洛阳公卿咬牙切齿的事情。此前成都王在禁军手中吃了大亏，因此他打算消除威胁，成都王命令心腹石超率领五万人分别把守洛阳十二道城门，瓮中捉鳖，全城搜捕当初与之作对的禁军将领，逮到之后格杀勿论。随后，成都王又将自己的将领安插入禁军，任命石超为中护军，监视皇帝与洛阳公卿。

当初洛阳满城拥护长沙王，成都王用血腥手段搞清算，自然令全城上下陷入恐慌，洛阳公卿纷纷去邺城向成都王谢罪，表明立场。侍中嵇绍等人因与长沙王走得太近，都被废黜为庶人。

搞清算的同时，成都王与河间王一唱一和，有条不紊实施改朝换代的计划。

永安元年二月乙酉，丞相成都王请求废黜赵王所立的皇后羊氏，将其免为庶人，因禁于金墉城；同时废黜齐王所立的皇太子司马覃，司马覃依旧继承父亲司马遐的爵位，重新成为清河王。

三月戊申，即司马覃被废二十三天之后，河间王奏请立成都王为皇太弟。于是惠帝下诏，称"成都王颖温仁惠和，克平暴乱"，立成都王为皇太弟、都督中外诸军事，任丞相如故，一如当年魏武帝故事。

又过了八天，丙辰日，惠帝下诏任命河间王为太宰、大都督、雍州牧，河间王原先的太尉一职由刘寔充任。

刘寔早在司马昭当政时期就已经辅佐晋氏，是硕果仅存的元老，当时已经八十六岁，长沙王与成都王交战的时候，刘寔家遭受乱军洗劫，老头因此回到平原老家避祸养老去了。成都王特地挖出这个老古董，标榜一下自己尊贤敬老，刘寔当然经不起这一番折腾，推辞不就。刘寔又活了五年，直到永嘉三年（309）三月，以九十一岁高龄逝世，比成都王、河间王、晋惠帝死得还晚。

二、惠帝御驾亲征

路人皆知，成都王想当皇帝。

储位既定，接下来会发生的事不外乎惠帝突然宣布让贤，禅让给皇太弟成都王；或者，某个月黑风高的夜晚惠帝突然驾崩，皇太弟顺理成章地登基。

平心而论，成都王做皇帝未必是一件坏事，起码比痴皇帝司马衷强。只是成都王找的这时机太不好了，如果是在三年前，成都王声誉如日中天之时，被立为嗣君，无疑是天下归心。但现在成都王手上有堂兄齐王的血，有兄长长沙王的血，这面目显得太狰狞。

不过，只要成都王与河间王联盟牢固，关中、邺城两大军事重镇联手，成都王的帝王路还是可以走下去的。成都王毕竟不是赵王，赵王以皇室旁系族祖的身份抢族孙的皇位，篡位痕迹过于明显，成都王是先帝之子，当时惠帝的子孙死亡殆尽，幸存的弟弟之中，吴王司马晏已被排除，成都王居长。在法理上，成都王确实享有皇位继承权。

所以，成都王被立为皇太弟的消息传出，豫州的范阳王、荆州的刘弘、扬州的刘准、徐州的东平王、幽州的王凌、并州的东嬴公，内心其实并不认同，但他们都保持缄默。

但是洛阳传出反对的声音。

洛阳会发生异动，完全是成都王的疏忽。

按常规做法，执政者应该坐镇京都，挟天子以令诸侯。成都王偏偏反其道而行，他将洛阳交给石超留守，自己回邺城去了。成都王此举的原因，一来据说是母亲程太妃留恋邺城不愿意离开，而成都王是个孝子；二来也许是吸取齐王的教训，不愿意放弃邺城这个根据地，这一策略很难说是对还是错，强大的政治权力确实需要强大的军事实力作为后盾，当年齐王失去豫州，然后变得不堪一击。如此想来成都王不算失策，可惜他所托非人，选择了石超。

石超的祖父就是开国元勋、晋朝的第一任大司马石苞，叔父就是当年富甲天下的石崇。石超的祖父、叔父都是一时人杰，偏偏父亲石乔是个废材，曾经闯下大祸差点令石家血溅满门。

那是武帝泰始四年（268）的往事，当时石苞以大司马身份出镇淮南，与孙吴对峙。石苞听闻吴军将要进犯，于是在淮南巩固防御工事，当时监军淮南的王琛与石苞不和，向晋武帝告密诬陷石苞将要以淮南之地投敌，晋武帝吃惊之余，将信将疑，于是派人去召唤当时在洛阳担任尚书郎的石乔。

按晋朝的惯例，出镇一方军事的统帅，必须留有家人在洛阳充当人质，石乔名义上是尚书郎，实际上是石苞留在洛阳的人质。那天不知怎么回事，可能是去出游，或者是醉酒，或者是年轻人不知轻重，反正晋武帝在皇宫里等了整整一天，石乔始终没有露面。

晋武帝认为石乔这是畏罪遁逃，石苞谋反确有其事，赶紧派出义阳王司马望、琅邪王司马伷两路夹击，去逮捕石苞。幸好石苞人缘好，外戚羊祜、武帝叔父司马骏都替他担保求情，一场误会才没有酿成血战，不过石苞也因此被免职，召回洛阳。武帝与石苞见了面，擦擦额头的冷汗，说："卿子几破卿门。"石乔从此被幽禁在家，一辈子不得志，最后与弟弟石崇一起被赵王杀死。

石超似乎与父亲石乔一样低能，洛阳的那些公卿在石超眼皮底下聚集同道，筹划反抗成都王，而石超就像盲人一样，丝毫没有觉察。

反抗成都王的中坚人物是那些前禁军将领，史上留名的有这么几位：右卫将军陈眕，殿中中郎将逯苞、成辅，还有长沙王故将上官巳。

这些都是上了成都王清算名单，早该被肉体消灭掉的人物，但他们依然活得好好的，这说明成都王的清算并不成功。

不成功的原因应该不是成都王的心不够狠，而是心有余而力不足，洛阳人对他的命令阳奉阴违。

陈眕等人的角色在中国历史上并不鲜见，他们是站错了队伍的失败者，是失去故主的丧家之人，在成都王没有称帝之前，他们还有一线生机，等成都王一称帝，他们就是逆臣贼子，天下之大，再也无处安身了。因此他们有足够的动机反击成都王。

浓郁的仇恨气息弥漫在洛阳城内，这是绝佳的活动土壤。陈眕等人很快就联络上禁军旧部，同时还聚集了不少志同道合的人，比如此前被废黜的嵇绍，就从荥阳老家秘密赶回洛阳。

另一个重要的参与者就是东海王。半年前他试图逃离洛阳，没成功，如今灾祸自己找上门了。陈眕、上官巳表示，禁军已经决定了，拥立他为首领，对抗成都王。对于东海王而言，惠帝的诏令也许还可以做一下抵抗，但是面对这群杀气腾腾的大兵，就很难拒绝他们的要求了。

于是，东海王在出卖长沙王半年之后，又一次成为反抗组织的领袖。被架上火坑的东海王与陈眕等人商量：成都王已经是丞相、皇太弟，区区东海王不足于与之对抗，当今天下唯有皇帝一人可以压制成都王，不如将"挟天子以令诸侯"发挥到极致，让惠帝御驾亲征。

携带皇帝出征本是长沙王的专长，曾在战胜张方的一役中建立奇功。作为长沙王的故将，上官巳对于惠帝在战场上的巨大威力记忆犹新。就这么定了，御驾亲征。

可怜的惠帝司马衷，即将再次毫不知情地被推上战场，遭遇他人生的第一次惨败，并且平生第一次成为俘虏。

永安元年七月初一，丙申日，陈眕聚集禁军屯兵于宫城云龙门下，司空东海王宣布洛阳戒严。接着，惠帝召集三公百僚入殿议事，下诏任命东海王为大都督，随驾亲征讨伐成都王。

大梦初醒的石超见势不妙，拔腿就跑，赶在城门关闭之前逃出洛阳，回邺城报警去了。

七月初三，戊戌日，惠帝将已在金墉城做了五个月囚徒的羊献容接回皇宫，重新立为皇后；同时惠帝下诏褫夺成都王的皇嗣地位，复立侄子司马覃为皇太子；大赦天下。

七月初四，己亥日，六军誓师完毕，惠帝御驾亲征。东海王传檄天下，要求诸镇都督率领兵马，随惠帝一同进攻邺城。大多数都督将这一诏令看作笑谈，真正采取行动的有镇守宛城的安南将军、高密王司马略和镇守晋阳的宁北将军、并州刺史、东嬴公司马腾，这两人都是东海王的弟弟。不过这两路援军并没有发挥作用，因为走在半道上，战争就已经结束。

皇帝亲征，随扈人员自然不能少，事实上东海王将大半个朝堂搬进了军营，使得三品以下官员进了军营都抬不起头。一干文臣往战场上冲，心甘情愿的估计不多，肯定有不少是被硬拉进来的，比如司徒王戎等辈，一向老奸巨猾、明哲保身，此番奋不顾身，必定是万不得已。

此辈年老体衰，弱不禁风，东海王拉他们入营，显然不是出于军事上的考虑，而是出于政治上的谋略，一来人多可以增加我方的声势，更重要的是东海王吸取了前人经验，知道此辈的忠诚靠不住，留在洛阳是个祸害，万一他们也学自己在背后捅刀子，据城投降成都王，那就万事皆休。

被胁迫上战场的，战斗力肯定不强，心理上也比较悲观，在他们看来，此行就是去送死的。出征前，侍中秦准好心关照嵇绍准备一匹好马，吃了败仗好逃跑，他说："今日向难，卿有佳马否？"

没想到嵇绍是个坚定的忠君分子，他严厉批评秦准的消极思想："大驾亲征，以正伐逆，理必有征无战。"意思说此行有皇帝老大镇着，有征无战，不要担心。

话说得漂亮，其实嵇绍心里也没底。己方获胜的唯一指望，就是皇帝亲征所形成的强大政治压力，赌的就是成都王与邺城守军对皇帝是否还有敬畏之心，如果他们良心未泯，那一切好办，成都王出降谢罪，王师不战屈人之兵。

但是，万一成都王甘为逆臣贼子，那怎么办？邺城驻军都是身经百战的劲旅，就凭洛阳这些乌合之众……嵇绍倒吸一口凉气，话锋一转，继续说："若使皇舆失守，臣节有在，骏马何为！"意思是说万一皇帝老大镇不住，我们这些做臣子的大不了恪守臣节，一死了之，要骏马做什么？

当场围在嵇绍身边的人不少，听闻此言，大伙都默默叹息，为嵇绍叹，也为自己叹。叹完了气，大家垂着头，随军上路。

亲征军队刚从洛阳开出的时候，大家都还战战兢兢，士气参差不齐，互相鼓劲打气。

不过心里的阴霾很快一扫而空，因为惠帝的凝聚力立竿见影，一路上从各地赶来的援军络绎不绝。出洛阳时勉强拼凑出来的万余人的杂牌军，等过了黄河，发展成几万人，又过了几天，发展成十万人。这个景象太振奋精神了，站在人堆里看己方阵营，向前看不到头，向后看不到尾，旌旗如林，军鼓雷动，豪情盈荡于胸，谁还会产生诸如战败等悲观的念头？要知道，洛阳以北向来是成都王的地盘，如今他们纷纷投入反对成都王的行列，可不就说明了成都王众叛亲离，离覆灭不远？

如果有人理智一点冷静一点，应该就会想到，这十几万人战斗力参差不齐，各部之间没有协同作战的经验，甚至可能素不相识，凑在一起也不过只是更加声势浩大的乌合之众而已，指望他们打劫也许有效，指望他们打胜仗只怕就很危险。而且，这十几万人中有多少是真正赶来共赴国难的忠贞之士，有多少只是攀龙附凤的投机分子，这根本无法统计，临阵脱逃或者临阵倒戈的风险有多高也就无法预料，反正就是浑浑噩噩地向前冲。

知己知彼、百战不殆，东海王、陈眕等既然没有办法知己，总得想点办法知彼吧。这方面陈眕倒做了一点准备，他的两个弟弟陈匡、陈规早已潜伏到邺城中从事情报工作，只是目前还没做出反馈。

没有做出反馈也没关系，咱们可以先猜嘛。邺城在司州的魏郡最北端，与洛阳隔着一条黄河，还隔着河内、汲郡两个郡。如果成都王打算抵抗，他就应该在这两郡设防，可是王师一路走来畅通无阻。黄河天险，未遇敌军；河内郡的温县是当年成都王与赵王血战的地方，也未遇敌军；再向前，出河内郡入汲郡，有军事重镇朝歌，也未遇敌军；甚至进入魏郡，快逼近邺城成都王老巢了，敌人还是不见踪影。

王师越走越开心，越走越信心百倍，种种迹象表明，成都王已经放弃抵抗，正在邺城等着束手就擒呢。

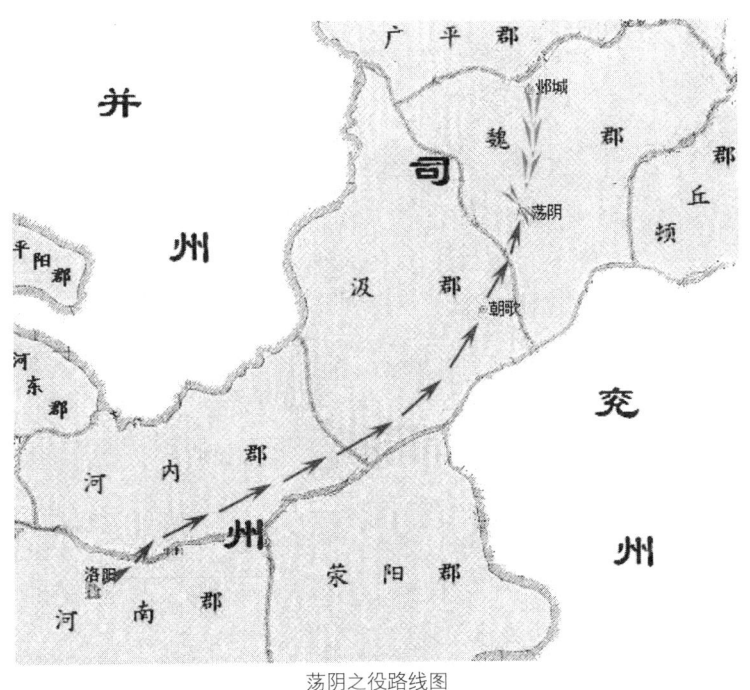

荡阴之役路线图

七月二十四日，己未日，经过二十一天的跋涉，王师抵达魏郡荡阴县，横亘在面前的是一道浅浅的荡水，涉过荡水再向北几十里，就是邺城。这时，盼望已久的陈匡、陈规终于出现在军前，他俩带来的情报说，邺城内的守军已经四散溃逃，邺城已是一座不设防的空城。

消息传开，一片欢腾，绷紧了二十多天的神经一下子全放松了，全军上下山呼万岁，欢天喜地预先庆祝起胜利。

庆祝活动还没开始，就听营外马蹄声惊天动地，随即四周响起恐怖而绝望的惨叫。

石超领着五万大军杀了进来。

三、荡阴之役

不能责怪陈匡、陈规的情报不准确，当时邺城的动向确实很难掌握。

像皇帝亲征这种事情，一般都发生在创业之初天下未平的时候，比如汉高祖亲征匈奴、英布，汉光武帝亲征隗嚣等。守成之君亲自冲锋陷阵，翻遍史书都十分罕见，偏偏今天就发生了。旁人还可以袖手事外看热闹，但邺城内部都被平地惊雷炸晕了，《晋书》上说"邺城震惧"。

受打击最重的当然是成都王，朝为宰辅皇嗣，夕为皇帝指名点姓的头号逆臣，而且还有劳皇帝亲自操刀捉拿归案，这人生的起伏波折也未免太剧烈莫测了。

成都王心乱如麻。皇帝天威难拒，多年的苦心经营眼看要化为乌有，终究是春梦一场，怎么办？成都王慌不择路，第一个念头竟然是——逃。

一逃那就万事皆休。幸好当时身边有个下属叫步熊，制止了成都王的蠢动，这步熊据说有道术，神机妙算，他掐了会儿手指，很坚决地断言："勿动，南军必败！"

成都王的母亲程太妃信奉道教，成都王是孝子，与母亲保持了一致的信仰，步熊的仙风道骨与斩钉截铁的吉言镇定了成都王的心神。成都王平静下来，发现局势并没有臆想中那么绝望，论军事实力，邺城并不落下风，压力主要来自政治方面。皇帝代表着不容置疑的正确，代表着至高无上的权威，所以与皇帝作战，压力首先不是来自敌人，而是来自自己的内心。成都王觉得有必要在邺城内部统一意见，安抚惊恐迷惘的人心。

于是成都王召集邺城大小官员到丞相府议事。这种场合与其说是用来问计献策，不如说是用来选择立场表忠心的，这时候稍有不慎，可能招来杀身之祸。两年前在洛阳，油滑了一世的王戎就因言惹祸，最后只得跳粪坑。这段逸事广为人知，有这么个臭烘烘的前车之鉴，此刻谁都不敢言语。

当时东安王司马繇正在邺城替母亲诸葛太妃守丧，他是宗室前辈，也是朝中重臣，觉得有资格捋一下成都王的虎须，他说："天子亲征，殿下应该放下武器，缟素出迎请罪。"

成都王其实主意已定，他只盼着群臣识趣地附和一下，制造一个众望所归不得不然的样子，然后出城把皇帝打个落花流水，没想到，竟跳出这么一个重量级的反对者。东安王的封国东安国与其父的封国琅邪国都与东海国毗邻，仅这一关系就令成都王十分疑忌，但是东安王是自己的族叔，成都王不便于大庭广众之下呵斥他，所以黑着脸隐忍不发。

东安王带了头，其他人就受到鼓励，胆大起来。折冲将军乔智明是匈奴人，察言观色不如汉人那么机敏，他也劝成都王出城投降。成都王一肚子火气总算有着落了，他痛斥乔智明："卿名晓事，投身事孤。主上为群小所逼，将加非罪于孤，卿奈何欲使孤束手就刑邪！共事之义，正若此乎？"

成都王指桑骂槐，这话是说给在场的每一个人听的，其中"共事之义，正若此乎"八个字分量犹重，相当于在质问乔智明："你让我束手就刑，你是不是与我同一阵营？你是否对我忠诚？"

成都王如此态度，当然不会再有人不识趣，于是司马王混、参军崔旷纷纷表示，我军应主动出击，从劫持圣驾的歹人手中救出皇帝，其余众人也都唯唯诺诺。成都王很高兴，拨出五万军队，给石超一个将功补过的机会，出城救驾。

在荡阴，面对石超率军突如其来，王师十万大军惊慌失措，狼奔豕突。

来时路上，石超心中还很忐忑，不料甫一交战，胜负已分。各地方援军纷纷临阵脱逃，稍有抵抗力的只有洛阳出来的禁军，也是一击即溃。

惠帝坐在御辇上，周围杀声四起，头顶箭矢飞来飞去，身前身后不断有人受伤倒下。敌军士兵步步逼近，惠帝渐渐可以看清他们脸上飞溅的血污。打到最后，陈眕、上官巳也带着部分残军逃离战场，风声鹤唳，一口气逃回洛阳城。东海王也丢下惠帝逃跑，他知道回洛阳会继续引来灾祸，于是改向东南方向逃窜，目的是徐州下邳，寻求徐州都督、东平王司马楙的庇护。惠帝北征时下诏要求司马楙出兵，司马楙没有从命，这已经表明他不想得罪成都王，此刻东海王来投奔，司马楙当然也不会接纳，东海王走投无路，只好回到位于徐州中部的封地东海国，等候处分。

领袖们都逃了，随扈的百官作鸟兽散，他们有的逃回了洛阳，有的死在战场，更多的是向成都王投降。惠帝被可怜而无助地丢在装饰华美的御辇上，辇身满是箭痕，周围横七竖八堆砌着死尸，惠帝身中三箭，脸上也受了伤，鲜血直流。留在惠帝身边护驾的只剩下嵇绍一人，嵇绍穿着朝服，下马登辇，用身体遮蔽惠帝。石超的士兵搜寻而至，根据服饰辨认出二人身份，这些士兵正杀得性起，惠帝不敢杀，那就杀嵇绍。

士兵将嵇绍从惠帝身边拉开，惠帝说："忠臣也，勿杀！"

此刻圣旨已经没有用了，士兵回复惠帝："奉太弟令，唯不犯陛下一人耳。"说完手起刀落，将嵇绍斩杀于御前，血溅了惠帝一身。

惠帝吓得跌落草丛中，怀中六枚皇帝印玺[①]散落在地。石超闻讯赶来，将惠帝接到自己营帐。惠帝担惊受怕半天，又累又饿又渴，石超献上水，军中没有食物，就到附近摘了几个秋桃，给惠帝充饥。

石超派人回邺城报捷。成都王大喜，如果惠帝死于此役，那就等于他当着全天下人的面弑杀亲兄、弑杀天子。幸好，惠帝无事。

当天黄昏，惠帝被移到邺城外成都王的军营里，荡阴之役以王师惨败、惠帝被俘告终。

---

① 蔡邕《独断》："皇帝六玺，皆玉螭虎纽，文曰'皇帝行玺''皇帝之玺''皇帝信玺''天子行玺''天子之玺''天子信玺'，皆以武都紫泥封之。"

整个惠帝亲征是一次混乱的、拙劣的军事投机行为，失败是必然之势。在军事上，此役毫无称道之处，但是它在两晋政治史上的影响却相当深远。

两晋之交叱咤风云的人物，大部分参与了荡阴之役。虽然在当时，它混迹在连绵不断的大小内战之中，所有人，包括当事人在内，都没有能够窥其全貌，必须等到二十年之后再来回顾，才发现此役提纲挈领，定下了今后二十年历史的大纲，并且早已给各个历史人物安排好了角色、立场。

且先看东海王的军营，前后有三位皇帝，他们是晋惠帝司马衷、晋怀帝司马炽与晋元帝司马睿。当时怀帝司马炽还是豫章王，以抚军将军的官职随扈出征；元帝司马睿继承了父亲的琅邪王爵位，以左军将军的官职随扈出征。

此外，与此役有关系的还有另一位皇帝晋愍帝司马邺，司马邺当时只有六岁，因此留在洛阳，随扈出征的是他的父亲吴王司马晏。

除了皇帝，东海王阵营还有不少三公宰辅，如王戎，如东海王本人，如晋怀帝朝的太尉平昌公司马模（日后封南阳王），如东晋名相王导，王导当时以司马睿幕僚的身份随军出征。

三公之后，复有名将，如苟晞，他是晋怀帝一朝抵挡匈奴人、羯人的柱石，又一度被怀帝用来制衡东海王，当时苟晞担任北军中侯，统帅禁军，荡阴之役失败后投奔豫州范阳王。如后来的名将祖逖，当时他以豫章王从事中郎的身份随军赴邺。

成王败寇，东海王那边全是朝堂显贵，成都王这边则涌现诸多乱世枭雄。

如日后建立汉政权的匈奴人刘渊，当时就在邺城担任辅国将军，督北城军事，他的儿子刘聪也在邺城，担任右积弩将军，参前锋军事；如成都王的帐下督公师藩、汲桑，日后纵横中原，搅得并、兖、冀三州不得安宁，他们帐下有一个羯人将军，取了个汉族名字叫石勒，日后占领北方半壁江山，建立后赵政权，一度是对东晋朝廷威胁最大的敌人。

四、潜龙惊

永安元年七月二十五日，也就是荡阴之役的次日。成都王率领邺城百官早早拜伏在御道两旁，诸门大开，恭迎惠帝临幸邺城。

天子卤簿隆重无比，开道的旌旗如同一片树林在移动，后面有骑兵、步兵内外数重，排着方阵缓缓而行，环卫着惠帝所乘坐的由六匹骏马拉掖的金根车，豫章王司马炽与司徒王戎等人跟随其后。

隔着数千盔甲锃亮、表情严肃的护卫，人们只能远瞻龙颜，但是出现在众人面前的惠帝望之不似人君。他神情委顿，这是受到惊吓的缘故；眼睛红肿，这是哭了一夜的后果；惠帝身上的衮服并不合身，幸好坐在车中所以没有被发现，惠帝头上的远游冠细看之下有破损，那是在战斗中被损坏后紧急修补而成的，远游冠没有冕旒垂下遮住脸部，所以很轻易就可以发现惠帝的脸上带着伤。

如此庄重盛大的迎驾场面是成都王的刻意安排，其用意，一来是炫耀武功，向天下宣告惠帝在他手中；二来是圆谎，他的出兵理由是从劫驾的逆臣手中救出惠帝，如今大胜而归，若是惠帝悄无声息地现身邺城，或者现身时一身血污，难免会有人发诛心之论：进邺城的究竟是当今天子，还是成都王的俘虏？为堵悠悠之口，成都王必须向天下人昭示他的忠诚与恭谨，不能失礼。

为了惠帝这次亮相，成都王可煞费苦心，搅得半个邺城一夜未眠。

皇帝卤簿按照护卫数量与副车数量的繁简，分为天子大驾、天子法驾、天子小驾三个等级。天子大驾最为隆重繁缛，需要三公九卿全部出动，属车八十一乘，护卫数万人，不过"天子大驾"只有在祭祖祭天等最神圣的场合才使用。按礼，此处须用"天子法驾"，法驾相对简便，东汉蔡邕描述说："法驾上所乘曰金根车，驾六马，有五时副车，皆驾四马，侍中参乘，属车三十六乘。"晋朝这方面的制度与东汉相仿。

"侍中参乘，属车三十六乘"，这些有现成的；护卫数千可以从邺城诸军里调拨；所谓"五时副车"，就是五辆安车，每辆车由四匹马拉拽，分别涂成青、赤、黄、白、黑五种颜色，按一定组合排列，邺城有现成的安车，连夜涂上颜色也可以炮制出来；难以准备的是皇帝坐的金根车，因为它不仅是一辆车那么简单，车身上还要装饰许多御用器物，当时惠帝的服御已经散落在战场上，除了身上穿戴的，其余都无从寻觅，而且御用器物都是违禁品，任何人擅自拥有、使用都是重罪，所以不可能从民间购买，赶制又来不及。

怎么办？金根车是整个卤簿的中心，总不能让皇帝坐裸车吧。成都王想起三年前惠帝曾试图给他加九锡，自己虽然推辞未受，但是那"九锡"之物并没有带回洛阳，至今仍然放在邺城府邸。成都王赶紧取来那九件礼器，吹去灰尘，装点在金根车上。

车的问题解决了，但还有更棘手的新问题，这个问题就是如何使惠帝穿戴整齐。皇冠在战斗中摔坏了，左右请求摘下来修补一下，惠帝很合作；龙袍沾满了血迹汗渍，左右请求脱下来洗洗干净，这次惠帝不合作了，他揪住身上的衣服，好像生怕别人来抢，一再告诉左右："此嵇侍中血，勿浣也。"

惠帝自从到了成都王军营就一直在哭，始终没停下，此刻傻劲一发作执拗无比，无论如何哄骗都无济于事。成都王看着哥哥垂泪抱胸，一脸憨态，可笑又可气，还可哀。

正一筹莫展，有精通掌故的聪明人提醒成都王，在邺城除了司马家，还另有一个皇帝。成都王一点就通，他马上派人到陈留王府，征用天子御用衣物。

原来三十九年前晋武帝受禅之时，仿效前辈魏文帝曹丕的做法，以对待天子的方式对待曹魏的末代皇帝曹奂。武帝封曹奂为陈留王，准许他在自己的封地范围内继续做皇帝，奉曹魏的正朔，以天子的规格进行祭祀，上书也不用称臣。曹奂此后一直居住在邺城，两年前（太安元年，公元302）刚病死，时年五十八岁，比晋朝大部分皇帝的寿命都长，晋朝廷追谥曹奂为"魏元皇帝"。如今的陈留王是曹奂的儿子，他必定不敢再自称皇帝，但是他府上必定留有曹奂的遗物。

这个猜测马上得到证实，陈留王当即送来天子纹衣，还有装饰皇冠用的貂蝉、鹖尾等物，惠帝这才得以穿戴整齐地在邺城亮相。

成都王的精心布置骗不了人。当时也好，后人也好，都认为"荡阴之役"咎在成都王，都认为惠帝是成都王的俘虏，《晋书》中将北征的军队称作"王师"，成都王与"王师"作对，自然就是叛臣。

平心而论，这件事上成都王其实有点冤，御驾亲征确实并非惠帝本意，而是受他人挟持，但是社会舆论往往并不关注事实真相，它只是表达舆论传播者的情绪而已。

成都王有三个问题经不起询问：

一、如果成都王是忠臣，怎么忍心将天子的万乘之体置于枪林箭雨之中，而惠帝果然就在战斗中挨了三箭、伤了脸颊，差点丧命。

二、如果随扈北征的都是劫驾的逆臣，那该如何解释嵇绍舍命救驾？嵇绍的血不仅泼在惠帝的龙袍上，也泼在了成都王的脸上，洗都洗不掉。嵇绍被公认为忠臣死节的典范，以至于成都王的盟友河间王也不得不做出姿态，要上书追赠他为司空，晋爵为公；后来晋怀帝、晋元帝都先后给嵇绍追赠官爵，嵇绍最后被定爵为侯，官职为太尉，谥号为"忠穆"。四百年后，唐朝人奉旨修撰《晋书》，嵇绍的传记被列入《忠义传》，位列第一。

三、自从被立为皇太弟那天起，成都王的野心就昭然若揭，篡位自立只是时间问题，如今将北征诠释为惠帝为了自保而先下手为强，这也无不可啊。

车驾进入邺城的当天，成都王就让惠帝宣布大赦，改元，这已是当年的第三次大赦、第二次改元。改元并不是新鲜事，令人诧异的是新年号竟然叫"建武"，惠帝从洛阳来到邺城，无论诠释为被挟持也好、御驾亲征也好，都是灰头土脸的事，与"建武"两字根本扯不上关系；反倒是成都王打败了禁军，俘获了惠帝，正在耀武扬威。

很明显，"建武"两字不是说惠帝建立了新的武功，而是在夸耀成都王的强盛武力，这个迹象无比清晰地透露出成都王想做皇帝，并且他已经急不可耐。

成都王已等不得惠帝回銮，到洛阳再进行禅让了，他打算撇开盟友河间王，以一己之力完成篡位。要做皇帝，首先当然是令天下归心，成都王派人去东海国，试图召回遁逃的东海王，东海王当然不会傻到自投罗网，没有应征。成都王鞭长莫及，拿他也没办法。

为防止禅位时有人跳出来扫兴，成都王接下来在邺城搞整肃，杀一儆百，不幸沦为祭物的就是此前劝成都王出城投降的东安王司马繇，八月初二，戊辰日，即惠帝入邺后的第九天，成都王收押了东安王，在邺城菜市将其斩首。

以东安王的显赫身份，他的死震撼整个邺城，群臣是否因此变得更加识趣了，这不得而知，因为成都王预谋中的禅位并没来得及发生，但东安王的死却促成了另一个皇帝的诞生。

司马睿时年二十九岁，他十五岁那年，父亲司马觐，也就是第二任琅邪王病逝，司马睿嗣位成为第三任琅邪王。司马睿韬光养晦，"恭俭退让，以免于祸。沈敏有度量，不显灼然之迹"，因此始终默默无闻，"时人未之识焉"。此前司马睿一直在洛阳，荡阴之役后与惠帝一同变为邺城的俘虏。东安王是司马觐的弟弟，也就是司马睿的嫡亲叔父，他一死，邺城内最惊惶不安就是司马睿，这时幕僚王导劝他逃出邺城，回琅邪封国去。

司马睿连夜遁逃。据说当天夜晚月明星稀，邺城戒备森严，司马睿无计可施，突然云雾晦暝，雷雨暴至，守军躲雨不暇，司马睿趁机出城。

出了城仍有危险，成都王为了防止那些挟持来的朝臣遁逃，设下关卡，禁止显贵官宦通过。司马睿逃到河阳，被关卡挡住了去路，幸好有个叫宋典的随从十分机智，他用马鞭敲敲司马睿，打趣说："舍长，有令禁止贵人过河，你怎么也被拦啦？"关吏一听来人身份仅是个舍长，于是开关放行。

司马睿先到洛阳接了母亲夏侯太妃，然后火速回到琅邪国。如此一来，琅邪王就坚定地投入了东海王的阵营，日后被委任管理江南，因缘济会，成为晋朝的中兴之君。

琅邪王的遁逃，对两晋历史意义非凡，但在成都王心里并不算什么大事。成都王正沉浸在皇帝梦中不能自拔，他已在邺城南郊祭过天，并且已在安排新朝的文武百官。

天不遂人愿，仅仅数天之后，幽州都督王浚的军队就打到家门口了。

五、黄头鲜卑入邺都

王浚是当年害死愍怀太子司马遹的元凶之一。背负着这个原罪，此后几年他一直蜗居在东北偏远的幽州蓟城，不敢踏进中原。后来赵王篡位，王浚的立场是中立，两不相帮，这个坐山观虎斗的姿态令成都王很不满。那时王浚盘踞幽州已久，势力稳固，并且还与当地的鲜卑、乌桓等一些武力强大的异族结成盟友。成都王存着讨伐王浚的念头，却没有必胜的信心，因此将计划搁置。

赵王死后，中原内战打得乱七八糟，王浚虽然没有轻举妄动，但是心里的野心早就生根发芽，他进一步巩固与鲜卑等异族的关系，将女儿嫁给了段氏鲜卑的首领段务勿尘，考虑到不要把鸡蛋放到同一个篮子里，又将另一个女儿嫁给了乌桓首领苏恕延。

随着王浚越来越强大，成都王对王浚的嫌忌也越来越深。兖、冀两州是成都王的势力范围，幽州就在冀州的背后，背后潜伏着如此强大的一个敌人，成都王芒刺在背，必欲拔之而后快，而王浚有染指冀州进军中原的企图，却被成都王挡住了去路。因此两位都督之间发生战争已是必然之势。

最后忍不住先下手为强的是成都王。在长沙王死后不久，成都王得到消息，说王浚暗地里很替长沙王抱不平。这个消息的真实性如今已经无法证实，长沙王曾在冀州常山国蛰伏近十年之久，如果在这段时间里他与王浚在暗中往来，也并非没有可能。

成都王得悉王浚的态度，杀心又起，按常理当朝丞相想杀地方都督，只需要一纸诏令将他召到京城，剩下的就是廷尉的事情了，但是晋末的情况特殊，成都王只要召王浚进京，王浚必然立即造反。成都王总想以最小的代价达到目的，此前他就曾派人行刺长沙王，这次他又故技重施，向幽州派出了一位刺客。

这位刺客是汝南人和演，此前是成都王的右司马，如今被任命为幽州刺史。前任幽州刺史石堪则被召回，成为成都王的右司马。和演前往蓟城赴任，成都王嘱咐他找个机会除去王浚，统领幽州兵。

和演到了蓟城，发现王浚的势力盘根错节，在城内无机可乘，于是决定将他骗出城去；同时和演又发现蓟城官员全是王浚耳目，于是只好寻找外援。当时活跃在蓟城周围的有鲜卑段部、乌桓。鲜卑段部较强，但是鲜卑人对王浚十分忠诚，和演于是退而求其次，结交乌桓。

乌桓据说与鲜卑同出一源，都是东胡的后裔。东胡在先秦时期曾称雄于北方，西汉初，东胡被匈奴打败，故土被匈奴占领，族人流离失所，其中一支就东迁到了东北苦寒之地。汉武帝大挫匈奴，又将一部分东胡遗民迁至白山黑水之间，并且专门设立"护乌桓校尉"来管辖此地。

世仇匈奴在两汉沉重打击之下，趋于没落，于是鲜卑、乌桓等原东胡诸部又重新兴起，乌桓在东汉后期盛极一时，势力范围西至并州、东到辽东、南至冀州。东汉末，袁绍与曹操争做北方霸主，乌桓站在袁绍一方，官渡之战后，曹操追击袁氏，袁绍的儿子逃到乌桓的地盘，曹操于是征讨乌桓。
此役乌桓惨败，包括单于蹋顿在内的诸多贵族成员被杀，投
降曹操的部众有二十余万之多，曹操将降众内迁，分别散居
于并州、幽州。乌桓从此一蹶不振，乌桓故地不久被鲜卑占
领，残留故地的乌桓人也逐渐被鲜卑同化。

和演要结交的乌桓，就是当年乌桓降众的后代，他们在
幽州可谓寄人篱下，并不很强盛。当时的乌桓单于叫审登，
和演投其所好许以重赏，说得审登心花怒放，当即答应与成
都王结盟，定下暗杀王浚的计划。

按照计划，和演将邀请王浚一同去游览蓟城南部的清泉
水，审登则在清泉设伏。由于王浚对和演也颇多提防，随行
护卫十分周密，所以和演打算与王浚合卤簿（即合用同一仪
仗队），趁机接近然后诛之，同时审登伏兵杀出，驱逐王浚的
护卫。

从蓟城到清泉有两条路可走，当天和演与王浚各走其一。
出发前还是晴空万里，途中却风云变色，下起了暴雨，王浚
半道而返，和演与审登全身湿透，弓弦箭囊都浸水膨胀，无
法使用，只好中止行动，沮丧而归。

审登当初答应和演其实是一时冲动，也可能是酒酣之余
壮了胆气，酒醒之后审登就感到了后怕。倘若暗杀成功，和
演的诺言是否能够兑现是一个未知数，而且鲜卑段部比乌桓
强大，治理幽州必须依靠他们，即便将来有好处，也是他们
得大头，乌桓得点残羹冷炙；倘若暗杀不成功，那么王浚的
报复足以使乌桓全族灭亡。

审登越想越怕，但是有言在先，只好硬着头皮跟和演出

兵。这场大雨突如其来，审登认为这是老天在保佑王浚，他对乌桓同胞说："和演图谋王浚，将要成功之时突然天降大雨，这是上天在帮助王浚啊。违天不祥，我不可再与和演同谋了。"

于是审登向王浚告密，王浚大怒，发兵与审登一起包围和演，和演在幽州的势力不堪一击，只好举着白旗向王浚投降。王浚将和演斩首，将幽州全部兵马划归到自己麾下，然后马上调兵遣将，准备攻打成都王。

恰在此时，惠帝御驾北征，传檄四境。此事不仅给王浚送来一个绝佳的出兵借口，还送来了一个绝佳的盟友。

这个盟友就是并州都督东嬴公司马腾。王浚有两个理由与东嬴公结盟：一、东嬴公是东海王的亲弟弟，所以注定是成都王的敌人，对于王浚而言，敌人的敌人就是朋友；二、王浚的私生子身份使他在家族中被人瞧不起，但他毕竟是太原王氏的一分子。太原王氏是西晋一等一的门户，不过到了晋末有点中落，代表人物王浑、王济父子先后去世，余下王湛等人名声不显，唯一位高权重的太原王氏子弟就是王浚，因此维护门户安危是他推辞不了的义务。太原郡隶属于并州，就在东嬴公的辖区内。

王浚与东嬴公相约共同起兵，从幽州、并州两个方向进攻邺城。王浚的军队由鲜卑段部、乌桓部众与幽州兵组成，王浚任命主簿祁弘为前锋，领步骑两万人先行，自己领主力后继。

当时鲜卑骑兵的悍勇天下闻名，匈奴骑兵同为天下精锐，但是据《晋书·李矩传》里形容，匈奴人一向惧怕鲜卑人，甚至到了远远看到鲜卑骑兵，就不战而走的地步；《晋书·邵续传》里描述说羯人石勒也很畏惧鲜卑，曾有一次石勒正在围攻邵续，听闻鲜卑段文鸯即将赶来支援，竟然带着八千骑兵弃阵而走。

史籍记载也许有夸张之处，但是鲜卑骑兵能征善战那是肯定的。祁弘借道冀州，一路摧枯拉朽，冀州刺史李毅派兵试图阻击，结果被祁弘轻易突破防线，打通冀州通道。

王浚军队向前推进的速度实在太快，因此和演的死讯与冀州失守的消息差不多是同时传到邺城的。当时荡阴之役已经结束，成都王正急于杀东安王做皇帝，听闻战报大吃一惊，匆忙派出北中郎将王斌去阻击祁弘，王斌出发后不久，成都王想到此番敌人非同小可，于是又派出右将军石超作为后援；同时，成都王派出了王粹去进攻东嬴公。

即使派出了三支军队，成都王依然无法感到安全，他的担忧形诸于外，结果就给别有用心之人提供可趁之机。

这个人就是匈奴人刘渊，他名为晋朝的臣子，实际上却是晋朝的人质。从曹魏咸熙年间起，他就作为担保族人不会反叛的质子，到洛阳过起受监视的生活，此后从洛阳到邺城，他始终只是一个人质，晋武帝也好、成都王也好，都将他看作潜在的敌人而处处提防。

"八王之乱"开始后，中原汉人自相残杀，晋朝廷日愈孱弱，原本臣服的各异族都萌生野心蠢蠢欲动，曾经强大的匈奴当然不例外，他们秘密推举了刘渊为大单于，试图恢复匈奴故国。所以刘渊身在邺城却归心似箭，他曾找出种种借口要返回并州的匈奴部落，但都被成都王拒绝。此前不久，刘渊还请求还乡参与葬礼，再次被成都王拒绝，刘渊虽然怀恨在心，但是无计可施。

如今成都王大难临头，心神大乱，刘渊的机会就来了。

刘渊对成都王说："并州、幽州二镇放肆跋扈，拥众十余万进犯邺城，兵力如此强盛，恐非殿下的宿卫军与邺城士众所能抵御，请殿下派我回并州，我将召集五部匈奴[①]，共赴国难。"

成都王又惊又喜，一时不敢相信匈奴会发兵救援，他问："五部匈奴真的会来吗？即使能来，鲜卑、乌丸疾如风云，能抵挡得住吗？"成都王这时明显缺乏自信，已经想到逃跑，他接着说，"我想奉乘舆返回洛阳，先避其锋芒，然后再传檄天下，召集义兵共讨逆军。你意下如何？"

刘渊表示反对，说："殿下是武皇帝之子，又曾为王室立下大功，威名远播四海，天下人无不想为殿下卖命效力，殿下留在邺城岂会有难？王浚不过是个竖子，东嬴公是宗室疏族，这两人又岂能与殿下争衡？如果殿下离开邺城，那就是示弱于人，到时候军心动荡且后有追兵，恐怕未必能够到达洛阳。即使能到达洛阳，败军之将不可言勇，殿下又岂能继续掌握威权？到时候殿下传檄天下，又岂会有人奉这纸檄尺书？"

晓以利害之后，刘渊吹牛不脸红，说："东胡人再勇悍，也比不过我们匈奴。请殿下放宽心，只管在邺城安抚士众，这两个逆贼交给我来处理。我将用二部匈奴摧毁东嬴公，再

---

① 魏武帝平定北方，将匈奴分解为五部，派遣汉人进行监督，晋朝延续了这一政策。

用余下三部匈奴直取王浚首级，胜利指日可待。"

成都王已是病急乱投医，听闻此言，大喜。他当场任命刘渊为北单于，让刘渊回并州收拢匈奴五部，救援邺城。

成都王这一时的失察，给后世带来深重的苦难。刘渊回到并州，纠集起一支数万人的匈奴军队，然而他很快就自立政权，做起了皇帝。成都王直到死亡的那一刻，都没有见到刘渊的一兵一卒。

刘渊返回并州复国，邺城的战况则一败涂地。

北中郎将王斌首先错失了战机，当他遭遇敌军时候，东嬴公与王浚已经完成会师。两方合击王斌，王斌惨败。

击溃了王斌，东嬴公回师并州，邀击游荡而来的王粹；王浚则继续北进，目标邺城。

王粹的军队很快被东嬴公击溃，不过东嬴公再也没有机会继续进攻邺城了，他随即就被崛起的刘渊拖住手脚，泥足深陷，最后被匈奴逐出并州。

没有东嬴公的援手，王浚仅凭一己之力也足以置成都王于死地，他的军队在邺城北边的赵国平棘击溃了石超。石超逃回邺城，王浚的前锋骑军一直追到邺城城墙下。

前所未有的恐慌降临邺城，上上下下乱成一团，卢志劝成都王放弃邺城，带惠帝去洛阳。当时邺城尚有士卒一万五千人，卢志已经部署完毕，如果成都王及时撤退，也不至于像后来那样狼狈，紧要关头偏偏程太妃又出来捣乱，老太太软磨硬泡，就是不愿意离开邺城。时机稍纵即逝，一万五千士卒很快逃得只剩下殿中虎贲千余人，卢志劝成都王快作决断，程太妃说不忙，她认识一个圣人，可以作法赶走王浚。

圣人于是被请上殿来。圣人是一个姓黄的道士，他喝了两杯酒，装模作样地使了几道咒语，很潇洒地抛杯而去。

程太妃他们等了一会儿，只等到杀声越来越近，甚至可以听到鲜卑骑兵大声呼喝的鲜卑语，程太妃这才慌了神。此时千余殿中虎贲也全都逃散，只余帐下骑兵数十名，成都王带着程太妃先逃；卢志找来几辆鹿车（所谓鹿车即手推车），司马督韩玄又找来百余个黄门太监，一同去接皇帝。

惠帝几天前刚做了俘虏，此次又要逃跑，很不乐意，他问卢志："何故散败至此？"

卢志懒得与他废话，只通知他事态紧急，卢志说："贼去邺尚八十里，而人士一朝骇散，太弟今欲奉陛下还洛阳。"

惠帝点点头，说："甚佳。"

卢志想佳你个头啊，赶快逃吧，于是找到一辆牛车，载着惠帝出城与成都王会合，向洛阳方向逃命。

惠帝这一路备尝艰辛。

因为身后有乌桓追兵，大家只是夺路逃命，除了防身武器其余都没顾得上带。追兵一直追到朝歌才无功而返。

后无追兵，心情陡然轻松，轻松之后，大家才发现自己早已饥肠辘辘，荒郊野外根本找不到食物，只有忍饥前行。夜晚，一行人留宿于道中客舍，皇帝嚷着要用膳。幸好有个小宦官在随身被褥中藏了三千私房钱，惠帝赶紧向小宦官借钱，派人去周围民居买饭。

买回来的食物是一升多粗米饭，还有一些蒜头盐豉之类的家常佐菜。若在平时，这些庶民的食物在惠帝与成都王眼里肯定是粗劣得无法下咽，但在此时惠帝饿极了，吃什么都是香的。当天惠帝吃完粗米饭，就睡在小宦官随身带的粗布被褥中。

第二天，一行人到达了汲郡获嘉县。依然只有粗米饭，盛在瓦盆里，惠帝一口气吃掉两盆，当地百姓还进贡了一只蒸鸡，相信这是惠帝此生吃过的味道最鲜美的鸡肉了。

沦落到这番境地，惠帝应该不用别人教导，也能独自回答"百姓不食粥，何不食肉糜"这么一个经典的问题了。

一行人继续前行，出汲郡入河内郡，路过温县。温县是司马氏老家，埋着司马氏的列祖列宗，惠帝按礼要去谒陵。惠帝出现在祖宗坟前时，毫无仪容可言，风尘仆仆、神情委顿、衣冠不整，一只脚上有鞋，另一只脚上的鞋却不知遗失到哪里去了。不得已，惠帝只能屈尊穿上随从的鞋，跪在祖宗坟前号啕大哭，在场所有人都忍不住跟着痛哭不已。

有理由相信，此时在深深的地底，司马氏的列祖列宗也正在陪着地上的子孙们呜咽恸哭。应该有一个难解的疑问萦绕在每个人心头：

这是为什么？怎么会沦落到这般悲惨的境地？

第十一章　河间王

一、邺城

　　过了温县，再渡过黄河，就是洛阳了。

　　彼时洛阳与邺城一样，也已经历了一番兵火。陈眕、上官巳从荡阴前线捡回性命后，奉清河王司马覃为主，孤守洛阳。司马覃当时只有十二岁，只是一个傀儡，上官巳等人日暮途穷，因此在洛阳倒行逆施，于是有河南尹周馥与司隶校尉满奋密谋诛杀上官巳，不料计划泄露，满奋被杀，周馥逃走。

　　当初惠帝北征传檄四境，河间王在关中也得到了消息，他派出张方率二万人去援助成都王。张方走到半路，成都王就活捉了惠帝，张方接到的新指令是改道去洛阳。上官巳当然不欢迎张方的到来，他与部将苗愿带兵出城试图赶走张方，丢盔卸甲而回。早已心怀不满的洛阳公卿趁机挟持了司马覃深夜突袭上官巳，上官巳被逐出洛阳，从此消失在苍茫的历史里不知所终。

　　张方军临洛阳城西，司马覃亲自到广阳门外迎接，张方下车扶起这个吓得瑟瑟发抖的十二岁幼童，一同进城。张方一进城，司马覃的皇太子自然是做不成了，复立没几天的羊皇后也再次被送进了金墉城。

幸亏张方占据了洛阳，否则仓皇而来的惠帝与成都王都没有容身之处。惠帝一行人在黄河边遇上了张方的儿子张罴，他正领着三千骑兵逡巡而来，搜索皇帝。见到了张罴，成都王一行人终于找回了安全感，惠帝坐上了张罴带来的青盖车，在骑兵护送下驰向洛阳。

到了北邙山下，张方率领洛阳群臣恭迎在道旁。惠帝此时毫无天子的威仪，也不敢有天子的威仪，张方下马行礼，惠帝连忙跳下车来慰问张将军。

随后，惠帝车驾还宫，结束了连续五日的逃亡之旅，辛巳日，即八月十五日，大赦天下。

成都王与惠帝一走了之，邺城百姓大难临头了，王浚的军队攻入邺城，全城数十万生灵都在铁蹄下战栗。

邺城在春秋时代曾是魏国的陪都，汉末成为袁绍的大本营，袁氏灭亡之后，曹操以邺城为魏国王都，大兴土木，按帝王京都的标准来营建邺城。邺城内有宫殿、衙署、苑园等，亭台楼阁星罗棋布，外城有七道城门，通达四面八方。经过曹魏的经营，邺城一跃成为可以与长安、洛阳相媲美的名都大邑。

当时邺城最著名的景观，是西城金虎、冰井、铜雀三台，高耸入云，由南至北以飞阁相连，实为人间殊景，当年建安诸子曾在此饮酒高会，赋歌言志。曹氏父子都曾作《登高赋》，曹丕曾用"飞阁崛其特起，层楼俨以承天"一句形容三台之高，曹植用"仰春风之和穆兮，听百鸟之悲鸣"一句形容三台高且舒适。从铜雀台上可以看到漳水像一匹白练，从西边极远处迤逦而来，经过城北，再向东北铺陈而去；从铜雀台上还可以鸟瞰邺城气势恢宏的全貌，可见宫城嵯峨威严，华屋美宅不计其数，城中果园葱葱郁郁，城中街市琳琅满目；如果是在日落时分，还可以看见袅袅炊烟升起，万家灯火渐明。

但是如果有人在永安元年八月初登上铜雀台，他将看到邺城无处不起火，邺城无处不在发生杀戮、抢劫等恶行，黑烟遮蔽日光，临死者的哀鸣与施暴者的嚎叫混杂在一起，声闻于天。那些鲜卑人、乌桓人生长于北方苦寒之地，何曾见识过如此繁华的人间，何曾见过如此富庶的都邑，一进城，他们就欢呼雀跃地杀人放火，四处劫掠。而他们的统帅王浚为了立威，也为了笼络这些异族人，纵容他们的滔天罪行，不闻不问。

鲜卑、乌桓大掠数日，收兵回幽州之时还从邺城掳走了大量妇女。王浚起先纵容不问，走到半道，也许是顾忌影响，王浚突然整肃军纪，下令不得在军中挟藏平民，违者斩首。

此项军令一下，众鲜卑无不扫兴，他们不敢违背军令，但他们没有释放俘虏，而是将俘虏全部杀掉。当时他们正行军至易水之滨，从邺城劫掠而来的妇女八千人左右，全部被沉入易水之底。

这次屠杀被认为是"五胡乱华"的开始，《晋书》上感慨地说"黔庶荼毒，自此始也"。

失去邺城，宣告了成都王政治生命的结束。洛阳虽然有皇帝，有皇太弟，有诸多王侯，有三公九卿，发号施令的却是张方。张方的军队早已是臭名昭著，此番进驻洛阳丝毫不改恶习，城内城外四处扰民，搞得洛阳鸡飞狗跳，遍地乌烟瘴气。

　　随着齐王、成都王等最强藩镇的没落，原本力量较弱的豫州都督范阳王、徐州都督东平王等人有了话语权，变得举足轻重。范阳王看到张方在洛阳胡作非为，实在不像话，于是就与东平王司马楙、河南尹周馥联名上书，要求张方撤兵回关内。

　　说是上书给惠帝，实际是写给张方与河间王看的。范阳王棒打落水狗，将一切罪过都推诿给成都王，说成都王"受重之后，而弗克负荷。小人勿用，而以为腹心。骨肉宜敦，而猜佻荐至，险诐宜远，而谗说殄行"。

　　骂完成都王，范阳王又将河间王与张方夸了一通，说河间王"惇德允元，著于具瞻，每当义节，辄为社稷宗盟之先"，说张方"太宰之良将，陛下之忠臣"。

　　客套话说完，范阳王转入实质性话题。他说，张方虽然是忠良，但是这人性格有点瑕疵，"受性强毅，不达变通，遂守前志，已致纷纭"，意思就是说张方有点固执，不会变通，本意是好的，结果却不尽如人意，所以搞得形势有点乱——张方的部下劫掠宫女、发掘皇陵、光天化日里抢劫杀人，按照《泰始律》，张方全家死十次都不够。

　　范阳王认为，张方就是因为罪恶深重，怕遭秋后算账，所以才不敢撤兵回关中。范阳王安慰张方，你放心地走吧，你不过就是强奸了一些宫女，挖开几个坟墓，杀几个草民搞点钱花而已，"原其本事，实无深责"，再说回到关中有河间王给你撑腰，谁能把你怎么样？你快走吧。

劝完了张方，范阳王又开始劝河间王，建议分陕而治，潼关以西是河间王说了算，潼关以东河间王就不要过问了。

那么，潼关以东谁说了算呢？

范阳王支支吾吾语焉不详，他只是很笼统地说，朝政方面可以交给司空东海王、司徒王戎等人，至于军事方面……范阳王话锋一转，扯到王浚身上去了，他说："安北将军王浚佐命之勋，率身履道，忠亮清正，远近所推。如今日之大举，实有定社稷之勋，此是臣等所以叹息归高也。浚宜特崇重之，以副群望，遂抚幽朔，长为北籓。"言下之意王浚这人出身好（太原王氏）、品德好、声望好，最近又立了大功（带领异族人将惠帝赶出邺城），这种忠良应该特别推崇，把幽朔地区交给他，让他长期做王朝的北方籓篱。

范阳王说着说着就把狐狸尾巴露出来了。当时他的地位与王浚相似，区别只在于一个是豫州都督，另一个是幽州都督，朝廷既然可将幽州交给王浚，自然也可将豫州交给他范阳王，可将徐州交给东平王。

说完了王浚，范阳王下一句话图穷匕见，说："臣等竭力扦城，籓屏皇家，陛下垂拱，而四海自正。"这个"臣等"自然就是指参与联名上书的范阳王、东平王，所谓"籓屏皇家"指的也是豫州、徐州。

由此可知范阳王是个笑面虎，他的真实意图是趁火打劫，趁着成都王势力覆灭，长安、邺城的联盟实力大损的时候，重新划分势力范围，并且逼迫河间王承认这一事实。

这份奏章递上去后，如泥牛入海，没有下文。

河间王原先的美梦是拥立成都王做皇帝，自己总揽朝政。如今可好，政权也没得到，地盘也没扩大，搞了半天依然是个"分陕而治"。关中地区原本就是他的势力范围，按范阳王的分赃方式，河间王其实是一无所得。

不过范阳王既然敢捋虎须，就不怕虎咬人。范阳王知道，河间王近年黩武穷兵，已是强弩之末。

近二十年来，关中天灾人祸不断，先有羌、氐叛乱，然后是连年天灾，几年后刚恢复平静，马上派兵南下蜀中、东入中原，不久后院又起火，秦州刺史皇甫重、雍州刺史刘沈先后起兵，连番折腾，硬是把八百里秦川搞得地疲人穷。

当时秦州的皇甫皇还没有收服，梁州的流民军声势正盛，河间王既要防备来自西方的敌人，还要出兵东方，争夺政权，这真是有心无力。范阳王、高密王、东平王、东海王、东嬴公，仅这些人就已经很难对付了，再加上一个以鲜卑、乌桓为后盾的王浚，要真打起来，河间王毫无胜算。

但是，依范阳王所言，乖乖撤回关中，河间王又实在心有不甘。河间王来个装聋作哑，看你怎么办。

范阳王立刻用实际行动告诉河间王他想怎么办，范阳王将豫州军队从许昌移了出来，向北改镇荥阳。荥阳是著名的战略要地，秦末刘、项在此处打过恶战，荥阳旁边就是著名的成皋关，过了成皋关，洛阳就暴露在前方了。范阳王的用意十分明显，你撤不撤？不撤，我来帮你撤。

与此同时，王浚撤离邺城，将邺城交给了东海王的弟弟平昌公司马模。东海王的另一个弟弟，镇守宛城的高密王司马略也向河间王施压，高密王说，他将要带兵移镇洛阳。

形势对河间王很不利，张方的两万孤军陷入包围，有被吃掉的危险。

双方都不敢贸然动武，僵持到十一月，莽夫张方把这个难题给解决了。

河间王与张方是主仆关系，河间王是大脑，张方是爪牙，但近年来随着河间王对张方越来越倚重，张方就日益显出骄横跋扈的苗头。张方在洛阳一待三个多月，该逛的都逛过了，该抢的也都抢过了，惠帝见了面反过来向他行礼，风头也出过了，文帝、武帝、诸位太后的陵墓他不敢碰，就把贾皇后早夭的女儿哀献皇女的坟给刨了一下，里面也没什么新鲜，一具小孩儿尸骸和若干陪葬财宝而已。眼看天气越来越凉，洛阳越待越没劲，手下弟兄们嚷着要回家过年，张方一挥手：走，启程回关中！

没有河间王的命令，怎么可以擅自撤军？张方说，没关系，先撤着，回头知会一声就行。

那么，惠帝怎么办呢？张方觉得这是战利品，必须一同带走。他轻率地做出了一个齐王、成都王甚至武帝都不敢想的重大决定——迁都长安。张方是个赳赳武夫，读书不多也不了解历史，否则他就该知道，自己要做的事情董卓在一百多年前就曾做过，然后被人骂到至今。

张方知道，公然提出迁都肯定是举朝反对。他找来手下商议，武夫的思维简单直接，那些大兵说，明的不行就来暗的，找个机会骗皇帝出宫，然后夹起皇帝往关中跑，谁也追不上。

张方觉得这是个好计策。第二天，张方就进宫请惠帝去太庙看看祖宗，估计他遇事不密，或者是朝中有聪明人看穿了他的诡计，惠帝死活不愿意出宫。一来二去，张方火了，打算霸王硬上弓。

十一月乙未，张方带着大队兵马气势汹汹地冲进皇宫，吓得公卿作鸟兽散，吓得惠帝逃出大殿，躲在皇家园林的竹林深处，抓着竹枝不肯出来。士兵将惠帝拖曳出来，张方连马都没有下，挥着马鞭邀请惠帝到他的军营做客。张方说："世道太乱，洛阳附近的胡人、盗贼那么多，而宫中的护卫却那么少，请陛下搬到臣的军营去住，由臣来保护陛下的安全。"

惠帝再愚笨，也知道这个邀请不怀好意，上次被挟持到邺城，差点把命送掉，这次不知道又会有什么灾难了。惠帝吓得号啕大哭，眼巴巴盼着左右来救驾，当时大家都逃光了，只剩下中书监卢志，可卢志也无可奈何，只有劝惠帝委曲求全，别吃眼前亏，卢志说："请陛下听从右将军（指张方），臣没用，不能对陛下有所裨益，但臣会竭尽全力保卫陛下，不离陛下左右。"

惠帝只有哭哭啼啼地搬进张方军营，随行的只有卢志与十二个黄门。三天后张方启程回关中，惠帝舍不得宫中的宫女、宝物，令张方收拾收拾一同运到关中。惠帝果然是蠢蛋，这道圣旨害死人了，张方的手下奉旨进宫抢劫，奸淫掳掠，分争府藏，将宫中帷幄、流苏割下来垫马鞍。《晋书·食货志》里说此时宫中还有"锦帛四百万，珠宝金银百余斛"，被洗劫一空。

为了掩盖罪行，也为了断绝还都洛阳的念头，张方甚至打算烧毁皇宫太庙，幸亏有卢志劝他别学董卓，说："昔董卓无道，焚烧洛阳，怨毒之声，百年犹存，何为袭之！"张方这才罢手。

张方带着惠帝西行，随行的有成都王、豫章王、卢志等人，大军走到弘农郡，河间王才得到消息，派出司马周弼来迎；河间王亲率官属以及步骑三万，在灞上迎驾。

惠帝进入长安，以征西将军府为行宫，于是天下就有了两个都城，长安被称为西台，洛阳为东台。

张方此举等同劫驾，到了关中，河间王心很虚。关中实力大损，无法再与关东诸王争锋，幸好自己手里有皇帝，可以挟天子以令诸侯。趁着惠帝还仅存着一点威信，河间王要与关东讲和。

十二月丁亥，惠帝下诏，由河间王司马颙都督中外诸军事，由东海王司马越与河间王司马颙夹辅王室；司徒王戎、尚书左仆射王衍参录朝政；安南将军范阳王司马虓、安北将军王浚、平北将军东嬴公司马腾各守本镇；高密王司马略为镇南将军，领司隶校尉，镇守洛阳；东中郎将平昌公司马模为宁北将军、都督冀州军事，镇守邺城；镇南大将军刘弘都督荆州，镇守襄阳。

从内容上看，这次权力的分配与此前范阳王提议的"分陕而治"相类似，关东诸侯的势力范围都得到了承认。本来河间王打算任命豫章王司马炽为镇北大将军，都督邺城诸军事，但平昌公司马模已经抢先一步，占据了邺城，面对这已成事实，河间王选择妥协，承认平昌公的合法性。

成都王则彻底成为牺牲品，惠帝谴责成都王"自在储贰，政绩亏损，四海失望，不可承重"，搞得天怒人怨，所以废黜皇嗣之位，"以王还第"，另立武帝的小儿子豫章王司马炽为皇太弟。

为了欢迎新嗣君的产生，惠帝宣布大赦，改元为永兴，这已是公元 304 年的第四次改元了。论"八王之乱"中的纷乱兵祸，以此年最为深重。

但是豫章王司马炽被吓得不轻，他先前一直闭门读书，只求苟全性命于乱世，没敢生出做皇帝的妄想。有成都王的先例，豫章王知道这皇太弟是不好当的。而且，他也并非唯一人选，侄子清河王司马覃曾经被齐王立为皇太子，后来被河间王废黜，如今河间王与关东诸王胜负未分，他做了这个皇太弟，万一将来河间王败落了，胜利者再立清河王，搞不好他就会有性命之忧啊。

典书令修肃劝豫章王不要犹豫，修肃说："河间、东海二王经营王室，志在恢复社稷安宁，储君人选，只有众望所归之人才能胜任，论血缘、论贤能，除了殿下，谁还有资格做这储君？难道是清河王？国赖长君，清河王只是个孩子，无法担当重任，如今天下动荡，陛下流亡关中，胡人屡屡反叛，流民盗贼遍地都是，正是忠臣为国效力之时，请殿下不要再推辞了。"

第十章

豫章王冷静下来想了一下，觉得此言不虚，他称赞修肃："卿，吾之宋昌也。"

宋昌是汉初汉文帝的属官，当初周勃等大臣消灭吕氏，决定迎立代王也就是日后的汉文帝。刘恒起先也很犹豫，生怕这是个陷阱，经宋昌鼓励才下定决心到长安即位。

豫章王将修肃比作宋昌，那当然是自比汉文帝了，这两个皇帝前半生的遭遇倒也相似，都是在政治倾轧的血雨腥风中成长，通过韬光养晦，才幸免于难，但是这两个皇帝后半生的功绩则相差太远。汉文帝实现了汉室的复兴，开创了"文景之治"；而豫章王即日后的晋怀帝，他留给后世的是不堪回首的"永嘉之乱"。

二、关外羽檄飞

永兴二年（305）的最初几个月，是"八王之乱"末期难得的太平日子。上一年四次改元、皇帝两次迁徙、嗣君两次更换，这种乱局是史上绝无仅有的，令每个人都有心力交瘁之感。

没打仗，不代表双方真的和解。当时天下两个政治中心，西台长安由河间王控制，东台洛阳也称留台，由尚书仆射荀藩、司隶校尉刘暾、太常郑球、河南尹周馥等人主持大局，承制行事。东西两台分别属于不同阵营，双方斗法通过已被废黜的羊皇后来实现。

上一年十一月辛丑，也就是惠帝离开洛阳的第七天，留台复立羊皇后，这是她第三次被立为皇后了。

羊皇后上一次被废黜就是由张方操作的，河间王看到留台公开与他作对，很不爽。于是永兴二年年初，张方回了趟洛阳，又一次将羊皇后送进了金墉城。

羊皇后的父亲羊玄之，死于前年张方围攻长沙王的战役，皇后的桂冠没有给她的家庭、给她本人带来尊荣，只带来灾难。羊皇后无辜卷入"八王之乱"，多次险遭不测，命运可怜。城头变幻大王旗，妾在深宫哪得知？

但张方使劲与这个孤苦伶仃的女子为难，其实也是不得已，皇帝、嗣君在洛阳时是各方争夺控制的目标，如今皇帝、嗣君都不在，皇后也就有了控制利用的价值，所以要废黜她，以绝后患。

结果到了四月份，还是出了一件乌龙事件。

事件的主角叫皇甫昌，是秦州刺史皇甫重的养子。皇甫重在两年前起兵反河间王，不久之后就被围困在孤城，与世隔绝，皇甫重以为弟弟皇甫商马上就会领着大军赶来支援，因此防守反击打得有声有色，竟然坚持了两年多。不过两年下来皇甫重也被消耗到弹尽粮绝，眼看守不住了，于是他派皇甫昌逃出来搬救兵。

皇甫昌出了孤城，才知道外面的世界更残酷，不仅叔父皇甫商已死，连靠山长沙王也已死去一年多了。皇甫昌在绝望中找出路，他先找到东海王，请求进攻关中，但东海王推托说时机不合适，不愿意出兵。

走投无路之下，皇甫昌只好使诈。他回到洛阳找老朋友杨篇密谋政变，这个杨篇当时在殿中任职，行事很方便，于是两人假称奉了东海王的命令，从金墉城里接出羊皇后迎入宫中，然后又召集留台百官，让羊皇后下懿旨，讨伐张方，抢回惠帝。

这事突如其来，留台百官来不及反应，起先都信以为真，回过神来一琢磨才发现有诈，于是杀掉皇甫昌、送回羊皇后，假装这事没有发生过。

皇甫昌已死，但重围之中的皇甫重并不知道，他望穿秋水，可该死的援军总不出现。

到了六月份，来了一个家伙自称是惠帝派来的御史，御史拿出一道说是圣旨的东西，说让皇甫重奉旨投降。皇甫重当然不乐意，而且对外面的局势很不解，惠帝怎么反过来帮河间王说话呢？这御史有假？

皇甫重不能确定御史的真假，所以不敢贸然抓起来问个究竟。但是御史不能动，御史随从可以动啊，皇甫重就把御史的车夫给逮起来拷问。皇甫重问车夫："我弟弟皇甫商怎么还不来救我？"车夫说："早被河间王杀了。"

皇甫重大惊失色，立刻杀车夫灭口，可惜消息已经走漏，城内上下知道永远不可能有外援了，于是杀掉皇甫重，出城投降。

拔掉后院的这颗钉子，河间王大喜，将秦州改名为定州，然而他的好心情仅仅维持了一个月。永兴二年秋七月，东海王传檄司、豫、徐、扬、荆、青、兖、并、冀、幽诸州，要与各州都督结盟，出兵进攻关中，相约"奉迎天子，还复旧都"。

自从去年八月荡阴之役后，东海王一直蛰伏在东海国，看似超然世外，实则在运筹帷幄。这一年下来，他的三个弟弟分别担任了冀州都督（平昌公司马模）、并州都督（东嬴公司马腾）、司隶校尉（高密王司马略），并且还与幽州都督王浚、豫州都督范阳王与新任的兖州刺史苟晞结为了盟友。

西晋王朝半壁江山已经听命于东海王，时机已经成熟，东海王出山。

东海国隶属徐州，徐州都督东平王司马楙是无能胆小之辈，去年东海王失意之时投奔于他，结果被他拒之门外。东平王生怕东海王怀恨在心，十分担忧，长史王修于是劝他将徐州让给东海王，王修说："东海宗室重望，今将兴义，公宜举徐州以授之，此克让之美也。"

东平王听从了王修，于是东海王就以司空身份领徐州都督，而东平王则被打发到兖州接替苟晞为兖州刺史。

扬州都督刘准与东平王一样，也是无能之辈，此前他依靠度支校尉陈敏平定了石冰之乱，寿春大权实际就落入陈敏手中。东海王任命陈敏为右将军、假节、前锋都督，收入阵营。

至此，从北到南，除了荆州的刘弘态度暧昧，幽、冀、并、豫、兖、徐、扬诸州都已响应东海王。范阳王、王浚等人召集各路都督会面，大家一起刑白马立誓，推举东海王为盟主。

这一幕场景是不是很眼熟？

百年前董卓挟持汉献帝从洛阳迁到长安，引来关东诸侯会师盟津围攻关中，这段历史丝毫不差地在西晋末年重演了一遍。"以史为镜，可以知兴替"，这句话之所以成为至理名言，就是因为不长记性的人太多了。

事到临头，河间王后悔也来不及，好在东海王心中其实也没底，所以先派人来谈判。

当时担任太弟中庶子的兰陵人缪播，曾做过高密王司马泰的祭酒，东海王因为他是父亲的故吏，所以引以为心腹。缪播的堂弟缪胤，是河间王前任王妃的弟弟，东海王派缪播、缪胤两人去长安做说客，劝河间王送惠帝回洛阳，承诺与河间王分陕而治。

河间王动心了，打算认输交出惠帝，但是张方不同意，他说："今关中据形胜之地，国富兵强，奉天子以号令，谁敢不服！"

张方这是嘴硬，这番豪言壮语恐怕他自己都不信，关中的真实处境他是清楚的，这仗打起来必输无疑。但是张方又不得不睁着眼睛说瞎话，因为河间王抵抗到底，他还有一线生机；如果河间王放弃抵抗，他就是劫驾的罪魁祸首，必死无疑。

听了张方的话，河间王又犹豫了。张方担心两人继续游说会动摇河间王，打算杀之而后快，缪播、缪胤吓得不敢再开口，使命没完成，也不敢回去，于是滞留长安等待时机。

此时张方为了保命，乱放嘴炮，说什么："我麾下还有雄兵十几万，带着皇帝打回洛阳绰绰有余。大王留镇关中，派成都王收集旧部夺回邺城，然后我再北上消灭博陵公（指王浚，王浚的爵位是博陵公）。如此，天下就可安定，无人再敢反抗大王。"

河间王也知道这只是壮胆的话，当不得真。他一边徒劳地让惠帝下诏给东海王等人，命令他们各自罢兵回国；一边让张方领兵屯于灞上，静观关东局势。

结果这一等还真等出了转机。

先是匈奴人刘渊帮了河间王大忙，东嬴公在并州连遭败绩，腾不出手来给东海王助拳；接着冀州也发生变故，成都王在邺城经营多年，颇有恩泽，兵败之后，有不少旧部蛰伏在民间，成都王被废黜的消息传到冀州，许多人替他鸣不平。于是有昔日帐下督、阳平人公师藩自称将军，招揽成都王旧部，汲桑、楼权、郝昌等邺中故将纷纷响应投靠，许多生活无依的贫民与背井离乡的流民也赶来投奔。

公师藩的军队很快扩充至数万，以迎接成都王为名，纵横司、冀、兖三州。公师藩攻陷阳平、汲郡两郡，杀死太守李志、张延，然后攻打邺城。平昌公在邺城时日尚浅，城中有人暗通公师藩，与之里应外合，幸好有广平太守丁绍与兖州刺史苟晞及时救援，平昌公才保住了邺城，保住了性命。事后平昌公对丁绍感恩戴德，为其生立碑。

公师藩虽然被打退，却没被消灭，冀州也自顾不暇了。

冀州之后，兖州也出事了。东平王让出徐州之后，自己承制都督兖州军事，兼任兖州刺史。所谓"承制"意思就是代理皇帝行使权力，东平王并没有被惠帝授权，因此他这个"承制"实际是矫诏，不过苟晞还是顺从地让出了兖州，其中原因有二：一、东平王是王族，苟晞是庶姓；二、苟晞的兖州刺史也不合法，是范阳王承制任命的。

东平王失一徐州得一兖州，心满意足，按说这事就该结束，偏偏又起波折，河间王见缝插针，派出了一个叫刘虔的使者给东平王下旨，表示惠帝承认他这兖州刺史。刘虔见了东平王，挑拨他杀掉苟晞，东平王也担心苟晞继续与他争兖州，竟然真的打算下手。这下范阳王不乐意了，他再次任命苟晞为兖州刺史，而将东平王转任青州都督。

东平王不接受这一任命，兖州刺史是惠帝封的，你范阳王奈我何？再说大家都是郡王，我凭什么要听你指挥？一气之下，东平王加入到河间王一方去了。

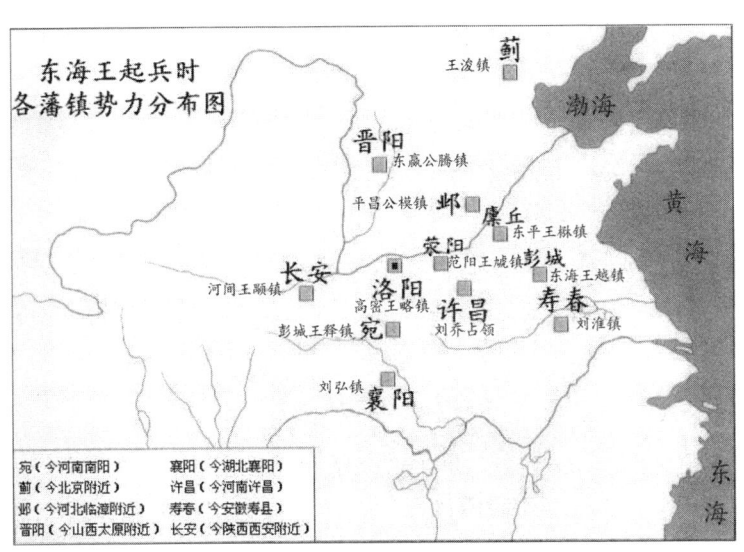

而对关东联军影响最大的，则是豫州刺史刘乔的易帜。

刘乔与豫州都督范阳王之间的关系始终不融洽，刘乔两年前临危受命出任豫州刺史，平定张昌立下大功，在豫州根基已深。东海王承制转任刘乔为冀州刺史，豫州刺史由范阳王兼任。当时的冀州刺史是太原人温羡，也是个有威望的老臣，被封大陵县公，比刘乔的爵位还高。温羡当时是双方都在争取的人物，河间王曾召他入关做中书令，温羡没有应召，他的冀州刺史是惠帝任命的，刘乔跑去赴任，温羡会不会让位还是一个疑问。于是刘乔声称这不是天子诏令，不接受东海王的调遣。范阳王去许昌赴任，结果半路上被刘乔派兵阻截，赶回荥阳。

范阳王大怒，任命心腹刘舆为颍川太守、刘舆的父亲刘蕃为淮北将军，带兵攻打许昌。与此同时，东海王任命琅邪王为平东将军，镇守下邳监徐州军事，自己则领着三万人屯兵在萧县，与右将军陈敏率领的扬州军队会师，打算攻打许昌。

但是刘乔早有准备，他派刘祐屯兵于萧县灵璧，挡住东海王、陈敏的去路。

于是，在短短一个月之间，关东联军就有并、冀、兖、司、豫五州丧失战斗力，另外，徐、扬二州的军队被刘乔堵在半路，无法继续向西。

河间王心花怒放，反击的时候到了。

河间王派出建武将军吕朗去驱逐高密王司马略，夺取洛阳。高密王弃城而逃，一直向东逃到海滨做青州都督去了。

河间王任命成都王为镇军大将军、都督河北诸军事，去邺城招安公师藩。但是成都王并没有抵达邺城，走到洛阳，听说敌军势大，就不敢再前进了。

十月，惠帝再次下诏，责令镇南大将军刘弘、平南将军彭城王司马释、征东大将军刘准共会许昌，与刘乔协同并举；

另外又以张方为大都督，领军出关，与吕朗等人一同奔赴许昌，诛杀刘舆兄弟。河间王意识到刘乔的官衔不高，不足以指挥如此多的军队，于是给刘乔升官为镇东将军，假节都督诸军事。

荆州都督刘弘与扬州都督刘淮对于出兵的命令置若罔闻，付诸行动的只有彭城王。彭城王与刘乔会师许昌，一同进攻范阳王，范阳王大败，与刘舆一起弃军北逃，一直逃过黄河，逃到冀州境内。刘舆的弟弟刘琨当时是范阳王司马，去向汝南太守杜育搬救兵，返回途中听闻范阳王军败，于是也弃军北逃，刘琨的父亲刘蕃逃得慢，成了刘乔的俘虏。

与此同时，刘祐也在萧县大破东海王、陈敏联军，东海王退回徐州，陈敏退守扬州历阳。陈敏看到中原大乱，已经萌生逆心，一个月之后，他就在江南造反了。

张方的军队尚未出关，局势就已经逆转。似乎，河间王胜利在望，但别忘了，此时还有荆、幽两州没有加入战争。

这时，荆州都督刘弘给惠帝上了一道奏折，刘弘说："如今边陲无兵把守，国家军队都被调到中原来打内战。各位股肱大臣不识大体，意气用事，相互仇杀，流毒越来越深，危害越来越大。万一此时散居边境的蛮夷乘虚而入，那我们就如同'卞庄刺虎'故事中自相残杀的老虎一样，自己将自己送入了虎口。微臣恳请陛下快快下旨，诏令河间王、东海王罢兵言和，守土保境，抵御外敌。

"近几年以来兵戈纷乱，各藩镇之间猜忌不断，从而引发战争不断，诸王合纵连横，结党相构，灾难殃及许多宗室成员，使朝廷的威信荡然无存。如今诸王权柄凌驾于朝廷之上，朝廷已经无力裁断诸王是忠是佞，忠佞的标准堕落为成王败寇，那些权臣得势之时都被誉为忠臣，失势之后马上被指为佞贼，朝暮之间即有反复，然后彼此指责，相互攻伐。有史以来，论骨肉之祸从来没有像今天这么惨烈的，令臣十分痛心。"

刘弘提议各镇都督退兵，从此服从中枢命令，"自今以后，其有不被诏书擅兴兵马者，天下共伐之"。

与此同时，刘弘也写信给刘乔，劝他忍让。刘弘说："范阳王擅自取代明使君（指刘乔）做豫州刺史，这是他不对，不过明使君竟然刀兵相向，也不对。正所谓疏不间亲，范阳王姓司马，是国姓，而明使君毕竟只是庶姓臣子。

"明使君是王佐之才，大肚能容。廉颇蔺相如只是区区战国武将，尚且为了国家舍弃个人恩怨，何况明使君这样的贤人呢？请忍下这一时之气吧。如今天下纷乱，陛下流亡在外，正是忠臣义士同心勠力之时，我愿与明使君共同拥戴盟主（指东海王），扫除凶寇，解救苍生于倒悬，奉迎陛下回銮。

"我与明使君相交相知，情谊不比寻常，所以我披露丹诚，言无不尽。春秋时代，诸侯间先交战、后和亲，司空见惯，所以请明使君不要有后顾之忧，不要担心范阳王等人记仇。范阳王必定会悔恨前日所为，而与明使君和好如初。"

刘弘又写信给东海王，请东海王与刘乔讲和，刘弘说："听闻吾州擅自举兵驱逐范阳王，足下要兴兵征讨，我认为此举不可行。如今国家多事，陛下流亡在外，于是诸王结盟勤王，吾州列位方伯，忠心赤胆，准备勠力王事，不料范阳王突然要取而代之，吾州自然难以从命，从而矫枉过正，因此获罪。

"王侯都应有容人之量，昔日齐桓公不记射钩之仇而赦免管仲，晋文公不记斩袪之怨亲近勃鞮。相比之下，吾州的过失根本不算什么。如今奸臣弄权，朝廷陷入困境，这才是最令臣子担忧的大事，各方伯应该冰释前嫌，共存大义，以讨伐逆臣为先，以奉迎陛下回銮为先，万不可因小失大。

"足下如果存有忠恕之心，请与吾州讲和，吾州必将剖心析胆以报足下。我虽然是庶姓臣子，但是蒙受国恩，愿协同足下共同匡扶王室。外患未除同侪之间先自相残害，我以之为耻，想必足下心情与我相同，请足下深思。"①

刘弘倒是肺腑忠言，可惜无人理睬。

双方都逼着刘弘表态，不是我的盟友就是我的敌人，刘弘想独善其身而不可得，只好叹一口气，选择阵营。择善而从是说不上了，那只好选一个相比之下没那么恶的，张方臭名昭著，刘弘预料河间王必败无疑，于是派参军刘盘为督护，率领荆州军队接受东海王的节度。

如此一来，刘弘就与彭城王司马释成了敌人，刘弘进军宛城，将彭城王逐出了荆州。

这是永兴二年十月的局势变化。

整个十一月无战事，双方又折腾了一下羊皇后。

当时洛阳有个立节将军叫周权，想拿洛阳为筹码投靠东海王，于是他自称平西将军，声称收到诏书，再次从金墉城

---

① 因为刘乔是荆州南阳人，所以刘弘在信中称刘乔为"吾州"，称东海王为"足下"。

里接出羊氏，立为皇后。有了四月份的那次遭遇，这回洛阳百官不轻易上当了，周权的诡计很快被识破，洛阳令何乔搜捕了周权，斩首，然后再次将羊皇后废黜，送回了金墉城。这是羊皇后第四次被立，再第四次被废黜，与皇帝一样，她根本不是母仪天下的国母，只是一个身不由己的政治玩偶。

当时洛阳在吕朗的控制之下，河间王一听在这剑拔弩张的关头，竟然有敌方势力渗透进了洛阳，怒了。河间王决定杀掉羊皇后以绝后患，于是派了一个尚书叫田淑的去洛阳，矫诏赐死羊皇后。

这道诏书遭到了司隶校尉刘暾、尚书仆射荀藩、河南尹周馥的联合抵制。关中的催杀羊皇后的诏书接连下达到洛阳，刘暾等人就是不奉诏。

刘暾等人还上奏替羊皇后求情，说洛阳遭遇了一系列兵祸，百姓都很惶恐，应该镇之以静，突然有使者带着毒药而来要杀羊氏，全城上下都很震惊，纷纷说这肯定不是陛下的本意。而且"羊庶人门户残破，废放空宫，门禁峻密，若绝天地，无缘得与奸人构乱"，洛阳众人无论智愚都认为她是无辜的，如果"杀一人而天下喜悦者"，那是"宗庙社稷之福也"，如今"杀一枯穷之人而令天下伤惨"，只怕给凶徒提供口实，趁乱而起使洛阳发生变故啊，所以请陛下与太宰深思。

河间王收到奏章，感觉自己的权威受到了挑战，他勃然大怒，下令吕朗搜捕刘暾。结果刘暾跑得快，逃出洛阳，到青州投靠高密王司马略去了。不过经此一事，河间王倒没有再为难羊氏，羊氏就此捡回了一条性命。

到了十二月，河间王的好运走到了尽头。

两个月前范阳王兵败荥阳，向北逃到了冀州。冀州刺史温羡与刘琨是亲戚，刘琨的妻子就是温羡的堂妹，温羡听从刘琨的劝告，将冀州让给了范阳王。范阳王有了立足之地后，马上派遣刘琨到蓟城找王浚借兵，王浚派督护刘根率领五千鲜卑骑兵助战。(《资治通鉴》说是八百，《晋书·刘乔传》说有五千，八百太少，所以采用五千这个数字。)

刘琨领着鲜卑骑兵南渡黄河，遭遇成都王手下将领王阐，鲜卑骑兵势不可当，很快踏破王阐营垒，杀死王阐。

渡河之后，范阳王与刘琨合兵进攻荥阳，当时成都王已进据洛阳，荥阳驻军是石超部。范阳王再次大胜，斩杀石超。石超一死，刘乔大惊，引兵南撤去与儿子刘祐会合，打算固守豫州。

范阳王得了荥阳，派刘琨与督护田徽继续向东，进攻东平王司马楙。东平王当时在兖州濮阳郡的廪丘，东平王也抵挡不住鲜卑铁骑，廪丘很快失守，东平王走投无路，只好逃回东平国去了。

刘琨得了兖州，马不停蹄继续向南，到徐州去迎接东海王。进入豫州境内，刘琨分兵二路，一路向东南邀击刘乔，另一路向西南进攻许昌。

当时刘乔、刘祐父子都在豫州谯国，刘琨追到谯国，双方一场恶战，刘乔军四散溃逃，刘祐战死，刘乔领着五百残兵逃回荆州南阳老家去了。南阳是刘弘的地盘，有刘弘的庇护，刘乔逃脱了一死，后来遇到大赦，又重新出仕。

刘琨的另一路军队也十分顺利，许昌人开门投降，刘琨兵不血刃拿下许昌，救出了父母。

刘乔、东平王既除，东海王再次从彭城出兵，一路畅通无阻，一直抵达荥阳郡的阳武，屯兵于此，王浚派出更多鲜卑、乌桓骑兵，由部将祁弘带领，赶来支援东海王。

此时，河间王在关外的势力基本已被肃清，只余下成都王守着孤城洛阳，还有吕朗在荥阳郡内游荡。天下大局已定，河间王大势已去。

关东联军获胜的关键，是引进了鲜卑骑兵。鲜卑骑兵对阵西晋军队，就如烈日照见积雪，这份战斗力令人恐怖。不知东海王等人有没有想过，如果有朝一日，鲜卑人变成了敌人，那该怎么办？

三、"获胜者"东海王

永兴二年（305）的最后一个月对河间王来讲如同噩梦，过年都过得毫无喜庆感。

次年元日，晦气，竟然碰上了日食。话说这天气还真是应景，河间王当时的心情就是暗无天日啊。

看到河间王惶惶不可终日，潜伏在长安给东海王做说客的缪播、缪胤兄弟又觉得自己有了用武之地。他们找到河间王，说如今硝烟四起都是因为张方劫驾，只要杀张方以谢天下，关东诸军自然就会散去。

河间王半信半疑，张方与他休戚一体，一时还狠不下这心。但缪播缪胤看出了河间王的犹豫，于是他们出门就去找一个叫毕垣的人。

这个毕垣是河间王的参军，与张方一样，他也是河间人，也很早就追随了河间王。也许是因为争宠或者别的原因，毕垣与张方的关系很不融洽，据说张方曾经公然羞辱过毕垣，令他怀恨在心。缪播缪胤找到毕垣，提醒他说报仇雪恨的机会到了。

　　毕垣马上求见河间王，说："张方带重兵屯守灞上，却久久没有行动，很可能他是忌惮敌军太强，所以盘桓不敢前进。大王要提防他反水投敌啊，张方的亲信郅辅目前在长安，张方的所有计谋他都知道。"

　　河间王心中一惊，一阵紧张。心想我还没有考虑出卖张方，难道张方已经打算卖主求荣？河间王急忙让毕垣带郅辅过来问话。

　　这个郅辅是长安本地的一个富人，当初张方刚刚随河间王的时候一穷二白，郅辅有意结交张方，赠予给他不少财物。后来张方发达了，不忘旧恩，招揽郅辅做了帐下督，视为心腹，十分信任。

　　毕垣找到郅辅，劈头就说："张方要谋反，大家都说你参与这事，现在河间王要召你问话，你准备如何回答？"

　　郅辅被吓傻了，说："我实在不知道张方要谋反啊，我该怎么办？"

　　毕垣叫他不要惊慌，说："河间王如果问起，你只管说'是'，肯定不会有事，否则，可能就很难免祸了。"

　　也许果真是人以类聚，河间王的手下设计起阴谋来都是驾轻就熟，惊慌失措的郅辅被带到了河间王面前，河间王问：

"张方要谋反，你知道不知道？"

郅辅说："是。"

河间王一听，心中那个恨啊，无可言表，他咬咬牙，继续说："我派你去取张方人头，你愿意吗？"

郅辅听了吓得全身酥软，只好硬着头皮说："是。"

河间王于是派郅辅给张方送信，让他见机行事。郅辅到达灞上张方军营已是深夜，因为他是张方亲信，所以带刀进营帐时并没有引起怀疑。张方拿到信，侧着头凑近火光去看，身后郅辅抽刀在手，一咬牙将张方砍翻，斩下头颅，赶回长安交给河间王。

河间王很高兴，任命郅辅做了安定郡的太守。

郅辅的官帽还没戴稳，随即又被河间王褫夺。原来河间王拿张方的首级向东海王请和，东海王不仅不同意，反而督促各军加速向关中进发。河间王后悔莫及，迁怒于郅辅，派人将他杀了出气。

但是杀了郅辅，根本于事无补，关东诸军势如破竹。平昌公的军队渡过黄河，进逼洛阳，成都王弃城而走，向关中逃窜，逃到华阴将要进潼关的时候，成都王得知河间王正向东海王求和，生怕被河间王出卖，于是滞留华阴不敢向前。吕朗当时还屯兵荥阳，刘琨拿着张方的头颅去招降，吕朗一看张方已死，心知大势已去，于是投降。

永兴三年（306）二月初六，甲子日，东海王传令诸军，以祁弘、宋胄、司马纂为将，率鲜卑与各州将士西进入关，迎回皇帝车驾；同时又任命原河南尹周馥为司隶校尉，假节，屯兵弘农郡渑池都督诸军。

河间王闻讯大惊，派出弘农太守彭随、北地太守刁默出兵驻守弘农郡湖县。湖县背后就是潼关，过了潼关就是关中，河间王此举是想阻止关东军入关。

有了这道防线，河间王觉得不放心，又安排马瞻、郭传屯兵于灞水，这是保卫长安的第二道防线，也是最后一道防线。

五月初八，壬辰日，祁弘与彭随、刁默会战于湖县，大败关中军，河间王的第一道防线被攻破，鲜卑铁骑长驱直入关中。

驻守灞水的马瞻、郭传也没有顶住鲜卑人的汹涌攻势，马瞻的军队最终被打散，马瞻逃亡。

灞水兵败，长安的失陷指日可待了，河间王弃城而逃，单骑向西南狂奔三百里，逃进了太白山。太白山是秦岭中段的主峰，树木葱郁，山上终年积雪，翻过太白山就是汉中，但那时汉中已经落入流民军的手中，河间王前后都有敌人，已经走投无路了。

河间王走后，祁弘领着鲜卑骑兵进入长安，鲜卑人重复了他们当初在邺城的所作所为，烧杀抢掠无恶不作，据《晋书》说"杀二万余人"，据说当时天地含悲，"日光四散，赤如血"。长安的官员、百姓惊恐万状，纷纷逃出城，躲进附近的山中，夜宿山林，饿了捡橡树果子等物充饥。

五月十五，己亥日，祁弘留太弟太保梁柳为镇西将军留守关中，自己带着此次出征的战利品惠帝司马衷启程回洛阳。当时长安也已是残破不堪，无法筹备天子法驾，祁弘等武夫估计也不懂这个，惠帝是坐着牛车回去的，众公卿更倒霉，徒步。

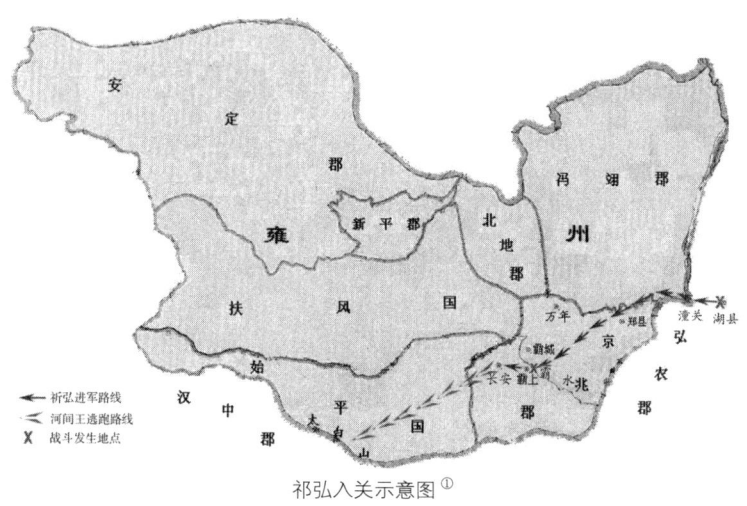

祁弘入关示意图 [1]

这么走了十五天，六月初一，丙辰日。惠帝终于回到了洛阳，重登旧日大殿，惠帝哀感流涕，群臣也再次陪着恸哭。哭完了，惠帝到太庙向列祖列宗问安，又派人到金墉城接出羊氏，第五次立为皇后。

半个月后，六月十六，辛未日。惠帝大赦天下，改元光熙，这是惠帝第十一次改元，也是最后一次。

关中局势余波未平。

祁弘走后，马瞻等人假装投降，引诱梁柳出城，将其杀死夺回了长安城，然后马瞻与始平太守梁迈一起到太白山中把河间王找了出来，迎回长安。

①　霸水是渭河水系的一部分，因与本章节内容无关，其余诸河流没有标出。

河间王死灰复燃，可惜他只是回光返照。弘农太守裴廙、秦国内史贾龛、安定太守贾疋等联兵攻打河间王，从西面进逼长安；同时东海王也派出督护麋晃再次入关，从东面进逼长安，河间王任命尚书牵秀为平北将军，驻守冯翊郡万年县，以抵挡麋晃。这时有河间王的长史杨腾打算投靠东海王，要借牵秀的项上人头作见面礼。杨腾与冯翊郡望族严氏密谋，假称奉河间王的命令，让牵秀罢兵。牵秀信以为真，不加防备，杨腾于是杀牵秀和他的两个儿子，向麋晃献诚。牵秀是当初参与陷害陆机的积极分子，结果他最终也得到了与陆机一样的下场。

牵秀一死，麋晃就逼近了长安。不久，马瞻、梁迈先后兵败被杀，贾疋等人实现了对长安的合围，河间王坐守孤城，日暮途穷。

光熙元年八月，讨伐关中的各路诸侯坐地分赃，重新划分势力范围：

东海王司马越被任命为太傅，录尚书事，成为新的一任执政者。

范阳王司马虓被任命为司空，镇守邺城，势力范围兖、冀二州。

平昌公司马模被任命为镇东大将军，镇守许昌，势力范围豫州；不久之后，司马模晋爵南阳王，改封为征西大将军，都督雍、秦、梁、益诸军事，镇守关中。

博陵郡公王浚被任命为骠骑大将军、都督东夷、河北诸军事，兼领幽州刺史，势力范围幽、平二州。

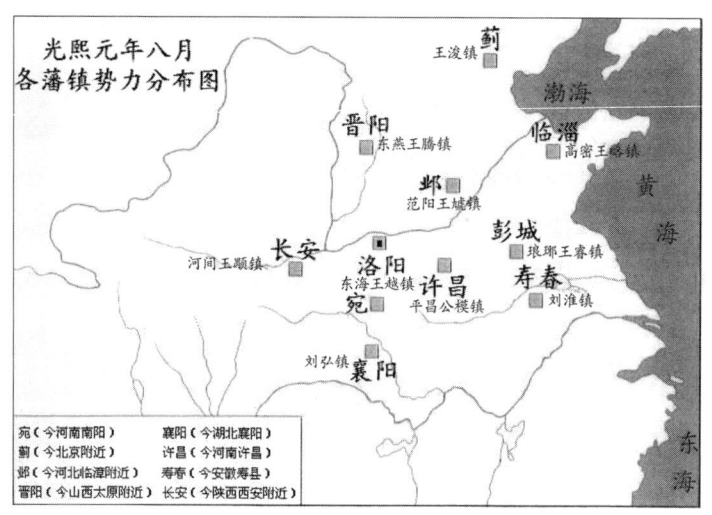

光熙元年八月
各藩镇势力分布图

王浚镇　蓟

渤海

晋阳
东燕王腾镇

临淄
高密王略镇

邺
范阳王虓镇

黄海

长安

河间王颙镇

洛阳
东海王越镇　许昌
宛　平昌公模镇

彭城
琅邪王睿镇

寿春
刘淮镇

刘弘镇　襄阳

东海

宛（今河南南阳）	襄阳（今湖北襄阳）
蓟（今北京附近）	许昌（今河南许昌）
邺（今河北临漳附近）	寿春（今安徽寿县）
晋阳（今山西太原附近）	长安（今陕西西安附近）

此外，其余诸王的势力范围如下：

东燕王司马腾，都督并州诸军事；不久之后并州失守，东燕王改封新蔡王，改镇邺城，都督司、冀诸军事。

高密王司马略，都督青州诸军事，兼领青州刺史；不久转任征南大将军，都督荆州诸军事。

琅邪王司马睿，都督徐州诸军事，不久转任安东将军，都督扬州江南诸军事。

从名义上来讲，这个天下还是司马家的，但是长期内斗之后的司马已成病马，镇不住这天下了。

光熙元年九月，东海王的心腹大患——成都王落入罗网。

成都王自二月兵败就一直徘徊于潼关之外，考虑要不要入关，结果他还在犹豫，鲜卑人就杀进了关中。成都王一看河间王自身难保，就折道向南，出武关奔新野，打算回荆州的成都国。

按那时的游戏规则，诸王弃镇回国实际是弃权认输的表现，除非十恶不赦，归藩的诸侯王一般都能保全性命，就如此前的东海王、东平王等。成都王很不幸，在世人眼里他就是那种十恶不赦之人，此前杀长沙王、劫御驾甚至试图篡位，这些行为导致成都王想苟全性命而不能。

于是惠帝下诏，命令镇南大将军、荆州都督刘弘拘捕成都王。刘弘一向谨慎，不愿意参与皇帝家事，但是不奉诏又不行，于是刘弘折中从事，只派兵在半路拦截阻止成都王归国，却不拘捕。可怜天下之大，从此再无成都王容身之处。

此后数月，成都王就滞留荆州，游荡于各郡之间。光熙元年八月，刘弘病死于襄阳，刘弘的司马郭劢见有机可乘，就起兵反叛，试图拥奉成都王为主，占据荆州。刘弘虽死，威信犹存，于是有故吏郭舒率领将士拥奉刘弘之子刘璠为主。刘璠戴孝出征，在浊水与郭劢大战，郭劢失道寡助，战败被斩。

郭劢一死，成都王就再也不能在荆州逗留了。刘璠下令拘捕成都王，成都王闻讯，扔下母亲程太妃与众妻妾，与两个儿子庐江王司马普、中都王司马廓掉头向北，试图归附公师藩。

成都王已经慌不择路，他乖乖束手就擒，也许还有生机；回河北作困兽之斗，那是必死无疑的。成都王渡过黄河，但并没有遇到公师藩，在朝歌，他收拢了一支数百人的小队伍，游荡司、冀之间，堂堂皇弟就此成为草寇，所过之处人人喊打，虎落平阳被犬欺，最终被顿丘太守冯嵩捡了便宜。

九月，冯嵩擒获成都王，他不敢做主处置，于是将成都王父子三人送到邺城交给范阳王。

　　范阳王看到落魄狼狈的成都王，不免兔死狐悲。两年前，成都王刚刚失势的时候，范阳王就曾提议废黜成都王，但是不伤害其性命，另封于一偏远小国让其终老，范阳王当时说："成都王失道是因为被奸邪蒙骗迷惑，不宜深责。自从元康以来，先帝之子接二连三死于非命，令臣等痛心。如今废黜成都王，可削其爵位，另封一邑，但不可伤其性命，否则，既伤陛下矜慈之恩，又会使天下人嘲笑宗族无骨肉之情，臣等也会感到悲伤惭愧，无颜面对天下百姓。"

　　因此有范阳王在，成都王父子的性命大可保全。可是老天已经抛弃了成都王，十月范阳王得暴病，死了，终年才三十七岁。

　　范阳王一死，邺城无主，而成都王在邺城盘根错节，至今还有不少旧部拥护，范阳王的长史刘舆担心成都王死灰复燃，起了杀心。刘舆虽然是大英雄刘琨的兄长，自己也很有才能，但为人却不怎么样，在当时口碑很差，有世人给他编过这么一句骂人话："舆犹腻也，近则污人。"意思就是说刘舆这人就像油腻一样，一靠近他就会被污染。

　　刘舆于是秘不发丧，派一个人假冒从洛阳来的使者，口称惠帝要赐死成都王。看守成都王的是范阳王爱将田徽，田徽因此受命行刑。

　　成都王临死颇为从容，是"八王之乱"中所有罹难王侯中最有贵族气度的一个，其面对死亡的豁达远远超过了大名士王戎。《晋书·成都王传》中说"成都王貌美而神昏，不知书"，这很有可能是后人枉辱。

当时田徽带着白练去见成都王，成都王看到白练就知道大限已至，也猜到范阳王可能已经死去。成都王问："范阳王亡乎？"

田徽回答："不知。"

成都王问："卿年几？"

田徽回答："五十。"

成都王一笑，问："知天命不？"

田徽回答："不知。"

成都王微叹口气，说："我死之后，天下安乎，不安乎？我自放逐，于今三年，身体手足不见洗沐，取数斗汤来！"

田徽取来热水，这时两个儿子止不住惊惶，大哭起来，成都王命旁人将儿子带到别处去。洗沐之后，成都王散发东向俯卧，命令田徽将自己缢死，终年二十八岁，与他哥哥长沙王同岁。卢志替成都王收殓，葬于邺城，《晋书》上说"邺人哀之"。

成都王的结局实际比长沙王更悲惨，长沙王好歹还留有子嗣，成都王却被斩草除根。就在当天，成都王两个十岁左右的儿子都被杀死。当时传说成都王另有一个儿子流落民间，数年之后被东海王找到并杀掉，成都王因此绝后。

成都王死后还沦为枭雄们的政治道具。七个月后，成都王旧将汲桑攻破邺城，杀死了当时镇守邺城的新蔡王司马腾。汲桑声称这是为成都王报仇，他挖开成都王的坟墓，请出棺木随军而行，以成都王神灵的名义发布军令。

汲桑祸害冀、兖数年，他做下的恶事因此都被记到成都王名下。后来，"乞活军"又替新蔡王报仇，消灭了汲桑，成都王的棺木被扔到一口枯井里。有成都王的故人找到棺木，带到洛阳，晋怀帝下旨以县王礼节下葬。

成都王终于入土为安，可以长眠于地下，但是地面上杀声四起，成都王的流毒愈传愈广。汲桑虽死，马上又有一个旧部起兵替他报仇，这个旧部是羯人，汲桑给他取了个汉人的名字叫石勒。死者已矣，但中原从此鼎沸，冤冤相报无穷尽了。

光熙元年十一月，在送走了外祖父、嫡母、叔祖、妻子、儿子、孙子还有众多弟弟之后，惠帝司马衷终于等来了死神，十一月庚午，惠帝暴毙于洛阳宫城显阳殿，时年四十八岁。

噩耗传出，整个朝堂、整个天下的人都额手称庆，乱世根源终于断绝了。

没有人怀念这个躺在梓宫中的大行皇帝，虽然他的一生也很值得同情，但是他的不幸导致了全天下的不幸。

司马衷一死，继位的是二十三岁的皇太弟司马炽，新皇帝登基当日在东堂听政，与群臣议论世务、讲谈经籍。有大行皇帝做铺垫，新皇帝的一言一行都让臣子充满惊喜，臣子们发现新皇帝是如此睿智聪明，如此博闻广识，以至于退朝的时候，黄门侍郎傅宣喜极而泣，边哭边笑地说："今日复见武帝之世矣！"

与傅宣想法相同的人不少，他们真诚地相信西晋王朝已经否极泰来，在这个聪明的、博学的新君带领之下，天下马上就可以恢复武帝时期太平安乐的景象。

　　其实这只是幻象，新皇帝依然只是一个傀儡，是一个在前台摇摆的木偶，在后台牵线的，是"八王之乱"的最终得益者东海王司马越。而这天下大势，正朝着更加惨烈的方向加速奔跑，不仅亡国，还要亡天下。

　　不过这个悲惨的结局当时没有人能料到。群臣的喜悦如此明显，大行皇帝的国丧充满了喜庆之意，大行皇帝被定谥为"惠"，因此后世称之为晋惠帝。晋惠帝在刚死的那一刻就已被天下人彻底遗忘，大家欢天喜地地庆祝他的死亡，以至于忘了追问一个至关重要的问题：晋惠帝是怎么死的？

　　有人说他与范阳王一样，是暴病而死。但是这个说法马上遭到反驳，反驳者说即使暴病也不会这么快，十一月己巳深夜惠帝感觉不适，第二天即庚午日上午就驾崩了，这明显是横死，据说惠帝死前吃过一份汤饼，可能是东海王在里面下了毒……一旁马上有人打断，说不要瞎说，东海王为何要毒死惠帝？惠帝一死，东海王不仅无利可图，反而有损失，惠帝如此蠢笨，是千年难遇的模范傀儡，便于东海王操纵，而新君如此聪明，怎么会甘心大权旁落？

　　反正争论不休，谁都没有证据，最后大家说，管他呢，死就死了，祸害天下十六年，早死也算是惠帝对子民们做出的贡献。

　　晋惠帝于十二月二十八，己酉日，下葬于太阳陵。

　　在惠帝下葬前半个月，新皇帝下诏到长安，征召河间王为司徒，即日到洛阳赴任。河间王知道此行有凶险，但是如果不答应那更是必死无疑，怀着侥幸之心，河间王应征上路。

东海王果然没有心慈手软，东海王让弟弟南阳王司马模接替河间王镇守关中，南阳王派部将梁臣去迎接河间王，河间王刚出潼关，走到新安，就被扼死在马车上，一同被杀的还有河间王的三个儿子。

河间王的死宣告"八王之乱"的结束，最后的胜利者是东海王司马越，他大权独揽，权倾朝野，但是他也将独自吞下司马家族这十六年来酿下的全部苦果，独自面对从北方汹涌而来的匈奴人、鲜卑人、羯人。不足五年之后，司马越在内外交困中忧惧而死，他的棺木随后被石勒的军队截获并纵火焚烧，尸骨无存。

一场演绎了十六年的悲剧终于落幕了，冬天已经过去，即将到来的是春天？

不，是另一个更加寒冷的冬天。

尾　声

　　某个寂静的深夜，空荡荡的东堂大殿上，皇帝司马炽坐在黑暗之中，默默地流下泪来。

　　他本是清心寡欲之人，性格偏软弱，在武帝诸子中排行又最末，因此不敢产生与皇位有关的妄想。门绝宾客、闭门读书固然是他韬光养晦的姿态，也未尝不是心中所愿，但是造化弄人，汲汲于求的偏不给予，无欲无求的硬塞入手。啼笑皆非之余，再回首，血泪斑斑。

　　再看这接手的江山，濒临土崩瓦解，这是一败涂地、无法挽回的残局。

　　司马炽想起武帝朝的一件逸事，当这事发生的时候他还没有出生，武帝也刚刚坐上皇帝的御座。春风得意的晋武帝大宴群臣，席间武帝想讨个好彩，就请某个会占卜的臣子替他算一卦，测一下晋祚可以传几世。没想到，竟然测得"一"，当场群臣失色武帝龙颜不悦，幸亏有中书郎裴楷反应机敏，向武帝道贺说："臣闻天得一以清，地得一以宁，王侯得一以为天下贞。"于是武帝大悦，群臣山呼万岁。

当时谁能想到世上竟然真有一言成谶这种事呢？

司马炽又想起另一件逸事，当这事发生的时候他还在襁褓之中。当时已年近而立的皇太子司马衷来西宫觐见，武帝叫出一大堆新生的皇子与皇太子见面，当时皇孙司马遹也就是日后的愍怀太子也混迹其中，司马衷与众弟弟一个接一个握手，即使握到自己儿子时也不知道停，一旁武帝连忙提醒太子，"这是你的儿子"，皇太子这才敛手，憨笑不止。

长大后司马炽一直不明白，一个连自己儿子都认不出的人竟然能够君临天下，这岂不是笑话？父亲岂不是在将江山社稷当儿戏？

司马炽六岁那年被封为豫章郡王，因为年幼得以留在洛阳。此后十七年，他一直坐在洛阳一隅静静地张望。一边是司马家内部的骨肉相残，血流遍地，另一边要么是公卿贵戚骄奢淫逸、夸富斗艳、醉生梦死，要么就是文人名士信口雌黄、不务世事、清谈误国。

那时没有人能听到晋王朝塌陷时的脆响，没有人能看到铜驼街上白骨累累、荆棘丛生的预兆。

而到了此时，这脆响震耳欲聋，这预兆再明显不过。

永兴元年十一月，匈奴人刘渊自称汉王，定都太原左国城，光熙元年十二月，并州都督司马腾被驱逐出晋州。

永兴二年十二月，右将军陈敏自称楚公，试图割据江东，叛乱波及扬、荆、江三州。

光熙元年三月，青州东莱郡惤县县令刘伯根反叛，追随者数万，攻破青州临淄，逼走都督高密王司马略。王浚派兵平定青州，斩杀刘伯根。刘伯根旧将王弥逃入长广山，次年二月东山再起，自称征东大将军，寇掠青、徐二州。

同月，南方的宁州刺史李毅病死孤城，夷人占据宁州的绝大部分。

光熙元年四月，蜀中流民军首领李雄自称皇帝，国号大成，割据蜀中、汉中。

光熙元年八月，兖州苟晞临阵斩杀公师藩，但是公师藩余部汲桑依然纵横冀、兖。

天下正在分崩离析，而当国者回天乏术。

有流星贯天而过，飘落如雨。观星者说，这是百姓即将流离失所之象。

百姓流离失所，那皇帝何以安生？

司马炽预感到自己的命运将与各个皇兄一样，也会是个悲剧。

但他所做的唯有祈祷。

他已想好了自己的年号——永嘉，祈祷永保嘉平。

他不知道这个年号不祥。一百六十年前，汉冲帝刘炳曾用过这个年号，当时汉帝国也是危机四伏、权臣当道，这个年号仅用了半年，刘炳就被外戚梁冀毒死了。

他更无法预料，这个年号将因为他的使用而更加不祥。

异族人的铁骑将踏遍中原，上自王公、下至庶民，中原人的尸体将塞满河川。千万人将流离失所，或死于荒野，或喂食于豺狼虎豹。

永嘉，一个伏尸百万、流血千里的年号。

一个开启三百年分裂大门的年号。

一个令无数后人扼腕流涕的年号。

> 黄头鲜卑入洛阳，胡儿执戟升明堂。晋家天子作降虏，公卿奔走如牛羊。紫陌旌幡暗相触，家家鸡犬惊上屋。妇人出门随乱兵，夫死眼前不敢哭。九州诸侯自顾土，无人领兵来护主。北人避胡多在南，南人至今能晋语。
>
> ——［唐］张籍《永嘉行》

附录一

西晋"八王之乱"中"八王"谱系[①]

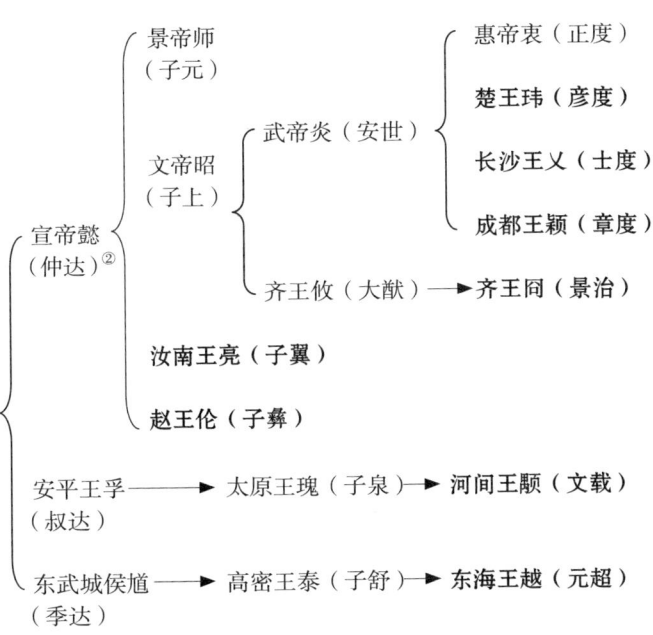

附录二

惠帝朝改元大事记

序号	年号	起始年月	改元原因
一	永熙	庚戌（290）四月	武帝驾崩当日，惠帝即位，改元"永熙"
二	永平	辛亥（291）一月	因受讥于"未逾年改元"之说，改元"永平"
三	元康	辛亥（291）三月	三月辛卯，贾皇后、楚王发动政变，杀杨骏，改元"元康"
四	永康	庚申（300）一月	元康九年（299）末，贾皇后废黜太子，次年初，改元"永康"
五	永宁	辛酉（301）四月	年初赵王篡位，建元"建始"。四月，惠帝反正，赵王受诛，改元"永宁"
六	太安	壬戌（302）十二月	河间王、成都王进攻齐王，齐王被长沙王擒获杀死，改元"太安"
七	永安	甲子（304）一月	河间王、成都王进攻长沙王，长沙王兵败，被杀，改元"永安"

序号	年号	起始年月	改元原因
八	建武	甲子（304）七月	惠帝御驾亲征成都王，兵败，被俘入邺城，改元"建武"
九	永安	甲子（304）十一月	东嬴公司马腾、幽州都督王浚进攻邺城，成都王兵败，带惠帝逃回洛阳，恢复"永安"年号
十	永兴	甲子（304）十二月	河间王部将张方挟持惠帝入关，改元"永兴"
十一	光熙	丙寅（306）六月	东海王领导关东联军讨伐河间王，河间王兵败，惠帝返回洛阳，改元"光熙"

ⓒ 张璟琳 2017

图书在版编目（CIP）数据

张璟琳说八王之乱：宗藩帐下落日楼 / 张璟琳著. — 沈阳：万卷
出版公司，2017. 8
ISBN 978-7-5470-4454-4

Ⅰ. ①张… Ⅱ. ①张… Ⅲ. ①长篇历史小说—中国—
当代 Ⅳ. ①I247. 5

中国版本图书馆CIP数据核字（2017）第183398号

出 品 人：刘一秀
出版发行：北方联合出版传媒（集团）股份有限公司
　　　　　万卷出版公司
　　　　　（地址：沈阳市和平区十一纬路25号 邮编：110003）
印 刷 者：北京市松源印刷有限公司
经 销 者：全国新华书店
幅面尺寸：146mm×210mm
字　　数：333千字
印　　张：15.75
出版时间：2017年8月第1版
印刷时间：2017年8月第1次印刷
责任编辑：李　明
责任校对：王楚中
版式设计：范　娇
ISBN 978-7-5470-4454-4
定　　价：48.80元
联系电话：024-23284090
传　　真：024-23284448